U0556474

中国农业农村
法治研究丛书

总主编　房绍坤　蔡立东

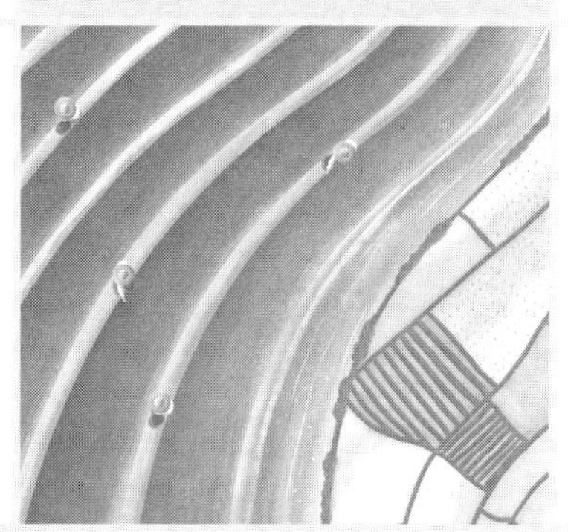

农村集体产权制度改革的实证研究

主　编　房绍坤

撰稿人（以姓氏笔画为序）

马鹏博　任怡多　李泰廷　杨贺迪　房绍坤

袁晓燕　徐　聪　崔　炜　路鹏宇

中国人民大学出版社
·北京·

本书是国家社会科学基金重大项目“农村集体产权制度改革的法治保障研究”（19ZDA156）的研究成果，并受该项目资助。

序　言

党的十九大作出了实施乡村振兴战略的重大决策部署，党的二十大报告更加清晰地擘画了全面推进乡村振兴的宏伟蓝图。“法律是治国之重器”，全面推进依法治国和全面实施乡村振兴战略，实现中国式农业农村现代化，必然要强化农业农村法治建设，真正发挥农业农村法治建设固根本、稳预期、利长远的支撑和保障作用。在新时代推进农业农村法治建设，要求立足新发展阶段，围绕农业农村优先发展，将创新、协调、绿色、开放、共享的新发展理念贯穿到农业农村法治建设全过程。党的十八大以来，我国农业农村法治建设取得了举世瞩目的成就，已初步构建了较为完整的农业农村法律规范体系、法律实施体系、法治监督体系和法治保障体系。但是，对我国农业农村法治实践的理论升华还很不充分，尚未提炼出能够解释中国实践的标识性概念，农业农村法治基础理论研究还比较薄弱。不仅如此，农业农村法律法规体系还不健全，农业农村法律实施、监督和保障体系还不完备，全面提升农业农村法学理论研究水平势在必行。

全面提升中国农业农村法学理论研究水平需要突破传统部门法界分的藩篱，秉持领域法学思维对农业农村法学的知识体系等进行重构。农业农村法学具有领域法学的典型特点，其调整对象具有多元化、立体化和复杂化等特点，需要公法、私法、社会法综合发挥作用，领域法学是以问题为导向，以特定经济社会领域的法律现象为研究对象，融多种研究范式于一体的新型法学学术体系、学科体系和话语体系，具有研究对象的特定性、研究方法的综合性以及研究领域的复杂性等特征。以领域法学思维强化农业农村法学理论研究，需要从廓清农业农村法学基础理论范畴、构建农业农村法律规范体系和建设农业农村法学学科等多个层面共同发力。其一，强化农业农村法学基础理论范畴建设，对农业农村法学的内涵、调整对象、调整方法、价值体系、制度构造、规范体系、概念范畴等进行科学论证和理论构建。其二，将《农业法》作为农业农村法学领域的基本法，构建以农业农村主体制度、农业农村产权制度、农业农村经营制度、农民权益保障制度、农业资源与环境保护制度、农产品质量安全保障制度、农业农村振兴保障制度、农业农村法律监督制度、农业农村法律责任制度等为核心内容的，层次清晰、结构完整、内容丰富、运行有序的农业农村法律规范体系。在条件成熟时，可以考虑制定一部兼具形式理性和实质理性的“农业法典”。其三，秉持领域法学思维研究农业农村法治领域的基础法理与现实问题，提出兼具理论逻辑自洽性和实践可行性的方案，建构具有中国特色的农业农村法学学科体系。

近些年来，吉林大学农业农村法治研究院积极响应国家重大发展战略需求，加强农业农村法治的基础理论研究，在农村土地法治、农村产权法治、农村金融法治等领域开展了深入、系统的研究，取得了丰硕的研究成果。为全面展示农业农村法治的研究成果，吉林大学农业农村法治研究院特推出“中国农业农村法治研究丛书”，围绕全面推进乡村振兴中的农业农村法治领域的重大理论和实践问题展开系统化的研究。本套丛书旨在**用中国道理总结好中国经验，把中国经验提升为中国理论**，聚焦农业农村领域的重点、难点和热点法治问题，通过总结和凝练中国农业农村法治实践的共通经验，夯实农业农村法治基础理论研究，提升农业农村法学学术研究服务党和国家重大发展战略的能力和水平，促进新时代中国农业农村法治事业的全面发展。“肩鸿任钜踏歌行，功不唐捐玉汝成”，期待本套丛书的出版能为我国农业农村法学理论研究水平的全面提升和新时代农业农村法学自主知识体系的建设贡献绵薄之力。

总主编 房绍坤 蔡立东

目　录

第一章
农村集体资产股份合作制改革的实践运行

农村集体产权制度改革不仅是习近平总书记提出的新时代中国特色社会主义思想在改革实践中的重要体现，也是全面打赢脱贫攻坚战和实施乡村振兴战略的重要抓手。积极稳妥地推进农村集体产权制度改革，对于完善农村治理体系，保障广大农民权益，探索农村集体经济新的实现形式和运行机制具有重大意义。作为农村集体产权制度改革的核心内容，农村集体资产股份合作制改革将集体经营性资产以股份或者份额形式量化到本集体成员，作为其参加集体收益分配的基本依据。推进农村集体资产股份合作制改革，既有助于化解集体经营性资产归属不明、经营收益不清、分配不公开、成员的集体收益分配权缺乏保障等现实难题，又能使广大农民分享改革红利，有效地增加农民财产性收入，推动农村集体经济发展壮大。

为全面把握农村集体资产股份合作制改革的现实情况，进而为有序推进集体产权制度改革提供法律支持，确保整体改革进程在法治轨道上顺利运行，国家社科基金重大项目“农村集体产权制度改革的法治保障研究”的课题组（以下简称为课题组）通过实地调研、走访座谈、问卷调查等方式开展调研活动，获得了大量丰富、翔实的第一手资料。课题组先后深入湖北、湖南、广东、辽宁、山东、山西、河南、云南、甘肃、黑龙江、重庆、四川等 12 个省份 32 个县（市、区）的

115 个村（社区）展开田野调查。选取的样本村中，既包含城中村、城郊村等经济发达村，又包括经济实力较弱的农村村，最大范围地涵盖各种类型的试点村庄，以此来确保调研覆盖面的广度。课题组共发放调查问卷 2 739 份，收回有效问卷 2 689 份。本章在分析中使用的数据与材料大部分取自调研过程中直接获取的素材，但考虑到研究地域范围的全面性，课题组也通过访问互联网、阅读著作和论文等方式搜集了相关的二手资料，以期实现调研数据更翔实，涉及领域更全面，研究结果更精确的目标。

一、农村集体资产股份合作制改革的法理基础

习近平法治思想着眼于全面建设社会主义现代化国家、实现中华民族伟大复兴的奋斗目标，深刻回答了新时代全面推进依法治国的现实原因和具体要求。在全面落实依法治国基本方略的背景下，根据习近平总书记强调的“凡重大改革都要于法有据”的要求，我们应当特别加强农村集体资产股权问题的法学视角研究，为推进农村集体产权制度改革提供法律支持，确保农村集体资产股份合作制改革在法治轨道上有序推进。据此，农村集体资产股份合作制改革的顺利开展，需要一套完备、健全的关于规范主体认定、目标资产核定、股权设置及股份权利实现等内容的法律制度。总体上讲，作为一项关乎亿万农民切实利益的重大改革，推进农村集体产权制度改革是党中央作出的重大部署，是国家提出的重要农村改革任务。从我国现行法律体系来看，有关农村集体资产股份合作制的法律法规基本上还处于空白状态，针对农村集体资产股份合作制改革尚未出台专门的法律规范。但是，许多中央政策文件多次提及要开展农村集体资产股份合作制改革，中共中央、国务院及农业农村部出台了大量政策性文件。在中央政策的统一指导下，各地方纷纷结合自身的特点，制定出相应的政策性规定。

（一）国家层面的政策性文件

早在20世纪80年代，广东、北京、上海、江苏浙江等地就在被动城市化的现实矛盾的倒逼下，针对农村集体资产股份合作制改革展开了有益探索。随着改革地域范围的扩大，中央意识到推行农村集体资产股份合作制改革的必要性，陆续出台了一系列规范农村集体资产股份合作制改革的政策性文件。这为各地开展农村集体资产股份合作制改革活动提供了有益指导。2007年10月9日，原农业部印发的《关于稳步推进农村集体经济组织产权制度改革试点的指导意见》，明确提出农村集体经济组织产权制度改革的主要形式是股份合作，其主要内容包括清产核资、资产量化、股权设置、股权界定、股权管理等方面。2013年11月12日，中共中央《关于全面深化改革若干重大问题的决定》明确提出，“保障农民集体经济组织成员权利，积极发展农民股份合作，赋予农民对集体资产股份占有、收益、有偿退出及抵押[①]、担保、继承权”。2014年1月19日，中共中央、国务院《关于全面深化农村改革加快推进农业现代化的若干意见》指出，“推动农村集体产权股份合作制改革，保障农民集体经济组织成员权利，赋予农民对落实到户的集体资产股份占有、收益、有偿退出及抵押、担保、继承权，建立农村产权流转交易市场，加强农村集体资金、资产、资源管理，提高集体经济组织资产运营管理水平，发展壮大农村集体经济。”2014年11月22日，原农业部、中央农村工作领导小组办公室、国家林业局联合印发《积极发展农民股份合作赋予农民对集体资产股份权能改革试点方案》，这标志着我国布局农村集体资产产权试点工作

---

① 国家层面的相关政策文件在界定农村集体资产股份权能时，多次将抵押、担保权能并列使用。这种表述不符合法律规范，原因在于：一方面，抵押本身就是担保的方式之一，二者属于同一项权能，不能加以重复使用；另一方面，抵押权的客体限于不动产和动产，权利不能成为抵押权的客体，农村集体资产股权只能于质押。因此，政策性文件中的抵押、担保权能，实质为质押权能。为规范用语，本书除在引用政策性文件的原文时使用“抵押、担保”的表述外，一律使用“质押”的用语。特此说明。

即将全面展开。该试点方案强调，农村集体资产股份合作改革主要是指将经营性资产折股量化到成员。其中，赋予集体资产股份权能改革试点，要根据不同权能分类实施；农民对集体资产股份的占有权和收益权应落实到位；农民对集体资产股份的有偿退出权和继承权应选择有条件的地方开展试点；农民对集体资产股份的质押权应在制定相关办法的基础上慎重开展试点。2015 年 2 月 1 日，中共中央、国务院《关于加大改革创新力度加快农业现代化建设的若干意见》提出：出台稳步推进农村集体产权制度改革的意见，明晰集体经营性资产的产权归属，并将其折股量化到本集体经济组织成员，发展多种形式的股份合作；开展赋予农民对集体资产股份权能改革试点，抓紧研究起草农村集体经济组织条例。2016 年 12 月 26 日，中共中央、国务院印发《关于稳步推进农村集体产权制度改革的意见》（以下简称《集体产权改革意见》），明确要求着力推进经营性资产确权到户和股份合作制改革，以发展股份合作形式为导向，以股份经济合作社为载体，将集体经营性资产以股份或者份额形式量化到本集体成员，作为其参加集体收益分配的基本依据，保障农民各项集体资产股份权利。2018 年 1 月 2 日，中共中央、国务院发布《关于实施乡村振兴战略的意见》，要求加快推进集体经营性资产股份合作制改革，推动资源变资产、资金变股金、农民变股东（“三变”）改革，探索农村集体经济新的实现形式和运行机制。2020 年 11 月 4 日，农业农村部印发《农村集体经济组织示范章程（试行）》，该章程细化了股份经济合作社的集体资产范围、成员资格（成员身份①）认定、组织机构设置、资产经营和财务管理、股份设置与收益分配等主要内容，为农村集体经济组织开展经营管理活动和集体经营性资产股份合作制改革提供了方向指引。

① 成员资格与成员身份具有相同的含义，在我国相关法律政策文件中，两者也是混用的。本书除特指外，均使用成员资格的用语。

（二）地方层面的政策性文件

为顺利推进农村集体资产股份合作制改革，落实国家层面的政策性文件的各项规定，各试点地区分别制定了省、市、县、镇（乡）及村五级地方性政策文件，进一步细化规定治理结构、资产量化、股权设置、股权管理及收益分配等内容。课题组的调研结果显示，基本上百分之百的试点地区都制定了配套文件。这些规范农村集体资产股份合作制改革的政策性文件主要包括：农村集体产权制度改革实施意见、农村集体经济组织股权设置与管理办法、农村集体资产股权量化和管理指导意见、农村集体经济组织资产股份量化实施方案等。结合课题组调研的情况来看，各省份均制定了省级农村集体产权制度改革实施意见，明确规定农村集体产权制度改革任务、原则和范围，改革内容和程序，新型农村集体经济组织的运行管理，相关政策扶持和保障措施等。其中，涉及农村集体资产股份合作制改革的规定主要包括：确认农村集体经济组织成员资格、折股量化的资产范围、股权设置类型及管理模式、完善农村集体资产股份权能以及农村集体经济组织的治理机构等。在省级农村集体产权制度改革实施意见的指导下，为稳步推进农村集体资产股份合作制改革进程，各市（县/区）纷纷制定了股份经济合作社章程，资产股份量化实施方案，股权设置与管理办法，股权继承、质押担保、有偿退出意见，集体经济组织收益分配指导意见等。这些规范性文件明确规定了农村集体资产股份合作制改革的主体范围、目标资产、股权类型、管理模式及权利实现机制，明晰界定了农村集体资产股份合作制改革的各个步骤，为全面推进农村集体资产股份合作制改革提供了规范指引。

在大力推进农村集体产权制度改革的过程中，各地也积极开展了相应的立法工作，出台了地方性法规，有力地保障了农村集体产权制度改革工作的开展。具有代表性的地方性法规有：(1) 黑龙江省第十三届人民代表大会常务委员会第二十次会议于 2020 年 8 月 21 日通过的《黑龙江农村集体经济组织条例》（2020 年 10 月 1 日起施行）。该条例除总则、附则外，主要内容包括组织成员、组织机构、资产管理运营、财务管理、监督、法律责任等。（2）四川省第十三届人民代表大会常务委员会第二十九次会议于 2021 年 7 月 29 日通过的《四川省农村集体经济组织条例》（2021 年 10 月 1 日起施行）。该条例除总则、附则外，主要内容包括：组织成员、组织机构、登记管理、经营管理和收益分配、扶持和监督、法律责任等。（3）浙江省第十三届人民代表大会常务委员会第二十二次 2020 年 7 月 31 日修正的《浙江省村经济合作社组织条例》。该条例除总则、附则外，主要内容包括设立和终止、社员、组织机构、财务管理、法律责任等。此外，上海、江苏、广东、湖北等省份也制定了有相关的地方性法规。

（三）农民对政策性文件的掌握情况

鉴于发挥农民主体作用，尊重农民群众意愿是农村集体产权制度改革的一项基本原则，我们应当将选择权交给广大农民群众，确保农民的知情权、参与权、表达权、监督权落到实处。故而，农民对农村集体资产股份合作制改革中政策性文件的了解程度及参与情况也是调研中需要重点考察的内容。为此，课题组在调研过程中，通过采用召开座谈会、发放调查问卷及入户走访等方式，深入了解了试点地区农民对政策性文件的掌握情况，详细把握了当地政策性文件的制定过程，并认真听取了每一位农民所反映的意见。

根据调研过程中课题组与农民的访谈情况，各试点地区在推进农村集体资产股份合作制改革进程中，积极发挥了基层党组织的引领作用，采用村党组织提议、村两委班子（村党支部、村民委员会）联席会议的方式推进改革工作，利用村民代表、网格党员入户发放《致集体经济组织成员的一封信》，通过召开座谈会、入户走访、张贴标语等形式向农民征求改革意见，并借助条幅、宣传栏、广播、电视、网络等载体进行全方位的宣传工作。绝大多数农民充分知悉改革的目的、意义及方式，基本知晓地方性政策性文件的主要内容。各试点地区在制定相关政策和实施方案时，详细听取了农民反映的各项意见，大都履行了农民的民主决策程序，全面反映了农民的基本诉求。但是，农民对政策性文件中的某些规定仍然理解得不够深刻，主要是在涉及农村集体资产股份合作制改革中的具体规定时，农民缺乏对政策性规定的深层次理解。例如，关于成员股的具体类型、集体股的设置理由以及享有的股份权利等问题，大多数农民并不知晓其本质内涵及背后缘由。据此，随着农村集体资产股份合作制改革的深入推进，未来需要不断加大对政策的普及力度，系统阐释股份合作制改革的背景及目标，明晰股权量化、股权设置、股权管理及收益分配等各项改革举措，促使农民准确把握每一条政策性规定，充分调动农民参与改革的积极性。

另外，课题组还在调研中了解到，广大农民认为当地政府部门应当制定相关规定，对主管集体产权制度改革工作的部门出台的相关政策予以支持。在座谈会中，农民提出进一步完善国家层面的政策规定具有显著优势，即细化农村集体资产股份合作制改革各个步骤的具体操作流程和详细认定办法，既为开展农村集体资产股份合作制改革提供政策支持，又为各项工作的协同推进提供规范指引，从而有效化解改革过程中产生的法律纠纷，切实保障广大农民群体的各项权利。这表明广大农民的法治意识在逐步提高，维护自身合法权益的意识也在不断增强。

二、农村集体资产股份合作制改革的主体定位

农村集体产权制度改革的目标是将农村集体资产的所有权确权到不同层级的农村集体经济组织成员集体。农民集体是集体所有权的法定主体，但由于“农民集体”本身带有浓厚的政治色彩和高度抽象性，故集体成员才是集体资产的最终拥有者和集体收益的最终享受者。况且，农村集体资产股份合作制改革要求将集体经营性资产全部折股量

化到人，确保农民享有各项集体资产股份权利。因此，农村集体经济组织成员依法享有集体资产股份权益，是农村集体资产股权的法律主体。另外，作为农村集体资产股份合作制改革的运作载体，农村集体经济组织负责管理运作集体资产，承载着股东界定、股权设置、股权管理等各个改革环节，其运营水平直接影响农村集体资产股份合作制改革的具体进程。据此，农村集体资产股份合作制改革主要涉及两类法律主体：一是依法享有农村集体资产股权的集体经济组织成员，二是农村集体资产股份合作制改革的运作载体——农村集体经济组织。

（一）农村集体经济组织成员资格认定

鉴于农村集体经济组织成员享有农村集体资产股权，并以此为据参与集体收益分配，故对农村集体经济组织成员资格的认定直接关乎农民集体成员权利的实现，关系到农村集体产权制度改革的推进进程，影响着广大农民生活的方方面面。从一般意义上讲，农村集体经济组织成员资格是广大农民获得股份经济合作社股东资格的前提，是其依法享受集体资产股份并据此参与集体收益分配的基础。农村集体经济组织成员资格认定，直接关系到成员是否享有股份经济合作社股东资格，能否享受集体经济组织成员权利和参与集体资产收益分配。由此可见，农村集体经济组织成员与村民存在本质的区别。村民是一个与地域相连的社会学的概念，一般是指长期居住在农村里的居民；而农村集体经济组织成员是一个与产权相连的经济学的概念，只有具备农村集体经济组织成员资格，才能享有土地承包经营权、宅基地使用权、集体收益分配权，以及对集体经济组织经营活动的民主管理权。不具备本集体经济组织成员资格的村内其他居民，不能享受集体经济组织成员权利，但可以作为村民自治组织成员而享有对本村公共事务和公益事业的民主选举、民主决策、民主管理、民主监督等权利。

在全国农村集体产权制度改革工作的统一指导下，各试点地区纷纷开展清人分类工作，确认农村集体经济组织成员资格。农村集体经济组织成员资格认定涉及每一位农民的切身利益，需要众多部门和人员的合力配合，交织着许多烦琐复杂的环节。我们通过总结各试点地区的实践做法，明确农村集体经济组织成员资格界定应当遵循下列程序：（1）成立村集体经济组织成员调查、登记领导小组，具体负责界定工作；（2）由村产权改革领导小组发布开展集体经济组织成员登记公告，明确登记对象、登记基准日、登记时间、登记方式等内容；（3）召开村民（代表）会议研究制定村集体经济组织成员资格界定方案、村集体经济组织成员资格界定指导意见，报乡镇审核后实施；（4）填写村集体经济组织成员摸底登记表，主要包括姓名、性别、出生日期、身份证号码、户籍所在地、户籍变动情况、类型等内容；（5）根据成员资格界定办法，结合摸底登记表，确定本集体经济组织成员，在村务公开栏进行公示；（6）成员界定调查登记小组对终榜公示确定的集体经济组织成员要入户确认，由户主代表家庭成员在集体经济组织成员确认登记表上签字认可；（7）关于成员资格界定的所有书面会议材料、书面证明材料、书面文件资料以及影视照片等，全部纳入档案管理并长期保存；（8）村集体经济组织要将经终榜公示确定的集体经济组织成员名册，以及村民（代表）会议记录、公示证明材料、成员调查登记表等相关材料上报乡镇人民政府（街道办事处）备案。在严格依照政策规定和法定程序，确定为农村集体经济组织成员后，股份经济合作社统一为股东颁发“农村集体经济组织股权证”，其中应明确记载户股东代表姓名、身份证号、家庭住址，户股东人数、持有股份数量、股金总额，家庭成员持股情况、股份分红记录、股权变更记录以及股东的权利义务等内容。

综上，从理论上来讲，农村集体资产股权源于农村集体经济组织成员权，农村集体经济组织成员资格是享有股份经济合作社股东资格的基础，农村集体经济组织成员与股份经济合作社股东属于重合关系。但是，结合课题组的调研情况，在实践中二者并非完全一一对应，其中既存在农村集体经济组织成员并非股份经济合作社股东的情况，亦存有某些股份经济合作社股东并不是农村集体经济组织成员的情形。举例来看：一方面，重庆市沙坪坝区在股权类型上仅设置农龄股，按照成员对集体资产的贡献大小，划定时间段，统计确认其农龄。这样设计的原因在于，农民之所以能够获得集体资产股份，并据此参与集体收益分配，是因为其对集体资产的积累具有一定的贡献。因此，该地区认为，只有在本集体经济组织从事生产劳动，并对集体资产的积累具有贡献的成员才能获得股权。如此一来，一些成员因在集体经济组织中并不具有农龄，将无法获得集体资产股份，亦不能成为股份经济合作社股东。故而，该地区的股权设置类型间接提高了获得股份经济合作社股东资格的标准，出现农村集体经济组织成员并非股份经济合作社股东的情形。另一方面，为吸纳精通农村经营管理的社会优秀人才参与到集体经济的改革与发展之中来，陕西省渭南市潼关县秦王寨社区在股权类型上设置人才股，赋予对本村发展有巨大贡献的人才、经营管理人员以及具有本科学历的大学生一定比例的股份经济合作社股权，据此每年享受农村集体资产分红待遇。这意味着非本集体经济组织成员可以通过人才引进的方式获得农村集体资产股份，为社会主体成为股份经济合作社股东提供了现实渠道。因而，该地区的股权设置类型促使农村集体经济组织外部人员成为股份经济合作社股东，由此出现了股份经济合作社股东并非农村集体经济组织成员的情形。总而言之，究其根源在于各试点地区的股权设置类型导致农村集体经济组织成员与股份经济合作社股东并非完全重合。

综观各试点地区的改革实践，农村集体经济组织成员资格认定标准是最为重要且争议最大的问题。在调研过程中，村干部普遍表示成员资格认定是改革中最为困难的工作，而这项最困难工作中最为复杂的问题又是成员资格认定标准。具体来讲，农村集体经济组织成员资格认定标准涉及两个问题。一方面，关于成员资格认定标准的确定主体，41.76%的受访农民认为应当由村民自己决定，35.59%的受访农民认为应当遵循上级政府出台的政策规定，22.65%的受访农民认为应当严格依照法律规定进行处理。另一方面，针对具体的成员资格认定标准，各地普遍遵循“尊重历史、兼顾现实、程序规范、群众认可”的原则，统筹考虑户籍关系、农村土地承包关系、对集体积累的贡献等因素，将其作为集体经济组织成员资格界定的衡量标准。总体来讲，试点地区一般将户籍登记、土地承包关系、生产生活关系及对集体经济组织的贡献等作为成员资格认定标准。其中，“户籍登记”是指依法登记为本集体经济组织所在地常住户口，“土地承包关系”要求取得土地承包资格并以本集体经济组织土地等资源为基本生活保障，“生产生活关系”强调与本集体经济组织形成较为固定的生产生活关系。通过全面统计和整理问卷结果，在设定成员资格认定标准应当考虑的因素中，受访农民对户籍登记、生产生活关系、承包地作为主要生活来源、对集体积累有贡献等因素的看法分别占比86.17%、49.2%、21.1%、35.1%。然而，由于各试点地区的实际情况不同，各地的成员资格认定标准并不统一，存在相当程度的差别。为此，课题组总结出被调研地区的成员资格认定标准的相关因素（见表1-1），从而便于进一步的分析与比较。

表1-1　农村集体经济组织成员资格认定标准的相关因素

地　区	成员资格认定标准的相关因素
湖北省潜江市	户籍登记、土地承包关系、宅基地权属关系
湖北省荆州市荆州区	户籍登记、土地承包关系、对集体积累的贡献
湖北省当阳市	户籍登记为主要，综合考虑土地承包关系、对集体积累的贡献等
湖南省娄底市娄星区	户籍登记、土地承包关系、对集体积累的贡献
湖南省韶山市	户籍登记、土地承包关系、生产生活关系
湖南省株洲市	户籍登记、土地承包关系、生产生活关系
黑龙江省哈尔滨市道外区	户籍登记、土地承包关系、与集体经济组织利益关系
黑龙江省安达市	户籍登记、土地承包关系、生产生活关系
黑龙江省肇州县	户籍登记、土地承包关系、与集体经济组织利益关系

续表

地 区	成员资格认定标准的相关因素
山东省沂水县	统筹考虑户籍关系、生产生活关系、对集体积累的贡献等因素，以具备本村户籍并履行相应村民义务为标准
山东省平原县	户籍登记为主要，综合考虑生产生活关系、身份等因素
山东省桓台县	户籍登记、土地承包关系、履行相应村民义务
山东省邹城市	户籍登记为主要，兼采人户合一的原则，要求户口在本村且形成稳定的生产生活关系
山东省济宁市兖州区	户籍登记为主要，兼采人户合一的原则，要求户口在本村且形成稳定的生产生活关系
山东省莒县	户籍登记、生产生活关系、土地承包关系
山东省阳信县	户籍登记、对集体积累的贡献
重庆市渝北区	户籍登记、生产生活关系
重庆市沙坪坝区	户籍登记、生产生活关系、土地承包关系
重庆市奉节县	户籍登记为形式标准，生产生活关系、享有权利并履行义务为实质标准
重庆市长寿区	户籍登记、生产生活关系
辽宁省铁岭县	户籍登记、生产生活关系、土地承包关系、履行成员义务
辽宁省调兵山市	户籍登记、土地承包关系、对集体积累的贡献
广东省佛山市顺德区	户籍登记
广东省佛山市南海区	户籍登记、享有农村集体经济组织股权
河南省卢氏县	户籍登记、土地承包关系、对集体积累的贡献

课题组通过细致对比 25 个县（市、区）① 的农村集体经济组织成员资格认定标准，初步得出如下相应的调研结论。

① 鉴于在调研过程中，部分地区的主管部门不予公开相关文件。故课题组经统计，在全部调研地区的 32 个县（市、区）中，共收集到 25 个县（市、区）的农村集体经济组织成员资格认定标准。

第一，各试点地区均将户籍登记作为成员资格认定的标准，并且广东省佛山市顺德区将户籍登记作为衡量成员资格的唯一标准。但是，这种做法显然已经不能适应发展的需求。一方面，根据国务院《关于进一步推进户籍制度改革的意见》的要求，现阶段不得将退出土地承包经营权、宅基地使用权、集体收益分配权作为农民进城落户的条件。要充分尊重农民意愿，强化对进城落户农民集体经济组织成员资格和权益的法律保障，让农民享受到城镇化和乡村振兴的双重红利。据此，随着城乡一体化进程的不断加快，农业户口被逐步取消，越来越多的农民获得城镇居民户口，但其仍然享受农村集体经济组织成员待遇，故再以户籍登记作为成员资格认定的唯一标准已明显不合时宜。另一方面，为实现更高层次的城乡融合发展，要在推进农村集体资产股份合作制改革的过程中，逐步打破身份限制和利益壁垒，实现股权与户籍的脱钩。根据中共中央、国务院《关于建立健全城乡融合发展体制机制和政策体系的意见》的精神，农村集体经济组织应当探索人才加入机制，聘请职业经理人负责日常经营管理活动，并且面向非本集体经济组织成员增资扩股，广泛吸收非户籍人员的资金。唯有这样，才能实现股权的高效流转和资本的快速流动，推进农村集体经济组织的公司化和市场化运营，最终促使更多要素流入广大农村，为农村发展提供不竭动力。因此，在这样的时代背景下，各地区制定农村集体经济组织成员资格认定标准时，应当逐渐弱化户籍登记的形式标准，强化土地承包关系、生产生活关系、权利义务关系、对集体积累的贡献等实质标准。

第二，各试点地区除将户籍登记作为成员资格认定标准以外，还把土地承包关系、生产生活关系、权利义务关系以及对集体积累的贡献四项标准作为考量因素。相比之下，将土地承包关系和生产生活关系作为成员资格认定标准的试点地区更多一些。上述四项标准体现出集体成员应当与集体经济组织存在实质利益关系的理念，真正反映了集体成员对集体经济组织的内在依存关系，更加契合当前户籍制度改革的发展趋势。

第三，广东省佛山市南海区将是否享有农村集体经济组织股权作为成员资格认定标准的做法违背了基本法理逻辑。如前所述，享有农村集体经济组织成员资格是获得股份经济合作社股权的前提和基础，农村集体资产股权源于农村集体经济组织成员权。从一般意义上讲，若不具备农村集体经济组织成员资格，将无从谈起享受农村集体经济组织股权的问题。据此，将享有农村集体经济组织股权作为农村集体经济组织成员资格认定标准的做法颠倒了二者之间的逻辑关系。因此，不能将享有农村集体经济组织股权与否作为认定集体成员资格的衡量标准。

第四，各试点地区普遍采用综合标准，兼顾户籍登记、土地承包关系、生产生活关系、权利义务关系以及对集体积累的贡献等各项因素，统筹考虑农村集体经济组织的成员资格认定问题。如前所述，农村集体经济组织成员资格认定是一个极其复杂的问题，判断一个农民是否具有集体经济组织成员资格需要综合衡量各项因素。因此，采用综合标准的做法不仅能适应当前复杂多样的成员资格认定现状，而且还能公平、合理地判定每一位农民的集体成员资格。

另外，在农村集体经济组织的成员资格认定中，对特殊农民群体的身份认定既是最核心的问题，也是实践中关于成员资格认定产生纠纷最多的地方。相较于一般农民群体，特殊农民群体的成员权益最易受到侵害，因此，各试点地区均将特殊农民群体的股权界定和保护问题置于重要位置。所谓特殊农民群体，是指基于婚姻关系、外地上学、服刑服役、外出务工等原因，产生了一定的人口流动，导致户籍登记、土地承包关系及实际生产生活关系相互脱离，并由此所形成的成员资格认定情形复杂的农民群体。据此可知，特殊农民群体的“特殊之处”既非具有特殊地位或者享受特别利益，又非适用特殊的成员资格认定标准，而是在于相比一般农民群体而言，对其在进行集体经济组织成员资格认定时，面临着更加错综复杂的情形，因而需要特别注意并予以重点保护。为此，尽管特殊农民群体的成员资格认定标准，与一般农民群体的成员资格认定标准基本一致，即普遍遵循农村集体经济组织成员资格认定的一般规则，但是，在大多数试点地区在其制定的农村集体经济组织成员资格认定办法中，都特别强调特殊农民群体的成员资格认定问题，并详细说明了每一种具体情形应当如何认定，以防止特殊农民群体的合法权益受到侵害。具体来讲，各试点地区列举的特殊农民群体主要包括外嫁女、入赘男、在校大中专学生、服刑服役人员、退休还乡人员、户籍迁入小城镇的人员、户籍迁入设区的市的人员等。

同时，课题组在调研过程中，重点关注特殊农民群体的成员资格认定问题，特别是“外嫁女”和“嫁入女”两类特殊农民群体。为此，调查问卷中分别设置两道题目。其中，在面对“您认为嫁到本村但户口没有迁到本村的妇女是否具有本村集体经济组织成员资格”这一问题时，26.48%的受访农民认为其具有成员资格，73.52%的受访农民认为其不具有成员资格；在面对“您认为嫁到外村但户口还在本村的妇女是否具有本村集体经济组织成员资格”这一问题时，65.38%的受访农民认为其具有成员资格，34.62%的受访农民认为其不具有成员资格。据此可见，目前农民普遍将户籍登记作为认定农村集体经济组织成员资格的主要标准，缺乏对土地承包关系、生产生活关系等其他因素的综合考量。同时，在访谈中课题组也发现，针对特殊农民群体的成员资格认定问题，绝大多数农民并未充分考虑特殊群体的个别性和复杂性，仍然固守传统的僵化思维，倾向于以户籍登记作为单一的衡量标准。

（二）农村集体经济组织的地位及实效

作为农村集体资产股份合作制改革的运作载体，农村集体经济组织是集体资产的管理主体，是新型农村集体经济的实现形式，贯穿于改革之中的各个环节。长期以来，我国农村集体经济组织虚化现象较为普遍，不少地方农村集体资产底数不甚清晰，权属不甚明确，集体收益分配有欠公平，部分集体资产流失情况时有发生。与此同时，小农经营模式已无法适应现代农业的发展需求，但农村集体经济组织又无法律上确认的主体资格，这导致其既不同于企业法人，又不同于社会团体，更不同于行政机关。由于不具备为法律所认可的独立法人资格，农村集体经济组织面临诸多尴尬的困境，如无法领取组织机构代码证、无法独立签订合同、无法向银行贷款、无法申请注册网站域名等。据此，农村集体经济组织不具备独立的市场主体地位，难以平等地使用生产要素，从而无法有效地参与市场竞争。鉴于此，《民法典》第 96 条明确赋予农村集体经济组织特别法人地位①，第 99 条再次明确农村集体经济组织依法取得法人资格。② 这为农村集体经济组织消除尴尬地位提供了充分的法律依据，意味着其可以作为独立的民事主体参与市场经济活动，从事农村集体资产经营管理和市场交易活动，促使作为农村集体资产股份合作制改革运作载体的农村集体经济组织实现规范化运营，并可顺利开展清产核资、成员资格确认、资产折股量化等集体产权制度改革措施。同时，国家立法机关正在加快推进《农村集体经济组织法》的立法进程。未来的《农村集体经济组织法》将针对组织登记制度、成员确认和管理制度、组织机构设置和运行制度、资产财务管理制度、法律责任及监管制度等作出全面的规定。

根据《集体产权改革意见》的规定，农村集体经济组织可以称为股份经济合作社或者经济合作社。③ 两种组织形式的主要差异在于，农村集体经营性资产是以股份抑或份额的形式量化到本集体成员的。由此可见，在农村集体产权制度改革的语境下，农村集体经济组织即为股份经济合作社或者经济合作社。关于农村集体经济组织的具体形

① 《民法典》第 96 条规定："本节规定的机关法人、农村集体经济组织法人、城镇农村的合作经济组织法人、基层群众性自治组织法人，为特别法人。"

② 《民法典》第 99 条规定："农村集体经济组织依法取得法人资格。法律、行政法规对农村集体经济组织有规定的，依照其规定。"

③ 《集体产权制度意见》（十二）中规定："发挥农村集体经济组织功能作用。农村集体经济组织是集体资产管理的主体，是特殊的经济组织，可以称为经济合作社，也可以称为股份经济合作社……妥善处理好村党组织、村民委员会和农村集体经济组织的关系。"

式，各试点地区大都成立的是股份经济合作社，只有少数无经营性资产和资源性资产的村成立了经济合作社。在课题组调研的22个县（市、区）中[①]，共有9 056个行政村（涉农社区）参与集体产权制度改革，其中，成立了7 756个股份经济合作社，1 300个经济合作社，分别占比85.64%和14.36%。各地主要根据是否具有经营性资产和资源性资产、能否产生收益和分红的标准，自主决定农村集体经济组织的具体组织形态。例如，湖北省荆州市荆州区详细制定了股份制改革方案并规定了成立股份经济合作社的四条标准：集体资源经营性面积在1 000亩以上的村；集体经营性资产在200万元以上，经营性资源面积在500亩以上的村；集体经济年末未分配收益额达到20万元以上的村；2016年以来实行行政村合并的村。结合课题组的调研情况来看，各试点地区均成立了新型农村集体经济组织，对每个村集体经济组织进行登记造册，并赋予了统一社会信用代码，悬挂集体经济组织牌匾于村部合适位置。农村集体经济组织登记赋码后，由当地农业农村局颁发"农村集体经济组织登记证"正本和副本各一份，二者具有同等法律效力，自领取之日起生效。证书中记载的基本信息包括农村集体经济组织的名称、类型、住所、业务范围、法定代表人、资产情况、成立日期、有效期限、发证日期等。在农村集体资产股份合作制改革中，农村集体经济组织是改革的运作载体，居于整个改革的核心地位，承担着管理集体资产、开发集体资源、发展集体经济、服务集体成员等经济职能，故其自身的运营管理效果直接影响到改革进程。为规范集体资产的经营管理，提高经营管理的水平和效率，股份经济合作社效仿现代企业的治理结构，设立股东（成员）大会或股东（成员）代表大会、理事会（董事会）、监事会，实行"一人一票"的表决方式，民主决议股份经济合作社的各项事宜。

---

① 鉴于在调研过程中，部分地区的主管部门不予公开相关数据。课题组经统计，在全部调研地区的32个县（市、区）中，共收集到22个县（市、区）的数据。

然而，在实践中农村集体经济组织并未实现真正的独立，在人员构成、职能定位和财务管理上，“政经不分”的现象普遍存在。首先，各试点地区村党组织、村民委员会和农村集体经济组织三位一体，村党组织书记身兼数职，村党支部书记、村民委员会主任、村集体经济组织法定代表人三个职务一肩挑。同时，上述三个机构的内部组成人员基本混同，形成了“一套人马、三块牌子”的现实情形。这不仅导致基层党建、群众服务和集体经济管理等各项工作的混乱，还极易造成权力高度集中，引发决策上的个人独断专行。其次，村民自治事务和集体经济事务尚未实现分离。村民委员会的主要任务是办理本村的公共事务和公益事业，调解民间纠纷，协助维护社会治安，向人民政府反映村民的意见、要求和提出建议，其主要承担的是社会管理职能。[①] 农村集体经济组织作为独立的市场主体，平等地参与市场经营活动，发挥着管理集体资产、开发集体资源和发展集体经济的作用，主要承担经济管理的职能。但目前，村民委员会实际上代行村集体经济组织的功能，导致自治职能与经济职能不分，成为阻碍各地农村集体经济组织发展的掣肘。最后，村民委员会与农村集体经济组织的财务账目混为一体。一方面，2004 年财政部印发的《村集体经济组织会计制度》中的部分条款已经不适应现阶段农村集体财务管理需要，应当在结合现代企业管理模式、保持农业本质特性的基础上，修订完善农村会计制度；另一方面，目前村民委员会和集体经济组织的财务并未分开，二者的各类收支账目混为一谈，村民委员会尚不存在自身独立的会计制度。事实上，农村集体经济在发展壮大后，需要按照市场经济规律运行，只有与乡村自治组织分离，集体经济才能得以充分发展；而基层自治组织唯有剥离经济职能，才能更加专业化、精细化、

① 《村民委员会组织法》第 2 条规定：“村民委员会是村民自我管理、自我教育、自我服务的基层群众性自治组织，实行民主选举、民主决策、民主管理、民主监督。村民委员会办理本村的公共事务和公益事业，调解民间纠纷，协助维护社会治安，向人民政府反映村民的意见、要求和提出建议。”

高效化，为广大农民提供更优质的服务。为此，亟须全面理顺基层各组织之间的关系，明确其法律地位和职责范围，促使三大组织回归各自本位。村党支部是党在农村全部工作和战斗力的基础，是村级各种组织和各项工作的领导核心，主要负责基层党建工作；村民委员会是村民自我管理、自我教育、自我服务的基层群众自治性组织，负责村民自治和公共服务；农村集体经济组织是在村党支部和村民委员会的领导下大力发展集体经济，对村集体的资金、资产和资源进行经营管理的组织。具体来讲，应当在基层党组织的领导下，明晰农村集体经济组织与村民委员会的职能关系，各自承担的集体经济经营管理事务和村民自治事务，实现经济管理职能和社会管理职能的分离。一方面，完善支持农村集体经济组织吸引人才的有效机制。村民委员会主任或村党支部书记的工作任务重、精力和能力有限，对新时代背景下发展集体经济往往力不从心。以市场化方式运作农村集体经济组织需要专业化人才，建议各试点地区吸引农村致富能手、回乡大学生等优秀人才参与管理运营工作。同时，推选真正能够推动集体经济发展，具备管理运营集体经济能力的人担任农村集体经济组织负责人，其不在村民委员会兼任职务，只负责统领农村集体经济事务。另一方面，完善政经分离的配套财务制度。建立村民委员会的独立会计制度，制定《村民委员会会计制度》或出台村民委员会会计制度的指导性意见。村民委员会应当单独开设银行账户，设置会计账簿、报表，并且独立进行财务会计核算，实现真正的政经账务分离，促进农村集体经济组织良性运行。为此，财政部、农业农村部于 2021 年 12 月 7 日印发的《农村集体经济组织财务制度》第 33 条规定："具备条件的农村集体经济组织与村民委员会应当分设会议账套和银行账户。"

三、农村集体资产股份合作制改革的目标资产

为解决一些地方集体经营性资产归属不明、经营收益不清、分配

不公开、成员的集体收益分配权缺乏保障等突出问题，中央要求着力推进集体经营性资产确权到户和股份合作制改革。这对于切实维护农民合法权益，增加农民财产性收入，让广大农民分享改革发展成果，如期实现全面建成小康社会目标具有重大现实意义。《集体产权改革意见》明确规定，将农村集体经营性资产以股份或者份额形式量化到本集体成员，有序推进经营性资产股份合作制改革。[①] 据此，中央政策倡导在农村集体资产股份合作制改革中，将集体经营性资产折股量化给本集体成员，作为其参加集体收益分配的基本依据。亦即，农村集体资产股份合作制改革的目标资产是农村集体经营性资产。

事实上，农村集体资产包括资源性资产、经营性资产和非经营性资产（又称“公益性资产”）三类。这三类资产是农村集体经济组织成员的主要财产，也是农业农村发展的重要物质基础。其中，农村集体资源性资产是指特定的权属主体所拥有或实际控制，能以货币计量并能在生产经营过程中为其权属主体带来未来经济利益的社会、自然资源。[②] 具体来讲，农村集体资源性资产主要指农民集体所有的土地、森林、山岭、草原、荒地、滩涂等自然资源。农村集体经营性资产是指农村集体在生产运营过程中所获得的经济效益，同时以赚取经济利益为导向使用的集体的物资、财产和各项权益[③]，主要包括用于经营的房屋、建筑物、机器设备、工具器具、农业基础设施、集体投资兴办的企业及其所持有的其他经济组织的资产份额、无形资产等资产。农村集体非经营性资产是指农村集体用于教育、科学、文化、卫生、体育、水利、交通、福利等公共服务和公益事业的资产，主要包括农村公共道

---

① 《集体产权改革意见》（九）中规定：“有序推进经营性资产股份合作制改革。将农村集体经营性资产以股份或者份额形式量化到本集体成员，作为其参加集体收益分配的基本依据。改革主要在有经营性资产的村镇，特别是城中村、城郊村和经济发达村开展……改革后农村集体经济组织要完善治理机制，制定组织章程，涉及成员利益的重大事项实行民主决策，防止少数人操控。”

② 程烨．论提高不动产产权保护精准度的若干问题．国土资源情报，2017（4）.

③ 刘涛．农村集体经营性资产法律制度研究．农业经济，2021（1）.

路、公共水利设施、环卫设施、文化设施、小学、托儿所、幼儿园及卫生室等。根据《集体产权改革意见》的规定，农村集体资产股份合作制改革主要在有经营性资产的村镇，特别是在城中村、城郊村和经济发达村开展。换言之，农村集体资产股份合作制改革进行折股量化的资产范围限于经营性资产，不包括资源性资产和非经营性资产。然而，课题组在调研过程中发现，一些地区的经济发展水平较为落后，尚不具备或仅存少量的经营性资产，缺乏推进股份合作制改革的现实要件，因此，在实践中存在将资源性资产和非经营性资产予以折股量化的情形。为全面把握股份合作制改革目标资产的现实情况，课题组总结出了调研地区折股量化的资产范围（见表1-2）。

表1-2　农村集体资产股份合作制改革的目标资产

地　区	资产范围
湖北省潜江市	经营性资产＋集体统一经营的资源性资产
湖北省荆州市荆州区	经营性资产＋经营性土地资源
湖北省当阳市	集体净资产（经营性资产＋资源性资产）
湖南省娄底市娄星区	经营性资产＋未承包到户的资源性资产＋征地收入分配剩余款
湖南省韶山市	集体总资产或经营性资产或经营性净资产
湖南省株洲市	经营性净资产
黑龙江省哈尔滨市道外区	集体净资产（经营性资产＋资源性资产＋非经营性资产）
黑龙江省安达市	集体净资产（经营性资产＋非经营性资产）
黑龙江省肇州县	集体净资产（经营性资产＋资源性资产）
山东省沂水县	经营性资产＋经营性资源
山东省平原县	经营性资产
山东省桓台县	经营性资产＋资源性资产＋非经营性资产
山东省邹城市	经营性资产＋部分非经营性资产
山东省济宁市兖州区	经营性资产＋部分非经营性资产

续表

地　区	资产范围
山东省莒县	经营性资产＋资源性资产
山东省阳信县	经营性资产
重庆市渝北区	经营性资产
重庆市沙坪坝区	经营性资产
重庆市奉节县	经营性资产
重庆市长寿区	经营性资产＋资源性资产
四川省成都市温江区	经营性净资产＋土地
辽宁省铁岭县	经营性资产＋未承包到户的资源性资产
辽宁省调兵山市	经营性资产
广东省佛山市顺德区	经营性资产＋资源性资产
广东省佛山市南海区	经营性资产＋资源性资产
河南省卢氏县	经营性净资产＋资源性资产
甘肃省康县	经营性净资产
甘肃省武山县	经营性资产

课题组通过对比分析 28 个县（市、区）[①] 的农村集体资产股份合作制改革的目标资产，初步得出以下调研结论。

第一，在上述 28 个县（市、区）中，9 个县（市、区）强调进行折股量化的资产是去除集体负债的“净资产”，占比 32.14%。尽管剩下的 19 个县（市、区）并未在改革文件中明确指出，股份合作制改革的目标资产是集体净资产，但各试点地区在实践过程中，进行折股量化的资产均是经过清产核资且清偿集体债务后所剩余的净资产。

第二，上述 28 个县（市、区）均将经营性资产纳入折股量化的资产范围之内，其中 9 个县（市、区）仅将经营性资产作为股份合作制改

① 鉴于在调研过程中，部分地区的主管部门不予公开相关文件。故课题组经统计，在全部调研地区的 32 个县（市、区）中，共收集到 28 个县（市、区）的农村集体资产股份合作制改革的目标资产。

革的目标资产。这表明各地区基本遵循了中央的政策导向，着力推进集体经营性资产股份合作制改革。但是，完全按照中央的政策文件加以落实，仅将经营性资产进行折股量化的试点地区并不多，仅占比 32.14%。

第三，在上述 28 个县（市、区）中，15 个县（市、区）将资源性资产折股量化，占比 53.57%。此处的资源性资产主要是指未承包到户、集体统一经营的资源性资产。课题组在访谈中了解到，将资源性资产进行折股量化的地区普遍存在经营性资产量少，而资源性资产较为丰富的情况。鉴于通过采用出租、转让的方式，集体统一经营的资源性资产能够产生稳定的经济收益，故这部分地区将资源性资产也纳入了折股量化的范围之内。

第四，在上述 28 个县（市、区）中，5 个县（市、区）将非经营性资产折股量化，占比 17.86%。一些地区的集体资产总量不大，为顺利推进股份合作制改革，只能将非经营性资产也纳入折股量化的资产范围之内。然而，一般来讲，非经营性资产非但不能产生经济收益，反而需要定期加以维护，另行投入部分资金，故将其作为股份合作制改革的目标资产的做法严重违背基本逻辑，不存在任何现实依据。

第五，各地区最普遍的做法是将经营性资产和资源性资产一同进行折股量化。在上述 28 个县（市、区）中，13 个县（市、区）将经营性资产和资源性资产作为股份合作制改革的目标资产，占比 46.43%。各地区将经营性资产和资源性资产一同折股量化，将有效增加股份合作制改革的目标资产范围，深入推进农村集体资产股份合作制改革进程。

第六，在上述 28 个县（市、区）中，2 个县（市、区）将全部集体资产进行折股量化，占比 7.14%。哈尔滨市道外区和淄博市桓台县结合自身的实际情况，将经营性资产、资源性资产和非经营性资产一同作为股份合作制改革的目标资产。

综上，由于各地区的现实情况有所不同，故在农村集体资产股份合作制改革进程中，各地选择折股量化的资产范围存在一定的差异，农民对于股份合作制改革的目标资产也存在不同看法。在面对“您认为股份合作制改革应该涉及哪些集体资产”这一问题时，83.82%的受访农民选择经营性资产（如用于经营的农业器具、房屋等），90.67%的受访农民选择资源性资产（如集体所有的土地、水面等），58.2%的受访农民选择非经营性资产（如学校校舍、健身设施等）；还有1.45%的受访农民认为只要是能够产生利润的集体资产，都可以作为股份合作制改革的目标资产，另有1.52%的受访农民选择不知道。不难看出，大多数农民认为应当将资源性资产和经营性资产一同进行折股量化，以此来获得更多的股份分红，从而有效增加自身的经济收益。

通过深入把握中央政策文件的精神，课题组认为，农村集体资产股份合作制改革的目标资产应是经营性净资产，主要理由在于：一方面，农村集体资产股份合作制改革的目标资产是去除负债的集体净资产。农村集体产权制度改革包括全面清产核资、清人分类、组建集体经济组织、股份合作制改革等一系列举措。其中，全面清产核资是一项基础性工作，是加强农村集体“三资”管理。明晰农村集体资产所有权、摸清农村集体家底的必要措施。通过开展清产核资工作，能够有效化解集体债务，解决资产不清、结构不明的问题，达到集体资产底子清、账目明的效果。据此，股份合作制改革应当建立在清产核资的基础上，并以去除集体负债后的净资产为目标资产。同时，推进农村集体资产股份合作制改革，将集体资产以股份的形式量化给成员，其本质在于赋予农民参与分红的权利，从而增加农民的财产性收入。故而，进行折股量化的资产中当然不能包含任何负债，股份合作制改革的目标资产应当是集体资产总额扣除负债后的净资产。另一方面，农村集体资产股份合作制改革的目标资产是经营性资产。《集体产权改革意见》要求分类推进农村集体产权制度改革，按照党中央、国务院已有部署抓好集体土地等资源性资产确权登记颁证工作，推进经营性资产确权到户和股份合作制改革，建立健全集体公益设施等非经营性资产统一运行管护机制。[①] 由此可见，农村集体产权制度改革要注意区分“三类资产”，分类推进目标不同、方式不同的集体产权改革。针对这三类农村集体资产，国家分别采取截然不同的改革措施：对于资源性资产，要重点落实农村土地“三权分置”的改革要求，继续推行落实确权登记颁证的工作；对于经营性资产，要将资产折股量化到集体成员，着力推进股份合作制改革；对于非经营性资产亦即公益性资产，要根据其不同投资来源和有关规定统一运行管护。因此，股份量化的资产范围为经过清产核资确认的集体经营性资产，土地等资源性资产及非经营性资产均不宜被纳入折股量化的范围内。

因此，实践中，一些试点地区将资源性资产或者非经营性资产进行折股量化的做法值得商榷。课题组在调研中发现，没有或者仅有少量经营性资产是绝大多数试点地区将另外两类集体资产进行折股量化的主要原因。事实上，目前不具备或仅存少量经营性资产的地区可以暂不推行股份合作制改革，着手开展清产核资、成员资格认定、建立新型集体经济组织等其他环节，为股份合作制改革奠定坚实的基础，待未来一段时间内积累相当数量的经营性资产后再进行改革。

四、农村集体资产股份合作制改革中的股权设置与管理

农村集体资产股份合作制改革中的股权设置与管理是农村集体产权制度改革的重要内容和核心环节。股权如何设置决定了农民能否取得股份经济合作社股权以及取得何种股权，直接关系到每一个农村集

---

① 《集体产权改革意见》（二）中规定：“农村集体产权制度改革是维护农民合法权益、增加农民财产性收入的重大举措……适应城乡一体化发展新趋势，分类推进农村集体产权制度改革，在继续按照党中央、国务院已有部署抓好集体土地等资源性资产确权登记颁证，建立健全集体公益设施等非经营性资产统一运行管护机制的基础上，针对一些地方集体经营性资产归属不明、经营收益不清、分配不公开、成员的集体收益分配权缺乏保障等突出问题，着力推进经营性资产确权到户和股份合作制改革，对于切实维护农民合法权益，增加农民财产性收入，让广大农民分享改革发展成果，如期实现全面建成小康社会目标具有重大现实意义。”

体经济组织成员的切身利益。股权管理模式与农民股权权能的实现息息相关，股权能否流转以及如何流转决定了农民能在何种程度上实现其股权价值。[①]《集体产权改革意见》规定，股权设置应以成员股为主，是否设置集体股由本集体经济组织成员民主讨论决定。股权管理提倡实行不随人口增减变动而调整的方式。[②] 在中央政策文件的引导下，各试点地区结合自身的实际情况，设置了多元化的股权类型和不同的股权管理模式：股权设置类型涉及是否设置集体股及具体的设置比例、成员股的具体类型及设置标准等问题；股权管理模式涉及静态管理、动态管理和动静结合三种管理模式的选择问题。

（一）股权设置的现实类型

1. 集体股的设置问题

集体股是按集体资产净额的一定比例折股量化，由全体农村集体经济组织成员共有的股份。[③] 从理论层面上讲，农民集体是集体所有权的法定主体，是集体股的权利主体。但鉴于“农民集体”本身所带有的浓厚政治色彩和高度抽象性，故从本质上来讲，农村集体经济组织成员才是集体资产的最终拥有者和集体收益的最终享受者。据此，农村集体经济组织成员是集体股的真正享有者，是集体股收益的享受主体。然而，由于农民集体缺乏自我利益实现机制和意志产生机制，故将集体经济组织塑造为农民集体的意志表达载体和利益表达主体[④]，规定由农村集体经济组织代表集体行使所有权。由此，农村集体经济

① 王玉梅．从农民到股民：农村社区股份合作社基本法律问题研究．北京：中国政法大学出版社，2015：151.

② 《集体产权改革意见》（九）中规定：“有序推进经营性资产股份合作制改革……股权设置应以成员股为主，是否设置集体股由本集体经济组织成员民主讨论决定。股权管理提倡实行不随人口增减变动而调整的方式。改革后农村集体经济组织要完善治理机制，制定组织章程，涉及成员利益的重大事项实行民主决策，防止少数人操控。”

③ 王玉梅．从农民到股民：农村社区股份合作社基本法律问题研究．北京：中国政法大学出版社，2015：152.

④ 许中缘，崔雪炜．“三权分置”视域下的农村集体经济组织法人．当代法学，2018（1）.

组织代表集体成员管理运营集体股，是集体股的管理者和实际行使主体。这导致名义上集体股属于农村集体经济组织成员集体所有，但实质上却由农村集体经济组织代表持股，使得集体经济组织拥有独立的股权利益，并产生了与集体成员利益相冲突的法律后果。

针对集体股的设置问题，课题组详细统计各试点地区的做法，全面分析了 27 个县（市、区）[①] 的集体股设置情况，初步得出以下调研结论（见表 1-3）。

表 1-3　集体股的设置与用途

地　区	集体股
湖北省潜江市	集体股 20%，主要用于偿还集体债务； 先提取公积金、公益金，比例不超过 30%，用于发展公益事业、扩大再生产、发放集体福利等
湖北省荆州市荆州区	村级债务按照 30 万元为基础，达到 30 万元的村要设置集体股。村级债务低于 50 万元的村，集体股份不得超过 15%；村级债务在 50 至 100 万元的村，集体股份不得超过 25%；村级债务在 100 万元以上的村，集体股份可确定为 30%。 集体股主要用于处置遗留问题、需要补缴的税费、社会保障支出和必要的公益性支出等。 先提取公积金、公益金，用于村内公益事业建设
湖北省当阳市	集体股不超过 30%，主要用于处置遗留问题、需要补缴的税费、社会保障支出和必要的公益性支出等； 先提取公积金、公益金，比例不超过 30%，用于发展生产和公共服务，包括转增资本及公益设施建设等
湖南省娄底市娄星区	不设置集体股； 提取公积公益金：公积金用于集体经济发展和防范经营风险，公益金用于集体公益性事务
湖南省韶山市	集体股不超过 20%，主要用于解决历史遗留债务问题； 先提取公积金、公益金，比例 15%

① 鉴于在调研过程中，部分地区的主管部门不予公开相关文件。故课题组经统计，在全部调研地区的 32 个县（市、区）中，共收集到 27 个县（市、区）的集体股设置情况。

续表

地　区	集体股
湖南省株洲市	不设置集体股； 先提取公积金、公益金，用于处理遗留问题、偿还债务和建设公益设施等
黑龙江省哈尔滨市道外区	集体股不超过30%，主要用于处置遗留问题、需要补缴的费用、本集体经济组织成员社会保障支出和一些必要的公益性支出
黑龙江省安达市	集体股不超过30%，主要用于处置遗留问题、需要补缴的税费、社会保障支出和必要的公益性支出
黑龙江省肇州县	集体股不超过30%，主要用于处置遗留问题、需要补缴的费用、本集体经济组织成员社会保障支出和一些必要的社会性支出
山东省沂水县	不设置集体股
山东省平原县	不设置集体股
山东省桓台县	不设置集体股
山东省邹城市	不设置集体股
山东省济宁市兖州区	不设置集体股
山东省莒县	不设置集体股
山东省阳信县	设置集体股
重庆市沙坪坝区	不设置集体股 先提取公积金、公益金
重庆市奉节县	不设置集体股 先提取公积金、公益金
重庆市长寿区	提倡不设置集体股，需要设置集体股的，不超过5%； 集体股主要用于解决成员资格确认和股份原始设置时，遗漏的应增成员，以及应设或少设的股份，不享有任何权利； 先提取公积金、公益金，比例不超过30%，用于扩大再生产、弥补亏损或集体公益性事务
成都市温江区	不设置集体股

续表

地 区	集体股
辽宁省铁岭县	集体股不超过30%，主要用于公益性事业开支、本社管理支出和偿还债务
辽宁省调兵山市	提取公积公益金和福利费不低于30%，用于公益性支出
广东省佛山市顺德区	集体股20%；但当地村社实际上并未设置集体股，而是采取了相对灵活"一事一议"的方案
广东省佛山市南海区	不设置集体股； 先提取公积金、公益金，并将20%用于福利派发、公益等用途，20%作为公积金留存本社
河南省卢氏县	不设置集体股； 先提取公积金、公益金和福利费，比例不超过30%
甘肃省康县	集体股60%
甘肃省武山县	设置集体股（焦寺村占80%）

首先，在27个县（市、区）中，13个县（市、区）设置了集体股，占比48.15%；14个县（市、区）未设置集体股，占比51.85%。其中，在14个不设置集体股的试点地区中，7个县（市、区）采用提取公积公益金的方式替代集体股的功能，占比50%。针对公积公益金的提取比例，绝大多数试点地区规定为不超过当年可分配盈余的30%。另外，在调研的试点地区中，5个县（市、区）将设置集体股与提取公积公益金并存，如湖北省荆州市荆州区、湖南省韶山市等。但是，在二者的先后顺序上，各试点地区均规定，农村集体经济组织在分配当年集体收益时，应当先提取公积公益金，再设置集体股参与集体收益分配。

其次，在设置集体股的13个县（市、区）中，12个县（市、区）明确限定了集体股的设置比例，仅山东省滨州市阳信县未对具体的设置比例加以规定。在规定集体股的设置比例时，各试点地区的普遍做法是设置集体股的比例上限，即不超过总股份的一定比例。针对集体股的具体设置比例，大多数试点地区规定为不超过总股份的20%或

30%。但也存在集体股的设置比例过低或畸高的情形，如重庆市长寿区规定，需要设置集体股的，其设置比例不得超过5%；又如，甘肃省天水市武山县焦寺村规定，集体股的设置比例为80%。

最后，设置集体股的试点地区主要将集体股的收益用于偿还集体债务、解决历史遗留问题、发展集体公益事业、支付本集体经济组织成员社会保障支出、缴纳集体公共管理费用以及投资集体扩大再生产等。其中，偿还集体债务和支付公益性事业开支既是各地区集体股的主要用途，又是大多数地区设置集体股的最主要原因。相比之下，极少数试点地区将集体股用于投资集体扩大再生产，这在一定程度上与目前集体经济组织处于起步阶段，尚不具备扩大再生产现实需要的发展现状紧密相关。

事实上，关于是否设置集体股，理论上存在较大的争议，学者形成了“设置集体股”和“废除集体股”两种观点的。一方面，主张设置集体股的理由在于：第一，唯有设置集体股，才能充分体现集体所有的公有制性质，实现公有制经济对集体经济发展和保障收入合理分配的调节功能。① 第二，通过设置集体股的方式，能够解决公共事业经费开支和为成员提供公共福利的问题。② 第三，通过设置集体股，能够将其用于归还农村集体经济组织的债务和解决农村集体产权制度改革中出现的遗漏成员、折股量化计算错误等遗留问题。③ 另一方面，反对设置集体股的理由在于：第一，在将集体资产折股量化到成员时，还保留一部分资产设置为集体股，会产生产权不明晰的问题④，这与农村集体产权制度改革的初衷相违背，是改革极其不彻底的表现。第二，在目前农村集体经济组织内部监督机构形同虚设的背景下，设置集体股会加剧集体资产利用分配不透明的现象，最终侵害到集体成员

① 段浩．农村集体经营性资产股份制改革的法治进路．法商研究，2019 (6).

② 方志权．农村集体资产管理若干问题研究．科学发展，2011 (8).

③ 王玉琴，王建峰．集体股是否应该设置．农村经营管理，2020 (2).

④ 韦少雄．农村集体经济组织股份合作制改革的法律思考．河池学院学报，2010 (3).

的权益。[①] 第三，设置集体股意味着股权流转和有偿退出面临着不完全的流转退出，这将严重影响农民股权权能的顺利实现，为股权流转和有偿退出带来一定的阻碍。[②] 课题组在调研过程中，认真听取了农民的意见。在面对"您认为是否应该设置集体股"这一问题时，71.63%的受访农民认为应该设置集体股，28.37%的受访农民认为不应该设置集体股。不难看出，广大农民更倾向于农村集体经济组织设置集体股，其主要原因在于绝大多数农民认为集体应当留存部分资金发展集体公共事业，从而为集体成员提供更多的公共服务。

课题组认为，农村集体产权制度改革初期，囿于"姓资姓社"问题的困扰，为了避免被指责有颠覆农村集体所有制、瓜分社会主义公有财产的政治风险，农村集体经济组织大都设置了集体股，并且集体股的设置比例也往往较高。[③] 然而，根据课题组调研所掌握的现实情况，在深化集体产权制度改革的过程中，一些试点地区不断降低集体股的设置比例，部分地区甚至存在废除集体股的现象。集体股的设置主要是为了满足集体产权制度改革初期阶段现实需求的一项过渡性措施，但其在很大程度上违背了股份合作制改革的初衷，产生了部分集体产权不明晰的问题。未来随着农村集体产权制度改革的深入推进，各地应当结合自身的实际情况，逐渐降低集体股的比例，直至取消集体股的设置。

2. 成员股的具体类型

根据《集体产权改革意见》的规定，成员股的具体类型由本集体经济组织成员民主讨论决定，赋予各试点地区极大的自主性和灵活性。因此，针对成员股的具体种类，各地区的实践做法不尽相同，呈现出

① 张洪波．论农村集体资产股份合作中的折股量化．苏州大学学报（哲学社会科学版），2019（2）.

② 管洪彦．农村集体产权改革中的资产量化范围和股权设置．人民法治，2019（14）.

③ 王玉梅．从农民到股民：农村社区股份合作社基本法律问题研究．北京：中国政法大学出版社，2015：152.

多样化的现实样态，集中反映了每个地区的特点。然而，各试点地区也存在一定的共通之处，其股份经济合作社普遍设置了个人股（基本股、人口股）、劳龄股（农龄股）、贡献股等股权类型。为全面掌握成员股的实际设置情况，课题组总结出了调研地区的成员股具体类型，并将其制成表格予以释明，以便于进一步的分析与比较（见表1－4）。

表1－4　成员股的具体类型

地　区	成员股
湖北省潜江市	个人股（人口股）
湖北省荆州市荆州区	基本股（不低于个人股总股本的50%）、劳龄股、计生奖励股、特别贡献股
湖北省当阳市	基本股、农龄股、贡献股
湖南省娄底市娄星区	个人股
湖南省韶山市	个人股
湖南省株洲市	基本股、农龄股、福利股
黑龙江省哈尔滨市道外区	基本股、劳龄股、其他股（计划生育奖励股、贡献股、敬老股、扶贫股、风险股等）
黑龙江省安达市	基本股、劳龄股
黑龙江省肇州县	基本股、劳龄股、土地股、现金股、其他股（奖励股、贡献股等）
黑龙江省克山县	基本股、劳龄股、计划生育奖励股、复员军人优抚股
山东省沂水县	个人股
山东省平原县	基本股、劳龄股
山东省桓台县	个人股
山东省邹城市	个人股
山东省济宁市兖州区	个人股
山东省莒县	基本股、农龄股（劳龄股）、孝德股、新增股、扶贫股等
山东省阳信县	个人股

续表

地　区	成员股
重庆市渝北区	个人股
重庆市沙坪坝区	农龄股
重庆市奉节县	个人股
重庆市长寿区	成员股（本社成员）、分红股（非本社成员或单位）
四川省成都市温江区	人口股、资产股、土地股
辽宁省铁岭县	基本股、劳龄股、奖励股（村干部奖励股、独生子女奖励股）、贡献股、扶贫股等
辽宁省调兵山市	基本股、贡献股、奖励股（村干部奖励股、独生子女奖励股）、其他股等
广东省佛山市顺德区	个人股（成员持股数由其年龄决定）
广东省佛山市南海区	个人股
河南省卢氏县	个人股
甘肃省康县	个人股
甘肃省武山县	个人股
北京市	人口股（基本股、户籍股、自然资源股）、劳龄股、现金股、优先股、经营管理股、独生子女奖励股
福建省龙岩市永定区	基本股、资源股、移民资产股

通过分析 31 个县（市、区）[①] 的成员股具体类型，课题组初步得出以下调研结论。

（1）各试点地区普遍设置了基本股、劳龄股和贡献股三种股权类型。

1）基本股。基本股又称人口股，是农村集体经济组织成员按人头

① 课题组经统计，在全部调研地区的 32 个县（市、区）中，收集到 28 个县（市、区）的成员股具体类型。另据在官网上获取的资料，共统计到 31 个县（市、区）的成员股具体类型。

持有的股份，一般按照每个成员一人一股的标准进行分配，其总额原则上不低于成员股总股本的 50％。基本股依据农村集体经济组织成员的身份设置并平均量化股权，即一人一股，人人有份。这是对成员集体资产所有者身份的确认。在众多的成员股具体类型中，基本股是最普遍的股权类型，在上述 31 个县（市、区）中，30 个县（市、区）均设置了基本股，占比 96.77％。

2）劳龄股。劳龄股又称农龄股，是按照劳动年限和劳动贡献量化到农村集体经济组织成员的股权。劳龄股是对农村集体经济组织成员以往集体劳动贡献的认可，将其量化为农龄并以此为依据。劳龄股的设置实际上是承认了劳动力的价值，并将劳动力予以“资本化”了。[①] 由于农村集体资产是集体经济组织成员长期劳动积累形成的，广大成员的劳动贡献是目前集体积累的主要来源，故而劳龄股的设置比例往往仅次于基本股的量化比例。在上述 31 个县（市、区）中，12 个县（市、区）设置了劳龄股，占比 38.71％，并且重庆市沙坪坝区仅设置了劳龄股一种股权类型。这足以证明劳龄股在成员股中所占据的重要地位。

3）贡献股。贡献股又称特别贡献股，是指对对农村集体经济组织作出过重大贡献，促进集体经济发展壮大的成员赋予的一种股权。考虑到在农村集体经济组织的发展过程中，部分集体经济组织成员所作出的突出贡献，不仅带动集体经济快速发展，还有效增加了集体资产的体量，为未来农村的发展带来了良好契机。因此，在农村集体产权制度改革中，一些试点地区对为本集体经济组织作出特殊贡献的成员，量化一定比例的集体资产股权，代表其对在发展壮大集体经济中贡献突出的成员的高度认可。在上述 31 个县（市、区）中，6 个县（市、区）设置了贡献股，占比 19.35％。

---

① 王玉梅．从农民到股民：农村社区股份合作社基本法律问题研究．中国政法大学出版社，2015：156、158.

（2）一些试点地区还设置了现金股、经营管理股、独生子女奖励股及扶贫股等多元化的股权类型，用于满足各地区多样化的现实需求。

1）现金股。现金股是农村集体经济组织成员用现金投入的方式取得的股权。从本质上讲，现金股是集体经济组织成员以现金出资的形式购买股份，属于对农村集体经济组织的增量投资。股份经济合作社在资金短缺的情况下，出于持续发展经营的现实需要，往往广泛吸收股东的现金投入，此乃设置现金股的最常见情形。鉴于新型农村集体经济组织成立不久，普遍需要大量的资金支持，故基于股份经济合作社的发展需求，设置一定比例的现金股不仅能够增强股份经济合作社的经济实力，促进农村集体经济不断发展壮大，还促使股东更加关注股份经济合作社的发展情况，提升股份经济合作社的整体凝聚力。在上述 31 个县（市、区）中，2 个县（市、区）设置了现金股，占比 6.45%。

2）经营管理股。经营管理股又称村干部奖励股[①]，是农村集体经济组织的经营管理人员根据自身的职务、经营贡献等，以较为优厚的对价有偿取得的股权。股份经济合作社设置经营管理股的出发点在于，运用一定比例的股权及其分红收益形成对经营管理人员的激励机制，解决农村集体经济组织人才引进、留住的问题。然而，采用无偿配给的方式往往异化为村干部等经营管理者享受特殊利益，这遭到广大农民群众的强烈质疑和反对。因此，经营管理股并非是农村集体经济组织经营管理人员无偿取得的股权，而是需要支付一定的对价出资购买的股权。只不过，相比正常的股权交易价格，其支付的对价更为优厚一些。在上述 31 个县（市、区）中，3 个县（市、区）设置了经营管理股，占比 9.68%。

---

① 如前所述，鉴于目前大多数农村集体经济组织普遍存在“政经不分”的现象，村民委员会与集体经济组织的相关人员“交叉任职”的情形比比皆是，现阶段大都由村干部负责农村集体经济组织的经营管理活动。因而，股份经济合作社设置的经营管理股又被称为村干部奖励股。

3）独生子女奖励股。独生子女奖励股又称计划生育奖励股，是对符合条件的独生子女的父母，且具有本村基本股的一方或者双方给予一定的配股奖励。独生子女奖励股实质上是把股权作为管理村民的一种手段，严重混淆了私权与公法的关系。遵守国家计划生育要求是公民的基本义务，属于一项公法上的义务，设置独生子女奖励股是对履行公法上义务的奖励。然而，农村集体经济组织成员对集体资产的所有权是一种私权，是否享有以及在多大程度上享有该种私权与其是否履行公法上的义务并无任何直接关系。故实践中将二者加以关联并据此专门设置一类股权的做法，不仅存在明显的理论冲突，还会带来众多的现实问题。在上述 31 个县（市、区）中，6 个县（市、区）设置了独生子女奖励股，占比 19.35％。

4）扶贫股。扶贫股是为帮扶改善贫困户的生活生存条件，赋予农村集体经济组织成员一定比例的股权，从而保障其达到最基本的生活标准。部分试点地区的股份经济合作社设置扶贫股充分体现了人文主义关怀精神，反映了保护弱势群体权益的理念，不仅有利于实现社会保障的功能，还将助力全面打赢脱贫攻坚战。需要强调的是，随着我国脱贫攻坚战取得全面胜利，绝对贫困的现象得以彻底消除，9899 万农村贫困人口全部脱贫。在这样的社会背景下，扶贫股基本丧失了设立基础，无法满足存续的现实条件，明显已经不合时宜。因此，扶贫股具有一定的阶段性发展特征，未来可能面临着取消设置的局面。在上述 31 个县（市、区）中，3 个县（市、区）设置了扶贫股，占比 9.68％。

（3）某些试点地区结合本地区的实际情况，设置了特别的股权类型，这充分反映了当地的特色之处。例如，福建省龙岩市永定区考虑到部分移民乡镇的村集体资产来源复杂等情况，为解决相关移民人口的利益分享问题，专门设置了移民资产股，以保障集体经济组织成员的切身利益；黑龙江省克山县重点关注特殊农民群体中复员军人的利益保护问题，充分认可复员军人所作出的贡献，特别设置了复员军人优抚股，给予其更为丰富的权益保障；山东省莒县的部分村探索创新，设置彰显孝敬长辈中华民族传统美德的孝德股，这充分体现了当地的风土人情，促使股份合作制改革更接地气。

（二）股权管理模式的选择

对于是否可以对股份经济合作社的股权进行调整，各试点地区采取的做法有所差异。其主要包括以户为单位确定股权后不再进行调整的股权静态管理模式和根据家庭人口变动或其他因素进行调整的股权动态管理模式。具体来讲，股权静态管理模式，是指切断股份与人口变化的关系，实行出生、迁入不配股，死亡、迁出不退股，将股东所享有的集体资产份额和股份经济合作社的股份数量固定下来，不再进行任何调整，以此解决因人口流动、增减而发生的股权纠纷。股权静态管理模式将股东身份固定、股份数量固定，其本质特征在于“生不增、死不减，进不增、出不减”。相反，股权动态管理模式，是指根据人口流动、增减的变化，将股份每隔一段时间进行相应调整，实行出生、迁入配股，死亡、迁出退股，其本质特征在于“生增、死减，进增、出减”。其中，《集体产权改革意见》提倡实行股权静态管理模式，即不随人口增减变动而调整的方式。课题组通过调研发现，在 31 个县（市、区）[①] 中，27 个县（市、区）坚持中央政策文件导向，选择股权静态管理模式，占比 87.1%；4 个县（市、区）结合本地区的实际情况，选择股权动态管理模式，占比 12.9%。另外，在访谈过程中，课题组还了解到：75.08%的受访农民认为应当选择股权静态管理模式；21.83%的受访农民则认为股权动态管理模式更具优势；剩余 3.09%的受访农民建议现阶段实行静态管理，待改革成果稳定以后再进行动态管理。由此可见，关于股权管理模式的选择，不论是在地方政策的

① 课题组经统计，在全部调研地区的 32 个县（市、区）中，收集到 29 个县（市、区）的数据。另据在官网上获取的资料，共统计到 31 个县（市、区）的数据。

制定上，还是在农民民意的体现上，均更加倾向于股权静态管理，倡导推行股权固化。

股权静态管理模式虽然解决了股份经济合作社因股权流动和人口变动而产生的股权纠纷，但其最大的缺陷在于没有充分考虑新增人口的利益，易引起新增人口的不满。这主要表现在三个方面：一是农村集体经济组织需要以配股之外的其他方式解决新增人口的生活保障问题，这不仅可能会引发集体收益分配不公平的问题，还将随着新增人口数量的不断增加而造成混乱的局面；二是股权固化因无股农民人数增加、权力结构的变化而面临重新洗牌的可能，这不仅会使集体成员产生“固多久”的担忧①，还将导致其长期处于不确定的状态之下；三是因各村股权固化的做法并不一致，实践中可能出现外嫁女两头持股或者两头无股的尴尬情形。实际上，农村集体经济组织的新生成员基于出生的事实当然取得农村集体经济组织成员资格，理应成为股份经济合作社的股东，获得农村集体资产股份，并享受集体资产的收益。因此，股份经济合作社在实行股权静态管理模式，推行集体资产股权固化管理的同时，应当通过合理的制度设计来保证新增人口的利益。

目前，绝大多数试点地区选择以按户设置股权的方式来解决股权固化与新增人口之间的矛盾，即以“户”作为股权管理的基本单位，将股权固化到每一户。具体来讲，以“户”作为股权管理的基本单位是指以某一时点为分界线，对该时点在册的农村集体经济组织成员配置一定比例的股份，固化股份经济合作社的总股数，将股权量化到集体经济组织成员个人，固化到每一个家庭户内，并以户为基本单位发放股权证，以户为单位进行股份分红。这种方式可以有效解决股权固化后新增的农村集体经济组织成员没有股权的弊端，更好地兼顾各类群体的基本利益。同时，按户配置股权能够促使将利益关系调整控制在家庭内部，将股权纠纷由个人与集体之间的纠纷转变为家庭财产纠

① 姜美善，商春荣．农村股份合作制发展中的妇女土地权益．农村经济，2009（6）.

纷，从而提高争议解决的效率和成功率。

由此可见，股权管理模式的选择决定了股权配置单位的确定。若选择股权静态管理模式，则需要以“户”为基本单位配置股权；反之，若选择股权动态管理模式，则需要以“人”为基本单位配置股权。据此，关于农村集体资产股份的配置单位，主要包括按户配置和按人配置两种情形。需要注意的是，即使股份经济合作社以“户”为基本单位配置股权，享受集体资产股权的主体也仍然是农村集体经济组织成员个人，而非多个集体成员所组成的家庭户。为充分了解相关情况，课题组发放调查问卷，全面统计了广大农民的意见。在面对“您认为农村集体资产股份应当如何配置”这一问题时，74.64％的受访农民认为应当按户配置，25.36％的受访农民认为应当按人配置。这组调查问卷的结果充分反映了股权配置单位的确定与股权管理模式的选择紧密相关，二者具有逻辑上的一致性和连贯性。

五、农村集体资产股份合作制改革中的股份权利实现

《集体产权改革意见》明确规定，赋予农民对农村集体资产股份占有、收益、有偿退出及质押担保、继承权能，是深化农村集体资产股份合作制改革的基本方向与重要目标。这表明，农村集体资产股权是集体经济组织成员拥有的财产利益，具备占有、收益、继承、质押担保及有偿退出五项权能。在市场经济和城乡融合发展的背景下，唯有实现各项股权权能，才能实现市场要素的自由流动，真正增加农民的财产性收入。据此，国家应当结合农村集体产权制度改革的发展趋势，建立和完善集体资产股权继承、质押、转让及有偿退出等方面的制度规范。在中央政策文件的导向下，各试点地区纷纷制定《农村集体资产股权管理办法》及《农村集体资产股份权能管理办法》，赋予农村集体资产股份相应的股份权利。鉴于各试点地区的现实情况有所差异，故其赋予农民享有的集体资产股权权能不尽相同，课题组通过表格将

调研地区的农村集体资产股份合作制改革中的股份权能总结如下（见表1－5）。

表1－5　农村集体资产股份合作制改革中的股份权能

地　区	股份权能类型
湖北省潜江市	占有、收益、有偿退出、继承、质押担保权（不可对外流转）
湖北省荆州市荆州区	占有、收益、有偿退出、继承、质押担保权（股权继承、有偿退出、抵押担保限制在集体经济组织内部）
湖北省当阳市	占有、收益、有偿退出、继承、质押担保权（不可对外流转）
湖南省娄底市娄星区	占有、收益、有偿退出、继承、质押担保权（股权继承、有偿退出、抵押担保限制在集体经济组织内部）
湖南省韶山市	占有、收益、有偿退出、继承、质押担保权（股权继承、有偿退出、抵押担保限制在集体经济组织内部）
湖南省株洲市	占有、收益、有偿退出、继承、质押担保权（股权继承、有偿退出、抵押担保限制在集体经济组织内部）
黑龙江省哈尔滨市道外区	占有、收益、有偿退出、继承、质押担保权（股权继承、有偿退出、抵押担保限制在集体经济组织内部）
黑龙江省安达市	占有、收益、有偿退出、继承、质押担保权（股权继承、有偿退出、抵押担保限制在集体经济组织内部）
黑龙江省肇州县	占有、收益、有偿退出、继承、质押担保权（股权继承、有偿退出、抵押担保限制在集体经济组织内部）
山东省沂水县	占有、收益、有偿退出、继承、质押担保权
山东省平原县	占有、收益、继承、质押担保权（不可转让）
山东省桓台县	占有、收益、有偿退出、继承、质押担保权
山东省邹城市	占有、收益、有偿退出、继承、质押担保权（股权继承、有偿退出、抵押担保限制在集体经济组织内部）
山东省济宁市兖州区	占有、收益、有偿退出、继承、质押担保权（股权继承、有偿退出、抵押担保限制在集体经济组织内部）
山东省莒县	占有、收益、有偿退出、继承、质押担保权（不可对外流转）
山东省阳信县	占有、收益、有偿退出权
重庆市渝北区	占有、收益、有偿退出、继承、质押担保权

续表

地　区	股份权能类型
重庆市沙坪坝区	占有、收益、有偿退出、继承、质押担保权（不可对外流转）
重庆市奉节县	占有、收益、有偿退出、继承、质押担保权（不可对外流转）
重庆市长寿区	占有、收益、有偿退出、继承、质押担保权
四川省成都市温江区	占有、收益、有偿退出、继承、质押担保权
辽宁省铁岭县	占有、收益、有偿退出、继承、质押担保权（不可对外流转）
辽宁省调兵山市	占有、收益、有偿退出、继承、质押担保权（不可对外流转）
广东省佛山市顺德区	占有、收益、有偿退出、继承
广东省佛山市南海区	占有、收益、有偿退出、继承、质押担保权（不可对外流转）
河南省卢氏县	占有、收益、继承、内部转让
甘肃省康县	占有、收益、继承权（不可转让）
甘肃省武山县	占有、收益、继承权（不可转让）

课题组通过对比分析28个县（市、区）[①] 的农村集体资产股份合作制改革中的股份权利，初步得出以下调研结论：

第一，在上述28个县（市、区）中，22个县（市、区）赋予农民集体资产股份享有占有、收益、有偿退出及质押担保、继承的全部权利，占比78.57%。这代表大多数试点地区积极响应中央文件的要求，赋予集体资产股权各项具体权能，促使集体资产股份权利最大限度的实现，从而切实维护农民的合法权益。同时，赋予农民集体资产股权全面的股权权能，意味着集体资产股权并非闭塞于农村的“廉价”股权，而是适应社会发展趋势的市场化产物，未来将具有不可估量的财产价值。

① 鉴于在调研过程中，部分地区的主管部门不予公开相关文件。故课题组经统计，在全部调研地区的32个县（市、区）中，共收集到28个县（市、区）的农村集体资产股份合作制改革中的股份权利。

第二，在上述 28 个县（市、区）中，28 个县（市、区）赋予农村集体资产股权占有、收益权能，占比 100%；24 个县（市、区）赋予农村集体资产股权有偿退出权能，占比 85.71%；23 个县（市、区）赋予农村集体资产股权质押担保权能，占比 82.14%；27 个县（市、区）赋予农村集体资产股权继承权能，占比 96.43%。其中，占有、收益权能是农村集体资产股权最基本的权能，也是各试点地区最普遍赋予的股权权能。继承权能是绝大多数试点地区赋予的集体资产股权权能，其与许多农民的现实生活息息相关。囿于目前仍处于农村集体资产股份合作制改革的初期阶段，大多数农民既不具有有偿退出集体资产股权的现实意愿，又尚不具备通过质押集体资产股权的方式实现融资目的的现实需要。因此，部分试点地区并未赋予集体资产股份有偿退出和质押担保的权能。赋予集体资产股权有偿退出权能和质押担保权能的地区数量明显少于赋予其他三类股权权能的地区数量。

第三，在上述 28 个县（市、区）中，9 个县（市、区）明确要求农村集体资产股权继承、有偿退出、质押担保限制在本集体经济组织内部，占比 32.14%。《集体产权改革意见》明确规定，农村集体经营性资产的股份合作制改革，不同于工商企业的股份制改造，要体现成员集体所有和特有的社区性，只能在农村集体经济组织内部进行。[①]同时强调，现阶段农民持有的集体资产股份有偿退出不得突破本集体经济组织的范围，但可以在本集体内部转让或者由本集体赎回。[②] 这表明农村集体资产的股份合作制改革，本质上是一个内改制，不能突破本集体经济组织的范围。

---

① 《集体产权改革意见》之（九）中规定："有序推进经营性资产股份合作制改革……农村集体经营性资产的股份合作制改革，不同于工商企业的股份制改造，要体现成员集体所有和特有的社区性，只能在农村集体经济组织内部进行……改革后农村集体经济组织要完善治理机制，制定组织章程，涉及成员利益的重大事项实行民主决策，防止少数人操控。"

② 《集体产权改革意见》之（十一）中规定："保障农民集体资产股份权利……探索农民对集体资产股份有偿退出的条件和程序，现阶段农民持有的集体资产股份有偿退出不得突破本集体经济组织的范围，可以在本集体内部转让或者由本集体赎回……及时总结试点经验，适时在面上推开。"

第四，在上述28个县（市、区）中，18个县（市、区）强调农村集体资产股权不可以对外流转，占比64.29%；剩余的10个县（市、区）中，3个县（市、区）规定农村集体资产股权不能进行流转。结合调研的现实情况，课题组发现，针对农村集体资产股权能够对外流转的问题，尽管部分试点地区并未予以特别强调，但其均坚持不能对外流转的做法。另据调查的情况，目前实践中不存在农村集体资产股权对外流转的情形，因为各试点地区普遍反对将集体资产股权进行外部转让，从而突破本集体经济组织的做法。

课题组在调研过程中，充分听取了农民的意见，并详细汇总了相关问卷结果，意图能够真正反映农民的心声。在面对“您认为农民对集体资产的股权应当实现以下哪些权能”这一问题时，81.89%的受访农民选择占有、收益权能，57.57%的受访农民选择有偿退出权能，59.28%的受访农民选择质押担保权能，67.72%的受访农民选择继承权能。相比之下，绝大多数农民认为农村集体资产股权应当具有占有、收益权能，部分农民认为农村集体资产股权应当具有继承权能，而认为农村集体资产股权应当具备有偿退出权能和质押担保权能的农民数量较少。课题组结合访谈情况，简要分析其原因在于：目前，综观全国范围内的试点地区，农村集体产权制度改革尚处于起步发展阶段，大多普遍存在政策宣传不到位、农民理解不透彻的情况。在这样的改革背景下，绝大多数农民固守传统观念，不愿尝试并接受新鲜事物，唯恐股权有偿退出与质押担保会产生风险，为自己带来财产上的损失或其他不利后果。另外，大部分农民普遍认为自己并不存在股权退出和质押担保的现实需求，这两种集体资产股份权利与日常的生产生活关联不大，故当然不需要赋予农村集体资产股权有偿退出权能和质押担保权能。

关于农村集体资产股权能否进行对外流转，不仅是在理论层面上，还是在实践领域中，都是一个备受争议的热点问题。在调研过程中，课题组广泛听取了实务部门负责人员的相关意见，其主要形成了“能够对外流转”和“不能对外流转”两种观点。支持农村集体资产股权对外流转的理由在于：第一，在社会主义市场经济体制下，只有集体资产股权自由流转，才能实现生产要素的优化组合，真正体现农民所持集体资产股份的财产价值，并且显现其作为生产要素的潜在市场价值。唯有实现集体资产股权外部流转，才能有效搞活农村集体经济，激发集体经济的发展活力。第二，农村集体产权制度改革不仅要实现确认集体资产归属，明晰农村集体产权的目标，还应发挥市场在资源配置中的决定性作用，以建立农村集体经济运行新机制。据此，从长远来看，只有允许农村集体资产股权对外流转，发挥集体资产股权自由流转的效应，才能与其他要素实现优化组合，像其他产权一样产生增值的效能。[①] 需要注意的是，在支持集体资产股权对外流转的观点中，实务人员普遍认为，现阶段尚不具备开展股权外部流转的条件，未来在充分积累成熟经验的基础上，可以尝试采用对外流转的方式，逐步放开股权流转的范围限制。反对农村集体资产股权对外流转的理由在于：第一，由于农村集体经济组织成员所获得的股权，大都具有明显的福利属性，在很大程度上承担着农村社会保障的职能，故农村集体资产股份对外流转的现实条件尚不具备；第二，开展农村集体资产股权对外流转，可能会导致外来资本不断涌入，进而控股农村集体经济，并由此造成集体资产不断流失，最终可能严重侵害农民的合法权益；第三，吸引多元化的外部社会资本进入，可能会带来一系列无法预估的风险。大多数农民对经营风险存在强烈的回避心理，即使股权对外流转能够带来更多收益，也宁愿选择更为安全且收益稳定的内部流转方式。

总体来讲，持集体资产股权可以突破本集体经济组织的范围，依法进行对外流转观点的实务人员寥寥无几。这意味着目前实现农村集体资产股权外部流转面临着极大的现实障碍。据此，课题组认为，囿

① 方志权．农村集体产权制度创新与法治建设．上海：上海人民出版社，2020：76.

于当前中国农村社会的开放程度和农村集体产权制度改革的发展状况，现阶段实现农村集体资产股权对外流转的难度较大。未来各试点地区可以根据股份经济合作社的发展现状、自身条件等因素，探寻一条适合本集体经济组织的股权外部流转路径，最大限度地盘活集体资产和发挥集体资产的效用。亦即，未来农村集体经济的发展方向应当是从封闭走向开放，从固化走向流动。随着市场化和现代化程度的不断加大，农村集体资产的价值不断显现，股权流转制度不断健全，未来可以在风险可控的前提下，试行农村集体资产股权对外开放流转，逐步探索生产要素的流动方式。

为把握农村集体资产股权对外流转的实践现状，课题组通过发放调查问卷的方式，充分了解了广大农民的意见和想法。在面对“您认为农民是否可以对外转让农村集体资产股权”这一问题时，70.4%的受访农民认为集体资产股权只能在本集体经济组织内部转让，仅有9.89%的受访农民认为可以将集体资产股权转让给任何人，剩余19.71%的受访农民则认为不可以将集体资产股权进行转让。这反映出目前大多数农民不能接受外部的社会主体介入本集体经济组织，普遍不具有对外流转农村集体资产股权的意愿。课题组通过访谈进一步了解到，绝大多数农民反对将农村集体资产股权对外流转的原因在于：开放集体资产股份外部转让，将会引发外来资本不断涌入，进而控股农村集体经济，造成集体资产流失的问题。这将为其带来不可预测的经营风险，甚至造成资本市场的剧烈震荡，严重侵害广大农民的切身利益。

第二章
农民成员资格认定的应然司法逻辑

《民法典》第 261 条明确规定了农民集体所有权的权利主体为农民集体，同时明确了集体成员决定的事项范围；第 264 条与第 265 条第 2 款明确了集体成员享有的权利，包括知情权、查询权、复制权、撤销权。但是，《民法典》对于农民集体的成员资格界定未予任何规定。此外，《最高人民法院关于审理涉及农村土地承包纠纷案件适用法律问题的解释》（以下简称《农村土地承包纠纷司法解释》）第 22 条明确，在征地补偿安置方案确定时已经具备本集体经济组织成员资格的人，有权请求支付相应份额。因此，确定农民成员资格成为解决农村土地承包纠纷的前置性条件。考察司法实践对农民成员资格认定的司法逻辑，对于正确处理成员资格认定纠纷具有重要意义。

一、司法实践中农民成员资格认定存在的问题

在司法实践中，集体成员多因土地补偿费分配不公而提起诉讼，附带请求法院确认其具备本集体成员资格。由于法律未对成员资格的界定作出任何规范，因而法院在原告当事人是否具备本集体成员资格方面的审理较为混乱，部分问题未能得到厘清。其主要体现在以下四个方面：第一，法院能否审理有关成员资格的案件？对此，各地做法

不一。部分法院认为成员资格认定属于村民自治事项，需由行政机关予以处理，不属于民事诉讼受案范围[①]；而部分法院认为以成员资格认定属于村民自治事项为由而不予受理的做法，属于法律适用错误，成员资格认定应属于民事纠纷。[②] 第二，法院就成员资格问题作出的论述或判决，对当事人之后的权利义务关系是否具备法律拘束力？也即，法院在审理土地补偿费或集体决议效力的案件中，对原告是否属于本集体成员的论述仅属于审判逻辑的一环，还是属于有法律拘束力的判决部分？第三，法院能否对农民集体或农村集体经济组织就成员资格作出的集体决议的效力作出裁判？如当集体决议因特定文化习俗而将外嫁女、入赘男等主体排除在集体成员之外时，法院能否直接认定原告具备成员资格，能否或有无必要认定相关决议无效？第四，关于成员资格的认定应当采取何种标准？在认定成员资格的裁判中，最为突出的问题在于认定标准不统一，涉及户籍、基本生活保障、土地承包关系、实际生产生活关系等多个标准，而法院并未就此形成逻辑贯通的认定体系。

从理论来看，学界围绕成员资格认定的讨论，亦未形成统一的观点。第一，关于司法介入与集体自治的关系。有观点认为，法院应通过行政诉讼来介入关于成员资格的集体自治，并直接作出给付判决来规避单纯撤销集体决议的弊端[③]；另有观点主张，当事人应当以农村集体经济组织侵犯成员权利为由提起民事诉讼，法院有权审查侵犯成员利益的村规民约或自治章程。[④] 第二，关于成员资格认定所应采纳的标准。有观点认为，在现有城乡人口流动情形下，完全依据户籍来确定成员资格会抹去集体土地所有权所承载的基本生活保障功能，故

---

① 参见湖南省高级人民法院（2021）湘民申 476 号民事裁定书、内蒙古自治区高级人民法院（2020）内民申 1210 号民事裁定书。

② 参见山东省高级人民法院（2021）鲁民再 21 号民事裁定书。

③ 鞠海亭．村民自治权的司法介入：从司法能否确认农村集体组织成员资格谈起．法治研究，2008（5）.

④ 吴春香．农村集体经济组织成员资格界定及相关救济途径研究．法学杂志，2016（11）．房绍坤，任怡多．“嫁出去的女儿，泼出去的水？”：从“外嫁女”现象看特殊农民群体成员资格认定．探索与争鸣，2021（7）.

成员资格应以是否以集体土地为基本生存保障为原则，并结合具体法律事实认定。[①] 同时，诸多观点提出应以户籍为基本标准，但对其他因素的具体标准以及与户籍标准的协调存在争议：或主张兼顾其他具体事实，或认为以在集体经济组织所在地生产生活并依法登记为常住户口为基本标准，或主张成员资格认定应当与户籍分离，或以是否以本集体经济组织的土地为基本生存保障为参考因素或实质标准。[②] 第三，关于农民集体与集体经济组织的关系，并没有明确区分，相应地，是否区分农民集体成员与集体经济组织成员亦存有疑问。《民法典》明确了农民集体成员为农民集体的成员，而农民集体是集体所有权的权利主体，农村集体经济组织是集体所有权的代行主体。从以上表述来看，农民集体成员并非当然地属于集体经济组织成员，但《农村土地承包纠纷司法解释》第22条表述为集体经济组织成员资格，司法实践亦采用集体经济组织成员的表述。学界在论述集体成员资格时，亦很少明确说明农民集体成员与农村集体经济组织成员的区别。

由此，立法的不完善导致对成员资格认定的实践极为混乱，学术见解亦难统一，实体认定标准都不免过于单一或过分抽象。对此，有学者提出解决成员资格认定问题的关键在于尽快制定相应的实施细则或法律规范，以明确成员资格的认定标准，国家层面和地方层面的立法应当明确成员资格认定的标准体系。[③] 事实上，国家层面应当就成员资格认定出台相应的法律规范，但具体的规制方式有待进一步思考，法律是否应直接规定成员资格认定的标准体系或直接规定能否有效解决目前成员资格认定纠纷，这是存疑的。从地方立法实践来看，广东

---

① 韩松．论成员集体与集体成员：集体所有权的主体．法学，2005（8）．

② 王利明，周友军．论我国农村土地权利制度的完善．中国法学，2012（1）．王丹．农村集体经济组织法人的法律定位．人民司法，2017（28）．高飞．落实集体土地所有权的法制路径：以民法典物权编编纂为线索．云南社会科学，2019（1）．李倩，张力．农村集体经济组织特别法人的产权建构．新疆社会科学，2020（6）．

③ 许中缘，范朝霞．农民集体成员资格认定的规范路径：以地方立法、司法实践为视角．海南大学学报（人文社会科学版），2020（5）．

省出台了《广东省农村集体经济组织管理规定》，其中第 15 条明确规定了集体经济组织成员资格取得的标准，其核心标准在于户籍。然而，课题组观察广东省相关司法实践，无论是主张自身具备相应身份资格的当事人，还是认为行政机关作出的确认行政行为违法的集体经济组织，都对第 15 条直接规定标准的做法有所保留。同时，第 15 条与集体自治的模糊关系也未能将成员资格问题完全理顺。

就现阶段而言，课题组认为，国家应当从司法救济的角度来考察成员资格认定问题，梳理法院就此类案件的审判逻辑，确定成员资格认定标准体系，并明确国家公权力与集体自治的协调关系，最终为法院审理涉及农民成员资格的案件和处理相关纠纷提供应然的裁判进路。

二、现行农民成员资格认定逻辑之梳理

在农村集体产权制度改革推行过程中，成员资格认定一直是一项较为复杂的工作，各地制定的标准各不相同，地方亦在中央文件的基础上结合自身情况制定了细致规则。但是，真正能够反映问题与矛盾的是司法纠纷，因而通过对司法实践中涉及成员资格的法律文书予以检索并展开分析，可以有效梳理出当前法院审理涉及成员资格认定案件和处理请求认定成员资格诉请的司法逻辑。

在司法实践中，涉及成员资格认定的案件诸多，课题组通过在中国裁判文书网上检索侵害集体经济组织成员权益纠纷与土地承包经营权纠纷案件，检索结果如下：截至 2022 年 4 月 10 日，以“成员资格”为判决理由部分关键词的民事法律文书数量为 71 086 份，其中以“集体经济组织成员资格”为检索关键词的民事法律文书数量为 67 190 份，以“集体成员资格”为检索关键词的民事法律文书数量为 1 865 份。但值得注意的是，以相同方式检索行政案由的法律文书，分别有 11 240 份、8 077 份以及 1 138 份。尽管从数据对比的角度来看，涉及成员资格认定的案件以民事案件为主，但行政法律文书仍大量存在。

这意味着现阶段法院对涉及成员资格认定的案件的定性仍不清楚。同时，在以“成员资格”为判决理由部分关键词检索的民事法律文书中，共有 12 833 份民事裁定书，而以“驳回”或“不予受理”为判决结果部分关键词检索的一审与二审民事裁定书共 11 645 份。因而，在 71 086 份的民事法律文书中，驳回起诉、驳回诉讼请求和不予受理涉及成员资格认定的民事裁定书约占比 16.3%。这表明，法院对于是否受理涉及成员资格认定的案件这一基本问题仍然存有较大的疑问。

基于上述两种情况，课题组在选取样本数据时共检索了 500 份法律文书，民事判决书、民事裁定书以及行政案件法律文书数量分别为 250 份、120 份和 130 份；最终获得有效的法律文书 375 份，其中民事判决书为 213 份、民事裁定书为 92 份、行政法律文书为 70 份。

（一）成员资格认定案件的原告身份梳理

课题组在上述有效的法律文书范围内梳理了涉及成员资格认定纠纷案件的原告身份。需要说明的是，列出的原告身份是在结合原告诉请、被告辩称以及法院认定事实等部分后综合认定的，同时采用了涉及争议焦点的身份。

第一，从整体来看，在涉及成员资格认定的纠纷案件中，原告多为外嫁女及其子女，占所有原告身份的 43%，其中包括从外村嫁入本村以及从本村嫁到外村两种情形。对于后者，被告大多以原告出嫁后属于空挂户以及相关事项属于集体自治范畴作为不予认定成员资格的理由。

第二，普通村民提出认定成员资格的情况分为两类，具体为：一是户口存在一定的变动，如当事人长期在被告处生活并从事农业生产，但其户口登记为非农业户口，这类主体占普通村民原告身份的 45%；二是集体决议对其施加一定的限制，如丈夫在配偶被宣告失踪后成为财产代管人时，集体决议认定因丈夫不具备成员资格而暂时冻结其配偶成员利益发放①，这类主体占普通村民原告身份的 55%。

① 参见浙江省台州市中级人民法院（2020）浙 10 民终 1900 号民事判决书。

第三，相对重要的主体是回迁户及其子女。这类主体的情况为原告原本就在被告处生活，因升学、工作、婚姻关系等原因将户口迁出被告处后，又因上述事由消灭或其他原因将户口回迁至被告处。在司法实践中，这类主体基于特定原因将户口迁出被告处且未在被告处实际生活和从事生产活动，之后将户口回迁至被告处。其存在两种情形：一是出于享受特定利益而仅将户口回迁被告处，原告未在被告处实际生产生活，如空挂户；二是原告不仅将户口回迁至被告处，而且在被告处实际生产生活，享有土地承包经营权。

第四，关于未成年人部分。集体多认为未成年人未与集体形成实际生产生活关系，或因当事人为计划生育外子女①，或基于分配和股权的静态管理②，因而集体决议否定了未成年人的成员资格或限制其成员权益，这类主体占总体的6%。事实上，集体决议虽然对外嫁女的子女以及随妻迁入户口的丈夫携带的子女等强调的是父母身份，但也暗含着其他的价值判断。③ 值得注意的是，关于胎儿这一主体，其指的是作出集体决议时原告尚未出生，在此类案件中，法院参照《民法典》第16条的规定，认定胎儿可以享受成员权益。④

第五，关于股份经济合作社、村民委员会及村民小组等主体。这类主体均为行政诉讼原告，占全部主体的8%。这类主体就行政机关对第三人作出的关于成员资格的行政确认的合法性，提起诉讼或上诉。如在“佛山市南海区西樵镇西樵村吉水股份合作经济社与佛山市南海区西樵镇人民政府、张某乡政府案”中，吉水股份经济合作社作为原告，以股权静态管理的章程规定第三人并非集体经济组织成员为由，请求撤销西樵镇人民政府作出的确认第三人具备原告成员资格的具体

① 参见湖南省炎陵县人民法院（2020）湘0225民初715号民事判决书。
② 参见河南省驻马店市驿城区人民法院（2021）豫1702民初9300号民事判决书。
③ 参见浙江省嵊州市人民法院（2020）浙0683民初2548号民事判决书。
④ 参见浙江省新昌县人民法院（2020）浙0624民初3288号民事判决书。

行政行为。[①]

从起诉方的身份来看，涉及成员资格认定的纠纷案件看似是原告与作为被告的集体经济组织之间产生的争议，但实质上集中表现为集体自治与司法裁判就具体认定逻辑上的冲突。这也体现在法院是否受理涉成员资格认定案件的情况上。

（二）法院受理涉成员资格认定案件的情况

从案件的受理情况来看，多数法院会受理成员资格认定的诉讼请求并对其作出实体裁判，这一情况占总体数据的 68%。这意味着，多数法院认为法院有权对成员资格认定事项作出实体性裁判，部分法院直接或间接地表明集体就成员资格认定作出的决议应当受到法律法规的限制，或司法裁判可以忽视集体自治而径行对成员资格予以认定。例如，在“高文静与西安市长安区王莽街办星火新村 6 组、西安市长安区王莽街办星火新村村委会侵害集体经济组织成员权益纠纷”中，被告提出村民小组早于 2010 年确定了分配方案，小组会议亦对原告问题作出决议，组内大多数村民亦反对向原告分配土地出租款，而法院对此未予任何回应，直接依据户籍以及生产生活关系认定原告具备被告处成员资格。[②]

虽然总体而言，法院对成员资格认定的诉讼请求多采取受理的态度，但在全部的样本案例中，法院直接驳回起诉，或对案件不予受理，或对成员资格认定的诉讼请求不予处理的案件数量仍占比 32%。其中，法院以成员资格认定属于农村集体经济组织自治管理范畴作为理由的，占比 51%。[③] 这就表明，相当一部分法院对成员资格认定采取

① 参见广东省佛山市中级人民法院（2020）粤 06 行终 476 号行政判决书。

② 参见陕西省西安市长安区人民法院（2020）陕 0116 民初 12465 号民事判决书。

③ 例如，河南省洛阳市中级人民法院（2020）豫 03 民终 9844 号民事裁定书、浙江省金华市婺城区人民法院（2020）浙 0702 民初 7360 号民事裁定书、广东省高级人民法院（2020）粤民申 10835 号民事裁定书、陕西省渭南市中级人民法院（2020）陕 05 民终 1796 号民事裁定书。

保守的态度，有21%的裁判文书直接依据《村民委员会组织法》第27条提出成员资格认定属于集体自治的范畴，认为当事人有异议的，应当向乡镇一级人民政府申请解决，或直接提出应由相关政府职能部门认定成员资格。在行政诉讼中，有的法院提出，基层人民政府与法院均无权对成员资格予以认定[①]，或提出即使在行政机关作出认定之后，司法权亦不应干预。[②]

由此来看，法院拒绝审理成员资格认定诉请的内在原因在于，法院对自身职权定位并不清晰，无法确定其能否对这一涉及集体自治、基层民主自治以及行政管理的问题予以实体裁判。例如，在“杨素清与淄博市淄川区罗村镇南韩村村民委员会侵害集体经济组织成员权益纠纷”中，法院提出目前尚无明确立法规定表明此类争议可否经由民事诉讼程序得以处理。[③] 因此，当前司法与集体自治在成员资格认定方面的冲突集中体现在法院是否审理成员资格认定诉请上。

（三）法院审理涉成员资格案件的认定结论与标准

在法院对成员资格认定诉讼请求作出实体裁判的案件中，172份法律文书认定原告具备被告处的农民集体成员资格或集体经济组织成员资格，在全部样本案例中占比45.8%，在法院作出实体裁判的案例中占比80%。结合上文对原告身份的梳理，外嫁女及其子女等特殊群体是其主要类型，而这类主体要求得到农民集体或集体经济组织平等对待，这在我国农村治理以及司法裁判中有着深层次的历史和社会原因。目前，地方政府承担了维护农村妇女的职责，而地方政府与法院也出于维稳的需要，多作出偏向特殊群体的决定。[④] 在实践中，迁入或插户的村民、回迁户等群体实际上与集体保持着相对密切的生产生

① 参见浙江省青田县人民法院（2017）浙1121行初50号行政裁定书。

② 参见广东省佛山市中级人民法院（2017）粤06行终153号行政判决书。

③ 参见山东省淄博市中级人民法院（2020）鲁03民终3840号民事裁定书。

④ 赵贵龙．“外嫁女”纠纷：面对治理难题的司法避让．法律适用，2020（7）．

活关系，部分村民虽将户口登记为非农业户口，但在被告处实际生活多年并从事农业生产活动。[①] 因此，法院在对相关诉讼请求进行实体裁判时大多采取认可原告具备被告处成员资格的态度是合理的。值得注意的是，法院判断成员资格的具体标准是复杂多样的，呈现出单一认定标准与复合认定标准两类，各自亦有不同的具体内容，同时民事诉讼与行政诉讼在此也表现出一定的差异。

1. 单一标准的认定路径

在民事审判中，34%的法律文书采取单一标准的认定路径，而采取复合标准的认定路径的占比63%，对于其余的3%法院并未给出认定标准而直接作出了认定结论。单一标准具体包括户籍、集体决议、实际生产生活关系、与集体经济组织形成权利义务关系以及出生原始取得这五个标准，并且以户籍标准为主（见图2-1）。

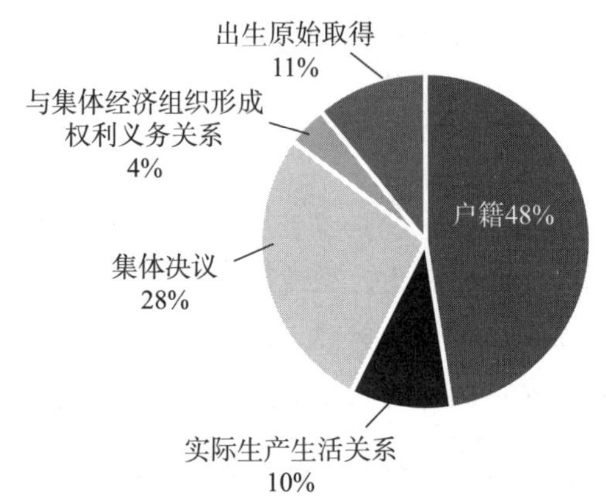

图2-1 民事审判中成员资格认定的单一标准

从图2-1展示的单一标准认定来看，户籍作为确定成员资格的基本依据，与集体经济组织成员资格在历史上长期挂钩，具备现实合理性和操作性。[②] 外嫁女作为主要的原告方，其户籍仍然停留在出嫁前

① 参见广东省高级人民法院（2018）粤行申535号行政裁定书。

② 王利明，周友军．论我国农村土地权利制度的完善．中国法学，2012（1）．高飞．农村集体经济组织成员资格认定的立法抉择．苏州大学学报（哲学社会科学版），2019（2）．

的被告处。当被告作出分配土地补偿费的集体决议时，外嫁女通常以户籍标准主张其仍然是被告处成员。另一类值得注意的裁判进路是，法院在认定当事人是否具备成员资格时，将户籍标准与成员资格的原始取得、父母具备成员资格相联系。

关于“集体决议”标准，法院通常会强调对成员资格的认定应当尽可能地尊重集体决议，具体包括公示的集体经济组织成员名单、接纳成员的集体决议等。但是，这一标准的实际效果并不理想，法院并未明确指明集体决议的边界和具体形式，而仅仅强调了集体决议需要明确同意接纳当事人作为集体成员。[①]

关于“出生原始取得”标准，法院在处理外嫁女提起的涉及成员资格认定的纠纷中，亦较多地采取出生原始取得标准[②]，而忽视外嫁女出嫁后是否在生产生活地享受成员权益等因素，也即过分关注了成员资格的原始取得，而忽视了对成员资格是否丧失的审查。

关于“实际生产生活关系”标准，部分法院提出原告未在被告处出生，未在被告处取得土地承包经营权和长期生活，因而未与被告形成固定的生产生活关系。[③] 事实上，法院在认定生产生活关系中亦将其与基本生活保障、是否取得土地承包经营权等事实相结合。

关于“与集体经济组织形成权利义务关系”标准，部分法院在处理插户村民或迁入户口的村民起诉成员资格认定案件中，采纳了这一标准，核心的论述是原告与被告之间达成了插户协议。若原告将户口迁入被告处，并缴纳了相关费用，办理了农民建房规划建设用地许可证，则可以认定双方形成了权利义务关系，原告与其他村民享有同等

① 参见陕西省咸阳市中级人民法院（2021）陕 04 民终 3289 号民事判决书。

② 参见海南省琼海市中级人民法院（2021）琼 9002 民初 3079 号民事判决书、湖南省望城县人民法院（2021）湘 0112 民初 5819 号民事判决书、陕西省西安市长安区人民法院（2021）陕 0116 民初 11709 号民事判决书。

③ 参见山东省广饶县人民法院（2020）鲁 0523 民初 3263 号民事判决书。

的集体经济组织成员权益。[①] 然而，法院并未完全区分权利义务关系与实际生产生活关系，在强调当事人双方达成插户协议的同时，也强调原告在被告处实际生活和从事农业生产活动。

在对成员资格认定作出实体裁判的行政案件中，49份行政案件法律文书采纳单一标准的认定路径，占比70%。值得注意的是，采取单一标准认定路径的法院均以户籍作为判断当事人是否具备相应成员资格的标准，即当事人是否具备被告处的农业户口。法院的审判逻辑在于，虽然当事人因婚姻关系、插户或迁入、户口回迁等而在被告处生活，但在集体决议否定具备非农业户口或不具备被告处户口的人享受成员权益且行政机关认可集体决议时，法院认为具体行政行为合法，当事人因户籍因素而不具备相应的成员资格。[②]

2. 复合标准的认定路径

从图2-2可以看出，在民事审判中，法院采取的复合标准认定路径包含八个具体标准，其中采纳"户籍+实际生产生活关系"标准的案件最多，占比39%。总体来看，法院通常会以户籍作为形式标准或一般标准，以实际生产生活关系为实质标准或补充标准。这反映出法院在成员资格认定中可能会选择穿透集体决议、户籍管理等限制，从成员与农民集体或集体经济组织的关系角度认定成员资格。值得注意的是，复合标准中涉及"土地为基本生活来源"标准的占比47%，这意味着法院是基于集体土地承载基本社会保障功能来审视成员资格取得的。整体而言，复合标准认定呈现出具体标准更为多样的情况，而非形成一贯的逻辑体系，具体标准的概念内涵以及各标准之间的区分亦模糊不清。法院通常出于解决当前案件争议焦点的想法而针对性地提出标准，以追求尽快解决纠纷。

① 参见陕西省眉县人民法院（2020）陕0326民初1473号民事判决书、陕西省眉县人民法院（2020）陕0326民初1474号民事判决书、陕西省眉县人民法院（2020）陕0326民初1471号民事判决书。

② 参见广东省佛山市中级人民法院（2017）粤06行终48号行政判决书。

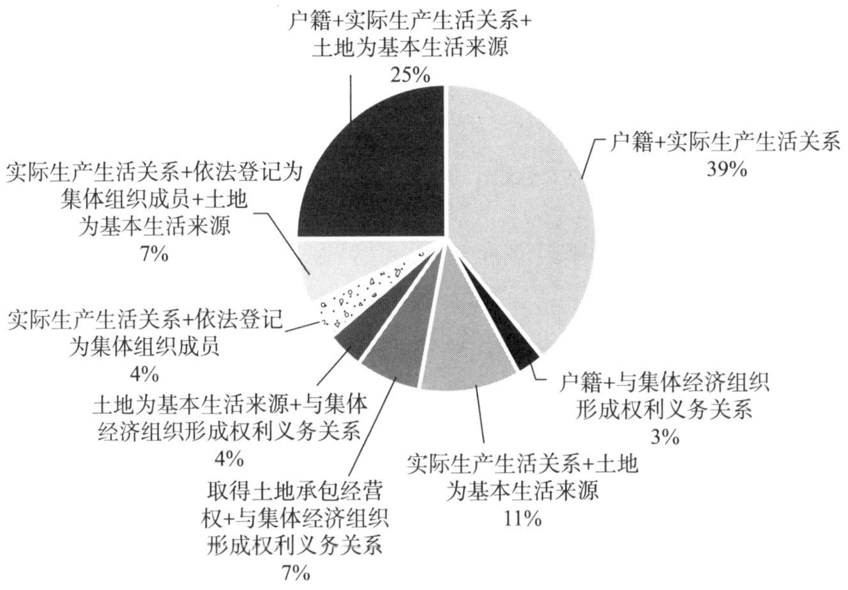

图 2-2　民事审判中成员资格认定的复合标准

在行政审判中，法院采取的复合标准认定路径与民事案件中复合标准认定路径呈现出两个不同的特征。其一，从图 2-3 可以看出，所有的复合标准均包括户籍。综合单一标准来看，法院在审理涉及成员资格认定的行政案件中均以户籍作为认定标准。其二，部分复合认定标准出现了“符合计划生育政策”的标准。“符合计划生育政策”标准也会出现于民事案件的被告辩称中，但法院对此均不予理会[①]，而适用符合计划生育政策的标准的案件在法院审理成员资格认定的行政案件中占据较大的比重。相比于民事案件，法院在行政案件中采取的复合标准相对更有针对性，其认定标准围绕涉诉具体行政行为合法性的争议点展开，而非针对成员资格的概念和取得方式提出，因而户籍、符合计划生育政策等标准在成员资格认定中的地位较为突出。例如，在“佛山市南海区狮山镇洞边村上队股份合作经济社与佛山市南海区狮山镇人民政府乡政府纠纷”中，法院认定集体经济组织在成员资格确认的条件上

① 参见湖南省炎陵县人民法院（2020）湘 0225 民初 715 号民事判决书。

作出的决议与法律、法规和国家政策相抵触，其否定第三人具备集体经济组织成员资格的决议违背平等原则，而镇政府确认第三人享有集体经济组织成员资格的具体行政行为纠正了集体经济组织决议，认定镇政府作出的行政确认行为合法，第三人具备成员资格。①

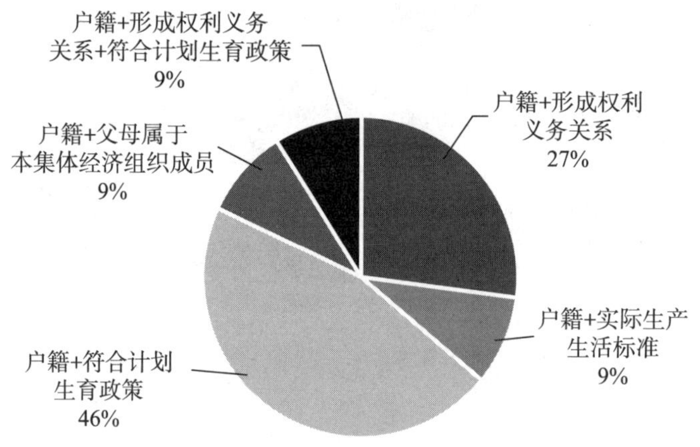

图 2-3 行政审判中成员资格认定的复合标准

总体而言，法院在认定成员资格的实体裁判中采取的标准较为多样，但缺乏明确的规则依据与指引，呈现出混乱的认定体系。而伴随成员资格认定标准的不统一，法院在审理涉及成员资格认定案件中适用的法律规范亦表现出较大差异。

（四）法院审理涉成员资格案件的法律规范

为突出成员资格认定作为案件争议核心焦点，课题组将样本案例集中于“侵害集体经济组织成员权益纠纷”，争议焦点集中于土地补偿费分配、集体收益分配等。尽管《民法典》第 265 条第 2 款（原《物权法》第 63 条第 2 款）规定了集体成员有权向法院请求撤销侵害其合法权益的集体经济组织、村民委员会或其负责人的决定，但法院面对涉及成员资格认定的集体决议时，仍采取极为审慎的态度，或对相关

① 参见广东省佛山市中级人民法院（2018）粤 06 行终 470 号行政判决书。

诉请不予理会，或适用的法律规范不限于《民法典》第 265 条第 2 款（原《物权法》第 63 条第 2 款），避免直接否定涉及成员资格集体决议的效力。在行政案件中，由于法院审理案件的核心在于判断具体行政行为的合法性，涉及基层民主自治与地方出台的地方性法规和政府规章，因而部分法院依据《村民委员会组织法》来明确集体自治的效力，并借由地方性法规与政府规章审查行政确认行为的合法性。同时，无论是民事案件，还是行政案件，地方性法规、政策与司法文件都成为法院审理相关案件的重要指引，特别是在出台了地方性司法文件的部分地区，法院裁判直接依据地方性司法文件来判定成员资格，如陕西省与重庆市。

在民事案件中，《农村土地承包纠纷司法解释》第 22 条（修改前为第 24 条）的适用频率最高（见图 2-4）。事实上，这一数据不仅限于裁判文书适用规范部分，而且在判决理由部分，第 22 条的适用频率仍然较高。第 22 条直接明确了成员资格认定是解决农村承包纠纷的前提，而法院将其予以扩大解释，认为审理所有集体决议的前提在于判断当事人是否适格，即判断当事人是否是被告的农民集体成员或集体经济组织成员。其次，《村民委员会组织法》第 2 条、第 10 条、第 24 条、第 27 条与第 36 条的适用次数较多。这些法律规范规定了村民自治的范围、具体方式以及限度。该法第 27 条第 2 款与第 3 款规定了村民自治不得违反宪法、法律、法规与政策，不得侵犯村民的人身权利、民主权利和合法财产权利，若有上述情况，则由乡镇一级人民政府责令改正。这表明，法院认可成员资格的认定属于村民自治的范畴，亦认为集体自治应当受到限制，但第 27 条第 3 款的规定使法院无法确定司法权能否介入涉及成员资格认定的集体决议。法院在《村民委员会组织法》的影响下会忽视集体决议的民事法律行为本质，使得对成员资格的处理未能回到《民法典》第 265 条的进路上。最后，由于法院需要说明农民集体成员权益受到侵犯，《妇女权益保障法》、原《民法总则》、原《物权法》、原《侵权责任法》、原《民法通则》等法律规范的出现频率较高，《民法典》第 3 条、第 113 条与第 120 条的适用频率也相对较高。值得注意的是，《民法典》第 265 条（原《物权法》第 63 条）作为解决集体决议侵害成员权益的主要规范，适用次数较少。在搜集的样本案例中，当事人几乎不会请求法院撤销集体决议，而是直接请求法院认定其具备成员资格或享受集体成员待遇。

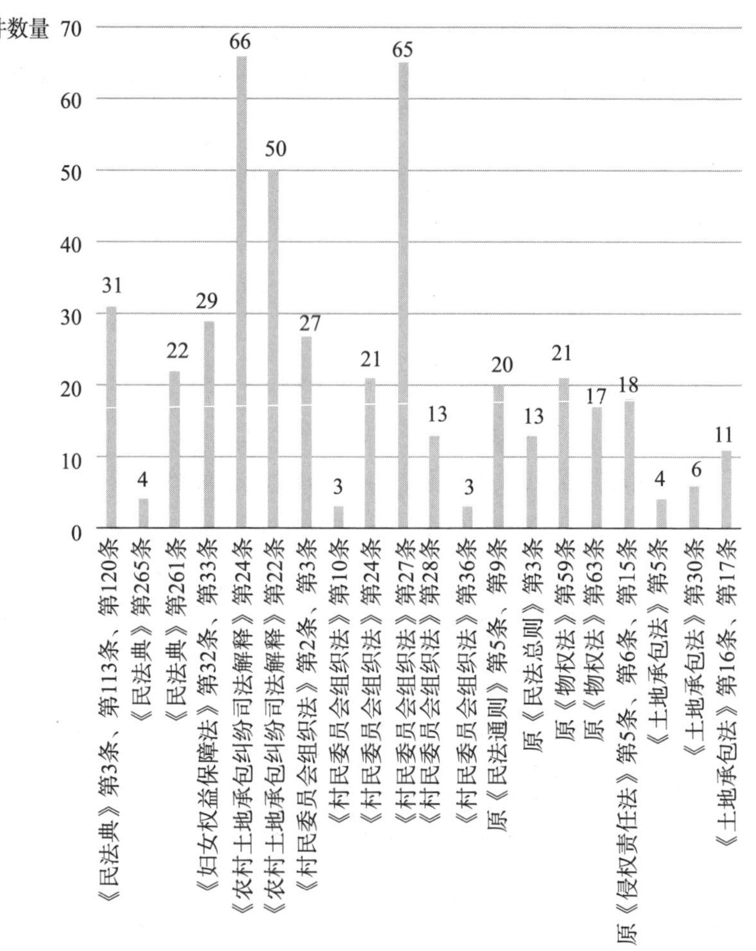

图 2－4　民事案件法律规范的适用情况

相比于民事案件，行政案件中法院适用的规范突出了地方性法规与地方性政府规章的规定（见图 2－5）。在行政诉讼中，法院就具体行政行为合法性展开审理，而样本案例中所有涉诉的具体行政行为均是以成员资格认定为核心的具体行政行为。因此，行政案件中适用的法律规范均是直接针对成员资格而适用的。相比而言，民事案件中适用的法律规范是针对涉及成员资格的集体决议内容而适用的。部分省市出台了地方性法规与地方政府规章，当事人向乡镇一级人民政府请求确认其成员资格时，政府通常依据地方性法规与地方政府规章作出决定。所以，法院首先根据《地方各级人民代表大会和地方各级人民政府组织法》第 61 条（2022 年修正后的第 76 条）的规定说明乡镇一级人民政府有权依法对当事人请求确认其成员资格或享受成员待遇的申请作出处理决定，进而依据地方性法规与政府规章对当事人成员资格予以审查，以此来审查被诉具体行政行为的合法性。

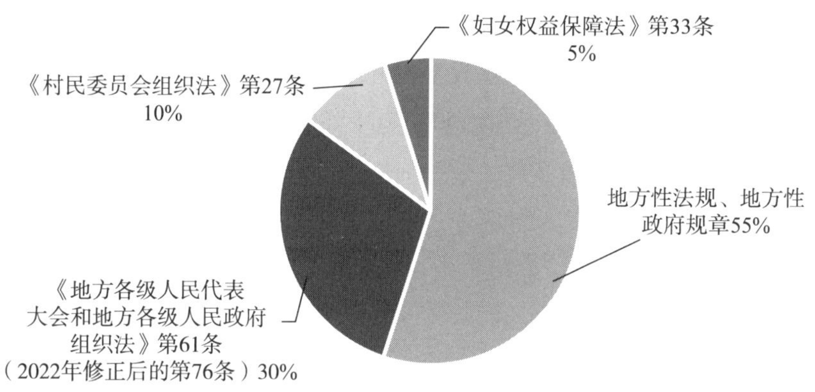

图 2－5　行政案件中法律规范的适用情况

综合而言，法院审理涉及成员资格认定的案件从认定结果、认定标准到法律规范适用都呈现出不统一的审理逻辑，在法律规范几乎空白的情况下谨慎地平衡着司法救济与集体自治的关系。固然，从当前裁判文书的状况来看，法院大多采取受理的态度，但仍有较多确认成员资格的诉请未得到正面回应。同时，法院判断当事人是否具备成员资格所依据的认定标准呈现出概念不清、逻辑混乱、重复堆叠等问题，且成员资格认定结果是否局限于个案这一问题在当前司法实践中并未得到明确回答。就认定规范而言，在各地不同程度地推行农村集体产权制度改革而国家层面法律规范供给不足的前提下，法院所依赖的规范效力层次较低，且内容不相统一。产生这些问题的根源在于当前对成员概念与成员资格认定标准的理论探讨不统一，司法审判缺乏明确的指引，而这首先就体现在成员资格的分类上。

三、农民集体成员和农村集体经济组织成员的区分

《民法典》第 264 条规定了集体成员享有的权利；第 265 条第 2 款规定了集体成员就农村集体经济组织、村民委员会或其负责人作出的侵害集体成员合法权益的决定，有权请求法院撤销。相比于过去的法律规定，《民法典》直接规定了集体成员享有的具体权利及权利救济途径。但《民法典》第 55 条在规定农村承包经营户时使用了“农村集体经济组织的成员”的概念，而非第 264 条所述的“集体成员”。同时，《农村土地承包法》以及《土地管理法》也均使用了“集体经济组织成员”，而非“集体成员”的表述。因此，在我国现有的立法表述中，农民集体成员与农村集体经济组织成员的概念同时并存。这就需要厘清两个概念之间的关系，明确司法纠纷中农民成员资格认定的准确含义。而区分两个概念的核心在于明确农民集体与农村集体经济组织的关系，进而就两者在成员资格与成员权上的关系展开逻辑区分。

（一）代表农民集体行使所有权的农村集体经济组织

《民法典》第 261 条规定了集体所有的动产与不动产，归“本集体成员集体所有”。从该条的表述来看，农民集体成员对集体所有权指向的标的形成了一种“集体所有”的关系。《民法典》第 262 条规定了对于集体所有的土地、森林等，由集体经济组织代行所有权。因此，集体经济组织成为集体所有权的代行主体。然而，关于代行所有权的具体形式和内容，法律未予规定，学界对集体经济组织代行所有权也存

在着不同意见。有学者提出集体经济组织实质上就是农民集体的法人化改造，是其法律上表现形式，也即集体经济组织与农民集体是同一的，农村集体经济组织就是集体所有权的主体[①]，或提出集体经济组织与农民集体的关系类似于公司与股东的关系，农民集体不属于团体。[②] 由此，农民集体成员转化为农村集体经济组织成员，集体经济组织成员与《民法典》第 261 和第 262 条所述的农民集体成员在概念上同一，并完全替代了后者。在推行了农村集体产权制度改革的地区，集体经济组织具体表现为股份经济合作社、经济合作社等，其成员表现为合作社的股东，包括基于身份关系取得和非基于身份关系取得的股东，也即非基于身份关系而取得身份的股东亦属于农村集体经济组织成员或农民集体成员。[③] 另有观点认为，农村集体经济组织与农民集体是两个主体，应当坚持农民集体是集体所有权主体，农村集体经济组织为代行主体，或两者共同构成了集体所有权的权利主体。[④] 在农民集体与农村集体经济组织相分离的前提下，农民集体成员与农村集体经济组织成员就必然是两个不同的概念，两者指向的群体可能在实践中有所重合，但在当前股份经济合作社、经济合作社等集体经济组织实行静态股权管理的背景下，未纳入股东范围的人员可能就只属于农民集体成员。

课题组认为，应当坚持农民集体与农村集体经济组织的区分，农村集体经济组织为集体所有权的代行主体，而非所有权主体。

---

① 李宴．公有制视野下集体土地所有权主体制度构建．中州学刊，2012（3）．高飞．落实集体土地所有权的法制路径：以民法典物权编编纂为线索．云南社会科学，2019（1）．代琴．我国民法典物权编应当确定农村集体经济组织为农村土地所有权主体．内蒙古社会科学，2020（2）．宋志红．论农民集体与农村集体经济组织的关系．中国法学，2021（3）．

② 王丹．农村集体经济组织法人的法律定位．人民司法，2017（28）．

③ 刘竞元．农村集体经济组织成员资格界定的私法规范路径．华东政法大学学报，2019（6）．

④ 吴昭军．农村集体经济组织“代表集体行使所有权”的法权关系界定．农业经济问题，2019（7）．吕芳，蔡宁．我国法治话语中“集体所有”概念的生发与证成．中国不动产法研究，2020（1）．高圣平．《民法典》与农村土地权利体系：从归属到利用．北京大学学报（哲学社会科学版），2020（6）．

第一，农民集体固然不是《民法典》所明确规定的独立民事主体，但其作为在一定范围内财产与成员联合组成的特殊组织，与农村集体经济组织有着本质上的不同。从《民法典》的规定出发，农民集体是集体所有权主体，但却不同于自然人、法人和非法人组织等民事主体，与总则编的民事权利能力制度无法衔接。所有权人应当具备民事权利能力，换言之，具备民事权利能力是民事主体的法律标志。而农民集体并不是严格意义上的人格化组织，这与集体所有权的本质相关。从所有权的私法属性来看，所有权的私法属性在于保障个人的财产，其中包含着个人的自主意志，而自主意志也构成了财产权正当性的伦理基础。① 反观集体所有权的权利特征，其表现出浓厚的公有制特色，要求土地这一生产资料由成员平等且不可分割地占有，并表现为“集体所有”这一特殊的财产所有形态。因此，集体所有权在根本上不同于以权利主体为核心的主观权利，而是“为特定财产设立的、旨在实现其经济社会功能的法律制度”②。因而，集体所有权会表现出主体虚化、重土地保护、严格限制土地流转等特点。

然而，农民集体不是独立的民事主体，并不妨碍自身是区别于农村集体经济组织的团体。农民集体作为集体所有权主体能够确保将集体财产保留在成员内部或本团体内部，因而强调的是成员对集体财产平等且不加分割地所有，而非强调农民集体的所有权主体地位。换言之，由于农民集体的特殊地位，集体所有权的本质是对集体财产的集体所有形式，成员在此形式下形成“农民集体”这一抽象的组织形态。若农村集体经济组织与农民集体混同，并成为集体所有权的权利主体，则法人所有权就替代了上述的集体所有关系，即从根本上使农民集体所有的状态转变为农村集体经济组织单一所有的状态，农民集体成员转化为农村集体经济组织成员。因此，在现阶段，农民集体所有权

---

① 滕佳一．论所有权的属性：基于公私分野的考察．私法研究，2016（1）．

② 陈晓敏．论大陆法上的集体所有权：以欧洲近代私法学说为中心的考察．法商研究，2014（1）．

作为新型的财产所有形态，不能被农村集体经济组织的法人所有权所取代。

有学者提出，确立成员集体法人地位体现了公有制的内在要求，集体土地所有权采取法人所有权的形态，即将农民集体法人化，改造为农村集体经济组织，农村集体经济组织对集体土地享有所有权。[①]需要指出的是，这一观点中有两点值得注意。其一，这种观点是针对确立农民集体非法人组织地位提出的，并且提出股份制不符合集体土地所有制的集体财产内部不可分性，提出推行土地国有化以及土地使用权股份合作社。但就我国推行的农村集体产权制度改革而言，《集体产权改革意见》明确“坚持农村土地集体所有，坚持家庭承包经营基础性地位”，同时要求“保障成员集体资产股份权利”，因而依其逻辑构建起的农村集体经济组织法人所有权在现实逻辑中已经无法符合公有制要求。其二，这种观点提出农民集体所有是所有制下的概念，农村集体经济组织是农民集体或全体集体成员的法定代表，两者在实质上完全等同。[②] 而这一观点在一定意义上消解了农民集体与农村集体经济组织之间的关系这一问题本身，将农民集体所有归于所有制层面，将农村集体经济组织归于所有权层面。这已超出了《民法典》本身所进行的讨论。虽然农民集体并非独立的民事主体，但《民法典》明确了集体所有权与集体成员的权利义务，农民集体与农村集体经济组织在《民法典》上并存是确定的。因此，农村集体经济组织与农民集体并非同一，农村集体经济组织是落实农民集体部分功能的主体，包括分配集体收益、管理集体资产等。

第二，从体系解释的角度来看，农村集体经济组织与村民委员会、村民小组都是集体所有权的代行主体，将农村集体经济组织与农民集体等同难以解释村民委员会的代行主体地位。《民法典》第 262 条明确

---

① 李宴．公有制视野下集体土地所有权主体制度构建．中州学刊，2012（3）.

② 宋志红．论农民集体与农村集体经济组织的关系．中国法学，2021（3）.

了农村集体经济组织或村民委员会、村民小组依法代表行使集体所有权，但对两者代行的顺序或行使所有权的关系并未规定。《集体产权改革意见》明确了农村集体资产的所有权归属于成员集体，由农村集体经济组织代表行使所有权，未成立集体经济组织的由村民委员会或村民小组代行所有权，这也反映在《民法典》第 101 条第 2 款中。该条规定："未设立村集体经济组织的，村民委员会可以依法代行村集体经济组织的职能。"若认定农村集体经济组织是农民集体，则第 262 条所述的"代表集体行使所有权"在质上产生了两种不同的行使关系，即农村集体经济组织作为所有权主体行使集体所有权以及村民委员会、村民小组代表集体行使所有权。但结合《集体产权改革意见》与《民法典》第 101 条第 2 款的表述，我们可以看出，《民法典》第 262 条未对"代表集体行使所有权"赋予质的区别，两者在行使集体所有权的理论逻辑与现实操作上并无区别，农村集体经济组织与村民委员会、村民小组代表农民集体行使所有权是同一权利行使关系。

综上所述，农村集体经济组织不同于农民集体，农民集体是集体所有权的权利主体，而农村集体经济组织代表农民集体行使所有权。因而，农村集体经济组织成员与农民集体成员必定存在着一定的区别。但在明确代行所有权的关系下，两个成员概念究竟有何区别与联系呢？这需要在成员资格与成员权的框架下梳理集体经济组织代行所有权的逻辑。

（二）代行关系下成员概念的关系厘清与规则适用

在明确农村集体经济组织代表农民集体行使所有权而不是所有权主体的前提下，农村集体经济组织向承包户发包集体所有的土地、设立集体建设用地使用权、管理和分配土地征收补偿费等均属于农村集体经济组织代行所有权的内容。就成员权利而言，《民法典》第 264 条与第 265 条规定了集体成员向农村集体经济组织主张的具体权利内容和权利救济，这也属于农村集体经济组织代行所有权的内容。需要说明的是，将成员主张的权利内容和权利救济纳入农村集体经济组织代行所有权的范畴，与成员权和集体所有权的关系无关，仅仅是从成员资格界定以及成员主张权利的对象角度说明农村集体经济组织代表集体行使权利和承受相应义务。

然而问题在于，农村集体经济组织本身也有股东或成员，当这些股东与农村集体成员并未完全重合时，股东与农村集体成员之间的界限就会模糊不清。一方面，在农村集体产权制度改革中，《集体产权改革意见》在股权管理方面提倡“实行不随人口增减变动而调整的方式”，提倡家庭新增人口“通过分享家庭内拥有的集体资产权益的办法，按章程获得集体资产份额和集体成员身份”。在课题组调研过的地区，农村集体经济组织章程均根据政策文件确定了股权的静态管理，即股权不随着人口的变动而变动，如河南省卢氏县的《卢氏县股份经济合作社示范章程》明确了“股权界定基准日为 2018 年 8 月 31 日 24 时，基准日前死亡和基准日后出生的人员不享受股东资格”，但未规定新出生人口的成员资格问题。因而，不具备股东身份的集体新增人口的身份就处于悬而未决的模糊地带。另一方面，《集体产权改革意见》要求资产股份合作制改革“要体现成员集体所有和特有的社区性，只能在农村集体经济组织内部进行”，但地方政策文件和农村集体经济组织章程都确定了农村集体经济组织成员会议、成员代表大会等有权就股权设置与成员资格认定作出规定。① 因此，部分农村集体经济组织允许非本村人员入股，进而非本村人员可成为本集体经济组织的股东，而这类人员与农村集体成员之间的关系并不明确。这也是造成农村集体经济组织成员与农民集体成员在概念上用法存疑的原因。

如上所述，农民集体属于抽象的组织体，在《民法典》中呈现出“集体所有”这一独立的新型财产所有关系，而农村集体经济组织作为

① 参见《广东省农村集体经济组织管理规定》第 15 条、《黑龙江省农村集体经济组织条例》第 9 条、《青龙满族自治县人民政府办公室关于农村集体经济组织成员资格认定的指导意见》关于“认定条件”部分的规定、《卢氏县文峪乡吴家沟村股份经济合作社示范章程》第 11 条。

特别法人，是独立的组织体，两者相互独立，并不能混同。农村集体经济组织成员与农民集体成员在理论逻辑上也应当是互有关联的独立概念。但在农村集体经济组织代行职能和司法审判实践中，两个概念常被混为一谈，呈现出若即若离的关系，具体表现如下：集体土地被征收后，土地征收补偿费的分配应当在农民集体成员内部分配、还是在农村集体经济组织成员内部分配？集体经济创收后，盈利分红对象是否仅限于农村集体经济组织股东？当盈利分红对象仅限于农村集体经济组织股东时，非股东的农民集体成员能否请求分配？法院在审判中能否突破农村集体经济组织章程认定非股东的农民集体成员享受股东待遇？事实上，这些问题产生的原因就在于农村集体经济组织代行集体所有权的内在逻辑不清晰，也即这些问题的核心在于在坚持农村集体经济组织与农民集体二分的前提下，就成员概念而言，农村集体经济组织自身独立性与代行所有权的关系问题。

课题组认为，农村集体经济组织的股东与农民集体成员存在部分重合，部分农村集体经济组织的股东不属于农民集体成员，两者在规则适用上应当有所区分。

在应然状态下，农村集体经济组织成员应当完全涵盖农民集体成员，从成员资格认定的角度来看，不存在集体成员资格认定的问题。理解这一关系，需要从农村集体经济组织成员的产生逻辑来分析。在农村集体产权制度改革中，股权管理的前置性步骤是折股量化，即“将农村集体经营性资产以股份或者份额形式量化到本集体成员”。而这一过程从表面来看，是将集体所有权及其收益分配给成员，农村集体经济组织成员借助农村集体经济组织成为类似公司法意义上的“股东”，而农村集体经济组织也成为具有一定营利性的特别法人。但实际上，基于农村集体经济组织代表集体行使所有权的逻辑，折股量化的过程是在保证农民集体所有的前提下将集体所有权项下的资产转移到农村集体经济组织名下运营。同时，为了体现农民集体所有，农村集体经济组织在运营集体资产后而获得的收益需要分配给集体成员和继续用于集体资产的运营。从这一视角来看，农村集体经济组织通过集体资产的股份合作制改革来履行保障农民集体成员基本生活的职能。因而，理论上农村集体经济组织成员应当包括全部的农民集体成员与其他非农民集体成员的股东，即农民集体成员的概念被农村集体经济组织成员的概念所吸收、替代。

而在实然状态下，由于农村集体经济组织的股权管理提倡静态管理，因而农村集体经济组织成员并未完全涵盖农民集体成员，农民集体成员概念仍然独立存在。正如上文所展示的，当前农村集体经济组织股权管理实行“生不增、死不减”的静态管理方式。这虽然一定程度上未照顾农民集体新增成员的利益，但高效地构建起稳定的收益分配机制，同时提高了农村集体经济组织运营集体资产进而创收的效率，防止强调平均分配而削弱农村集体经济组织的经济能力。同时，农村集体经济组织有权自主设置股权，如部分地区设置了贡献股，将对集体资产作出贡献的非农民集体成员纳入股东范围，虽然其具体享受的权利内容各有不同，但都具备基本的收益分配请求权利。① 在江苏省苏州市吴中区，为激励农村集体资产管理者，部分农村集体经济组织采取赋予管理者股权的方式来保障其收益分配。② 而这些成员大多不符合章程表述的一般性成员资格条件。因此，在实行股权静态管理与股东成员集体自决的现实情况下，农民集体成员与农村集体经济组织成员在现阶段并不存在包含与被包含关系，农民集体成员因代行关系下现实条件的制约而仍然存在规范意义。

既然农民集体成员与农村集体经济组织成员的概念各自独立，那么应如何理解《民法典》、《农村土地承包法》、《土地管理法》以及

---

① 钟桂荔，夏英．农村集体资产产权制度改革：以云南大理市8个试点村为例．西北农林科技大学学报（社会科学版），2017（6）．管洪彦．农村集体产权改革中的资产量化范围和股权设置．人民法治，2019（14）．

② 张浩，等．“权释”农村集体产权制度改革：理论逻辑和案例证据．管理世界，2021（2）．

《农村土地承包纠纷司法解释》使用“农村集体经济组织成员”的表述呢？这两者在规则适用上又有何种区别呢？根据《民法典》的规定，我们可以发现，《民法典》仅在第55条使用了“农村集体经济组织的成员”的表述，而在集体所有权部分均使用“集体成员”这一表述。《农村土地承包法》涉及成员概念的核心条款是第5条与第16条，规定了农村集体经济组织成员有权承包本集体经济组织发包的土地，以及农户是家庭承包的承包方。《土地管理法》在征收程序、盘活闲置宅基地、集体经营性建设用地权利变动等部分规定了农村集体经济组织成员的权利。《农村土地承包纠纷司法解释》第22条规定了农村集体经济组织或村民委员会、村民小组可以依法定程序决定土地补偿费的分配，方案确定时已经具备本集体经济组织成员资格的人有权请求支付相应份额。究其内容，农村集体经济组织成员的表述实际上被限定在农村集体经济组织履行职能当中，即上述法律表述都是在农村集体经济组织履行相应职能的框架内出现的。

《民法典》第55条规定了农村承包经营户的法律地位，《农村土地承包法》第16条表明家庭承包中的承包方是以农村集体经济组织的农户为主体，农户内家庭成员通过户内共享机制而享有承包土地的权益。虽不能将此处的农户等同于农村集体经济组织成员，但从《民法典》与《农村土地承包法》的体系表述来看，使用农村集体经济组织成员的表述强调的是在土地承包关系中，农村集体经济组织代表集体行使所有权，进而履行相应的土地发包职能。《土地管理法》第47条规定，国家征收农村土地的，应当听取农村集体经济组织及其成员的意见，同时明确多数被征地的农村集体经济组织成员提出征地补偿安置方案不符合法律、法规规定的，县级以上地方人民政府应当组织召开听证会；第62条是有关村民申请宅基地的相关规定，其中第6款出现了农村集体经济组织成员的表述；第63条第2款规定了集体经营性建设用地出让、出租等的决议程序，同时出现了农村集体经济组织成员、村民、村民代表的表述。从整体来看，这些规定仍然强调的是农村集体经济组织代表集体履行相应职能。但需要指明的是，《土地管理法》中多处使用了“村民”的表述，同时在集体土地征收中仍仅使用农村集体经济组织成员的表述。此种表述方式欠妥，应当在区分农民集体成员与农村集体经济组织成员的基础上分别规定。

在规则适用上，课题组认为，涉及集体所有根本性变动的，农民集体成员应当作为相应主体行使权利和履行义务。例如，在集体土地被征收的过程中，农民集体成员有权提出意见建议、平等取得集体土地补偿费等，非农民集体成员的农村集体经济组织成员仅仅作为其他利害关系人参与其中。又如，农民集体成员有权决定是否成立农村集体经济组织以及农村集体经济组织的股权管理方式、股权设置等内容，有权制定和表决农村集体经济组织章程。而在涉及农村集体经济组织内部治理、收益分配等事项时，农村集体经济组织成员有权依据章程行使权利与履行义务。根据《民法典》第 265 条第 2 款的规定，农村集体经济组织、村民委员会或者其负责人作出的决定侵害集体成员合法权益的，受侵害的农民集体成员可以请求法院撤销。这是否说明农村集体经济组织成员不能依据该条主张撤销权？答案是否定的。《民法典》第 260 条到第 265 条的表述为“集体成员”，核心内容是规定集体所有权主体、集体成员权利以及农村集体经济组织代行所有权的内容，并未涉及农村集体经济组织本身的治理机制与成员权利问题，也即《民法典》并未对农村集体经济组织本身有所规范。同时，非农民集体成员的农村集体经济组织成员性质实际上与农村集体产权制度改革中股份制改造要求体现成员集体所有和特有的社区性并不完全一致。因此，农村集体经济组织成员中的非农民集体成员可以参照适用《民法典》第 265 条规定请求撤销相关决议。

综上所述，在农村集体产权制度改革背景下，农民集体成员与农村集体经济组织成员基于农村集体经济组织代表集体行使所有权的逻辑并不存在包含或替代的关系，两者在行使权利和履行义务上分别适用不同的规则。因此，两者所适用的成员资格认定规则和逻辑亦应有所区别。

四、农民成员资格认定体系的构建

站在司法裁判解决纠纷的角度，构建成员资格认定体系包括认定标准的体系化和裁判逻辑的体系化，而梳理认定标准与裁判逻辑需要以成员资格的实质为支点，明确集体所有的内涵以及集体所有权承载的权利意义，进而在农民集体成员与农村集体经济组织成员二分的前提下，通过审视裁判现状以提炼出更为科学有效的成员资格认定体系。

（一）成员资格的实质与认定标准

1. 成员资格的实质

通过上文对司法裁判的梳理，我们可以发现，当前司法实践并未区分农民集体成员与农村集体经济组织成员，而两者的产生逻辑并不一致。农民集体与农民集体成员之间的关系具有强烈的社区性与历史性，集体成员权与集体所有权有着直接的内在联系；而农村集体经济组织与其成员之间侧重于财产法意义上的关系，停留在财产权内容方面。因而，成员资格就是某一主体取得农民集体成员或农村集体经济组织成员的标志，与农民集体或农村集体经济组织有着必然的联系。

固然，农民集体成员与农村集体经济组织成员在很大程度上只是理论上的逻辑区分，但其根植于农民集体与农村集体经济组织的区分，成员资格亦与此密切相关。而在区分农民集体与农村集体经济组织的前提下讨论成员资格实质的关键仍在于集体所有权的主体与行使。

第一，无论是农民集体成员还是农村集体经济组织成员，成员资格认定都属于集体自治的范畴。这直接源于成员权的人法特性，即成员权有其独特的身份性利益与团体法要求。[①] 当前产生成员资格问题

---

① 陈小君．我国农民集体成员权的立法抉择．清华法学，2017（2）.

的直接起因在于集体自治程度过高且缺乏制约，在一定程度上表现出集体自治的无序性与决议的随意性[①]，同时集体自治的推进有着强烈的公权力色彩，在制度上并未表现出私法属性。[②] 但是，成员资格认定属于集体自治的范畴是毋庸置疑的，并且是法院处理涉及成员资格案件的起点。在明确集体所有权的主体为农民集体的前提下，农民集体成员的成员资格认定是农民集体接纳一定主体成为本农民集体成员一部分的过程，这是集体成员资格的要求。在此意义上，成员资格就是农民集体认可并宣示当事人具备身份的前置性条件。

第二，农民集体成员的身份性蕴涵着集体所有权的形成与农民集体的社区性和历史性要求，具体表现为农民集体在成员资格认定事项上的自治。在本质上，集体所有制要求集体成员集体所有生产资料，“需要法律层面确保集体成员不可分割地共同享有所有权”[③]，集体所有权在财产最终归属层面确定了不得对集体财产予以质的分割，而是由农民集体成员对集体财产予以量的分割，从而形成成员经营与集体所有的集体财产经营模式。从集体所有权形成的历史脉络来看，我国推行农业集体化始于保留土地私有的互助组，由农民自发自愿结成互助组以恢复农业生产力。之后，国家在推行农业合作化过程中推动了初级社的建立，农民在保留一定自留地的前提下将土地折股入社，将生产工具出租给初级社，由初级社实行统一经营的模式。最终，高级社和人民公社的建立将私有土地与生产工具完全集体化，实行集体所有。这一过程虽然是国家权力推动的结果，而非农民自发形成的，但却根植于农村的社区性，农民集体成员的聚合基于历史原因而自然形成，是以资源性资产、公益性资产为基础形成的生活共同体。[④] 因此，

① 高飞．农村集体经济组织成员资格认定的立法抉择．苏州大学学报（哲学社会科学版），2019（2）．

② 王丽惠．集体产权共有制的成员资格塑造及认定维度：以珠三角地区为对象．甘肃政法学院学报，2020（4）．

③ 韩松，廉高颇．论集体所有权与集体所有制实现的经营形式：从所有制的制度实现与经营实现的区分认识集体所有权的必要性．甘肃政法学院学报，2006（1）．

④ 管洪彦．农民集体的现实困惑与改革路径．政法论丛，2015（5）．

当事人是否成为生活共同体一员必须要经过集体决议。在对成员资格产生异议时，法院需要对当事人是否具备相应的身份性特征予以认定，亦需要在最大程度上尊重集体自治。

第三，农民集体成员资格是享受集体所有权承载的社会保障功能的前提，而农村集体经济组织成员资格是享受农村集体经济组织收益的前提。农民集体成员聚居形成农村社区的重要基础在于土地等集体资源性资产，同时在农民集体的发展过程中集体经营性资产是在资源性资产的基础上发展起来的。这都构成集体所有权的集体财产。而集体所有权作为社区性成员集体的所有权，承担着维系农民社区存续的职能，具体到成员个体就体现为保障其基本生活的职能。[①] 例如，征地补偿费分配纠纷中对集体成员资格的认定就应当侧重于考察当事人是否以集体土地为基本生活保障。[②] 这也是公权力干涉成员资格的正当性所在，即纠正因集体的随意决议而侵犯到农民集体的基本存续与成员个体的基本生活保障的错误。就农村集体经济组织成员而言，农村集体经济组织代表集体行使所有权，而成员是享受其经济利益的主体，成员资格是农村集体经济组织认可当事人成为本集体经济组织成员的条件。尽管因农村集体经济组织代行集体所有权而将集体成员纳为农村集体经济组织成员，但从成员与组织的关系角度而言，农村集体经济组织成员资格的身份性较弱，特别是当前农村集体产权制度改革仍在进行时，股份合作制改革仍未全面实现，静态管理仍然是主要的股权管理方式，因而强调农村集体经济组织成员身份的财产性更为重要。

有学者提出，成员资格界定的核心要素在于集体成员财产权利的还原，界定的前提在于“承认农民对集体资产的财产权利”[③]。需要说明的是，农民集体成员与农民集体的关系即使在私法规范的层面不限

① 肖新喜．论农民社会保障权双重属性及其制度价值．苏州大学学报（哲学社会科学版），2019（6）.

② 参见陕西省兴平市人民法院（2021）陕0481民初1957号民事判决书。

③ 刘竞元．农村集体经济组织成员资格界定的私法规范路径．华东政法大学学报，2019（6）.

于财产权利的关系，亦不以财产权利为核心。从成员集体作为社区性团体的角度来看，成员之间的聚合是综合性的聚居，“以身份关系作为维护整个社区组织共同利益、生活秩序及共同体内稳定团结的基础”①。固然，集体所有制与集体所有权的生成是以农民财产权利的变动为线索的，但在特定集体范围展开的制度推进仍然依赖着地域性的成员个体。同时，社会保障的功能也不意味着对成员资格私法属性的否定，而是集体所有权的必然要求，集体土地所有制要求在“对集体土地不可分割地共同所有基础上实现成员个人的利益”②，实现对成员个人公平的社会保障也是集体所有权的要求。

因此，法院在判断当事人是否具备农民集体或农村集体经济组织认可的成员资格时，必须要实质审查其与集体和组织之间的关系，而不能仅从社会保障和分配公平的结果论角度审查成员资格。对于请求确认其为农村集体经济组织成员的，法院应考虑集体自治与国家政策的影响。

2. 成员资格的认定标准

当前，法院根据户籍、实际生产生活关系、基本生活保障来源、与集体经济组织形成权利义务关系等标准认定成员资格。有的地方性法规与地方政府规章则采用模糊的表述方式规定成员资格，如《黑龙江省农村集体经济组织条例》第 9 条规定：“农村集体经济组织应当依据有关法律、法规，按照尊重历史、兼顾现实、程序规范、群众认可的原则，统筹考虑户籍关系、土地承包关系、与集体经济组织利益关系等因素，在民主讨论的基础上，对本集体经济组织成员的身份进行确认。”或者，有的采取某一具体标准细致规定成员资格认定条件，如《广东省农村集体经济组织管理规定》第 15 条以农业户籍为核心规定了集体经济组织成员资格。事实上，这些标准均为形式上的标准，核

① 戴威．农村集体经济组织成员资格制度研究．法商研究，2016（6）.

② 韩松．坚持农村土地集体所有权．法学家，2014（2）.

心仍然在于说明成员与农民集体或农村集体经济组织之间的关系。即使主张以户籍为核心的成员资格认定标准，亦是因户籍具备较强的客观性和现实基础，其基本可以反映大多数成员的真实情况。[①] 从法律规范制定的角度来看，当前地方性立法与司法实践所采纳的均为证明材料，即直接或间接证明当事人属于成员集体或农村集体经济组织的证据，而非成员资格本身。这也就意味着户籍、实际生产生活关系等标准之间并不存在法定的效力层级，也不应当存在效力的优先顺位，而仅存在证明力上的强弱区分。

由此，户籍、实际生产生活关系、与农村集体经济组织形成权利义务关系等在认定成员资格中属于证明材料，而不同的证明材料基于证明成员与团体关系的强弱程度，形成了证明材料体系。其中，户籍标准属于具有较强公示性的标准，其表明了当事人的经常居住情况，然而目前户籍登记相对宽松，无法全面表明当事人与团体之间的关系。在部分案件中，即存在着农民集体或农村集体经济组织主张当事人因听闻土地征收的情况后将户口迁入被告处的情况。相较之下，其他标准相对模糊，若当事人提出了与集体自治相关的证明材料，如农民集体或农村集体经济组织曾向其发包耕地、双方签订了插户协议、当事人曾参与集体自治等，则法院可以视情况认定当事人是否具备成员资格。

问题就在于，若当前的认定标准均为同一层次的证据，则成员资格认定标准体系是什么呢？根据上文对成员资格的讨论，我们可以发现，成员资格的认定标准呈现出两种不同的体系，但这种区分在司法实践中并未得到充分体现。法院审理与成员资格相关诉讼请求，大都将重心放在司法权能否干预集体自治以及采纳何种标准以判断成员资格上，而较少地注意到当事人提出的诉讼请求的区别。原告请求按照其他成员的标准平等分配集体土地的各项补偿费属于土地征收补偿费

① 温程鸿．论农村集体经济组织成员资格的认定．民商法争鸣，2019（2）．

分配纠纷[①]，集体土地被征收的，农民集体所有权项下的集体财产从土地转化为具体补偿费，这针对的是集体所有权项下的集体财产；而在原告请求法院判决被告股份经济合作社向其支付集体经济收益分配款的案例中[②]，原告提出享受农村集体经济组织成员福利待遇的前提是成为合作社股东，其指向的并不是集体所有权项下的财产，而是农村集体经济组织代行所有权下给予其成员的经济待遇。在司法实践中，部分法院会明确基于诉讼请求的不同区分不同的成员资格[③]，如将成员资格区分为股份经济合作社股民资格与农村集体经济组织成员资格。[④] 由此可知，法院应当分别适用不同的认定逻辑，区分农民集体成员的资格认定与农村集体经济组织成员的资格认定。前者通常指向集体所有权的变动，如集体土地征收补偿费的分配；后者通常指向农村集体经济组织内部的收益分配。

正如上文所言，学界与法院裁判所述的具体标准均为认定成员具备相应成员资格的证明材料，核心的认定标准在于成员与农民集体或农村集体经济组织之间的关系。由此可知，成员资格认定标准是认定请求确认属于农民集体成员的当事人是否与其他成员形成了共同生活生产的社区关系，以及请求确认属于农村集体经济组织成员的当事人是否与农村集体经济组织形成经济联系或是否为农村集体经济组织代行所有权所必需的，同时贯穿上述内容的是集体自治标准，即集体自治是认定上述关系的直接标准。在此意义上，集体决议是法院认定成员资格的主要参考。因此，当前对具体标准的归纳和建构是不必要的，法院应当从识别证明材料的证明力强弱角度，判断当事人提出的证明材料能否证明成员与团体之间的关系，以认定当事人是否具备相应的成员资格。

---

① 参见湖南省长沙县人民法院（2020）湘 0121 民初 11654 号民事判决书。

② 参见浙江省义乌市人民法院（2020）浙 0782 民初 15512 号民事判决书。

③ 参见浙江省新昌县人民法院（2021）浙 0624 民初 2284 号民事判决书。

④ 参见浙江省湖州南太湖新区人民法院（2021）浙 0591 民初 2282 号民事判决书。

（二）成员资格认定之构建原则

课题组认为，成员资格认定应当坚持如下两项原则。

1. 立法应最大程度上尊重集体自治

围绕成员资格认定的困境，学界大多认为应当制定法律规范以明确成员资格，通过立法规则明确成员资格认定的标准，同时提出了认定成员资格的具体设计标准。① 另有观点直接提出，集体成员资格涉及民事主体的基本权利，不宜交由群众自治确定。② 也即成员资格认定完全属于制定法规制内容，而不属于集体自治范围，因而成员资格认定的重心应由规范集体自治转为补充制定法，判断当事人是否具备成员资格与农民集体或农村集体经济组织的自治决议脱离，法院亦直接依据制定法规定的标准认定当事人是否具备相关标准。但这在一定程度上忽视了集体所有权承载的私法意义以及成员和团体组织的关系，以制定法替代了内部治理机制，极大地破坏了农民集体和农村集体经济组织的自治性，与前述的成员资格实质并不相符。因此，立法应当最大程度地尊重集体自治，这其中包含着两个方面。

一方面，法院适用的规范应当规定集体决议效力瑕疵的事由。司法实践中产生涉及成员资格的纠纷，核心在于集体决议规定了不合理的成员资格认定条件或对外嫁女、非农业户口等群体设置了过度的资格限制。《民法典》第 265 条抽象地规定了集体决议侵害成员权益这一决议可撤销事由，而法院认定侵害成员合法权益的标准不同：针对涉及外嫁女的案件，法院可以适用《妇女权益保障法》的规定，而对于其他的情况则多采取原则性的一般条款以认定成员合法权益受损。无论是制定法及其解释，还是司法解释，法律规范应当就涉及成员资格

---

① 吴春香．农村集体经济组织成员资格界定及相关救济途径研究．法学杂志，2016（11）．韩俊英．农村集体经济组织成员资格认定：自治、法治、德治协调的视域．中国土地科学，2018（11）．

② 王丹．农村集体经济组织法人的法律定位．人民司法，2017（28）．

的集体决议的效力瑕疵事由作出规定，在程序瑕疵和内容瑕疵两方面明确集体决议效力，如此亦便于实现农村集体经济组织实行静态股权管理的正当化。同时，针对成员资格的决议效力瑕疵，法院应当区分侵害成员权益的效力瑕疵和非法剥夺成员资格的效力瑕疵，后者直接针对当事人的成员资格作出否定决议，实质上否定了当事人与农民集体或农村集体经济组织之间的任何关系，非法剥夺成员资格的决议应当无效。①

另一方面，法律规范应当明确成员资格认定属于民事纠纷，法院应当适用民事诉讼程序受理案件，并处理相关诉请。正如上文所述，对于能否受理成员资格认定的诉请以及涉及成员资格的案件是否属于民事案件，法院采取不同的立场。成员资格认定是判定当事人是否属于农民集体或农村集体经济组织的成员的过程，是私法意义上集体所有权实现的前提②，而不是认定当事人是否属于基层民主自治意义上的村民的过程。即使未成立农村集体经济组织而由村民委员会、村民小组等主体代行所有权，村民委员会、村民小组等对成员资格作出的集体决议仍然是代行私权意义上的集体所有权。那么，当事人向乡镇一级人民政府申请确认其成员资格，政府作出行政决定是否属于具体行政行为呢？对此，法院通常依据《村民委员会组织法》第 27 条第 3 款或第 36 条第 2 款，认定乡镇一级人民政府有权认定成员资格，而这两个条款又规定了乡镇一级人民政府有权责令改正违反法律法规或侵害成员合法权益的集体决议。课题组认为，不应将乡镇人民政府作出认定决定视为具体行政行为，而是应将其作为政府对当事人就成员资格产生的纠纷作出的调解或仲裁行为。

2. 司法裁判应区分农民集体成员与农村集体经济组织成员

正如上文所述，农民集体成员与农村集体经济组织成员在概念、

① 房绍坤，张泽嵩．农村集体经济组织决议效力之认定．法学论坛，2021（5）.

② 刘竞元．农村集体经济组织成员资格界定的私法规范路径．华东政法大学学报，2019（6）.

认定标准上均有所不同，但法院在审理有关成员资格认定案件中并未有效区分两者。根据诉讼请求的不同，法院应当识别当事人请求确认的成员资格是农民集体成员资格还是农村集体经济组织成员资格。在现阶段，当事人提出集体土地征收补偿费分配、申请宅基地等直接涉及集体所有权权利变动和集体成员权益的，法院应当按照集体成员资格认定逻辑判断其是否为农民集体成员。法院应注重集体所有权承载的社会保障功能，在具体案件中不仅对集体决议效力作出认定，而且为防止当事人合法权益无法得到及时救济，应对当事人成员资格直接作出个案认定，对实体部分作出判决，而不仅限于撤销集体决议。①

若当事人提出享受股份经济合作社等农村集体经济组织股东权益，如请求享受合作社年终分红，则法院应当将其纳入农村集体经济组织成员认定的范围，而非对农民集体成员资格的认定。法院应先判断农村集体经济组织章程是否存在严重的效力瑕疵问题，如外嫁女及其子女、外出务工人员、再婚家庭等不属于农村集体经济组织成员或不能享受全面的成员福利待遇。对于实行静态股权管理的条款，法院不宜直接认定其效力瑕疵。一方面，《集体产权改革意见》明确鼓励股份合作制改革实行静态管理，具体到各地农村集体经济组织也大多以静态管理为主；另一方面，法院应当审查章程在基于静态管理而排除部分主体享受股东待遇的同时是否让这部分主体通过家庭获得合理的集体资产份额和待遇。根据《集体产权改革意见》的规定，实行股权静态管理的农村集体经济组织，其内部成员家庭的新增人口应当“通过分享家庭内拥有的集体资产权益的办法”享受集体资产份额和集体成员资格。因此，法院应当审慎对待因股权静态管理而提出的涉及成员资格认定的纠纷。

---

① 房绍坤，任怡多．“嫁出去的女儿，泼出去的水?”：从“外嫁女”现象看特殊农民群体成员资格认定．探索与争鸣，2021 (7).

第三章 特殊农民群体成员资格的司法认定

相较于一般农民群体而言，特殊农民群体往往处于弱势地位，时常会遭到集体经济组织的排斥，因而其合法权益更易受到侵害。故有关农村集体经济组织成员资格的纠纷，绝大多数是由特殊农民群体的成员资格认定问题所引起的。据此，特殊农民群体的成员资格认定是农村集体经济组织成员资格纠纷的矛盾集中点，其既是农村集体经济组织成员资格认定中最具争议且最为复杂之处，也是处理好农村集体经济组织成员资格纠纷的关键所在。所谓特殊农民群体，是指基于婚姻关系、外地上学、外出务工等原因产生一定的人口流动，导致户籍登记、土地承包关系及生产生活关系相互脱离，由此形成的成员资格认定情形复杂的农民群体。从本质上讲，特殊农民群体的“特殊之处”既非具有特殊地位或者享受特别利益，又非适用特殊的成员资格认定标准，而是在于相比一般的农民群体，对其在进行集体经济组织成员资格认定时，面临着更加错综复杂的情形，因而需要特别注意并予以重点保护。

关于特殊农民群体的具体类型，目前理论界尚未达成统一共识，有学者概括了外嫁女、入赘婿、全日制大中专学校的在校学生、服刑服役人员、空挂户、退休回乡人员等二十种特殊农民群体。[①] 尽管特

---

① 丁关良．特殊人群在农村股改中的股权界定与保护．农村经营管理，2020（2）．

殊农民群体的类型众多且无法穷尽所有的案例，但每一类特殊农民群体的成员资格认定纠纷在本质上都具备相当程度的共通性，即均基于一定人口流动的原因，产生户籍登记、土地承包关系和实际生产生活关系相互分离的状态，并由此在成员资格认定问题上产生纠纷，导致特殊农民群体的合法权益极易受到侵害。同时，在成员资格认定的裁判思路、法律适用、指导原则及具体规则上，各类特殊农民群体成员资格认定纠纷亦存在规律的相似性和内在的一致性。为此，课题组通过统计已上网公布的裁判文书发现，涉及外嫁女的集体经济组织成员资格认定纠纷占特殊农民群体成员资格认定纠纷总数的86.18%①，判决数量最多且能全面涵盖各类特殊农民群体成员资格认定纠纷的司法裁判逻辑。故而，课题组将外嫁女②作为特殊农民群体的典型样本，以"外嫁女的集体经济组织成员资格认定纠纷"为研究对象，着眼于特殊农民群体成员资格认定的规则缺失所导致的裁判困境，从诉讼主体地位、资格认定标准、资格认定主体、司法介入限度四个方面提出特殊农民群体成员资格认定的规范路径，以期对法院处理特殊农民群体的成员权益纠纷有所裨益。

一、特殊农民群体成员资格认定的司法现状

这里分析的裁判文书源于"中国裁判文书网"。课题组利用"聚法案例"检索分析工具，将检索案由限定为"侵害集体经济组织成员权益纠纷"，案件的争议焦点限定为"集体经济组织成员资格"，以"外

① 为准确把握特殊农民群体成员资格认定的司法实践情况，课题组利用"聚法案例"精确检索外嫁女，在校大中专学生，服刑、服役人员及退休还乡人员四类具有代表性的特殊农民群体所涉及的成员资格认定纠纷。其中，涉及外嫁女的成员资格认定案件数量为811件，涉及在校大中专学生的成员资格认定案件数量为20件，涉及服刑、服役人员的成员资格认定案件数量为23件，涉及退休返乡人员的成员资格认定案件数量为87件。

② 这里所称的"外嫁女"包括嫁入外村或者城镇但户口没有迁出以及离婚、丧偶后将户口迁回原籍的妇女。

嫁女”为关键词在“本院认为”部分进行二次检索，截至2020年12月31日，共获得811份裁判文书，经筛选获得有效样本590份。[①] 课题组在统计与逐个分析全部有效样本的基础上，从裁判结果、法律适用、成员资格认定标准、成员资格认定主体及村民自治的程度等方面，明晰特殊农民群体成员资格认定的司法裁判现状。

（一）裁判结果

课题组通过对590份有效样本的整理，得到了外嫁女集体经济组织成员资格认定的裁判结果。其中，认定案涉外嫁女具有集体经济组织成员资格的判决共580份，占有效样本的98.31%；认定案涉外嫁女不具有集体经济组织成员资格的判决共9份，占有效样本的1.53%，另有1份裁定认为集体经济组织成员资格的认定不是平等主体之间的权利义务关系，不属于法院受理民事案件的范围，应当由相关政府部门进行处理，占有效样本的0.16%。

从裁判结果来看，绝大多数案件在裁判时法院都试图寻找案涉外嫁女与本集体经济组织之间的关联之处，如户籍登记、土地生活保障或实际生产生活关系等因素，以此来证明二者存在着紧密的联系，从而认定外嫁女具有稼入地集体经济组织成员资格。其基本裁判思路在于，若外嫁女在嫁入地未分配到承包地、征地补偿费或其他集体收益，亦未有证据证明其获得其他替代性生活保障或者被纳入城镇居民社会保障体系，法院均会认定其具有嫁入地集体经济组织成员资格。这折射出保障外嫁女合法权益的裁判理念，体现了对弱势群体利益倾斜保护的价值观念。在上述案例中，法院普遍强调，不得以妇女未婚、结婚、离婚、丧偶等为由，侵害妇女在农村集体经济组织中的各项权益，外嫁女享有与其他集体经济组织成员平等的权益。

---

① 被剔除的221份判决分为以下两类：其一，仅涉及外嫁女子女的集体经济组织成员资格认定案件。因在将外嫁女与其子女并案处理案件中，仍然重点涉及外嫁女的成员资格认定问题，故此类案件属于有效样本。关于外嫁女子女的成员资格认定问题，其主要取决于外嫁女本人的成员资格认定情况。结合案件的判决结果，一般来讲，随外嫁女共同生活且取得户籍登记的未成年子女应当认定具有农村集体经济组织成员资格。其二，涉及入赘婿的集体经济组织成员资格认定案件。

（二）法律适用

为全面把握外嫁女集体经济组织成员资格认定的法律适用情况，课题组整理了援引数量排名前十名的法律条文，并归纳总结出引用每个法条的案件数量（见图 3－1[①]）。在全部有效样本中，174 份判决援引《村民委员会组织法》第 27 条，16 份判决援引《村民委员会组织法》第 36 条，20 份判决援引《村民委员会组织法》第 24 条；107 份判决援引《妇女权益保障法》第 33 条，91 份判决援引《妇女权益保障法》第 32 条，10 份判决援引《妇女权益保障法》第 55 条；514 份判决援引《农村土地承包纠纷司法解释》第 24 条；126 份判决援引《民法通则》[②] 第 5 条；77 份判决援引《物权法》第 59 条，52 份判决援引《物权法》第 63 条。

总体来讲，全国各地的法院在法律适用上较为统一，集中分布于《村民委员会组织法》《妇女权益保障法》《农村土地承包纠纷司法解释》《民法通则》以及《物权法》中。但是，上述法律条文大多为原则性规定，仅可为解决外嫁女的成员资格认定问题提供理念导向，间接作为认定外嫁女是否享有成员资格的参考依据，无法为其提供具体的法律规则指引。亦即，现有法律规定并非是与外嫁女成员资格认定直接相关的法条，而是间接反映成员资格认定裁判思路的条文。[③] 另外，

---

① 因一份判决可能援引多个法律规范，故此表中援引不同法条的判决数量总和大于样本总数。

② 需要说明的是，2021 年 1 月 1 日《民法典》正式施行，《民法通则》和《物权法》已被废止。但鉴于本实证被告涉及的所有案例均已在《民法典》生效之前作出裁判，故在统计相关法律适用情况时仍将其予以列明。

③ 例如，《村民委员会组织法》第 27 条第 2 款规定："村民自治章程、村规民约以及村民会议或者村民代表会议的决定不得与宪法、法律、法规和国家的政策相抵触，不得有侵犯村民的人身权利、民主权利和合法财产权利的内容。"据此，经村民会议或者村民代表会议形成的民主决议并非认定外嫁女是否具有集体经济组织成员资格的决定性因素，村民集体讨论形成的决定仅可作为相应的参考依据。再如，《妇女权益保障法》第 33 条规定："任何组织和个人不得以妇女未婚、结婚、离婚、丧偶等为由，侵害妇女在农村集体经济组织中的各项权益。"据此，不能以集体经济组织成员的婚姻状况作为否认其成员资格的理由，嫁入外村的"外嫁女"并非当然丧失原集体经济组织成员资格，其婚姻状况并非判断是否具备集体经济组织成员资格的认定标准。

作为成员资格认定问题的核心要点，现有立法对成员资格的认定标准只字未提。正是相关立法的严重缺失，才导致司法实践中“同案不同判”现象的频繁发生。[①]

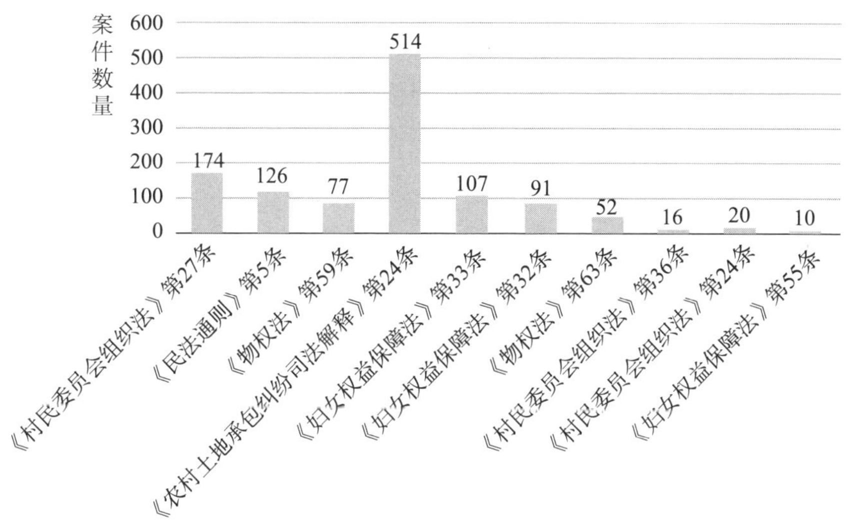

图 3－1　外嫁女农村集体经济组织成员资格认定的法律适用

（三）成员资格认定标准

在外嫁女集体经济组织成员资格的认定标准上，各地区制定的成员资格认定标准存在显著差异，法院在裁判时衡量的核心要素亦有所

① 举例来看，“文昌市锦山镇下溪坡村民委员会茄料坡村民小组与韩某萍侵害集体经济组织成员权益纠纷案”与“史某玉与陕西省延安市宝塔区青化砭镇王庄村村民委员会侵害集体经济组织成员权益纠纷案”属于同案不同判的情况。在上述两个案件中，案涉外嫁女的户籍均未迁出本集体经济组织，他们以家庭名义承包本集体经济组织的土地，并将其作为基本生活保障，且均未实际生产生活和居住在该集体经济组织。但是，两个案件的法院作出了截然相反的判决结果：前者以是否以本集体经济组织的土地为基本生活保障作为成员资格认定标准，判决案涉外嫁女具有集体经济组织成员资格；后者以是否在本集体经济组织形成较为固定的生产生活关系作为成员资格认定标准，判决案涉外嫁女不具有集体经济组织成员资格。参见海南省第一中级人民法院（2018）琼 96 民终 226 号民事判决书、陕西省延安市中级人民法院（2020）陕 06 民终 1615 号民事判决书。

不同。在全部 589 份有效样本[①]中，11 份判决采用单一标准认定外嫁女的集体经济组织成员资格，占有效样本的 1.87%；578 份判决采用复合标准认定外嫁女的集体经济组织成员资格，占有效样本的 98.13%。由此可见，绝大多数法院在认定外嫁女成员资格时，充分考虑到现实情况的复杂性和当前人口的高度流动性，不再采取单一认定标准的模式，而选择更能契合社会发展趋势且认定结果更为公正的复合标准模式。

在 11 份采用单一标准认定外嫁女集体经济组织成员资格的判决中，7 份判决以是否依法取得农村集体经济组织所在地的户籍作为外嫁女集体经济组织成员资格的认定标准，占比 63.64%；3 份判决将是否以本集体经济组织的土地为基本生活保障作为外嫁女集体经济组织成员资格的认定标准，占比 27.27%；1 份判决将是否在本集体经济组织形成较为固定的生产生活关系作为外嫁女集体经济组织成员资格的认定标准，占比 9.09%。相比之下，在采用单一认定标准的模式下，大多数法院更倾向以户籍登记作为判断案涉外嫁女是否具有集体经济组织成员资格的考量标准，而以是否在本集体经济组织形成较为固定的生产生活关系作为外嫁女集体经济组织成员资格认定标准的判决则极为少见。

在 578 份采用复合标准认定外嫁女集体经济组织成员资格的判决中，将是否依法取得农村集体经济组织所在地的户籍和是否以本集体经济组织的土地为基本生活保障作为外嫁女集体经济组织成员资格认定标准的判决共 211 份，占比 36.51%；将是否依法取得农村集体经济组织所在地的户籍和是否在本集体经济组织形成较为固定的生产生活关系作为外嫁女集体经济组织成员资格认定标准的判决共 17 份，占比 2.94%；将是否依法取得农村集体经济组织所在地的户籍、是否以

---

① 鉴于在全部 590 份有效样本中，存在 1 份法院驳回起诉的裁定，理由是不属于法院的受案范围，故本文在整理成员资格认定标准、成员资格认定主体以及村民自治的程度三个方面的数据时，将该份样本予以剔除，共计 589 份样本。

本集体经济组织的土地为基本生活保障以及是否在本集体经济组织形成较为固定的生产生活关系作为外嫁女集体经济组织成员资格认定标准的判决共 350 份，占比 60.55%。其中，将户籍登记、土地生活保障和实际生产生活关系作为外嫁女集体经济组织成员资格认定标准的判决数量最多，将户籍登记和土地生活保障作为外嫁女集体经济组织成员资格认定标准的判决数量居中，而将户籍登记和实际生产生活关系作为外嫁女集体经济组织成员资格认定标准的判决数量则相对较少。另外，各地法院在适用每个成员资格认定标准的先后顺序上存在明显差异：一部分法院认为应当以是否依法取得农村集体经济组织所在地户籍为基本原则，另一部分法院则认为应当将是否以本集体经济组织的土地为基本生活保障作为基本依据。[①] 这表明，法院尽管采取复合认定标准的模式，以户籍登记、土地生活保障及实际生产生活关系为标准予以综合认定，但仍然将其中某一个标准作为重点考量因素，并以其为外嫁女集体经济组织成员资格的核心认定指标。

（四）成员资格认定主体

关于外嫁女集体经济组织成员资格的认定主体，各地在实践中的做法有所差异。课题组通过对 589 份样本进行整理，明确目前外嫁女集体经济组织成员资格的认定主体主要包括四类：村民委员会（居民委员会）、村民小组（居民小组）、农村集体经济组织（经济合作社）和行政机关。其中，由村民委员会（居民委员会）认定外嫁女集体经济组织成员资格的判决共 140 份，占有效样本的 23.77%；由村民小组（居民小组）认定外嫁女集体经济组织成员资格的判决共 410 份，占有效样本的 69.61%；由农村集体经济组织（经济合作社）认定外嫁女集体经济组织成员资格的判决共 36 份，占有效样本的 6.11%；

① 结合课题组检索的全部有效样本来看，绝大多数法院在裁判时，更倾向将是否以本集体经济组织的土地为基本生活保障作为主要认定标准。

由行政机关认定外嫁女集体经济组织成员资格的判决共 3 份，占有效样本的 0.51%（见图 3-2）。总体上讲，在外嫁女集体经济组织成员资格的认定主体上，绝大多数是村民委员会或者村民小组[①]，占比 93.38%。仅有少数案件中的外嫁女集体经济组织成员资格认定主体是农村集体经济组织，其具体表现形式是经济合作社。

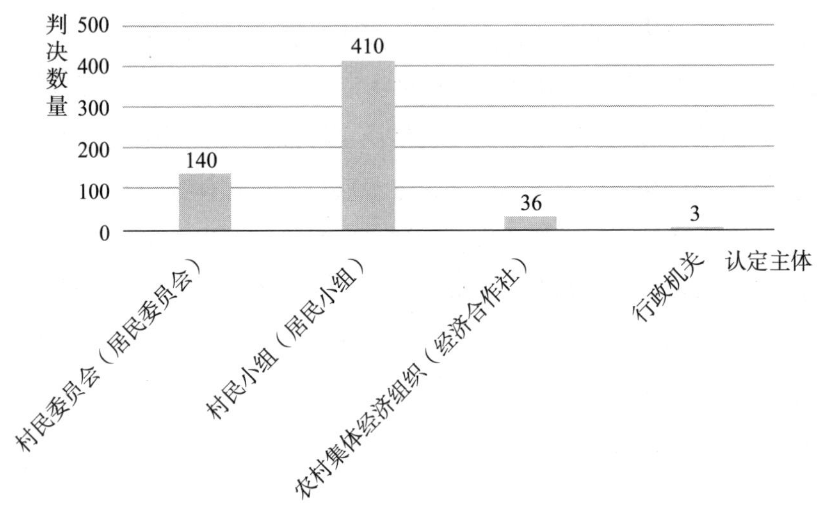

图 3-2　外嫁女农村集体经济组织成员资格的认定主体

（五）村民自治的程度

在全部 589 份有效样本中，除 3 份样本的外嫁女集体经济组织成员资格是由行政机关进行确认，未通过民主表决程序征求村民的意见以外，剩余 586 份样本的外嫁女集体经济组织成员资格，均是经过村民会议或者村民代表会议民主决议的结果，占有效样本的 99.49%。

① 《村民委员会组织法》第 3 条规定："村民委员会根据村民居住状况、人口多少，按照便于群众自治，有利于经济发展和社会管理的原则设立。村民委员会的设立、撤销、范围调整，由乡、民族乡、镇的人民政府提出，经村民会议讨论同意，报县级人民政府批准。村民委员会可以根据村民居住状况、集体土地所有权关系等分设若干村民小组。"由此可见，村民小组由村民委员会下设，受村民委员会的领导和管理，其主要职能与村民委员会基本相似。故在统计外嫁女集体经济组织成员资格认定主体时，将村民委员会和村民小组加以合并，以便于更好地作出相关的数据分析。

据此，在外嫁女的集体经济组织成员资格认定问题上，各地区村民自治的程度较高，集中反映了村民的真实意愿，改变了以往由村干部独裁的做法，在总体上实现了高度的民主化。

然而，上述经过村民会议或者村民代表会议作出的决议普遍存在着错误。在586份经村民集体决议的样本中，577份村民民主决议的样本认定案涉外嫁女不具有集体经济组织成员资格，以妇女未婚、结婚、离婚、丧偶等为由，剥夺了外嫁女享受与其他集体经济组织成员平等权益的资格，民主决议的错误率高达98.46％。并且，586份样本均以村民集体讨论形成的决议作为判断外嫁女是否具有集体经济组织成员资格的重要标准，甚至大部分样本将其作为外嫁女集体经济组织成员资格认定的决定性因素。为此，各地法院在判决中多次指出，关于外嫁女的集体经济组织成员资格认定问题，其本质上属于村民自治的范畴，在严格依照当地的成员资格认定标准的基础之上，广大村民可以通过村民会议或者村民代表会议进行民主决议，决定外嫁女是否具有集体经济组织成员资格。但是，村民自治章程、村规民约以及村民会议或者村民代表会议的决定不得与宪法、法律、法规和国家的政策相抵触，不得有侵犯村民的人身权利、民主权利和合法财产权利的内容。据此，经过村民会议或者村民代表会议民主讨论形成的决议可能违反法律规定或者侵犯外嫁女的合法权益，不能将其作为判断外嫁女是否具有集体经济组织成员资格的决定性依据。法院在强调村民自治所具有强大优越性的同时，也要看到其可能会导致以多数人的决定侵害少数人利益的结果。

二、特殊农民群体成员资格认定的现实困境

通过整合分析外嫁女集体经济组织成员资格认定的司法数据，课题组能够窥视出特殊农民群体成员资格认定的现实情况。在充分把握特殊农民群体成员资格认定司法现状的基础上，课题组可以总结出法

院在进行特殊农民群体的成员资格认定、判断案涉主体能否享受集体经济组织成员权益以及解决特殊农民群体的成员权益纠纷时面临的种种现实困境。

（一）诉讼主体资格不明

近些年来，随着城镇化进程的不断加快，因征地补偿费分配等原因引发的集体经济组织成员权益纠纷激增，以外嫁女为代表的特殊农民群体作为弱势群体，受到的权益侵害尤为严重，由此产生的利益冲突愈演愈烈。为避免矛盾激化升级，扰乱正常的社会管理秩序，各地党委、政府纷纷要求法院受理相关案件，化解特殊农民群体的成员权益纠纷。同时，自 2015 年起施行的立案登记制要求法院做到有案必立、有诉必理，由原来的立案实体审查转变为立案形式审查，对符合法律规定条件的案件都应予以登记受理。据此，特殊农民群体成员权益纠纷的案件受理率不断提高，法院在特殊农民群体成员资格认定的问题上，基本已经完全改变了以往的司法避让策略。① 但是，在上述检索到的相关司法案例中，仍然存在部分法院不予受理或驳回起诉的情形。例如，在“梁某媚与翁源县新江镇新展村村民委员会马口下组侵害集体经济组织成员权益纠纷案”中，法院认为关于外嫁女的集体经济组织成员资格认定不是平等主体之间的权利义务关系，应当由相关政府部门予以处理，不属于法院受理民事案件的范围。② 又如，在“张某某与海南区西卓子山街道办事处赛汗乌素村民委员会、海南区赛汗乌素村仲庙村小组侵害集体经济组织成员权益纠纷案”与“王某章诉都江堰市玉堂镇凤岐村第十二农业合作社侵害集体经济组织成员权益纠纷案”中，法院认为退休还乡人员的集体经济组织成员资格认定属于村民自治事项，应当由村民通过民主议定程序决定，不属于法院民事

---

① 赵贵龙．“外嫁女”纠纷：面对治理难题的司法避让．法律适用，2020（7）.

② 参见广东省韶关市翁源县人民法院（2020）粤 0229 民初 435 号民事裁定书。

案件的受案范围。[①] 同时，上述部分二审、再审案件的裁判文书中，存在原审法院以集体经济组织成员资格认定属于村民自治范畴、政府处理事项或缺乏法律依据等为由拒绝审理的情形。

课题组通过整理研读裁判文书，发现不论当事人的诉讼请求是否包括确认集体经济组织成员资格，均存在法院以其不属于民事案件受理范围为由拒绝认定，进而不予解决集体经济组织成员权益纠纷的情形。具体来讲，法院认为特殊农民群体成员资格认定不属于受案范围的主要理由包括：（1）属于村民自治的范畴，应当由村民通过民主程序自主决定；（2）应当由当地政府或有关部门解决，不属于法院的职权范围；（3）村民委员会、村民小组等并非民事主体，其与成员之间不属于平等民事主体之间的纠纷；（4）相关法律规定尚不健全，无法作出明确的法律认定。由此可见，针对特殊农民群体成员资格认定问题，司法实践中并未达成一致意见，既未赋予特殊农民群体获得司法救济的权利，又未明确特殊农民群体依法享有诉讼主体资格，案件受理与否完全取决于法院的主观意愿，无法有效保障特殊农民群体的合法权益。另外，与一般农民群体的成员权益纠纷相比，特殊农民群体成员权益纠纷产生的根源在于成员资格认定存在明显争议，而在一般农民群体成员权益纠纷中，关于案涉主体的成员资格并不存在任何争议，只是在享受成员权益的多寡上发生争议。因此，一般农民群体具备集体经济组织成员资格，当然也具有诉讼主体资格，当其成员权益受到侵害时，可以直接向法院提起诉讼。但是，特殊农民群体的成员资格存有争议，向法院提起诉讼面临重重障碍，时常被法院以各种理由拒绝受理，其成员权益纠纷亦被搁置，故而赋予特殊农民群体诉讼主体资格乃是化解司法困境的第一要务。

---

① 参见内蒙古自治区高级人民法院（2018）内民申 1928 号民事裁定书、四川省都江堰市人民法院（2016）川 0181 民初 640 号民事裁定书。

（二）资格认定标准不清

作为特殊农民群体成员资格认定的核心内容，成员资格认定标准是判断案涉主体是否享有成员资格的主要依据。制定清晰明确的成员资格认定标准，不仅关乎每一位成员的切身利益，还直接决定着成员资格认定结果的公正与否。但是，目前农村集体经济组织的成员资格认定标准尚不明晰，特殊农民群体的成员资格认定标准则更加混乱，主要表现在以下三个方面。

第一，相关立法严重缺失，导致司法裁判无法可依。综观对农村集体经济组织成员资格认定的立法进程，虽然2018年修改的《农村土地承包法》增加了“确认农村集体经济组织身份的原则、程序等，由法律、法规规定”的内容（第69条），但时至今日也未有规范农村集体经济组织成员资格问题的相关法律规定，农村集体经济组织成员资格认定在立法上始终处于空白状态。这将无法为法院提供法律指引，导致司法裁判缺少法律依据，对司法裁判工作造成了极大障碍，现已日渐成为部分法院拒绝受理该类案件的主要缘由。

第二，各地标准呈现多样化，导致司法裁判适用混乱。鉴于农村集体经济组织成员资格认定标准缺乏适用于全国范围的统一性规定，各地法院在审理集体经济组织成员资格认定的案件时，往往会依据当地的地方性法规、地方政府规章和法院指导意见。但是，这些地方性规范文件的效力位阶较低，适用范围仅限于该特定区域之内，且大都根据本地的实际情况制定，这致使各地规定的认定标准大相径庭。从外嫁女成员资格认定的司法裁判现状来看，其既存在采取单一认定标准的地区，也有大量地区适用复合认定标准。在采用单一认定标准的地区中，各地适用的具体标准亦有所不同，有的地区以户籍登记为成员资格认定标准，有的地区以土地生活保障为成员资格认定标准，还有的地区将形成固定的生产生活关系作为成员资格认定标准。同样，在适用复合认定标准的地区中，各地区结合当地的现实情况，从户籍登记、土地生活保障、实际生产生活关系、履行集体义务、对集体积累作出贡献等多项标准中选择某几项作为成员资格认定标准，但每个地区选用的具体标准亦差异显著。这在很大程度上造成了司法裁判适用混乱的局面，同样也是产生“同案不同判”现象的根源所在。

第三，某些具体标准模糊化，导致司法裁判过于随意。在上述成员资格认定标准中，一些具体标准看似易于判断，但在面对错综复杂的现实时，往往由于缺乏客观的事实要素，导致适用模糊化的情形出现。结合外嫁女成员资格认定的司法裁判情况，各地法院在适用同一项认定标准时，可能依据的衡量因素并不相同。例如，在判定案涉主体是否在本集体经济组织形成较为固定的生产生活关系时，一部分法院认为当事人应当将本集体所在地作为经常居住地，长期稳定地生产生活、居住于此，与本集体经济组织形成紧密联系；另一部分法院则认为，若当事人在本集体经济组织参加新型农村合作医疗和社会养老保险并且按时缴纳费用，则可以证明其与本集体经济组织形成较为固定的生产生活关系。另外，如何界定形成长期或者固定生产生活关系中的“长期”和“固定”，应以居住多长时间抑或形成何种生活状态为标准进行判断，亦是司法实践所面临的现实操作难题。由此可见，在特殊农民群体的成员资格认定标准中，某些特定标准缺乏客观明确的界定因素，导致司法裁判中法官的主观随意性过大。这既有损于司法权威的提升，又有碍于司法公信力的树立。

（三）资格认定主体不定

关于农村集体经济组织成员资格的认定主体，现行法律尚未加以明确规定，结合外嫁女成员资格认定的司法裁判现状可知，实践中集体经济组织成员资格的认定主体并不统一，既包括村民委员会或村民小组，又包括农村集体经济组织，甚至还存在以行政机关作为资格认定主体的情形。这不仅严重超越了各自的职权范围，还扰乱了村民自治的正常管理秩序。

其一，村民委员会或村民小组不是农村集体经济组织成员资格认定的适格主体。在实践过程中，由村民委员会或村民小组作为成员资格认定主体，确认某个村民是否具有集体经济组织成员资格，是最为普遍且被广泛接受的情形。这种现象的根源在于人民公社解体、家庭联产承包责任制建立的改革过渡阶段中，全国各地乡镇政府、村民委员会、村民小组等行政、半行政组织迅速发展，但各地农村集体经济组织却并未建立起来。因此，法律规定未设立村集体经济组织的，村民委员会可以依法代行村集体经济组织的职能。[①] 但是，村民委员会与农村集体经济组织的法律属性与职能定位并不相同，村民委员会是社区治理的基层群众性自治组织，主要任务是办理本村的公共事务和公益事业，调解民间纠纷，协助维护社会治安，承担社会管理的职能；而集体经济组织是农村集体资产经营管理的经济组织，发挥着管理集体资产，开发集体资源和发展集体经济的作用，承担经济管理的职能。据此，村民委员会或村民小组不能参与经济管理事务，无权干涉集体财产权益分配，亦不能认定承载经济利益的集体经济组织成员资格。另外，村民委员会或村民小组在认定集体经济组织成员资格时，普遍采用村民会议或者村民代表会议决议的方式。尽管这体现了村民自治的高度民主化，但村民不等同于集体经济组织成员，村民是以主要居住地为界定标准的特定区域范围内的公民，代表的是以户籍地为标准的农村公民身份；而集体经济组织成员是集体经济组织资产来源的产权主体，代表的是与财产资源相关联的经济权益。[②] 村民不一定必然都是集体经济组织成员，村民自治亦不等于集体经济组织成员自治，

---

① 《民法典》第101条规定："居民委员会、村民委员会具有基层群众性自治组织法人资格，可以从事为履行职能所需要的民事活动。未设立村集体经济组织的，村民委员会可以依法代行村集体经济组织的职能。"

② 刘竞元．农村集体经济组织成员资格界定的私法规范路径．华东政法大学学报，2019 (6).

村民自治属于公法性构造，而集体经济组织成员自治属于私法性构造[①]，故不能由村民表决决定集体经济组织成员的资格。

其二，农村集体经济组织并非集体经济组织成员资格认定的适格主体。前述案例中认定集体经济组织成员资格的农村集体经济组织并非新型集体经济组织，而是本质上尚未实现“政经分离”，与村民委员会职能混同的组织。其主要表现形式是经济合作社，不宜作为集体经济组织成员资格的认定主体。事实上，即便是新型农村集体经济组织，但囿于集体经济组织管理者有限的经济理性，为了追求自身的利益最大化，也往往利用其所处的优势地位，控制农村集体经济组织的决策权，从而形成“内部人”控制的局面，严重影响成员资格认定的正当程序，损害成员资格认定结果的公正性，故亦不宜成为农村集体经济组织成员资格的认定主体。

其三，行政机关更不能成为农村集体经济组织成员资格认定的适格主体。结合前述检索到的司法案例，认定外嫁女集体经济组织成员资格的行政机关是农村集体经济组织成员认定指导工作小组办公室，其以农村集体经济组织成员资格确认书的形式，作出认定案涉主体成员资格的具体行政行为。[②] 尽管《村民委员会组织法》规定，乡、民族乡、镇的人民政府有权责令改正违法的村民自治章程、村规民约、村民会议或者村民代表会议的决定[③]，但其仅代表行政机关可以依法监督村民自治行为，并不能利用行政权力主动干预村民自治。因此，农村集体经济组织成员资格认定本质上属于成员自治事项，行政机关

---

① 江晓华．农村集体经济组织成员资格的司法认定：基于372份裁判文书的整理与研究．中国农村观察，2017（6）.

② 参见海南省三亚市城郊人民法院（2019）琼0271民初3003号民事判决书。

③ 《村民委员会组织法》第27条规定：“村民会议可以制定和修改村民自治章程、村规民约，并报乡、民族乡、镇的人民政府备案。村民自治章程、村规民约以及村民会议或者村民代表会议的决定不得与宪法、法律、法规和国家的政策相抵触，不得有侵犯村民的人身权利、民主权利和合法财产权利的内容。村民自治章程、村规民约以及村民会议或者村民代表会议的决定违反前款规定的，由乡、民族乡、镇的人民政府责令改正。”

无权介入成员自治范围，不能成为农村集体经济组织成员资格的认定主体。

（四）司法介入限度不一

针对司法能否介入农村集体经济组织成员资格认定问题，一方面，《村民委员会组织法》从立法层面为村民自治权划定了边界范围，为法院介入村民自治提供了法律依据；另一方面，法律赋予基层政府对村规民约的备案审查权力，这表明正当的行政审查不会干涉村民自治。既然行政权力都可以有序地介入村民自治，那么司法介入村民自治当然具备合理性。据此，目前学界的主流观点是司法应当介入集体经济组织成员资格认定纠纷，为农村集体经济组织成员提供司法救济。但是，鉴于该问题本质上属于成员自治事项，具备不同于一般民事纠纷的特殊性，故司法介入集体经济组织成员资格认定纠纷，应当充分把握好必要的限度。① 对此，理论上关于司法介入的限度尚未达成共识，司法实践的做法更是五花八门，不同案件中法院介入村民自治的程度并不统一。课题组通过分析整理每一份裁判文书，厘定各地法院介入外嫁女集体经济组织成员资格纠纷的程度，发现法院在处理特殊农民群体的成员资格纠纷时，所介入的具体限度并不完全一致，主要表现为以下两个方面。

一方面，法院的具体受案范围存在显著差异。根据外嫁女集体经济组织成员资格纠纷的司法实践，有关征地补偿费分配、集体资产收益分配、土地发包等农村集体经济组织成员权益纠纷大都涉及农村集体经济组织成员资格的认定问题，并且认定案涉主体是否具有集体经济组织成员资格是解决农村集体经济组织成员权益纠纷的先决条件和

① 王玉梅．从农民到股民：农村社区股份合作社基本法律问题研究．北京：中国政法大学出版社，2015：136—140．许中缘，范朝霞．农民集体成员资格认定的规范路径：以地方立法、司法实践为视角．海南大学学报（人文社会科学版），2020（5）．冷传莉，李怡．“外嫁女”征地补偿款纠纷的诉讼困境及其解决．贵阳学院学报（社会科学版），2016（5）．

前置问题。然而，鉴于我国目前还没有关于农村集体经济组织成员资格认定程序的规定，单就农村集体经济组织成员资格认定向法院提起确认之诉存在一定的障碍。故对于特殊农民群体成员资格的确认，法院多在被否定成员资格的特殊群体所提起的给付之诉中一并审查。据此，对于涉及特殊农民群体的集体经济组织成员资格纠纷，绝大多数法院将受案范围限于特殊农民群体集体经济组织成员权益纠纷，并不单独受理特殊农民群体集体经济组织成员资格认定纠纷。但是，少数法院则认为农村集体经济组织成员资格是成员权益的载体，与成员权益的享受直接相关，尽管当前尚未发生侵犯案涉主体成员权益的情形，但未来侵害当事人享有的具体成员权益实属必然，故应将特殊农民群体集体经济组织成员资格认定纠纷纳入受案范围，赋予其可诉性兼具正当性基础和现实性意义。

另一方面，法院对村民民主决议的审查范围有所不同。在审查内容上，部分法院认为，《村民委员会组织法》赋予行政机关对村民大会决议等的审查权，却并未明确规定法院对村民大会决议是否享有审查权，法院无权干预甚至撤销村民会议决议，故法院通常以村民决议的审查不属于法院审理范围为由不予受理或驳回起诉；绝大多数法院在审查村民大会决议的内容后，发现决议存在违反法律、政策规定或者侵犯村民合法权益的情形时，便不以该村民会议决议的内容作为裁判依据，而直接按照当地规定的成员资格认定标准判定案涉主体的成员资格；极少数法院审查村民大会决议存在违反法律、政策规定或者侵犯村民合法权益的情形时，会径直依据《村民委员会组织法》认定该村民会议决议违法，并责令其对违法部分作出相应修改。另外，在审查程序上，大多数法院侧重于审查村民民主决议的实质内容，缺乏对村民自治程序的必要审查，并不关注村民会议或者村民代表会议的表决程序的正当性。如关于参会人数是否达到法定的最低标准、表决人数是否满足法律规定的要求以及表决程序是否全程公开透明等情况，法院普遍停留在形式审查甚至基本忽视的状态，仅有少数法院对村民自治的程序进行实质性审查。

三、特殊农民群体成员资格认定的规范路径

在特殊农民群体成员权益纠纷日渐凸显的背景下，着眼于特殊农民群体成员资格认定的司法裁判现状，可以从诉讼主体资格、资格认定标准、资格认定主体及司法介入限度四个方面入手，明晰特殊农民群体成员资格认定的规范路径。这不仅能够有效化解现实生活与司法实践的矛盾与纠纷，切实保障特殊农民群体的集体成员权益，还可以为法院提供明确的可操作性指引，推动各地法院司法裁判结果的统一。

（一）赋予特殊农民群体诉讼主体资格

综观法院拒绝受理特殊农民群体成员权益纠纷的案件，其将特殊农民群体的成员资格认定排除在民事案件受案范围之外，所依据的主要理由不具备正当性基础。首先，特殊农民群体的成员资格认定并非完全属于成员自治的范畴。根据《村民委员会组织法》的规定，村民自治章程、村规民约以及村民会议或者村民代表会议的决定不得与宪法、法律、法规和国家的政策相抵触，不得侵犯村民的人身权利、民主权利和合法财产权利。这充分表明村民自治是法律范围内的自治，不是毫无任何限度的自治，应当在法律的框架内展开。据此，当关于特殊农民群体成员资格认定的村民民主决议违反法律和政策规定，侵害案涉主体的合法权益时，法院应当依法审理并认定成员资格。其次，特殊农民群体的成员资格认定不属于政府部门的职权范围，农村集体经济组织成员资格只能由与集体资产有关的农民集体民主协商确认。一般情况下，特殊农民群体的成员资格认定属于成员自治事项，应当由农村集体经济组织成员民主决议自主决定，政府或有关部门等行政机关无权认定集体经济组织成员资格，行政机关不得无故干涉成员自

治事项。再次，村民委员会是《民法典》规定的基层群众性自治组织法人，属于特别法人，既非基层政权组织，又非基层行政机关，而是独立的民事主体，其与特殊农民群体之间产生的纠纷，当然属于平等民事主体之间的纠纷。最后，缺乏相关法律规定不能成为法院拒绝裁判的理由。根据国际社会公认的“不得拒绝裁判原则”，法院不能因为没有明确的法律依据而拒绝裁判，亦不能以制度不健全为由剥夺当事人的诉讼权利或者直接驳回诉讼请求。因此，法院无权拒绝受理特殊农民群体成员资格认定案件。认定特殊农民群体的成员资格，介入特殊农民群体的成员权益纠纷，不仅属于法院的职权范围，还是法院应当履行的法定职责。

另外，相比一般农民群体而言，外嫁女、在校大学生、服刑服役人员等特殊农民群体往往是农村集体经济组织中的弱势群体，通常而言更需要获得集体经济组织成员资格，享受集体经济组织成员待遇。由于特殊农民群体的法治意识和维权意识普遍较差，请求司法救济往往是其在信访、申诉无果后所采取的最后一步，被视为自身权益保障的“救命稻草”。作为维护社会公平正义的最后一道防线，若此时法院采取司法回避的态度，拒绝介入相关成员权益纠纷中，不予认定案涉主体的成员资格，就等于彻底“抛弃”了特殊农民群体，导致其陷入“救济无门”的窘境之中。因此，赋予特殊农民群体诉讼主体地位，充分保障特殊农民群体的基本诉权，允许其向法院请求司法救济，对于切实维护特殊农民群体的合法权益，实现司法公平正义的理念具有重要意义。结合2012年以来“中国裁判文书网”发布的案例来看，法院基本上都会受理特殊农民群体集体经济组织成员权益纠纷案件，并对案涉主体的集体经济组织成员资格加以认定。这表明赋予特殊农民群体诉讼主体地位，保障其享有司法救济与保障的权利，已经逐渐获得各地法院的认可，符合未来的司法裁判发展趋势，具备较强的现实可操作性。

（二）厘清特殊农民群体成员资格认定标准

针对农村集体经济组织成员资格认定标准，国家应当尽早出台统一的法律规定，为各地司法实践提供明确的参考依据。最高人民法院《第八次全国法院民事商事审判工作会议（民事部分）纪要》在关于因土地承包、征收、征用引发争议的处理问题中，强调以当事人的生产生活状况、户籍登记状况以及农村土地对农民的基本生活保障功能为认定标准综合考量成员资格。这既紧密契合了当前农村社会的现实情况，又全面考虑到了各项主要衡量因素，并历经司法实践反复多次检验，实乃体现公正价值的最佳认定标准，故农村集体经济组织成员资格认定标准宜采用此种复合认定标准。在三项标准适用的先后顺序及权重占比上，以本集体经济组织的土地为基本生活保障标准反映了集体经济组织成员资格的实质内涵，集体土地所有制的基本功能就是为了保障每一个农村居民平等地获得生存保障资源①，集体土地承载着集体经济组织成员的生存之本、生活之源。② 将农村集体土地作为基本生活保障体现了农民对该集体经济组织的物质依赖关系，表现出二者之间具备实质意义上的紧密关联，故土地生活保障标准是农民与农村集体经济组织之间最本质、最核心的连接点，应当将其作为集体经济组织成员资格认定的基本依据。而户籍登记是出于行政管理的需要对公民身份的一种确认③，并不能准确反映集体经济组织成员的权利义务，加之伴随户籍制度改革的全面推进和农村人口流动的日益加快，未来逐渐弱化户籍登记的认定标准乃是大势所趋；同样，形成长期固定的生

---

① 戴威．农村集体经济组织成员资格制度研究．法商研究，2016（6）．

② 管洪彦．农民集体成员资格认定标准立法完善的基本思路．长安大学学报（社会科学版），2013（1）．

③ 王玉梅．从农民到股民：农村社区股份合作社基本法律问题研究．北京：中国政法大学出版社，2015：144．

产生活关系的认定标准尽管符合农民集体的自然共同体属性[①]，但其往往仅具有形式上的辨识性，不能真正反映集体经济组织成员资格的本质属性，故二者更适宜作为集体经济组织成员资格认定的辅助依据。

另外，尽管在进行特殊农民群体的成员资格认定时，我们仍需坚持一般农民群体的成员资格认定标准，并将其作为成员资格认定的基本衡量因素，但也应当充分考虑各类特殊农民群体的自身特点，并在坚持专属唯一原则、公平合理原则、生存保障原则及弱者保护原则的基础上，灵活运用上述成员资格认定标准。据此，每一类特殊农民群体的成员资格认定，所适用标准的侧重之处有所不同。

（1）在认定外嫁女的集体经济组织成员资格时，需要根据嫁入地的不同情况加以区分：若属于“农嫁农”的情形，则其成员资格认定已经不再受到户籍登记的限制，法院应主要参考实际生产生活关系和土地生活保障标准；若属于“农嫁非”的情形，则应以外嫁女的生活保障基础为认定标准，只要其仍将集体土地作为基本生活保障，尚未被纳入城镇社会保障体系，法院就应认定其具有集体经济组织成员资格。同样，对于离婚、丧偶妇女的成员资格，法院仍应视其生活保障基础而定。

（2）在认定在校大中专学生的集体经济组织成员资格时，应当以生活保障基础作为成员资格认定标准。其在校就读期间尚无独立的经济来源，仍然依靠集体土地作为生活保障基础，此时法院不应以其户籍迁出本集体经济组织为由，剥夺集体经济组织成员资格，而应当保留其集体经济组织成员资格，使其享受相应的成员待遇和福利。但若其毕业之后留在城市工作生活，被纳入国家公务员序列或者城镇企业职工社会保障体系中，则应丧失原集体经济组织成员资格。

（3）在认定服刑服役人员的集体经济组织成员资格时，应当以生活保障基础作为成员资格认定标准。在服刑服役期间，其仍需以本集

① 管洪彦．农民集体成员资格认定标准立法完善的基本思路．长安大学学报（社会科学版），2013（1）．

体经济组织的土地作为基本生活保障，故应保留其农村集体经济组织成员资格。倘若这类人员未来被纳入城镇社会保障体系或者获得其他替代性生活保障，则不再具有农村集体经济组织成员资格。

（4）在认定退休返乡人员的集体经济组织成员资格时，应当以生活保障基础作为成员资格认定标准，主要看其是否已获得城镇提供的社会保障。若已经享有城镇提供的社会保障，领取退休工资和养老保险金，则不能取得集体经济组织成员资格；若并未享有城镇社会保障和福利待遇，仍需以集体土地作为基本生活保障的，则应取得集体经济组织成员资格。

（5）在认定外出经商、务工人员的集体经济组织成员资格时，应当以生活保障基础作为成员资格认定标准。尽管外出打工能够获得一定的经济收入，但此种营生手段并不能为其提供长期、稳定、持续的经济来源，集体土地依然是很多进城务工农民的最后生存保障①，故只要其尚未被纳入城镇社会保障体系中，法院均应认定其具有农村集体经济组织成员资格。

（三）确定成员集体为成员资格认定主体

为清晰界定农村集体经济组织成员的身份和边界，《集体产权改革意见》指出，要探索在群众民主协商基础上确认农村集体经济组织成员的具体程序、标准和管理办法。② 农村集体资产归属于成员集体所有，故集体经济组织成员资格只能由与集体资产有关的成员民主决议认定。事实上，由成员集体作为成员资格认定主体颇为契合乡土社会的特殊情况，紧密融合广大农民的生活方式，具备较强的可操作性和

---

① 吴昭军．民主决议认定成员资格的实现路径．人民法治，2019（9）．

② 《集体产权改革意见》之（十）中规定："确认农村集体经济组织成员身份……改革试点中，要探索在群众民主协商基础上确认农村集体经济组织成员的具体程序、标准和管理办法，建立健全农村集体经济组织成员登记备案机制……按章程获得集体资产份额和集体成员身份。"

深远的现实意义。就案涉主体是否在本集体经济组织生产生活或其是否以本集体土地作为基本生活保障而言，长期生活在本集体经济组织的成员不仅最了解情况，还准确知晓真实情况，当然应当最具有发言权。

具体来讲，结合司法案例所展现的实际情况，之所以特殊农民群体的成员资格更难认定，客观原因在于特殊群体的现实情况往往较为复杂，法院实地调查的工作量过于巨大，取证困难并且无法掌握真实情况。相反，集体经济组织成员长期生活在本集体之中，了解集体内部每一个成员的实际情况，由成员集体认定成员资格，有效降低了调查取证的时间成本。同时，作为成员资格最富有争议的主体，认定特殊农民群体是否具有集体经济组织成员资格关涉每一个成员的切身利益，涉及每一个成员所能享受集体资产权益的多少。此时，成员集体自主决定不易产生额外的纠纷，更容易获得广大成员的一致接受与认可。据此，农村集体经济组织成员资格认定是农村土地属于农民集体所有的所有权制度所维系的私权体系[①]，属于农村集体经济组织成员自治的范畴，应当由成员集体讨论决定。

在农村集体经济组织成员资格认定的方式和程序上，一方面，资格认定应当通过成员大会或者成员代表大会的方式进行民主决议，保证每一位集体经济组织成员都能够享有发言权，充分表达自己的想法和真实意愿，集中反映广大农民群体的民意；另一方面，根据农业农村部印发的《农村集体经济组织示范章程（试行）》规定，农村集体经济组织成员资格认定是成员（代表）大会职权中的“审议、决定相关人员取得或丧失本社成员资格事项”[②]，属于成员（代表）大会决议

① 许中缘，范朝霞．农民集体成员资格认定的规范路径：以地方立法、司法实践为视角．海南大学学报（人文社会科学版），2020（5）.

② 《农村集体经济组织示范章程（试行）》第 15 条规定：“成员大会行使下列职权：（一）审议、修改本社章程；（二）审议、修改本社各项规章制度；（三）审议、决定相关人员取得或丧失本社成员身份事项……（十一）法律、法规、政策和章程规定应由成员大会决定的其他事项。”

的重大事项，应当有本集体经济组织 2/3 以上具有表决权的成员（代表）参加，并经成员（代表）表决权总数的 2/3 以上通过。①

（四）明确司法介入成员自治的必要限度

为妥善处理特殊农民群体成员资格认定问题，有效解决特殊农民群体成员权益纠纷，需要平衡司法裁判与成员自治的关系，这既要充分尊重农村集体经济组织成员的自治权，又要发挥法院监督和保障成员自治高效运行的作用，从而切实维护特殊农民群体的合法权益。为此，应当明确司法介入成员自治的必要限度，划定法院审理特殊农民群体成员资格纠纷案件的权限范围。

首先，在法院的受案范围上，明确侵害特殊农民群体集体经济组织成员权益纠纷具有可诉性，其中所涉及的集体经济组织成员资格认定纠纷应一并予以处理，但当事人仅就农村集体经济组织成员资格提起的确认之诉不具有可诉性。由于纯粹的集体经济组织成员资格争议并未现实侵害具体的成员权益，尚未给当事人带来任何不利后果，亦不曾为案涉主体造成任何损失，因此确认其成员资格不具有实质层面的现实意义。若将其纳入法院的审理范围，既存在司法过度干预农村集体经济组织成员自治之嫌，又在无形之中无谓地增加了法院的办案负担。

其次，在法院的审查范围上，应当重点审查成员（代表）大会民主决议的内容和程序，即决议内容是否违反法律的禁止性规定、是否违背国家的相关政策、是否侵害成员的合法权益以及决议程序是否合乎法律规定。据此，法院在审理具体的成员权益纠纷时，可以对成员

① 《农村集体经济组织示范章程（试行）》第 16 条规定："成员大会由理事会召集，每年不少于一次。成员大会实行一人一票的表决方式。召开成员大会应当有三分之二以上具有表决权的成员参加。成员大会对一般事项作出决议，须经本社成员表决权总数过半数通过；对修改本社章程，决定相关人员取得或丧失本社成员身份，本社合并、分立、解散以及变更法人组织形式，以及集体资产处置等重大事项作出决议，须经本社成员表决权总数的三分之二以上通过。"

民主决议是否违背法律法规进行附带性审查。若法院依法审查成员集体表决通过的决议，发现存在违反法律或政策规定、侵犯集体成员应当享有的法定基本权利等情形时，不能直接认定该成员大会决议违法，亦不能直接判决农村集体经济组织作出修改，而应在裁判中不予适用该成员大会决议的相关规定，同时向乡、民族乡、镇的基层政府行使司法建议权，由基层政府责令农村集体经济组织进行改正。

再次，在法院的裁判依据上，应当充分尊重集体经济组织成员自治权，根据成员大会或者成员代表大会决议通过的成员资格认定标准作出裁判。若法院依法审查经成员集体民主表决通过的成员资格认定方案后，认为不论在内容上还是在程序上，其均不存在任何违法情形时，应当依据集体经济组织成员民主决议的成员资格认定标准，裁决案涉特殊农民群体是否具有本集体经济组织成员资格，并解决相应的集体经济组织成员权益纠纷。相反，若成员集体表决通过的成员资格认定方案存在违反法律或政策规定，侵犯集体成员合法权益的情形时，此时法院应当依据当地地方性法律文件规定的成员资格认定标准作出裁判。

最后，在法院裁判约束力上，农村集体经济组织成员资格的司法认定具有依附性，其法律效力仅及于案件本身，不发生成员资格永久确认的效果。[①] 法院只解决侵害特定当事人成员权益的具体纠纷，并不介入对于成员资格认定方案或成员资格认定标准本身发生争议的纠纷，亦即成员（代表）大会民主决议的成员资格认定标准属于成员自治的范畴，法院无权受理针对方案或标准本身产生异议的抽象纠纷。据此，法院基于征地补偿费分配、集体收益分配、土地发包等成员权益纠纷处理的需要，对案涉特殊农民群体的成员资格作出司法认定，仅具有特定的个案约束力，并不能普适于其他案件或当事人的其他纠纷。

---

① 江晓华．农村集体经济组织成员资格的司法认定：基于 372 份裁判文书的整理与研究．中国农村观察，2017（6）.

第四章
农村集体资产股权纠纷的司法裁判

《集体产权改革意见》明确要求推进农村集体资产股份合作制改革，将集体经营性资产折股量化到本集体经济组织成员，赋予广大农民相应的农村集体资产股权。作为一项国家基于改革需要而建构的新型权利，农村集体资产股权是集体经济组织成员参与集体收益分配、管理监督集体经济组织运营的重要依据，切实关涉集体经济组织成员权益的顺利实现。然而，目前对规范农村集体资产股权关系的相关规则尚处于探索阶段，其中所涉及的许多疑难问题亦未达成一致共识，法院在处理农村集体资产股权纠纷时面临着多重掣肘。为此，课题组从农村集体资产股权纠纷的司法现状出发，着眼于调整农村集体资产股权关系相关规则缺失所导致的裁判困境，从司法介入范围、股权分配标准、股权享有主体、股权权能实现四个方面提出化解农村集体资产股权纠纷的裁判路径，以期对法院处理农村集体资产股权纠纷有所裨益。

一、农村集体资产股权纠纷的司法裁判概览

（一）样本的选取与说明

本章分析的裁判文书源于“中国裁判文书网”，课题组利用“聚法

案例”检索分析工具进行司法案例的全文检索，截止时间限定为 2021 年 10 月 31 日。为全面展现农村集体资产股权纠纷的司法裁判现状，在分析样本的选取上，课题组设置不同的检索条件进行了两次检索。第一次检索以“农村集体资产股权”为关键词在“全部内容”部分进行检索，获得 102 份裁判文书；第二次检索以“农村集体资产股份”[①] 为关键词在“本院认为”部分进行检索，获得 376 份裁判文书。两次检索共获得 478 份裁判文书。由于设置的检索条件较为宽泛，故存在相当一部分无关样本，或是在处理其他涉农权利纠纷时，将农村集体资产股权证书作为认定成员资格的有力证据，或是在阐述基本案件事实时对农村集体资产股权有所提及，但其均非本章所探讨的农村集体资产股权纠纷，因此，课题组经筛选后共获得有效样本 129 份。[②] 通过采取上述两种方式进行裁判文书检索，能够展现目前农村集体资产股权纠纷的司法裁判概貌，反映农村集体资产股权纠纷的基本裁判路径。

（二）农村集体资产股权纠纷的司法裁判特点

1. 从裁判结果来看，未经实体审理的案件不在少数

在全部 129 份有效样本中，51 份样本并未经过法院的实体审理，仅采取裁定驳回起诉的方式对当事人的诉讼请求作出回应，而剩余的

① 农村集体资产股权基于农村集体资产股份合作制改革而产生，是广大农民享有的一项新型民事权利，目前不仅尚未被法律所认可，其表述形式亦在学术界存有一定争议。结合当前改革的实践情况来看，各试点地区普遍将其称为“农村集体资产股份”。因此，为全面反映农村集体资产股权纠纷的司法裁判现状，本章以“农村集体资产股份”为关键词进行了二次检索。

② 剔除的 349 份裁判文书分为以下三类：第一，在处理其他涉农权利纠纷及集体经济组织成员权益纠纷时，将农村集体资产股权证书作为一项证据用来认定案涉主体的集体经济组织成员资格。亦即，农村集体资产股权证书是集体经济组织确认成员资格的重要方式，集体经济组织通过农村集体资产股权证书反推案涉主体是否具有成员资格。此类裁判文书占据的数量最多，共计 326 份。其中，6 个案件涉及土地承包经营权合同纠纷，297 个案件涉及土地征收补偿费分配纠纷，1 个案件涉及建设用地使用权纠纷，22 个案件涉及侵害集体经济组织成员权益纠纷。第二，涉及公司股权纠纷的裁判文书 10 份。第三，仅在阐述基本案件事实时提及农村集体资产股权，与农村集体资产股权纠纷毫无关联的裁判文书 13 份。

78 份样本则经过法院的实体审理程序得到化解。由此可见，39.53%的案件未经法院实体审理即被予以驳回，其总体所占比例明显偏高，甚至与法院实体审理的案件数量不相上下。通过对上述 51 份样本逐一进行整理分析，课题组发现法院认为农村集体资产股权纠纷不属于受案范围的具体理由并不完全相同。其中，42 份样本主张农村集体资产股权纠纷属于成员自治的范畴，应当由成员通过民主决议的方式自行处置；8 份样本主张目前尚无相关法律规定，需要等待立法出台后再进行处理；1 份样本主张其不属于平等民事主体之间的纠纷，交由当地政府或有关部门解决更为适宜。综上，结合全部有效样本的裁判结果来看，法院以农村集体资产股权纠纷属于自治事项为主要理由，主张农村集体资产股权纠纷不属于法院受案范围，并据此作出驳回起诉裁定的案件数量占比畸高。

2. 从案由分布来看，集中于股权分配纠纷单一化类型

通过对 78 份法院实体审理的样本进行整理分析，课题组明确现有农村集体资产股权纠纷主要包括股权分配纠纷、股权流转纠纷、股权分割纠纷、股权登记纠纷和股东知情权纠纷五类。其中，66 份样本属于股权分配纠纷①，4 份样本属于股权流转纠纷，2 份样本属于股权分割纠纷，4 份样本属于股权登记纠纷，2 份样本属于股东知情权纠纷。据此，在各类农村集体资产股权纠纷中，股权分配纠纷占据了绝对多数的比例，是现阶段最主要的股权纠纷类型。结合法院实体审理样本的案由分布情况来看，当前农村集体资产股权纠纷的类型呈现单一化特征，矛盾焦点集中分布于股权分配纠纷上，具体表现为请求确认股东资格、分配集体资产股权以及按照股权份额分红的诉求。

3. 从法律适用来看，原则性规定明显占据主导地位

通过统计上述 78 份样本援引的法律条文，并按照法条的援引数量

① 股权分配纠纷具体包含股东资格认定、是否分配股份、分配多少股份以及请求按股分红四种类型。

依次进行排列，能够展现审理农村集体资产股权纠纷的法律适用情况（见图 4-1）。结合下表能够清晰地发现，目前调整农村集体资产股权关系的法律规范具有以下特征：其一，用于处理农村集体资产股权纠纷的法律规定与其不存在直接关联。法院的裁判依据来自《村民委员会组织法》《妇女权益保障法》《物权法》等法律，而这些法律规范均未涉及农村集体资产股权的任何内容。其二，援引的具体法律条文大多为原则性规定，仅可作为发挥理念指引作用的参考依据。例如，《妇女权益保护法》第 32 条、第 33 条传达了妇女与其他集体经济组织成员权益平等的理念，其只能作为解决农村集体资产股权纠纷的间接裁判依据。结合法院实体审理样本的法律适用情况来看，目前并不存在专门调整农村集体资产股权关系的法律规范，法院只能援引相关法律中的原则性规定，但其难以为农村集体资产股权纠纷的处理提供具体的规则指引。

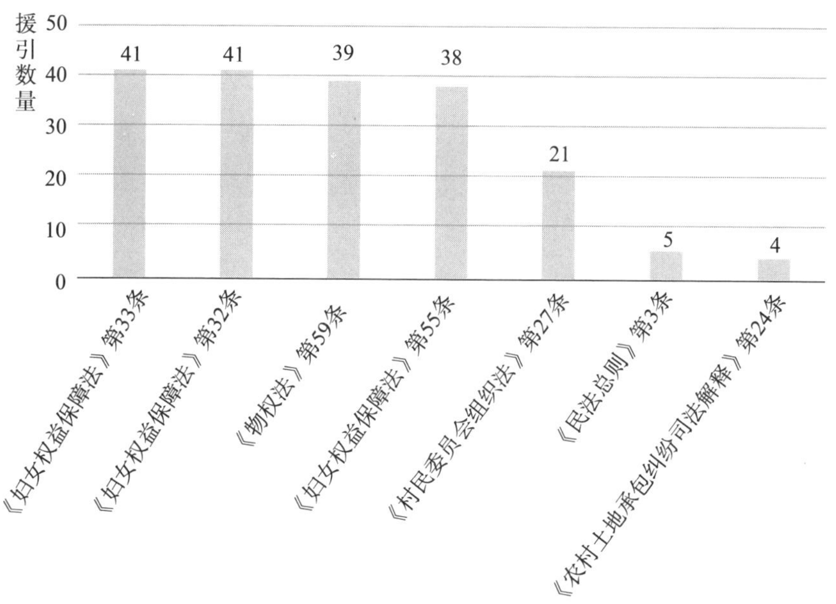

图 4-1 审理农村集体资产股权纠纷的法律适用

（三）农村集体资产股权纠纷的司法现状反思

为形成对农村集体资产股权纠纷司法裁判的有效指引，需要深入反思当前的司法裁判现状，分析上述已经表现出显著特征的司法现状的背后成因，从而确保理论能够真正服务司法实践。

首先，在裁判结果层面，未经法院实体审理的案件数量占比近40%，几乎与法院实体审理的案件数量持平。这表明在农村集体资产股权纠纷是否具有可诉性的问题上，全国各地的法院存在着极大的观点分歧。其中，据前可知，绝大多数法院认为农村集体资产股权纠纷属于成员自治事项，其不具有干预该项纠纷的合法权限。① 一直以来，在涉及农民权益纠纷时，法院往往以诉争问题系成员（村民）自治事项为由拒绝受理，如农村集体经济组织成员资格认定纠纷、土地征收补偿款分配纠纷等，而上述纠纷究竟是否属于法院的受理范围，尚存在一定争议。有鉴于此，农村集体资产股权是广大农民的新型权利，归属于其所享有的诸多涉农权利之列，当然会面临着成员自治与司法介入之争议。据此，需要重点分析能否将农村集体资产股权纠纷纳入法院的受案范围，以及法院对该类纠纷是否具有合法的审理权限。

其次，在案由分布层面，现有农村集体资产股权纠纷集中分布于股权分配纠纷中，类型单一化的原因在于，当前仍处于农村集体产权制度改革的初期阶段，依据成员资格认定标准确认广大集体经济组织成员，并在此基础上配置农村集体资产股权是此阶段的主要任务，这就导致股权分配纠纷成为最凸显的争议焦点。然而，这并不代表股权流转纠纷、股权分割纠纷等其他类型的股权纠纷并非争

---

① 参见浙江省宁波市鄞州区人民法院（2019）浙0212民初17024号民事裁定书、福建省福州市马尾区人民法院（2020）闽0105民初1596号民事裁定书、云南省文山壮族苗族自治州中级人民法院（2018）云26民终646号民事裁定书、浙江省宁波市中级人民法院（2021）浙02民终3231号民事裁定书。

议焦点，其实质上仅仅是现阶段的主要任务而尚未充分显现而已。随着农村集体产权制度改革的深入推进，未来股权纠纷的类型将呈现出复杂化、多样化的趋势，其他类型的股权纠纷将会日益增多，诉争的焦点问题亦会发生相应的改变。据此，目前各类股权纠纷的数量差异仅仅代表着现有情况，无法展现各种类型股权纠纷的未来发展态势，不能真正反映农村集体资产股权纠纷的整体情况。因而，课题组认为，不仅应当对现有的样本进行分析，还需要结合试点实践对未来进行预判，在厘清理论与现实争议的基础上，全面分析各类典型的股权纠纷。

最后，在法律适用层面，由于规范农村集体资产股权纠纷关系的法律规定存在严重缺失，因而当前法院迫于无奈将原则性规定作为裁判依据。事实上，由于农村集体资产股权具有一定的敏感性，极易被曲解为是资本所有制下的产物，故主管农村集体产权制度改革工作的农业农村部负责人员大多主张：不宜在未来的《农村集体经济组织法》中提及“农村集体资产股权”，应当尽量回避并不予规定。据此，调整农村集体资产股权纠纷的法律规范将长期处于空白状态，法院仍将持续面临立法严重滞后的尴尬局面。那么，在这样的现实背景下，法院既不能以尚无明确的法律规定为由拒绝裁判，更不应简单地将司法裁判过程中遇到的问题直接推给立法，唯有积极应对才是正当选择。因而，在相关立法缺失的情况下，法院应当如何妥善化解当事人之间的矛盾，正确处理具体的农村集体资产股权纠纷，是当前法院必须面对的问题。

综上，课题组通过反思农村集体资产股权纠纷的司法裁判现状，认为应当遵循以下路径展开司法实证研究：第一，厘清成员自治与司法介入之间的关系，明晰农村集体资产股权纠纷是否属于法院的受案范围，确定成员自治的范围与司法介入的限度；第二，跳出现有农村集体资产股权纠纷类型单一化的现状，在充分结合各地区试点实践的基础上，着眼于农村集体资产股权纠纷的未来发展趋势；第三，在相关法律规定缺失的情况下，不再一味地将视角定格于立法层面，而应为法院提供处理各类具体股权纠纷的对策。

二、农村集体资产股权纠纷的司法裁判困境

在上述研究路径的指引下，立足于农村集体资产股权纠纷司法裁判现状的同时，应结合试点实践中发生的股权纠纷展开全面分析，既需在宏观层面把握所有类型股权纠纷所面临的司法裁判困境，又需在微观层面明晰各类具体股权纠纷所面临的司法裁判困境。[①]

（一）在全部股权纠纷中，面临成员自治权限之困惑

如前所述，在全部有效样本中，几乎一半的案件并未经过法院的实体审理即被予以驳回，相当数量的法院对其是否具有农村集体资产股权纠纷的处理权限存在疑问。而在主张该种纠纷不属于法院受案范围的众多理由中，以其属于集体经济组织成员自治事项为最根本。由此可见，在农村集体资产股权纠纷的司法实践中，法院对其是否属于集体经济组织成员自治事项存在疑问，陷入了能否受理农村集体资产股权纠纷的司法裁判困境。

值得深思的是，在现代法治社会的背景下，不论是法人组织，还是非法人组织，团体自治本位说已然占据了主导地位，团体自治是团体法秩序生成的本位逻辑。[②] 亦即，任何团体的实质内核均在于坚持团体自治，奉行团体自治理念是所有团体得以衍生和发展的前

---

① 需要说明的是，农村集体资产股权纠纷的具体种类颇为繁多，某些类型的股权纠纷并不具有广泛的代表性，如股权登记纠纷、股东知情权纠纷等。因此，本章仅对具有典型意义的股权纠纷展开分析，主要包括股权分配纠纷、股权分割纠纷和股权流转纠纷三类农村集体资产股权纠纷。

② 蔡立东，等．团体法制的中国逻辑．北京：法律出版社，2018：73.

提。那么，为何在公司股权纠纷[①]、合伙企业财产份额纠纷[②]等其他团体的纠纷中，不曾出现法院以属于自治事项为由不予受理的情形；而在涉及农村集体资产股权纠纷时，法院却频繁以属于自治事项为由拒绝审理呢？其主要原因在于：其一，当前调整农村各类纠纷的法律规范严重缺失，许多关键性问题尚未得以厘清，立法处于停滞不前的焦灼状态。据此，尽管部分法院主观上并不排斥处理该种纠纷，但囿于客观层面上相关立法的缺乏，导致其往往因法律依据不足而难以作出裁判，故而只能采取司法避让的态度予以消极对待。其二，涉及农村的各类纠纷普遍较为复杂，法院处理起来难度很大，但案件诉争的标的额却往往很小。因此，大多数法院认为，与其花费极高的司法成本介入纠纷，不如交由成员内部处理，更何况经由成员民主决议而产生的结果易受农民的接受与认可。课题组认为，法院需要对上述理由进行重新审视，明晰农村纠纷中的成员自治是否具有超越其他团体中成员自治的正当性，继而厘清农村集体资产股权纠纷是否属于成员自治事项，并确定成员自治与司法介入的合理界限。

（二）在股权分配纠纷中，面临股权配置标准之纷争

在66份涉及农村集体资产股权分配纠纷的样本中，21份样本属于股东资格确认纠纷，当事人请求认定集体经济组织成员资格并配置

---

① 鉴于在公司各类股权纠纷中，股权转让纠纷数量最多且最具代表性，故课题组以“股权转让纠纷”为案由进行检索，得到213 003份裁判文书。为探究是否存在法院以属于自治事项为由不予受理的情形，课题组进一步将上述案件的结果类型限定为“驳回起诉”与“不予受理”再次检索，得到4 121份裁判文书。其中，法院主要以不具备管辖权、诉讼主体不适格、重复起诉等理由作出相应裁定，并不存在以属于公司自治事项为由而拒绝审理的情形。

② 由于合伙企业财产份额转让纠纷在合伙企业财产份额纠纷中最为典型，因而课题组以“合伙企业财产份额转让纠纷”为案由进行检索，得到1 632份裁判文书，将上述案件的结果类型限定为“驳回起诉”与“不予受理”进行二次检索，得到22份裁判文书。其中，不存在法院以属于合伙企业自治事项为由而拒绝审理的情形。

集体资产股权；1 份样本属于是否分配股权的问题，当事人请求依照集体经济组织成员身份配置集体资产股权；41 份样本属于股权分配数额的问题，当事人请求依据集体经济组织成员身份获得与其他成员同等数额的集体资产股权；3 份样本属于请求按股分红的问题，当事人请求农村集体经济组织按照其依据集体经济组织成员身份获得的集体资产股权份额分配集体收益。由此可见，不论是股东资格确认纠纷，还是是否分配股权、分配多少股权的问题，抑或是请求按股分红纠纷，其本质上均归属于农村集体经济组织成员资格认定问题。亦即，农村集体资产股权分配纠纷实质指向的是集体经济组织成员资格认定问题，解决各类股权分配纠纷的前提在于认定案涉主体是否具有集体经济组织成员资格。因而，现有农村集体资产股权分配纠纷又回归到了集体经济组织成员资格认定问题上，可见法院坚持成员权的股权配置标准，遵循依据集体经济组织成员身份分配股权的路径。

然而，根据实地调研的情况来看，当前试点在实践中出现了按照资本投入、人力资源等要素配置集体资产股权的情形，并且股权配置呈现出标准日益多元化的态势。例如：部分试点地区基于解决农村集体经济组织发展资金短缺的问题，在成员股中专门设置了现金股的股权类型，允许集体经济组织成员和社会主体以出资为对价获得农村集体资产股权。这意味着其遵循与公司股权相同的“物质资本投入”标准配置股权[①]；另有部分地区基于吸引农村集体经济组织管理人才的需要，在成员股中特别设置了人才股的股权类型，为不具备集体经济组织成员资格的外来经营管理人员配置农村集体资产股权，允许作为非集体经济组织成员的社会主体同样获得股权。由此可见，上述股权分配标准对农村集体资产股权配置问题的理解产生了异化，完全颠覆了传统成员权的股权配置逻辑，这将成为未来股权分配纠纷中的焦点问题。据此，在股权分配纠纷中，法院面临着股权配置标准发生实践

---

① 如黑龙江省大庆市肇州县、北京市密云区南石城村。

异化的问题，即对于农村集体资产股权的分配依据存有疑惑，需要明晰可否按照物质资本投入、人力资本折价等标准配置股权，在多样化股权配置标准的现实背景下如何作出选择，以及究竟应当以何种标准分配集体资产股权的问题。

（三）在股权分割纠纷中，面临股权享有主体之争议

在 78 份经法院实体审理的样本中，有 2 份样本属于股权分割纠纷。[①] 通过分析法院处理上述案件的裁判思路，课题组发现目前其对农村集体资产股权的权利主体把握不清。例如，在“卢月英与卢祥锦、邵爱珍所有权纠纷案”中，法院以农村集体资产股权具有身份依附性，属于人合性股份为由，主张户股意在实现该户内人员的整体福利，其只能由户主代表该户持有与处置，因而不得将户股分割给成员个人。[②] 据此，反向推知，法院认为农村集体资产股权并不属于独立的成员个体所享有，农户才是农村集体资产股权的权利主体。然而，法院又同时认可该地区以个人为单位配置的劳力股，主张劳力股应当由成员个人支配和处置。由此可推出与上述观点截然相反的结论，即法院认为成员个人是农村集体资产股权的权利主体。事实上，不论是以农户为单位配置的户股，还是以成员为单位配置的个人股，其均属于农村集体资产股权。那么，既然同为农村集体资产股权，当然不能因为配置单位的不同而造成权利享有主体的根本冲突。

关于农村集体资产股权的享有主体究竟是“农户”还是“成员”，亦是当前理论界争执不休的焦点问题。其中，主张“农户”是农村集体资产股权主体的学者普遍认为，以“户”为单位向成员发放农村集体经济组织股权证，意味着股权的权属主体是整个“农户”。同时，由于我国传统的农业生产和农村生活往往以家庭为单位，农民以“户”

① 这两个案件的基本事实、诉讼请求、裁判思路等完全一致，其实质上属于同一个案件，故下文仅以其中一个案件为样本展开分析。

② 参见浙江省杭州市西湖区人民法院（2009）杭西民初字第 2069 号民事判决书。

为基本单位生存于农村社会，土地承包经营权和宅基地使用权皆以“户”为单位向农民分配[①]，故农村集体资产股权亦应沿袭这一贯的乡村社会风俗，将“农户”作为集体资产股权的法律主体。相反，主张“成员”是农村集体资产股权主体的学者则指出：一方面，“农户”并不是规范意义上的民事法律主体，从法律层面上讲，只有农村集体经济组织成员才能拥有股权[②]；另一方面，以户为单位管理农村集体资产股权，只是从便于权利行使与运行的角度出发的，并不能够成为界定权利享有主体的依据。[③] 据此，在股权分割纠纷中，法院面临着股权享有主体界定不清的困境，尚须尽快理顺“农户”与“成员”之间的复杂关系，明确何者为农村集体资产股权的权利主体。

（四）在股权流转纠纷中，面临股权权能实现之困境

在 78 份法院实体审理的样本中，4 份样本属于股权流转纠纷，股权继承纠纷和股权转让纠纷各有 2 份。尽管囿于在改革的初期阶段，涉及股权流转纠纷的案件数量较少，无法全面展现出其所存在的所有问题，但通过深入分析现有样本，我们亦能发现法院面临着下列现实裁判困境。

首先，在农村集体资产股权权能的内容上，不同的法院存在着差异化的理解和认识。在“李某 1 与罗某遗嘱继承纠纷案”中，法院认为，农村集体资产股权属于人合性股份，由集体经济组织成员专属享有，随成员资格的丧失而自动灭失，故而不能发生继承。[④] 但是，在“董某 1 与董某 2 继承纠纷案”中，法院则持相反观点，主张农村集体

---

① 向勇．中国农村集体成员主体资格新论．河北法学，2016（6）．

② 李爱荣．集体经济组织改革中的成员权问题研究．北京：经济管理出版社，2019：147．

③ 赵新龙．农村集体经济组织成员权的体系构建及其实现机制研究．北京：知识产权出版社，2019：8．

④ 参见四川省成都市中级人民法院（2018）川 01 民终 14337 号民事判决书。

资产股权可以依法被继承。[①] 同时，在“占某花、卢某确认合同无效纠纷案”与“沈某、王某等与张某华确认合同无效纠纷案”中，法院均认为依法转让农村集体资产股权具有正当性。[②] 据此，法院对于农村集体资产股权权能的具体内容尚未形成清晰的认识，而这实质上是解决农村集体资产股权流转纠纷需要首先明确的问题。其次，在农村集体资产股权的流转范围上，司法实践中存在限于本集体经济组织内部与允许外部社会主体继受取得的观点分歧。例如，在“占某花、卢某确认合同无效纠纷案”与“沈郁、王某等与张某华确认合同无效纠纷案”中，法院均主张农村集体资产股权不能突破本集体经济组织的范围进行流转，非集体经济组织成员不具有股权受让资格。[③] 然而，在“董某 1 与董某 2 继承纠纷”中，法院却允许非本集体经济组织成员继承农村集体资产股权，打破了股权流转范围的社区性。[④] 最后，对于非成员股东继受取得的农村集体资产股权，在“董某 1 与董某 2 继承纠纷案”中，法院主张对其权能加以限制，即该集体资产股权仅作为农村集体资产收益分配的依据，该主体不享有选举权和被选举权、表决权、监督权等民主管理权利。[⑤] 尽管这符合目前学界的主流观点，亦契合地方实践的惯行做法，但仍然面临着质疑，故须充分论证对非成员股东的股权权能进行限制的正当性。

据此，在股权流转纠纷中，法院面临着股权权能内容不清、股权流转范围不明以及缺乏非成员股东的股权权能限制依据的裁判困境，而这些困境也正是当前理论及实践领域的主要争议焦点。为此，法院亟须明晰上述问题，对股权权能实现的基本规则形成一致的指引。

---

① 参见浙江省宁波市鄞州区人民法院（2018）浙 0212 民初 19165 号民事判决书。

② 参见浙江省宁波市中级人民法院（2020）浙 02 民终 5435 号民事判决书、浙江省宁波市鄞州区人民法院（2018）浙 0212 民初 15861 号民事判决书。

③ 参见浙江省宁波市中级人民法院（2020）浙 02 民终 5435 号民事判决书、浙江省宁波市鄞州区人民法院（2018）浙 0212 民初 15861 号民事判决书。

④ 参见浙江省宁波市鄞州区人民法院（2018）浙 0212 民初 19165 号民事判决书。

⑤ 参见浙江省宁波市鄞州区人民法院（2018）浙 0212 民初 19165 号民事判决书。

三、农村集体资产股权纠纷的司法应对策略

（一）明确司法的介入范围

通过分析前述理由不难发现，法院以相关法律法规缺失、民主决议实效显著为由，将各类农村纠纷认定为成员自治事项，进而排除于受案范围之外的行为，并不具有任何正当性依据。具体而言，一方面，作为一项现代司法原则，“法官不得拒绝裁判”已经成为公理性理念体现在我国的司法审判实践中。[①] 无论涉及哪一具体领域，法院均不得以尚无立法规定为由拒绝裁判，这亦当然适用于各种类型的农村纠纷。另一方面，结合司法实践情况来看，在绝大多数的农村纠纷中，案涉主体正是对民主决议结果存有异议才提起诉讼，以寻求得到法院的公正处理的。然而，若此时法院再次将纠纷处理的决定权交还回去，则可能会造成农民群体之间的矛盾激化升级。据此，法院主张农村纠纷属于成员自治事项的理由不具有正当性，其实质上属于司法避让态度所产生的必然结果。

应当说，农村纠纷中的成员自治自身不具有特殊性，并没有超越其他团体中成员自治的合理依据。由此，与其他团体的成员自治一样，农村集体经济组织成员对自身利益的追求亦可能诱发利益冲突[②]，导致部分成员的基本权利和利益在团体自治的名义下遭到严重摧残。[③] 事实上，在目前的实践操作中，团体内的成员正是通过多数决的决策机制达到侵占其他成员利益的目的的，而成员多数决表决机制乃是各个团体意欲实现自治目标所必然要施行的做法。[④] 据此，成员之间的

---

① 范伟．“法官不得拒绝裁判”原则的逻辑再造：从绝对性到相对性．政法论坛，2021 (1).

② 叶林．私法权利的转型：一个团体法视角的观察．法学家，2010 (4).

③ 蔡立东，等．团体法制的中国逻辑．北京：法律出版社，2018：260，345.

④ 蔡立东，等．团体法制的中国逻辑．北京：法律出版社，2018：261.

利益冲突无法通过自我治理有效化解，任何团体自治均存在着此项固有弊端。[①] 此时，唯有法院介入处理农村集体资产股权纠纷，公正裁断案涉当事人之间的争议，以此充分保障集体经济组织成员的合法权益。申言之，农村集体资产股权纠纷并非完全属于成员自治的范畴，法院介入处理具有现实的必要性。

另须注意的是，为防止司法权力过度干预成员自治，还应平衡司法裁判与成员自治的关系，明确法院审理农村集体资产股权纠纷案件的权限范围。首先，法院只能在当事人的请求下被动介入，即使在相关纠纷已经演变成群体性事件，并产生极为轰动社会影响的情况下，亦不得依职权主动介入处理。其次，法院在审理具体的股权纠纷案件时，可以对成员民主决议是否违背法律法规进行附带审查。但即便其发现民主决议结果有悖于法律或政策规定，亦不能直接认定该成员大会决议违法，更没有直接判决农村集体经济组织作出修改的权限。最后，除非案涉集体经济组织成员大会决议通过的相关文件存在违反法律或政策规定、侵犯成员合法权益的情形，否则法院应当根据成员民主表决通过的各项文件中的具体规定作出裁判。

（二）遵循成员权逻辑分配股权

农村集体资产股权基于农村集体资产股份合作制改革推进而产生，旨在解决依照农村集体经济组织成员权分配集体收益不合理与民主管理权利虚置化的问题。其生成路径是在对农村集体资产进行清产核资的基础上，将农村集体资产量化为一定数量的股份或份额，再以确定的标准平等地分配给本集体经济组织成员，从而实现集体资产由实物

① 蒋大兴．走向“合作主义”的公司法：公司法改革的另一种基础．当代法学，2021(6).

形态向价值形态的转化，确保成员能够有效管理和实际控制集体资产[①]，使广大农民真正成为集体经济发展的参与者和受益者。据此，农村集体资产股权源于农村集体经济组织成员权，是农村集体经济组织成员权的具体实现形式。唯有具有农村集体经济组织成员身份者才能获得集体资产股权，农村集体资产股权亦仅能配置给集体经济组织成员。因而，应当坚持成员权逻辑分配农村集体资产股权，将是否享有集体经济组织成员资格作为股权配置标准。

通过上述分析可知，农村集体资产股权配置表现出无偿获得与严格依照集体经济组织成员身份分配的显著特征。那么，以物质资本投入为标准配置的现金股和以人力资本折价为标准配置的人才股显然不具有正当性，严重有悖于农村集体资产股权的基本原理。具体来讲，一方面，与公司股权以股东对公司的出资作为对价而获得不同，公司股权本质上属于以出资财产的所有权所换取的[②]，而农村集体资产股权是依据集体经济组织成员身份无偿取得的，故出资对价逻辑不能符合农村集体资产股权的分配标准；另一方面，农村集体资产股权是专属于集体经济组织成员的权利，而为不具有成员身份的外来经营管理人员配置集体资产股权，明显对于股权主体身份性的理解产生了偏差。实质上，物质资本投入的股权分配标准与公司股东通过现金出资获得股权的原理完全一致，人力资本折价的股权分配标准可类比于合伙企业的合伙人通过劳务出资而获得财产份额。因而，二者遵循“以出资作为对价获得股权”的生成逻辑，显然皆属于资本所有制下的特定产物，突破了农村集体产权制度改革坚持集体所有制的底线思维。

综上，尽管当前政策性规定允许集体经济组织自主决定成员股的

① 农村集体产权制度改革目标要求保护农民集体资产权益，而农民集体资产权益所指内容绝不仅是成员的集体资产收益，还应包括农民作为集体经济组织成员对集体资产所拥有的各项主张权利。这些权利既包括享有集体资产收益的权利，也包括资产占有、管理、运营、处理及监督等多项权利。杨明．权利与义务对等：农村集体资产股份配置有效实现形式：基于农村集体产权制度改革试点单位的考察．农村经济，2020（7）.

② 李国强．相对所有权的私法逻辑．北京：社会科学文献出版社，2013：178。

具体设置类型，表明其可以依据多元化的分配标准配置集体资产股权，但应始终遵循农村集体资产股权的本质原理和生成机理，不得突破农村集体所有权的法治底线。申言之，农村集体资产股权应当按照成员权的逻辑进行配置，对于物质资本折价、人力资本折价等有悖农村集体所有制原理的分配标准，法院应当明确持否定的裁判态度，不认可依据上述分配标准获得的股权具有合法性，从而有效化解农村集体资产股权分配纠纷。

（三）坚持成员个人的主体地位

针对农村集体资产股权享有主体的“农户”与“成员”之争，课题组认为，农户并非农村集体资产股权的法律主体，集体经济组织成员个人才是农村集体资产股权的权利主体，主要理由有以下几点。

第一，农户不是民事法律主体，不具有合法的法律地位。[①] 农户属于社会管理领域的概念，不是规范的法律用语，并非一种明确的主体形态[②]，内部缺乏稳定的组成结构，不具有民事权利主体的法律地位。相反，农村集体经济组织成员作为自然人，具有法律明文规定的民事主体地位，其法律内涵更易被清晰界定，权利、义务更加明晰规范，故将其作为农村集体资产股权的法律主体更具合理性。

第二，农户作为农村集体资产股权的法律主体，将引发权利主体和利益归属主体不一致的冲突。根据传统民法理论，权利主体和利益归属通常指向着同一权利主体，“人格体”和“受益体”应当是合二为

① 尽管《民法典》第55条赋予了农村承包经营户民事法律主体地位，但农村承包经营户不等同于农户。具体来讲，农户是对农民家庭的事实描述，属于生活概念，而农村承包经营户属于法律概念，具有明确的规范意义，专指已经通过家庭承包取得土地承包经营权的农户，即承包农户。因此，农村承包经营户的概念在外延上小于农户。农户既包括承包农户，又包括没有取得土地承包经营权的非承包农户。祝之舟．农户不等于农村承包经营户．[2021-10-12]．http://blog.sina.com.cn/s/blog_47860c120102z00w.html.

② 戴威，陈小君．论农村集体经济组织成员权利的实现：基于法律的角度．人民论坛，2012（1）.

一的。亦即，确定某人具有权利主体资格，意味着其通过行使权利所获得的利益归属于该权利主体。[①] 然而，若以农户为农村集体资产股权的法律主体，则会造成权利主体为农户而受益主体是成员的矛盾冲突，这将对传统民法理论带来一定的挑战和冲击。

第三，无论是土地承包经营权还是宅基地使用权，抑或农村集体资产股权，不同“户”的权利大小并不相同，每户以所拥有的集体经济组织成员多少来衡量权利的大小[②]，各项权利的享有主体和责任承担主体都是农村集体经济组织成员个人。[③] 据此，我们不能否定农户家庭中个体的资格与权利，应当承认成员个人作为农村集体资产股权主体的法律地位。

综上，农村集体经济组织以“农户”为基本单位配置股权，并不会对集体资产股权权利主体的确定产生任何影响，农村集体资产股权的权利主体仍然是农村集体经济组织成员个人。为此，法院在处理股权分割纠纷时，应当坚持成员个人的股权主体地位，对成员请求分割自身享有的股权份额的诉求予以支持。

（四）明晰股权权能实现的规则

关于在农村集体资产股权流转纠纷中，法院面临的股权权能实现之各项困境，在坚持改革法律底线的前提下，结合中央及地方的相关政策导向，课题组提出如下具体的化解路径。

第一，农村集体资产股权具有占有、收益、有偿退出、质押以及继承的权能。与一般工商企业的股权权能有所不同，农村集体资产股权权能在内容上具有一定的特殊性。这种特殊性具有物权法上的根源，

---

① 龙卫球．民法总论．北京：中国法制出版社，2001：189.

② 李爱荣．集体经济组织改革中的成员权问题研究．北京：经济管理出版社，2019：141．

③ 有学者指出，农户仍然是由集体经济组织成员组成的，以农户为承包人取得的土地承包经营权所产生的一切后果仍最终由集体经济组织成员承担。因而，农户仅仅是权利的行使主体，农村集体经济组织成员才是最终的权利主体。管洪彦．农民集体成员权研究．北京：中国政法大学出版社，2013：160．

是由《民法典》规定的“集体所有权权能”的特殊性传递而来的。[①]据此，根据《集体产权改革意见》强调的“保障农民集体资产股份权利，赋予农民对集体资产股份占有、收益、有偿退出及抵押、担保、继承权”的规定，我们可以明确：农村集体资产股权权能的内容包括占有、收益、有偿退出、质押、继承五项。

第二，农村集体资产股权的流转范围不应被限定于本集体经济组织内部，宜扩展至外部社会主体。《民法典》赋予农村集体经济组织特别法人主体地位，旨在将其塑造成为能够充分参与市场交易活动的市场主体[②]，通过发挥市场在资源配置中的决定性作用，有效激发农村集体经济的内生动力与活力，从而增加广大农民的财产性收入。[③]据此，在农村集体资产股权流转的过程中，不能仅着眼于集体经济组织内部利益关系的调整，将股权流转范围限制在本集体经济组织内部，而应允许农村集体资产股权对外流转，实现农村集体资产股权流动的开放性。

第三，非成员股东仅享有农村集体资产股权中的财产性权利，限制其权利具有正当性基础。在农村集体资产承担着维系农民生存保障功能的基础上[④]，必须始终坚持农民集体所有并且成员集体把握农村集体资产，故为防止集体资产被外部人侵占，避免削弱集体经济的问题的发生，应当限制外来社会主体参与经营管理活动，将民主管理权控制在本集体经济组织范围内。由此，限制非成员股东所享有的权利，要求其对农村集体资产股权只享受收益权和处分权等财产性权利，不享受选举权与被选举权、表决权、监督权等民主管理权利，具有充分合理的制度依据。

---

① 王洪平．农村集体产权制度改革的“物权法底线”．苏州大学学报（哲学社会科学版），2019（1）．

② 杨一介．我们需要什么样的农村集体经济组织？．中国农村观察，2015（5）．

③ 张守文．经济法的法治理论构建：维度与类型．当代法学，2020（3）．

④ 李爱荣．集体经济组织改革中的成员权问题研究．经济管理出版社，2019：195．

综上，农村集体资产股权具有占有、收益、有偿退出、质押及继承的权能，应当允许农村集体资产股权对外流转，实现有效推动农村集体经济发展的目标。同时，还应限制非成员股东所享有的权利内容，平衡集体经济组织成员与外部社会主体之间的利益。为此，法院在处理股权流转纠纷时，应当坚持上述股权权能实现的规则，充分保障农村集体经济组织成员的合法权益。

第五章 上海市松江区农村集体产权制度改革

2009 年以来，上海市松江区先后在城镇化的新桥镇和中山街道推行农村集体产权制度改革，至 2013 年年底全面完成了对 14 个涉农街镇的镇村两级集体产权制度改革。通过农村集体产权制度改革，农民真正获得了集体收益分配权，享受了改革的成果。为总结上海市松江区集体产权制度改革的经验，课题组深入松江区所辖街镇，通过组织座谈、发放问卷、查阅材料等方式全面了解了集体产权制度改革的情况，取得了第一手资料。通过分析调研材料，课题组发现，松江区的农村集体产权制度改革在取得成绩的同时，也存在着需要改进的地方。

一、农村集体经济组织治理机制

农村集体经济组织法人治理机制依据组织内部关系与外部关系标准，可划分为外部治理机制与内部治理机制。在内部治理机制中，可依据相对稳定的规则设置与动态变化的组织运转将法人治理机制划分为静态治理机制与动态治理机制。[①] 就内部治理机制而言，松江区不仅从章程规范、机构设置、成员权限等方面完善静态治理机制，还在

---

① 管洪彦．农村集体经济组织法人治理机制立法建构的基本思路．苏州大学学报（哲学社会科学版），2019（1）．

召集规则、表决方式等方面完善了动态治理机制；就外部治理机制而言，松江区理顺了党支部、村民委员会与集体经济组织之间的职能划分，明确推进“政经分离”的重点在于人、财、事三方面的清晰界分，并通过建立资产监管平台与完善的监管机制实现了对集体资产的有效监管。

既往颁布的法律及政策文件明确赋予了村民委员会管理农村集体资产的权力。[①] 在管理集体资产的组织缺位时，村民委员会长期代行集体经济组织经济职能，这导致村民委员会是集体资产的经营管理主体的思想扎根于村民意识中。松江区意识到“政经合一”的管制体制使基层组织职能划分不清、财政支出混同成为痼疾，从而导致了村干部侵吞、挪用财产、违法利益分配的现象。其通过农村集体产权制度改革，能够有效将村民委员会中的经济职能剥离出来，赋予集体经济组织以自主经营权，释放集体经济发展潜力，从而有效提升村民委员会与集体经济组织各自的治理能力和治理绩效。为保障“政经分离”的落实，松江区对既往存在的固有弊端针对性地设计了配套改革措施，对集体经济组织法人的治理机制作出有益探索。

（一）农村集体经济组织内部治理机制

在内部治理机制中，松江区集体产权制度改革注重集体资产所有权与经营权的分离，参照现代法人治理机制，形成“权力机关—执行机关—监督机关”治理框架，确立社员代表大会、理事会和监事会的“三会”管理模式，实行民主集中制，对重大事项进行民主决策、民主管理、民主监督，有效改善了此前集体资产管理过程中权责不清、欠缺规范的现象。其中，社员代表大会作为集体经济组织的最高权力机

---

① 《村民委员会组织法》第 8 条第 2 款规定：“村民委员会依照法律规定，管理本村属于村农民集体所有的土地和其他财产，引导村民合理利用自然资源，保护和改善生态环境。”《民法典》第 101 条规定：“居民委员会、村民委员会具有基层群众性自治组织法人资格，可以从事为履行职能所需要的民事活动。未设立村集体经济组织的，村民委员会可以依法代行村集体经济组织的职能。”

构，有权选举和罢免理事会与监事会成员，审议集体资产处置、经营的重大方案。理事会是社员代表大会的执行机构，负责日常事务、决策和管理。监事会是内部监督机构，负责监督理事会的执行情况以及集体资产经营活动与财务状况。此外，还设置独立董事、监事，参与联合社的决策、管理与监督，且明确其不享有社员份额的分配权。为保障监事会切实履行监督职责，章程往往明确理事会成员及其直系亲属不得被选为监事会成员。

在内部动态治理机制中，松江区注意到集体经济组织套用诸如独资企业、合伙企业、公司制度等企业规则并不可行，在制定农村集体经济联合社示范章程以及社员代表会议，理事会、监事会层面具体的议事规则时，突出了集体经济组织作为特别法人的"特殊性"，例如在集体经济组织表决机制中有别于股份公司，严格遵循"一人一票"制度。再如，社员代表会议召集程序有别于《公司法》第 40 条规定的股东会会议召集程序，社员代表会议中的临时会议可由半数以上社员代表、三分之一以上理事会成员及监事会成员提议召集。相较于《上海农村资产监督管理条例》第 16 条确定的社员代表会议需由三分之二以上的社员代表会议参加的规定，松江区示范章程制定了更为严格的比例——五分之四，旨在充分保障决策的民主性。同时根据决议内容区分一般事项与重大事项，对于一般事项经由到会代表半数以上通过即可，而对于事关集体利益的重大事项（关系集体企业经营发展的重大决策、重大投资、重大项目，如农村集体建设用地入市的相关事项等），须经五分之四以上到会成员或成员代表通过方为有效。①

（二）农村集体经济组织外部治理机制

出于节流开支的考虑，村民委员会领导班子成员兼持集体经济经

① 《上海市松江区农村集体经营性建设用地入市管理办法》第 10 条规定："农村集体经营性建设用地入市事项，应召开本集体经济组织成员或成员代表会议，经五分之四以上成员或成员代表同意，并形成决议。"

营管理权是普遍现象。“一套人马、三块牌子”的管理模式导致农村集体经济组织治理机构形同虚设，村两委掌握集体资产支配权，社员代表大会决议常被村两委决议所取代，而各组织间的账目不清也使集体资产长期处于流失、被侵吞的风险之中。松江区于2016年颁布的《中共松江区委办公室、松江区人民政府办公室关于印发〈松江区关于加强农村集体资产规范管理的工作意见〉的通知》中明确指出，推进政经分设、联合社独立运行和实体化运作是明晰产权关系和体现农民当家作主的集体经济发展方向和要求。

需要指出的是，基层治理组织间权限的混乱是阻碍各自职能发挥的根源所在，因此，理顺基层治理组织间的职能划分是推进集体产权制度改革的基础。从权源角度观之，党支部是党的领导权在基层治理的延伸，源于党规与党委授权；村民委员会职能源于法律直接赋权，而集体经济组织需要成员民主选举成立并依靠相关部门登记赋码。从权限角度观之，党支部的主要职能在于保障党的方针政策在基层得到贯彻落实，村民委员会的职能为管理本村公益事业与公共事务职能，集体经济组织的主要职能为管理与壮大集体资产。2018年中央一号文件《关于实施乡村振兴战略的意见》明确提出，要“发挥村党组织对集体经济组织的领导核心作用”。而强化党组织在集体经济发展中的引领核心作用，要以切实保障成员权益为出发点，重点加强对收益分配方案的审核，督促集体经济组织严格落实收益分配的程序和要求。应当说，从理论上廓清村民委员会与集体经济组织的权限并不复杂，问题在于实践中异化现象较为突出，组织间权限交叉现象较为普遍。在集体资产体量较小的地区，集体经济组织设置实益有限，村民委员会长期代行集体经济组织职能；而在设有集体经济组织的地区，因集体经济组织承袭了人民公社的各项职能，相当程度地分摊了村民委员会对公共建设及福利事业资金供给的职能。这在实践中表现为，村民委员会一方面要对集体经济组织运转提供支持、保障和监督，另一方面在社会性事务治理过程中需要集体经济组织资金与物质的供给。并且，集体土地作为集体资产的主要组成部分，涉及粮食安全、农业发展、生态文明建设等多方面，不仅承载着经济职能，还包含政治、社会等多元价值，因而集体经济组织难以剥离公益性职能，组织间职能的清晰界分难以实现。

松江区为落实“政经分离”，注重加强人、财、事三方面的分离并建立了相应的配套机制予以保障。

首先，减少村民委员会与集体经济组织间人员交叉任职是实现政经分离的基础。据调研数据反映，认可交叉任职的人数比例为65.22%，而认为交叉任职应视情况而定与不认可交叉任职的人员占比分别为21.74%、13.04%。交叉任职被村民普遍接受的原因在于，实践中交叉任职现象长期而广泛地存在，且能够在一定程度上避免权力分散、管理无序、责任推诿现象的发生。松江区为避免党政领导对集体经济组织的不正当干预，在制度设计上推行彻底的“政经分离”，颁行的指导文件明确提出逐步建立党政领导兼职退出机制，指出现阶段联合社理事会、监事会成员仍由街镇党政班子成员兼任，是改革过渡时期的需要，街镇党委和政府的未来工作应转换为加强对农村集体资产规范管理的指导和监督管理。[①] 但需指出的是，在理论层面，村党支部与集体经济组织之间是领导与被领导的关系，村党支部成员与集体经济组织成员存在交叉任职的情形并不违反民主监督的要求；而村民委员会与集体经济组织则是监督与被监督的关系，两组织间若交叉任职则无法达致民主监督的目的。

在制度设计层面，虽然松江区推行彻底的“政经分离”，但课题组在调研过程中发现，部分地区存在以党政领导意志取代民主决策的现象，以及党政领导对集体经济发展缺乏长期规划的问题。政策文件明确集体联合社下属集体企业负责人要由社员代表大会表决通过任命，但在实践中，镇级集体经济联合社及集体企业的理事长普

① 参见《松江区关于加强农村集体资产规范管理的工作意见》(松委办〔2016〕4号)。

遍由上级委任，也不乏交叉任职的情形。部分成员反映存在领导个人意志主导集体经济发展方向的现象；还有成员反映，党政领导任期届满后，继任领导的发展理念与此前并不连续，甚至存在冲突，导致集体经济难以发展壮大。以上暴露出的问题直接影响村民对集体产权制度改革的参与热情及关注度。在某种意义上，村党支部书记兼任集体经济组织负责人，可以充分发挥村党支部的领导作用，规避村民委员会对集体经济发展存在的潜在干扰，但领导自身素质的参差不齐，加上监管难以全面覆盖，导致实践异化严重，以权谋私、公款私用的现象仍然存在。因此，在农村集体产权制度改革中，既需要强调成员代表大会的民主决策作用，也需要建立健全领导考评以及失职追责机制，从事前规范到事后规制层面贯彻实现“以民为本，改革为民”。

据调研数据反映，对于集体经济组织负责人的选任问题，相较于自己选举，多数成员更寄希望于上级委派。其中，65.22%的受访村民表示集体经济组织负责人需要上级党委或政府确定。该部分成员认为，上级指派干部更利于推进改革，能够为集体经济发展提供科学管理与优良决策。需要指出的是，松江区政策文件的指导精神与集体经济组织成员的封闭性特征之间存在紧张关系。政策文件不仅明确了党政领导干部退出机制，还明确指出待条件逐步成熟时，集体经济组织可不设独立理事或独立监事，理事会、监事会成员完全在本地区社员中产生。但囿于成员的封闭性，具有威望、能力较强的当地成员随着时间的推移在不断流失，上级委派能在相当程度上解决集体经济组织人才短缺的问题。17.39%的受访村民认为，村民自行选举更踏实。这部分人认为，自行选举可以保障决策的公开透明，且自行选举负责人更利于工作开展，其也更熟悉当地实际情况。整体观之，领导能力与水平在集体经济负责人选任中占据重要地位，上级指派的负责人往往具有经济学、管理学的知识背景，能够有效地推动政策落实、加速改革进程。

其次，村社分账是实现“政经分离”的重要保障。就财务支出方面，农村集体经济组织承担农村社区的公共事业、公益事业以及公共福利的开支，这造成村民委员会与农村集体经济组织在财产上的高度混同。① 农村集体经济组织为村民委员会提供日常运行资金，尤其在政府财政支出无法覆盖公共事业支出时，集体经济组织为村民委员会管理公共事业提供了可靠的财政支持与经济保障。②

为更好地推进“政经分离”，需要在实践层面落实村民委员会与村合作社财账分离，规范村民委员会与村合作社的会计核算工作。松江区制定多个指导文件，通过设置具体财务账目，以明晰财务支出，解决集体资产管理混乱、集体资产易流失的问题，实现村社分账。但需要指出的是，集体经济组织与村民委员会的账务在设置上均设支农支出与公共福利支出，且具体细目也高度重合。支农支出主要用于农村基础设施的建设、维修、维护，公共福利支出主要用于文化教育、医疗卫生、计生、民政福利、养老统筹等社会公共福利方面。而高度重合的账目设置仍无法有效化解账目混同的风险，这要求细目设置与账务处理更为细致，做到财账对应、分账核算、公开透明，准确反映村社运行状况，并通过加强对资金使用情况的审计监督，有效防范重复支出、私挪款项的现象发生。

除推进“政经分离”外，松江区还着重在资产管理、外部监督等方面创新外部治理机制。在集体资产管理方面，松江区运用科技化、信息化监管手段创新了集体资产经营监管手段。集体资金、资产与资源（“三资”）是农民群众的辛勤成果与重要财富，也是推进乡村振兴战略、实现农民共同富裕的重要物质基础。上海市在完成农村集体资产清产核资工作的基础上，通过“上海市农村集体‘三资’监管平台”（以下简称“三资”监管平台），将各类农村集体“三资”信息进行网络公

---

① 胡肖华．基层党组织统率下的政经分离：乡村治理体制现代化改革的必由之路．湘潭大学学报（哲学社会科学版），2021（4）．

② 《农村集体经济组织财务制度》第 4 条第 4 项明确规定，农村经济发展成果应当用于村级组织运转保障、农村公益事业。

开、运行与监管。松江区农业农村委员会在“三资”监管平台基础上又推动建立了松江区农村集体资产经营管理平台（以下简称资产管理平台）。在功能定位上，资产管理平台相当于在“三资”监管平台之上搭建起了前置终端。“三资”监管平台的监管对象为镇村两级集体经济组织及其下属企业、村民委员会，监管单位主要为资产公司。资产管理平台按照“制度＋科技＋责任”的理念，遵循“应登尽登、应进必进”与“实时更新、全程留痕”的原则，建立十大业务操作模块①，旨在对集体资产实现全方位规范管理，既强调了监管的动态性、时效性，也保障了数据的真实性、可靠性。此举克服了传统监管手段规范性差、效率低的弊端，既响应了推进数字乡村治理的政策要求，也为农村集体成员及时进行民主监督提供新途径，在客观上为巩固农村基层政权、推进农村基层党风廉政建设增添助力。

在功能设置上，资产管理平台具有以下特殊优势：第一，登记数据强制关联，确保监管的准确性。该平台将全区集体土地、厂房、商铺等数据和公司所有账务、租赁合同、融投资信息及变动情况全部录入平台，并设置“资产—合同—财务凭证”间的数据强制关联功能，确保每项数据实时更新。同时，根据人员身份和管理内容对应设置权限，避免了他人随意更改信息数据的可能性，实现对集体资产的动态监管。第二，预警功能确保集体资产运营的规范性。为加强和规范农村集体资源性资产的监督管理，平台设置了预警模块，能够有效筛选出超出自定义预警金额的内容，倒逼经营单位规范开展合同签订、管理、租金收取等活动。

在外部监督方面，松江区建立了多层级、全覆盖的监督体制。首先，村务监督委员会监督村级重大事项的民主决策情况、村务公开情况、村集体“三资”管理情况，负责主动收集并认真受理村民的意见和

① 业务操作模块包括资金管理、资产管理、资源管理、租赁合同管理、工程管理、融资管理、担保管理、投资管理、业务预警管理及政策管理。朱华平，等．制度＋科技＋责任：松江创建农村集体资产监管平台．上海农村经济，2021（12）.

建议等事项。其次，由街镇层面的审计部门负责集体经济组织的年度审计、收益分配专项审计，街镇联合社、村合作社及下属企业主要负责人的离任审计。再次，对于集体经济组织及集体企业的重大项目投资、资金运转、收益分配方案、财务审计、重要人事安排等重大事项，由区农经站委托第三方审计机构开展审计工作，并由街镇集体资产监督管理委员会办公室具体落实各集体经济组织及集体企业的整改销号工作。最后，对集体企业运营、处置大额集体资产的举措建立重大事项备案制度，并交由不同层级组织机构进行初审、备案、考核评估，全方位加强对集体资产的监管。

二、农村集体经济组织成员资格认定

农村集体经济组织的成员资格认定是明确“集体资产份额由谁享有”的基础性工作。这既需要在纵向上客观评估历史发展中不同群体累计的贡献，也需要在横向上妥善处理各种群体间的利益关系，因而在农村集体产权改革的工作中被视为极为疑难和复杂的步骤。

（一）农村集体经济组织成员资格标准确立的主体博弈

由于集体经济组织成员资格认定涉及广大群众根本利益，其中既涉及财产权利也涉及民主权利，因而资格认定工作在实操层面更需要客观公正的标准，而标准的确立存在立法与基层自治两种力量。松江区采取的是在区级层面制定成员标准：选取 1956 年成立农业合作社作为成员资格认定的起始点，以是否实现“镇保”和撤村撤队划分终点。已实现的地区以实现日期为基准；尚未实现“镇保”和撤村撤队的地区以 2010 年 12 月 31 日为基准日；年满 16 周岁，户口在队、劳动在册的原村集体经济组织成员，享有集体经济组织成员资格。调研数据显示，52.17%的受访村民认为集体成员资格标准应该由政府制定指导性文件予以规定。究其原因，这部分人员在意识层面仍受传统思想观念影响，政府指导性文件被视为传递上级指示的权威所在，也与自身利益更为贴近。在实践层面，区级制定的标准以及已经完成的成员资格认定工作被多数人认可。但是，也有26.09%的受访村民认为应该由村民自行制定标准。这部分人员认为，虽然区级层面对成员资格认定确定了相对清晰的标准，但各镇、村的发展情况、人员流动情况及人员构成情况普遍存在差异。立足各地实际情况，发挥民主决策的功能，制定各地的成员资格标准才是妥善之举。另有21.74%的受访村民认为应该由法律规定成员资格标准，因为法律确立的成员资格标准相对客观，能够有效减少争议。

相较而言，村民自主确立成员资格标准的弊端在于，基层公平意识淡薄，尤其在涉及集体利益分配时，对少数人利益保护缺乏配套机制；而法律层面统一成员认定标准的弊端在于，各地成员资格的具体认定标准仍然存在分歧，各地情形复杂，差异性无法被统合。《集体产权改革意见》考虑成员资格认定的复杂性，也仅笼统性地规定尊重历史、兼顾现实、程序规范、群众认可的原则，确立以唯一性、包容性、合法性的标准确定集体成员资格。最高人民法院也曾对集体经济组织成员资格标准进行过深入研究，但最终认为此事事关广大农民的基本权利，仅是建议全国人大常委会作出立法解释。[①] 在立法缺位的背景下，区、县级制定的资格认定标准在相当程度上取代了法律的职能。通过立法化解争议、改善实践争议的做法诚为理想，但无疑会推翻部分地区确立的既有标准。如何贯彻落实2022年中央一号文件强调的“巩固提升农村集体产权制度改革成果”的精神则又成为另一值得深思的难题。

---

① 最高人民法院在制定《关于审理涉及农村土地承包纠纷案件适用法律问题的解释》时，曾对农村集体经济组织成员资格问题进行过大量的调研和分析论证。但是，考虑到其农村集体经济组织成员资格问题事关广大农民的集体民事权利，最高人民法院审判委员会在对该征求意见稿进行讨论后认为，这一问题应当属于《立法法》第48条第2款第1项规定的情形，即“法律的规定需要进一步明确具体含义的”，其法律解释权在全国人大常委会，不宜通过司法解释对此重大事项进行规定。因此，应当根据《立法法》第48条的规定，建议全国人大常委会就农村集体经济组织成员资格问题作出立法解释或相关规定。最终通过的《关于审理涉及农村土地承包纠纷案件适用法律问题的解释》，对农村集体经济组织成员资格问题未作规定。

（二）农村集体经济组织成员资格标准确立的考量因素

立足对松江区的调研，课题组认为，应以巩固提升现阶段优良的改革成果为原则，注重针对既存问题，建立健全争议反馈及解决机制。从法律位阶到村民自主性规范所体现的是刚性标准与柔性标准阶梯形配置，以法律、政策文件作为引领，同时留给地方因地制宜的空间。

基于实践的复杂性与差异性，确定成员资格的认定标准应充分尊重农民的意愿与维护农民权益。在法律层面应秉持“宜粗不宜细”的原则，对集体经济组织成员资格标准仅规定基本认定原则，并作为法律底线不得逾越，如规定已经享受国家为其提供最基本生存保障的人员不再具有集体经济组织成员资格。这既是明确集体经济组织成员资格的实质要件，也是划清集体经济组织成员与非集体经济组织成员的边界。再如，规定成员不得在两个以上集体经济组织同时拥有成员资格。这是为了保证成员资格的唯一性，明确在集体经济组织成员资格存在重叠时的处理原则。同时，在法律层面应该明确规定集体经济成员资格认定的法定程序，确保成员资格认定程序的合法性、规范性。松江区确立成员资格认定程序为：成员以户为单位进行自主申报，村集体组建以村民代表、老干部为主的审核小组，在公安部门的协助下，将登记表与人员变动情况进行逐一核实；汇总后进行数次公示以接受其他成员监督，存在误差则及时更正并再次公示；在公示无误后由户主签字确认并汇总上传至集体“三资”监管平台，同时发放社员证作为成员资格以及未来收益分配的依据。此外，在法律层面还应规定异议反馈与纠纷解决机制，妥善处理在成员资格认定过程中存在的争议矛盾和冲突问题，切实贯彻民主、客观、公平的原则，保障改革阶段的稳定与和谐。

区、县级层面应因地制宜出台政策性文件，在遵循法律层面确立的基本原则的基础上进一步细化积极标准与消极标准。如以成员是否具有本集体经济组织户籍、是否存在土地承包关系以及事实层面是否存在固定的生产生活关系为积极标准。对于消极标准，应明确将在国家机关、事业单位、国有企业工作的人员以及已经享有其他农村集体经济组织成员资格的人员排除出集体经济组织成员的范畴。此外，对于特殊人员应提供规范指引，制定具体认定办法。

在城镇化过程中，松江区人口流动性强，农村集体经济组织成员结构复杂。在经过科学评估与民主决策后，松江区采用成员认定与农龄测定同步开展的做法。农龄是成员对集体经济所作贡献的客观体现，因而通过农龄测定可以极大程度地保障成员资格认定的客观与真实。在成员资格认定标准层面，松江区对集体成员资格确定未采取“一刀切”的改革形式与路径，而由街镇层级依据区级指导文件的标准及原则，制定符合自身实际且具有操作性的成员资格认定办法。对成员资格认定中存在的特殊情况则按照“一事一议”的方式，提交村民代表大会讨论决定。成员资格认定环节坚持公开、公平、公正、透明的原则，杜绝了暗箱操作的空间。

对特殊人员权益处置问题，区级提供了指导意见，如对于插队知青等非农业户籍人员在撤制村队集体资产处置中的分配，以参加劳动时间为依据①，但只计算农龄份额，对于集体土地非农化的增值资金等非劳动积累资产的分配不予确认，对农龄份额在撤村撤队资产分配时进行一次性兑现，同时不将其纳入镇级集体经济联合社社员范围。对于因婚嫁及其他原因迁入村集体且从事农业生产的农业户口人员，农龄计算以相应的婚姻登记时间为准。对于未提干的现役军人、婚嫁人员、生态移民、自理口粮户、顶替回迁人员、解除劳教人员等九类特殊人员，明确其可成为享受土地份额的对象。对于根据上海市户籍管理政策规定而丧失农业户籍的2001年后出生“小农民”，在改革中也对其享有的土地份额进行确认。

从调研数据反馈来看，86.96%的人将户籍是否登记在本村作为成

① 参见《关于进一步规范撤制村队中非农业户籍人员有关农村集体资产处置的处置意见》（松研委［2012］1号）。

员资格的认定标准，其他因素分别为平时是否在本地生产生活、是否以承包土地为主要生活来源以及是否对集体资产有贡献，赞成将上述三项因素作为成员资格认定标准的人分别占47.38%、17.39%和30.43%。可以说，户籍登记作为认定成员资格标准得到了普遍认可。一方面是因为自人民公社时期就确立的户籍登记认定标准，群众认可度较高，能够有效避免争议；另一方面，以户籍登记为认定标准在实践层面能够较为客观地反映公民的自然状况，便于认定工作的开展。但是，将户籍登记因素作为实质判断标准存在将“空挂户”认定为集体经济组织成员的可能。同时，对于因婚嫁、收养等关系迁入集体经济组织，已丧失原有集体经济组织成员资格但未登记入户的人员，若不予以认定，将产生“两头空”的现象。而将是否在当地形成稳定生产生活关系作为判断标准，不仅标准较为模糊，认定难度也较大。相较而言，将是否依赖集体经济组织提供基本生活保障作为成员资格认定的实质因素更为合理，可将户籍登记因素作为形式审查要素，如此便于短时间筛选出不符合成员资格标准的人员。总之，要在特定区域内形成相对客观稳定的裁判标准，保障成员的正当利益不被随意侵犯。

据调研数据显示，有52.17%的人认为嫁入本村但户籍未迁入的人享有集体经济组织成员资格，47.83%的人表示反对；82.61%的人认为嫁到外村但户籍留在本村的人享有集体经济组织成员资格，17.39%的人表示反对。可见，对外嫁女而言，因其户籍保留在本村，加之在成员资格认定工作开展时将户籍登记作为成员认定标准，故对外嫁女的成员资格确认被普遍接受；而对嫁入女，既有成员基于自身利益与传统观念更易滋生排斥情愫。在松江区的成员资格认定过程中，户籍登记因素仍扮演着重要角色，仍有超半数村民认为其具有集体经济组织成员资格。

在镇、村级层面，对成员资格认定要遵循上位法依据，无上位法依据以及政策文件指引的要遵循先例，无先例的应由村民代表大会民主商讨通过，以确保改革工作经得起历史与实践的检验。镇、村级层面应注重对不同情况的处置，满足不同群体的利益诉求，如洞泾镇对特殊农民群体成员进行了细致摸排、分类界定，经过民主讨论，对部分特殊人群采取一次性补偿措施，有效缓解了基层矛盾。但囿于传统偏见与落后思想，在发挥村民自主性时常发生多数人侵犯少数人利益的情形，尤其是“外嫁女、出嫁女、离异女、入赘婿、服刑者”等人员在成员资格认定时常遭受偏见与不公正待遇。这要求集体产权制度改革要妥善处理好民主与公正的关系，既要通过建设领导班子、不断革新成员思想，从内部切实保障村民的民主权利，也要通过完善法律法规并建立成员权的救济路径等方面，从外部层面提供制度保障。对部分集体经济组织中出现的损害成员权益的行为，既要完善成员借助司法救济寻求的路径，上级部门也应加以指导与纠正，以保障改革的稳步推进。

三、农村集体资产股份合作制改革

（一）农村集体资产股权的种类配置

农村集体产权制度改革，就是要将股份制引入集体经济中，明确集体经济组织成员份额，并以此作为集体资产收益分配的依据。①

1. 以农龄份额和土地份额计算个人股

就股权设置而言，松江区不设集体股，只设置个人股，个人股由农龄份额和土地份额按照 6：4 的比例组成。采取土地股和农龄股“两股一改”的方式是考虑成员此前对集体资产的劳动贡献以及土地增值对农村未来发展的重要性，兼顾劳动性积累与资源性积累。集体资产是在历史中形成的，因此，农龄在衡量劳动贡献方面存在独特优势，

① 上海市农村经济学会，上海市松江区农业委员会．农民的呼唤：上海市松江区农村集体产权制度改革的实践．上海：上海社会科学院出版社，2016：137.

可以很好涵盖不同类型的集体成员，将其作为客观标准更为公平。[①]

农龄以 1956 年农业合作社成立至全镇或全村实现“镇保”日作为统计起止年份；尚未实现“镇保”和撤村撤队的，以 2010 年 12 月 31 日为基准日；年满 16 周岁，户口在队、劳动在册的原村集体经济组织成员，享有集体经济组织股份份额。在农龄统计中，除中山街道按照撤制村队时倒推 20 年、洞泾镇按成立人民公社时（1978 年）起算外，其他各街镇都从 1956 年起算，而选取 1956 年作为农龄起算点，是因为松江区集体经济源于 1956 年农业生产合作社的成立。“农龄股”是在本村从事生产的起止期限和年龄的基础上进行折算，计算农龄时不足一年的，作一年计算。在农龄公示结束后，松江区要对婚嫁、已故及其他人员的农龄进行分割确认。不同于部分地区在测定农龄股时对基准日前死亡的人不开展农龄测算，松江区对已故人员的农龄计算遵循继承法的规定，对婚嫁与其他人员采用赠送或本人保留持有的方式，村民委员会对农龄的分割确认书进行鉴证，在每户对家庭人员的农龄进行签字确认后登记上传。在计算出农龄的基础上，松江区按照 6∶4 的比例计算出全镇土地份额，再按照以下公式计算，得出相应数额[②]，最终将农龄份额与土地份额相加得出最终的份额。

$$\text{个人土地份额}=\frac{\text{全镇土地份额}}{\text{全镇 84 年纳税面积}}\times\frac{\text{个人生产队 1984 年纳税面积}}{\text{个人生产队享受土地份额的人数}}$$

在调研过程中，有部分成员反映农龄份额与土地份额设置比例不合理。因为现在的集体资产主要是由土地增值积累形成的，土地资源

① 顾莉萍，薛莉．按农龄分配：创新还是回归?：转型中农村集体经济组织中的农龄应用分析．经济体制改革，2008（2）.

② 选取 1984 年作为土地份额测算点是考虑到当时都是农业生产形态，除专业蔬菜生产队外，基本将土地都承包给农民，全部实行“统一经营、包干分配”。同时，1984 年松江区对土地进行了厘清核算，测算结果得到了财政部门的认可，并作为缴纳农业税的依据。

非农化的增值部分占据集体资产相当大的比例，而劳动积累已被农民当年分红与国家农产品剪刀差用尽，故农龄份额比例设置过高。[①] 还有部分成员反映，农龄测算结果并不能实际反映劳动的多寡，现有的测算办法使在册在队成员都可以获得农龄份额，但对是否参与劳动以及劳动贡献程度却缺乏细致摸查。

2. 集体股的设置

上海市出台政策，明确以是否完成撤村改制作为设置集体股的标准，原则上在未完成撤村撤队的区域可以设置集体股。因松江区已经完成撤制村队的改制，在股份设置上仅设个人股，未设集体股。但调研数据表明，仍存在 65.22%的人认为应该设集体股，成员对于设置集体股的积极意愿与政策要求形成反差，主要原因在于其对集体股的功能的认知存在偏差。这部分成员认为，设置集体股或用于集体公益性事业，提升成员福利待遇，或用于服务集体经济的发展、壮大集体经济。这部分成员对松江区集体经济组织在收益分配环节已经通过提取公积金、公益金的方式留足此部分资金的情况并不了解，因而普遍认为集体股具有设置的必要。从全国范围来看，经济发展水平较低的地区常设集体股，且明确集体股的用途，主要用于处置历史遗留问题、补缴税费、社会保障支出和必要的公益性支出。但设置集体股的最大弊端在于产权归属不清，势必要对股份进行再分配，且集体股是否具有清偿债务的优先性、持股主体是否具有表决权等问题也未明晰，这会影响改革的彻底性。基于此，经济较发达地区往往不设集体股，松江区亦同。集体股是贫困地区转向发达地区时在集体产权制度改革中的过渡性、阶段性的产物，在集体负债较多、成员保障机制还未落实的部分地区，设置集体股被认为存在合理性。但实际上，集体资产收益分配系从净利润中提取比例进行，在集体资产无法抵充债务的地区，

① 上海市农村经济学会，上海市松江区农业委员会．农民的呼唤：上海市松江区农村集体产权制度改革的实践．上海：上海社会科学院出版社，2016：205.

集体收益分配无法进行有效开展，集体股形同虚设，设置的科学性与合理性存疑。相较而言，同为保障集体经济组织运转的必要开支与公益性支出，采取提取公积金、公益金的方式可以有效地规避集体股既存的弊端，因而在已经设立集体股的地区以及同时设立集体股与公积金、公益金的地区应逐步仅采用提取公积金、公益金的模式，并按照《农村集体经济组织财务制度》第28条的规定明确收益分配的顺序，即在弥补以前年度亏损以及提取公积金、公益金后再进行成员收益分配。集体股在转化为公积金、公益金的过程中，在满足章程要求的提取比例后，可将剩余集体股量化为成员股，真正让成员享有改革福利。

当然，公积金、公益金制度并非毫无缺陷，实践中会引致以下问题：第一，在政府财政资金普遍供给不足的情形下，集体经济组织提取的公积金、公益金要服务于社区公共事业的建设与发展，但公共事业建设带来的福利却为组织内成员与组织外成员所共享，这可能引发组织内成员与组织外成员的矛盾。如在对松江区九亭镇庄家社区调研的过程中课题组发现，其作为村改居，下属集体企业仍需承担公益项目的开销，而公益项目带来的福利却为内外居民共享，因而造成公积金、公益金承担主体与享有主体不匹配，引发了集体经济组织内与组织外的成员之间的矛盾。第二，在集体经济组织内部，拥有股份较高的人未必当然享有较高的福利待遇与公共服务，公积金、公益金出资额与所享权益难以匹配，必然会有损于股份持有较高人的利益，容易导致组织内部矛盾。提取公积金、公益金的机制的弊端体现于固有的外部矛盾与内部矛盾，难以消解，并在松江区已有显现。但通过分析可知，集体经济组织服务于公共事业、承担社会责任仍是其长期承载的重要职能，公益性本就属于其固有特征。同时从共建共享的角度出发，基础建设与公共服务的提升可以有效改善投资经营环境，助推集体经济的发展壮大，这仍然是造福于集体成员的表现。整体衡量后，以上矛盾应属于成员可容忍的范畴。

3. 其他股种的设置

在改革之初，新桥镇、中山街道作为集体产权制度改革的试点，考虑到村队干部对集体资产发展作出的贡献，依据村队干部在村、队实际任职年限以及对应职务设置了部分干龄股，依据“土地股、农龄股、干龄股”三股合一来设置个人份额；而作为浦南地区的改革试点新浜镇以及洞泾镇、佘山镇都未设置干龄股，在全区全面推进集体产权改革中各地也未设置干龄股。设置干龄股本意为奖励村干部的杰出贡献，激发村干部有所作为，但在实践中设置干龄股容易引发干群矛盾，不利于内部团结与稳定。此外，松江区对区域内土地已完成整体规划，形成“一廊一轴、五带四片”的空间格局，构建“新城—中心镇—一般镇—集镇—村庄”的城乡体系，实现了区域统筹发展，客观上有效限制了地方的恶性竞争与不当经营，因而不设干龄股的做法是较为科学合理的。基于类似的原因，松江区也未设置激励股、福利股等股种，而能否采用以一次性奖励措施替代设置激励股、福利股的做法，值得考虑。

多元股种的设置是缓和当地矛盾、维护实质公平的有效探索，也是集体智慧结晶的表现。松江区的股权配置是经过试点摸索与民主评议后得出的方案，试点经验表明设置干龄股并未达到预期效果，减少与限制设置特殊的股权种类是合理的。而各地如何设置股权种类应立足实践、尊重民意，充分考虑当地人口结构与历史演变，均衡不同群体间的利益。

（二）农村集体资产折股量化的范围

《上海市农村集体资产监督管理条例》参照《集体产权改革意见》的要求，将集体资产类型划分为经营性资产、非经营性资产、资源性资产，并强调“除经营性资产应当以份额形式量化到本集体经济组织成员外，其他资产不得以份额形式量化或者以货币等形式分配”。松江区集体产权制度改革工作较早开展，并在清产核资的基础上完成了折股量化工作。对于经营性资产，松江区委托资产评估机构在进行评估后折价入股；而资源性资产是集体资产的重要组成部分，考虑到农村集体土地资源的增值因素和原住地在册在队农民的利益，仍将其纳入折股量化范围，并以 1984 年核定的纳税耕地面积为基础计算土地份额；对集体建设用地原则上不予量化，若发生征地应遵循文件要求，对土地补偿费按照原量化方式追加成员份额。①

需要指出的是，经营性资产与资源性资产的界分未必合理，这表现为以土地为主的资源性资产仍然具备经营性，具备集体经济组织统一经营以及评估市场价值的可能。以松江区为例，由集体经济组织对农业用地直接发包流转所获资产以及集体经营性建设用地出让金仍然是集体资产的重要组成部分。该部分资金价值清晰，是集体资产增值的重要助推力。对于将发包的资源性资产股份化，需要确定承包的农民是否需要交回承包地，而未发包的资源性资产则不需要确定承包的农民是否需要交回承包地，具备折股量化的条件。② 此外，集体资产的性质存在动态变化的可能。依据某一节点对集体资产类型进行固化并以此为基础进行量化，并不能很好反映和利用各种类型的集体资产。③ 为此，松江区在收益分配环节强调区分经营性收入与非经营性收入的做法值得提倡。具体做法是将经营收入、投资收入、发包收入划定为经营性收入，将征地补偿费、集体建设用地使用权出让费、集体资产动拆迁补偿费、上级扶持专项补助、捐赠款、集体资产变卖收入划定为非经营性收入，且规定只有经营性收入才可被纳入年度分配范围。④ 集体资产股份制改革的重要任务在于突出成员集体所有，让

① 上海市农村经济学会，上海市松江区农业委员会．农民的呼唤：上海市松江区农村集体产权制度改革的实践．上海：上海社会科学院出版社，2016：91.

② 张洪波．论农村集体资产股份合作中的折股量化．苏州大学学报（哲学社会科学版），2019（2）.

③ 林广会．农村集体资产折股量化范围的确定及其法律效果．中国不动产法研究，2021（1）.

④ 参见《关于进一步规范松江区农村集体经济组织收益分配管理工作的指导意见》（松农发［2020］122 号）。

成员真正成为集体资产的所有者、管理者、受益者，但局限于资源性资产、经营性资产的分离显然无法有效实现此目的。将集体经济组织统一经营管理且将能够产生经营性收入的资产纳入折股量化的范围，可以有效达致政策目的，规避资源性资产与经营性资产界分的泥沼。在实效上，这一做法既解决了部分地区经营性资产体量较少导致无法分红的难题，也响应了“效益决定分配”的原则，实现将非以收益为目的的收入排除在收益分配范畴之外的目标。

（三）农村集体资产股权的权能

党的十八届三中全会提出了“赋予农民对集体资产股份占有、收益、有偿退出及抵押、担保、继承权”的改革要求；而充分释放股权权能，赋予股权市场化要素，建构股权交易模式是亟待探索完善的方向，也是完成集体产权制度改革的重要保障。为此，《上海市农村集体资产监督管理条例》明确，集体资产股份可以在组织内转让、赠与，也可由集体经济组织赎回。从调研情况看，松江区集体股份权能并未显现，除占有、收益及继承外，其他权能并未得到展现，而股份转让、赠与、有偿退出等机制也均未建立。调研数据显示，认为股份具备占有、收益权能的人数占 91.3%，认为股份可以继承的人数占 70.65%，认为股份可以有偿退出的人数占 52.17%，认为股份可以转让、质押担保的人数分别占 27.17%、26.09%。

究其原因，股权权能的释放受政策性牵引较强，配套机制的匮乏极其影响到成员对股权应具权能的判断。松江区各街镇在成员资格界定后会颁发给成员“社员证”作为收益分配的依据，并于 2014 年年底实现集体资产经营收益向全体社员的分红。“社员证”的颁发以及股份收益分配制度的有效建立，让成员能够以“分红”的形式切实感受到股份的占有、收益权能。对于集体资产股份继承而言，松江区已经累积了成熟的经验并形成规范的程序，截至 2019 年已完成 99 316 单，集体资产股份能够继承的观念也深入人心。值得注意的是，松江区并未建立股份有偿退出机制，但仍存有不少成员认为集体资产股份可以有偿退出。这源于集体资产股份“分红”在实践中的功能异化，其本应作为保障成员集体资产经营收益的权利，让农民切实获得集体成员资格认同感和发展成果的获得感，但不同地区在客观上的“分红”数额的差异极易引发基层治理矛盾。松江区不同街镇的“分红”数额普遍存在差异，浦南、浦北地区的“分红”数额差异更为悬殊。集体经济发展较好的地区，成员将集体资产股份理解为“可生蛋的鸡”，认可有偿退出的方式并不明智；而落后地区的成员对“分红”数额存有疑问和不满，有偿退出的意愿较为强烈，尤其是孤寡老人以及出国长期居住甚至永久定居的人群，股份有偿退出以及流转的意愿更为强烈。这既体现出集体成员对壮大集体经济、增加集体资产收益分配的殷切期盼，也反映出有效释放集体资产股权权能、建构多种配套机制的现实需求。此外，其他地区集体资产股份质押担保权能的展现往往是由承担农村发展任务的银行在政府、政策推动及集体经济联合社担保的情形下开展的，松江区并无政策与制度，展现出制度供给显著不足的特点。

松江区股份权能匮乏源于股份流转的严重封闭性，而股份封闭性直接导致其市场价值难以展现，进而影响以价值清晰为前提的股份转让、有偿退出、质押担保等活动的开展。松江区之所以对集体资产股份的流转持谨慎态度，是基于以下几点考虑：首先，在改革成效层面，松江区现阶段明确股份不可退出、不可流转，旨在解决集体成员权的模糊性难题，实现改革的彻底性。其次，在操作路径与制度供给层面，考虑到松江区目前集体经济组织股份的价值尚未体现，股份设定时未能将土地资源折价入账，且此种测算方式能否真正保障社员在份额转让、赎回时的权益尚没有法律依据。为切实保护集体经济组织成员的资产收益权，暂不开展份额转让、赎回。① 最后，在风险防控方面，

① 朱华平，朱佳薇．松江区农村集体经济组织成员份额实现“转让、赠与、赎回”管理的调查．上海农村经济，2019（11）．

完全开放股份对外转让，可能引发投机行为，甚至造成多数股份被外部资本掌控的局面，容易激发矛盾与争议。

1. 集体资产股权的继承权能问题

以上理由是否充分，还需要结合松江区的股权权能在实践层面的展现进行分析。松江区现阶段明确集体经济组织社员份额不允许转让，只允许继承，且已经形成较为规范的继承方式和流程。在制度层面，区级层面制定了《松江区集体经济组织社员份额继承说明》，确立份额继承应遵循三大原则：遵守继承法、遵守章程、以尊重社员本人意愿为前提，规定了法定继承与遗嘱继承两种方式。在实操层面，继承人在通过两种继承方式获得股份后应持相应的证明材料至所在集体经济组织，通过松江区“三资”监督管理平台社员管理模块中的新增份额变更模块进行操作。在理论层面，集体经济组织成员权既包含以成员资格为基础的人身专属性权利，也包含利益分配请求权等财产性权利，而人身专属性权利在理论上无法如同财产权利那样发生继承和转让。松江区在农龄统计时将所有劳动在册的成员都涵盖在内，已去世成员所持份额也按照上述规定发生继承，那么在继承人不符合集体经济组织成员认定标准时，股份如何继承？类似的情形是，基准日后出生的新生儿并不当然具有集体经济组织成员资格，松江区亦未设有关于法定取得成员资格的规定，那么法定继承人若为集体经济组织外的成员如何发生继承？更有甚者，在既无遗嘱继承人也无法定继承人的情形下，股份又该被如何处置？对第一种情况，章程确立的规则是“列编或今后列编为公务员、区属及其以上事业编制的社员，不享受或退出所持土地份额”。当集体组织成员不再以集体土地作为生存保障，丧失土地份额是合理的，但这仍未解决继承股份权能的范围问题。松江区在示范章程中针对股份继承仅规定社员的个人份额及收益分配由法定继承人继承，或者由理事会制定回购方案并经社员代表会议讨论后实施回购，实则未考虑自益权与共益权的区分，将股份继承与成员资格的继承混同。但实践中，考虑到集体资产折股量化具有初始配置的无偿性以及持有主体的封闭性，松江区按照《上海市集体资产监督管理条例》的规定将继承主体区分为组织内成员与组织外成员[①]，集体经济组织外成员在继承股份时，享有除表决权以外的其他权能，即享有权能受有限制的股权。存有疑问的是，组织外成员继承股份后能否享有选举权与被选举权？实际上，限制组织外成员享有表决权是基于避免外部力量掌控集体经济组织，不当干预集体经济组织的运营与发展。若组织外成员仍保有选举权与被选举权，显然无法达致此目的，因此还需进一步限制组织外成员的继承股份后享有的权能，并通过章程予以固化。

短期内，限制组织外成员的继承股份的权能可有效解决外部人掌控集体经济组织的问题。但长期观之，股权静态管理模式与股份继承后的权能受限制性之间的冲突会愈演愈烈。这是因为，松江区在成员资格认定方面存在严重的封闭性，随着享有表决权人数的逐步减少，治理机制难免被逐步架空。相较于其他地区普遍规定了通过法定加入与申请加入集体经济组织而取得成员资格的路径，松江区街镇集体经济组织章程普遍规定，自 1956 年农业合作社成立到基准日之内户口在本村的农业户籍人员为本社成员，封锁了法定取得与申请加入的可能，表现为不随人口增减变动而调整的静态股份管理模式。有观点认为，此举澄清了成员权的模糊性，保障改革的彻底性，避免陷入无限循环之中。[②] 实则不然，任何改革都非一蹴而就的，也不存在毫无缺陷的改革举措。静态管理模式仅是现阶段明晰成员财产权、稳定改革成果的有效措施，随着时间的推移，静态管理模式导致的利益分配不均、治理结构架空等问题会逐渐暴露出来。未来必然面临的是，或启用动

① 《上海市农村集体资产监督管理条例》第 11 条第 2 项规定："农村集体资产份额可以依法继承，农村集体经济组织成员以外的人员通过继承取得份额的，不享有表决权，但农村集体经济组织章程另有规定的除外。"

② 上海市农村经济学会，上海市松江区农业委员会．农民的呼唤：上海市松江区农村集体产权制度改革的实践．上海：上海社会科学院出版社，2016：238.

态管理模式，或进行二次改革，重新梳理集体经济组织的成员构成以保障改革的完成。调研数据显示，58.7%的受访村民赞同股权静态管理模式的做法，41.3%支持股权动态管理模式，这印证了建构股权静态管理模式具有群众基础和现实需求。

就现阶段而言，解决股份继承与股权静态管理冲突最合理的方案应是建构成员资格法定取得与申请取得的路径，并细化相应的条件与程序，合理吸收在基准日后的新增人口与组织外人口。具体而言，对于基准日后出生的居民，明确其满足特定条件，如父母双方或一方具有本集体经济组织成员资格、户籍登记在本集体经济组织，于出生时自动取得成员资格，但并不享有集体资产股权份额。如此将符合集体经济组织成员实质标准的基准日后出生的人口纳入集体经济组织内，可以有效改善治理机构被架空的问题，还利于维持家庭生产经营的延续性。当继承人中无集体经济组织内成员时，应当将其继承人列为非本集体经济组织成员，其享受除表决权、选举权、被选举权之外的股份权能。部分地区存在有在多位非集体经济组织成员中协商确定一位登记为集体成员股东的做法，这既混淆了成员与非成员股份权能间的差异，还易导致占股比例计算混乱或削弱通过占股最高比例限制非本集体经济组织成员持股的目的，应被摒弃。[①] 还需要指出的是，对部分地区采用股权静态管理模式却仍采用“户内共享股份”表述的做法应予纠正。新增集体经济组织成员并不会自动取得股份，而是通过特定方式与程序取得的。

对是否建立外部成员申请加入的路径的问题，应交由集体决议。理论上，集体经济组织成员资格涉及的是集体利益，集体经济组织经过民主决议同意接纳加入集体经济组织的情形，法律不应禁止。对于集体经济组织外申请加入集体经济组织的人员，是否需要向集体经济

① 高海．集体资产股份继承的特别性与规范表达：基于地方规范性文件的实证分析．现代经济探讨，2022（2）.

组织出资、出资多少以及加入的成员表决比例等，都应交由成员大会或成员代表大会讨论通过，并通过章程予以规定和明确。[①]

2. 集体资产股权的其他权能问题

对于完善集体产权股份转让、有偿退出等机制，可遵循两步走的改革路线。由于松江区实行不随人口增减变动而调整的静态股权管理模式。课题组建议现阶段可明确：持有集体资产股份的有偿退出不得突破本集体经济组织的范围，实行内部转让或由集体赎回的方式进行有偿退出。进一步完善和细化股份有偿退出规则，明确集体资产股份的回赎条件、回赎价格、回赎程序以及回赎后的股份处置等相关规则。具体而言，集体资产股份有偿退出时对集体经济组织与退出方都应设置相应的条件：集体经济组织应以具有一定的财力水平，表现为拥有流动资金、经营性收入年均增幅达到一定比例，避免股份退出破坏集体经济组织经营的持续性。[②] 退出方应具有物质保障或者存在养老保险、加入城镇社会保障等，避免其退出后丧失基本生活保障。但需要注意以下特殊情形：一是当成员发生重大疾病时，松江区除设置重大疾病补贴外，章程还规定可由理事会制定方案并经社员代表会议讨论通过后预支份额。此时，若患重大疾病的成员仍坚持以有偿退出的方式将股份及时变现，意味着以上保障体系无法有效覆盖，此时不应严格限定集体资产股份有偿退出条件。二是在全部成员死亡时，集体赎回股份自然无条件限制的必要。

有学者指出，在松江区开展股份转让和赎回存在两个较为棘手的问题：一是松江区在转让、赎回股份时未将资源性资产折价入账，股份价值未能充分展现；二是股份测算标准能否保障成员在股份转让、

① 严聪．论集体经济组织吸收新成员事项的立法规制：以湖北省农村集体产权制度改革的地方实践为背景．苏州大学学报（哲学社会科学版），2021（2）．

② 高海．集体资产股份有偿退出的特别性及其规范．法治研究，2022（1）．

赎回时的权益，未有法律依据。[①] 在理论上，集体资产股份转让、赎回的，不应包含土地等资源性资产，这不仅是因为土地等资源性资产价格难以估价测算，也为了避免通过股份赎回、转让将集体所有资产转变为个人所有，违背社会主义公有制要求。设置股份转让、赎回本身就是保障集体经济组织中部分成员资产收益权的表现，为避免将来可能产生纠纷而阻断股份转让、赎回路径未免有因噎废食之嫌。此外，虽然法律层面未对集体资产股份的转让、赎回规定明确的条件、程序，但不论农业农村部印发的《农村集体经济组织示范章程（试行）》还是各地区的政策文件以及实践情况反馈，建立股份赎回、转让机制是极为必要和急迫的。由于股权价格处于动态波动中，相关部门需对股份转让、赎回时的价格设置清晰的标准。在实践中，对于股份赎回、转让股份的价格存在几种标准：一是以上年度末账目净资产为标准确定价格[②]，二是以上年度末账目净资产为一般标准确定价格，但可由股权转让当事人协商确定[③]，三是以股份获得时的原始价格确定价格[④]，四是由退出方与集体组织协商确定价格。[⑤] 相较而言，上年度末净资产能够展现集体经济组织的实际运行状况，且标准相对清晰，能够有效地减少退出方与集体经济组织间的争议，值得采纳。在设置清晰标准的前提下，留存协商空间也未尝不可。对于由集体赎回的股份，由于松江区未设集体股，可以采取有偿转让给集体经济组织内的其他成员的措施，也可以核减总股数，并将转让款与核减股份的对价追加到公益金中。

未来应逐渐弱化集体资产股份的身份属性，凸显其作为生产要素的财产属性，充分发挥其市场价值，实现资产增值的效能，积极探索

---

① 朱华平，朱佳薇．松江区农村集体经济组织成员份额实现“转让、赠与、赎回”管理的调查．上海农村经济，2019 (11).

② 参见安徽省《灵璧县农村集体资产股份有偿退出与继承办法（试行）》。

③ 参见上海市《闵行区村集体经济组织股权管理暂行办法》。

④ 参见北京市《大兴区农村集体资产股份管理办法（试行）》。

⑤ 参见福建省《松溪县股权管理办法》。

外部转让方式实现集体资产股份的有偿退出。将农村集体产权改革重点放在推进股份有偿退出、质押担保和继承权的实现等方面，积极建构配套规则，确保改革于法有据。[①]

四、壮大集体资产的有益探索与效益分析

（一）壮大集体资产的有益探索

1. 重点推进镇级集体产权改革

松江区集体产权制度改革最重大的革新，在于改变此前集体所有制形式、精简了集体经济的管理层级，推进镇、村二级同步改革，把以往镇、村、队“三级所有、队为基础”转变为镇、村二级所有，并区分已经整建制纳入镇保、全面撤制村队的地区以及未完成撤村撤队、村级资产较大难以回购的地区。前者由镇级集体经济联合社统一回购村、队集体资产，负责集体资产的经营管理与收益分配，并将集体资产中的经营性资产委托给下属集体资产经营公司统一经营，重点是对不动产资源的开发利用；后者分别成立镇级联合社与村级合作社，村级经营性资产委托镇级资产经营公司经营，如新浜镇已将村级经营性资产纳入镇资产经营公司经营。

松江区以镇级改革为重点，镇、村二级同步推进的模式改变了“由村到镇、分步推进”的传统改革模式这是松江区的特色所在。如此改革主要是考虑以下几方面：第一，在现实层面，松江区镇级的资产体量较大，镇级集体资产占全部集体资产总量的 83.7%，资产总量可观；第二，将镇级集体资产直接量化到个人能实现改革的彻底性，若采由村及镇的模式可能出现量化到村的结果，再度诱发集体产权主体虚位的问题；第三，松江区农用地转非农后，获得土地补偿金有部分仍留存在镇级农村集体经济组织，在镇级别推进改革利于将此部

① 房绍坤．深化农村集体产权制度改革的法治保障进路．求索，2020（5）.

分资产明晰产权，让成员共享此部分资金收益；第四，镇级集体经济组织在发展能力与资源统筹方面具有优势，村级优质资产能够得到最大限度的开发和利用，整体规划开发也可以最大限度发挥集体资产的经济效益，更利于实现集体资产的保值增值；第五，让镇级经济组织成员共享集体经济发展成果，可以有效避免村集体经济组织分散经营、恶性竞争现象的发生，实现在基层单元的城乡统筹发展；第六，简化层级能够有效减少集体经营的成本，利于集体资产的积累。

2. 探索多种集体土地所有权行使方式

松江区为盘活集体资产，针对不同土地类型采用不同集体土地所有权行使方式。对于农用地而言，松江区现有体量为 22.16 万亩，在 2015 年以“确权不确地”方式完成土地承包经营权确权登记颁证工作。其中 66.2%农用地由集体经济组织直接经营，作为浦南农业地区的集体经济组织主要收入来源，剩余 33.8%农用地由农户自愿将确权的承包地委托集体经济组织流转并获得流转收益。农用地通过流转租赁给农业经营主体，如家庭农场、专业合作社、农业企业等实现农业生产的规模化与集约化，鼓励持续经营、互助经营，有效地解决以往经营碎片化、农业效益低下的问题。对于集体建设用地，作为首批开展农村经营性建设用地入市试点，松江区以规划引导和风险可控为前提，采用出让、租赁等方式，实现与国有土地“同权、同价、同责”，为土地市场提供多元选择和有效补充。在效益方面，松江区集体经营性建设用地入市不仅盘活了部分农村集体建设用地资源，实现了土地资源开发和农村经济提振，还为 G60 科创走廊人才高地建设提供了保障，有力推动了城乡一体化高质量发展。此外，松江区集体经济组织还将集体建设用地及附属建筑物或货币资产入股，实现与企业的合作经营，创建“区区合作、品牌联动”的集体经济运转新模式，如新桥、九亭、中山等街镇与临港集体、漕河泾开发区共同合作投资产业园区建设。集体经济组织的加入有效地缓解了企业开发的资金压力，同时漕河泾开发区团队在园区规划、项目筛选、市场运营、园区服务等方面的专业优势可以有效弥补集体经济组织的短板。借助“区区合作、品牌联动”的合作开发模式，松江区集体经济总量逐年递增，为其他地区提供了可供参考的经验。

（二）农村集体产权改革的效益分析

从利益衡量角度看，当农村集体产权制度改革带来的增益大于改革所耗成本时，制度创新才有需求和推进的原动力。在农村集体产权制度改革中，政府追求的效益是多元的，其既希望通过改革充分挖掘集体经济的发展潜力，也希望通过增加集体成员的可支配收入，实现减少基层矛盾、提升群众对政府拥护度的政策目的。而集体成员的目的主要是在保障公平的原则下，追求“分红”数额的提升。历史经验表明，只有改革能够实现双方效益共增时，政府才会创制和运用法律、政治等手段去引导、强化与保障，集体成员也才会接受制度落地的推进。调研数据表明，仅有8.7%的集体成员认为农村集体产权制度改革增加了其负担。造成这一结果的主要原因为：在改革进程中，成员界定与收益分配环节存在侵犯少数人利益的现象，而股份现阶段不可转让、赎回的封闭性也为少数成员诟病。而13.04%的受访者认为农村集体产权制度改革造成的负担不明显。这部分人员或由于既往村干部存在贪腐现象造成其对产权改革未设期待目标，参与热情不高；或因区域发展并不均衡，相对落后区域的改革成效还未得以完全展现，还未切实地享受改革红利。能否促进集体资产保值增值、增进成员收益分配，则是衡量农村集体产权制度改革成功与否的关键一环，而集体资产的保值、增值又以赋予其市场化要素，充分释放股份权能要素为基础。综合而言，松江区在壮大集体资产方面存在诸多有益经验，但在股份权能释放方面存在严重不足，应予进一步完善。

第六章
广东省佛山市农村集体产权制度改革

广东省作为东南沿海地区农村集体产权制度改革试点地区的代表，改革成效显著，值得借鉴。其中，广东省佛山市的南海区和顺德区均为农业农村部确定的全国农村集体产权制度改革试点典型地区。早在20世纪90年代，两地就进行了股份合作制改革的探索，是农村集体产权制度改革起步较早的南部沿海发达地区，拥有丰富的集体资产和改革经验。近年来，两地在已经初步明晰农村集体产权的基础上，进一步推动和深化农村集体资产股份合作制改革，探索形成了“确权到户、户内共享、社内流转、长久不变”的股权确权模式，倡导户内股权均等化，取得了较大进展。课题组通过走访调查、与村干部座谈、村民访谈、问卷调查等方式对两个试点地区的改革情况进行实地考察，形成调查问卷、访谈笔录共126份，搜集政策文件、组织章程等材料40余份。通过梳理相关政策文件和成果，可以发现：两地在改革中虽然取得了较好的成效，但在农村集体经济组织的治理机制、农村集体经济组织成员资格认定及权利、农村集体资产股份合作制改革方面仍存在一些问题。

一、农村集体经济组织治理机制

（一）农村集体经济组织治理机制的特点

从试点地区的实践情况来看，关于农村集体经济组织治理机制的特点，主要可以从如下三个方面体现出来。

其一，农村集体经济组织的立法模式。从立法实践观察，《集体产权改革意见》对完善农村集体经济组织的治理机制提出了明确要求，这极大地推动了各地农村集体经济组织治理机制的立法完善。在立法模式方面，由于广东地区的农村集体产权制度改革持续时间长，改革基础扎实，实践中的具体经验、做法通过立法得以定型化、成文化，其基本形成了“综合立法＋专项规定”的立法模式。[①] 在广东省出台了《广东省农村集体资产管理条例》和《广东省农村集体经济组织管理规定》的情况下，顺德区、南海区分别针对当地的股权管理、成员资格、集体资产交易等专门问题制定了系列政策文件，细化了法规、规则的具体内容，为当地改革的推进提供了充分的政策依据和实践指导。

其二，内部组织机构的设置。根据章程内容的规定，试点地区的农村集体经济组织基本形成了“决策机构—执行机构—监督机构”的治理架构，虽然组织机构在名称、功能等方面存在差异，但治理架构基本一致。需要注意的是，在内部机构的设置方面，试点地区普遍存在农村集体经济组织治理机构与村民自治机构混同的情形，未来还需要进一步区分两者间的职能关系。例如，南海区的经联社除设有日常经营决策机构的社委会外，还设有经联社联席会议机制，联席会议由民主理财监督小组和村两委干部代表组成，在经联社需要处理物业开发等重大事项时由社委会提请联席会议表决通过。又如，在顺德区，各村普遍设有资产办公室，在改革前作为农村集体产权监督和管理的主要机构。在农村集体产权制度改革之前，村民自治组织普通代行农

① 广东省于2013年出台了《广东省农村集体经济组织管理规定》，对农村集体经济组织的内涵、外延、组织机构、成员权利与义务以及财务审计等方面问题进行统一规定。另外当地还根据集体资产交易活动频繁的情况，出台了《广东省农村集体资产管理条例》，对集体资产管理和交易中的重大问题进行了系统规定。同时，广东省内多个改革试点地区均出台了集体资产交易管理办法、农村集体经济组织成员认定办法、农村集体经济组织财务管理办法等一系列规范性文件，形成了相对完备的农村集体经济组织规范体系。

村集体经济组织职能的情况下，村级组织治理机构的混同是特殊时期的权宜之策。但在农村集体产权制度改革日臻深入之际，农村集体经济组织的独立属性日渐增强，对村资产办公室、联席会议机制等“政经合一”时代的产物，也需要根据时代发展和政策变迁予以调整改造。

其三，组织机构的人员构成。除了治理机构的混同，人员构成的混同也是“政经分离”改革不彻底的重要体现。关于农村集体经济组织治理机构的人员组成，不同试点地区的交叉任职的情况呈现出较大的差异。顺德区的试点地区统一要求村社党组织书记同时兼任村民委员会主任、村资产办主任、经联社社长；村民委员会副主任兼任股份社理事长，村社党委成员与经联社、股份社理事会成员亦存在交叉情形。而南海区的试点地区则在明确规定村党组织书记兼任村（居）委会主任和股份合作社理事长的同时，还要求村（居）委会领导成员不得与经联社领导成员交叉任职，农村集体经济组织领导成员由社员股东选举产生，参选农村集体经济组织领导的成员，必须辞去村（居）委会的领导职务。

由上可见，关于农村集体经济组织的机构设置及其人员组成等治理机制问题，试点地区的做法还有待进一步完善。在农村集体经济组织治理机制的建构中，村党组织、村民自治组织和农村集体经济组织三者之间的主体性关系，是亟待解决的基本范畴问题。实行村党组织书记与村民委员会、农村集体经济组织负责人一肩挑，是坚持党的领导原则在基层治理中的体现。该项规定不仅是相关政策的要求，而且已经在《中国共产党农村基层组织工作条例》等党内法规以及一些地方性法规当中得到明确规定。唯需注意的是，村党组织负责人担任农村集体经济组织负责人，虽具有政治上的必要性，仍必须遵循必要的法定程序。具体而言，村党组织负责人应作为被推荐人选，通过农村集体经济组织章程规定的选举程序担任组织负责人，否则人民群众容易产生“农村集体经济组织负责人由上级指定”的误解。而实行农村集体经济组织其他治理机构的组成人员和村两委成员的交叉任职，并非政策的强制性要求，需要具体考虑其能否适应农村集体经济组织的发展。首先，从农村集体经济组织治理的现实需求来看，广东地区的农村集体经济组织发展较为成熟，集体资产交易流转的数量和种类庞杂，因此其更需要有能够从事相对复杂的经营管理活动的专业人才以应对农村集体经济组织事务的复杂性和专业性。其次，从人员交叉任职的制度目标来看，该制度旨在实现从组织上进一步巩固村党组织在农村集体经济组织治理结构中的核心地位，提供村党组织参与农村集体经济组织的重大经营决策的制度通道，以降低决策成本，保证党的路线、方针、政策在农村集体经济组织经营中得到贯彻。村党组织成员与农村集体经济组织治理机构成员一定比例的交叉任职，有利于保证村党组织领导权的实现。最后，从制度基础来看，村党组织作为农村集体经济组织治理机制的重要组成部分，是“党组织领导—理事会决策—经理层管理”的治理结构的核心[①]，因此，村党组织与农村集体经济组织之间具备交叉任职适用的制度基础。但需要指出的是，对于村民自治组织而言，其与农村集体经济组织完全分属不同的基层组织，功能也不具有重合性，并不存在实行交叉任职的基础。且村级组织的组成人员重复交叉任职的做法，会造成各个组织人员构成的高度混同，也会违背“政经分离”的改革精神。因此，交叉任职应仅限于在村党组织成员与农村集体经济组织治理机构成员之间适用，村民自治组织的领导机构成员不宜在农村集体经济组织治理机构中兼任职务。

（二）农村集体经济组织治理机制存在的问题

动态治理机制设计的核心在于建构起兼具科学性、效率性和可操作性的运行规则[②]，其本质是对静态治理结构的实践落实和现实运行。

根据问卷统计情况，关于“您所在的村农村集体经济组织的重大

---

① 王洪平．农民集体与集体经济组织的法律地位和主体性关系．法学论坛，2021（5）.

② 管洪彦．农村集体经济组织法人治理机制立法建构的基本思路．苏州大学学报（哲学社会科学版），2019（1）.

事项通过什么方式决定”这一问题，试点地区受访村民选择“召开村农村集体经济组织成员大会或成员代表大会决定”的数量占比高达91%。这表明，广东地区的农村集体经济组织已经基本形成了重大事项由成员集体决策的良好实践，然而，在具体事项的落实中也出现了一些异化的实践情形，这具体表现在以下几个方面。

第一，部分地区“政经分离”改革不彻底。从股份合作社的章程内容和运行实践来看，对村两委与农村集体经济组织的职能权限仍然需要进一步厘清。例如，顺德区乐从镇上华股份合作社的章程规定：凡涉及股东切身利益的重大事项，除必须提交股东大会讨论外，还必须先由理事会提出方案，经过村党组织、村民委员会审议通过后才能提交股东大会讨论决定；对征地留用地处置方案及其收益分配方案、集体建设用地使用权流转方案的表决，同样必须经过村党组织、村民委员会、理事会审议方案通过后，再经股东大会或股东代表会议表决通过。① 而在南海区大沥镇的凤池社区经联社，处理物业开发等重大事项时必须由社委会提请经联社联席会议表决通过，而经联社联席会议中同样包括了村民委员会干部。此类将村党组织与村民委员会在农村基层社会治理中的地位等量齐观，将村民委员会的审议讨论作为集体决议的前置性审查程序规定的做法，不仅违反“政经分离”的改革要求，而且殊无必要。如前所述，村民委员会与农村集体经济组织职能权限并无交叉之处，且该类前置性程序的设置不仅违背了农村集体经济组织自治的基本原则，而且容易造成少数村干部通过村两委控制农村集体经济组织议事的实践异化。由此可见，如何在发挥村党组织对农村集体经济组织的领导核心作用的同时，厘清村级组织之间的职

---

① 该股份经济合作社章程第9条规定：“凡涉及股东切身利益的重大事项，除必须提交股东大会讨论外，还必须先由理事会提出方案，经过村党组织、村民委员会审议通过后才能提交股东大会讨论决定。对征地留用地处置方案及其收益分配方案、集体建设用地使用权流转方案的表决，必须经过村党组织、村民委员会、理事会审议方案通过后再经股东大会三分之二以上股东或股东代表会议三分之二以上股东代表表决通过。”

能关系，避免村两委对农村集体经济组织事务的过分干预，仍是应当进一步关注的实践问题。

第二，农村集体经济组织章程虚置情况严重，缺乏与上位法以及其他政策文件的有效联动。从章程的制定来看，调研地区的农村集体经济组织章程存在照搬照抄的情形，缺少对本地实际问题的有效讨论，雷同性极强。例如，在各地实践操作空间较大的成员资格认定问题上，受访地区的集体章程中大多仅规定了关于成员资格的认定的一般规则，并没有体现当地关于农村集体经济组织成员的特殊性制度安排。从章程的修订状况来看，大多数农村集体经济组织章程被制定后缺少对立法和改革进展的及时呼应。例如，《广东省农村集体资产管理条例》第21条明确规定了集体信息披露制度，其要求农村集体经济组织应当建立健全集体资产经营管理情况公开制度，明确公开的内容、程序、形式和时间、地点，但调研地区的大部分农村集体经济组织章程对此制度并无相应的体现。

第三，集体内部的动态治理规则缺失，是调研地区农村集体经济组织治理实践面临的共性问题。这主要表现为以下两个方面：其一，理事会和监事会的运行规则不完善。农业农村部颁布的《农村集体经济组织示范章程（试行）》第三章以18个条文的篇幅详细设置了组织机构的运行规则，而课题组在调研过程中却发现，在部分农村集体经济组织章程中，有关理事会和监事会成员人数、任期限制、表决规则和召开程序等具体运行的规范严重缺失。事实上，理事会和监事会在农村集体经济组织的日常治理当中发挥着关键作用，相关运行规范的缺失，使理事和监事缺乏具体的义务约束，这容易产生治理问题。其二，权利救济性规则缺失。《农村集体经济组织示范章程（试行）》第29条规定了农村集体经济组织理事、监事及经营管理人员的忠实勤勉义务。该类规则在调研地区的农村集体经济组织章程中也有不同程度的体现，但社员可以采取的具体权利救济途径处于空白状态，如违反法律或章程的交易行为效力认定规则、决议行为无效或可撤销规则、相关主体的代表诉讼规则等[①]，监事会在集体利益受到损害时应当如何履行职责的相关规则也尚付阙如。因此，建构起具有科学性、效率性、可行性的理事会和监事会运行规则，是农村集体经济组织动态治理机制建构的关键所在。

（三）完善农村集体经济组织治理机制的建议

从调研结果来看，试点地区的农村集体经济组织治理都或多或少地存在“政经分离”改革不彻底的问题。“政经分离”改革背后所要解决的基本问题，是村级组织之间的主体性关系问题。未来试点地区仍应当继续坚持“政经分离”的改革方向，注重农村集体经济组织治理机制的设计。具体而言，应当注意以下几点。

第一，在外部关系方面，要厘清村级党组织、村民自治组织和农村集体经济组织的权责划分，避免其他组织和个人不当干预农村集体经济组织事务。村党组织和村民自治组织在农村集体经济组织治理机制中的地位不可等量齐观。根据中央政策文件的精神，村党组织是农村基层社会治理体系的权力中心，坚持村党组织融入农村集体经济组织治理机制，是在农村基层治理中坚持党的领导的体现，也与农村集体经济组织作为特别法人的特别性相契合。但村民自治组织与农村集体经济组织属于两个职能性质不同的组织，因此，试点地区应当继续坚持“政经分离”的基本思路，避免村民自治组织在人员选任和议事程序上对农村集体经济组织的不当干预。

第二，在内部治理方面，应当建立并完善农村集体经济组织内部机构的运行规则。其一，应着重建构执行机构的运行规范，特别是涉及集体资产交易和管理的运行规范。集体资产交易活跃的地区可以参照试点地区经验，建立信息披露制度，并专门规定集体资产管理和分

---

① 顺德区部分股份合作社章程规定，社员或监事可以向乡镇人民政府举报。课题组认为，以举报的方式行使监督权属于公民或社员的一般性权利，并非农村集体经济组织治理语境下的权利救济规则。

级交易规则。其二，应当发挥监督机构的作用，尽量减少对监督机构行使监督权的程序限制。除专门的监督机构以外，还可以进一步拓宽监督权的行使主体和范围；除了监督机构对集体重大事项决议或重大资产交易活动应当全程参与外，还可以鼓励相关股东在日常经营中对集体的不当决策提出异议。

第三，在人员组成和遴选机制方面，应当逐步打破农村集体经济组织管理层的封闭性，发展程度较高的农村集体经济组织要逐步尝试引入外来的经营管理人员。在广东地区，其农村集体经济组织面临的交易事项日渐复杂，而农村集体经济组织成员又大量外出务工经商，此时应当探索引进专业化的管理人才，建立职业化的经营管理队伍。但需要注意的是，由于农村集体经济组织成员资格的特别性，外来人员只能进入农村集体经济组织的经理队伍，而不能进入理事会。

二、农村集体经济组织成员资格认定

（一）农村集体经济组织成员资格认定的一般规则

农村集体经济组织的成员资格认定，是讨论成员权利的前置性问题，也是实践中矛盾最集中的领域。为此，《集体产权改革意见》作出了专门规定①，但相关内容过于宏观，缺乏可操作性，关于成员资格认定的具体规则尚须各地自行探索并予以细化落实。

从问卷统计结果来看，关于“集体成员资格认定应当考虑哪些因素”这一问题，调研地区社员的基本认识趋于一致。选择“户口是否在本村”的人数最多，占比高达 82%；其他因素包括“平常是否在农

① 《集体产权改革意见》之（十）中指出：“依据有关法律法规，按照尊重历史、兼顾现实、程序规范、群众认可的原则，统筹考虑户籍关系、农村土地承包关系、对集体积累的贡献等因素，协调平衡各方利益，做好农村集体经济组织成员身份确认工作，解决成员边界不清的问题。改革试点中，要探索在群众民主协商基础上确认农村集体经济组织成员的具体程序、标准和管理办法，建立健全农村集体经济组织成员登记备案机制。成员身份的确认既要得到多数人认可，又要防止多数人侵犯少数人权益，切实保护妇女合法权益。”

村生产生活”“是否对集体积累有贡献”“是否以承包土地为主要生活来源”，占比依次为36％、24％和39％。由此可见，在村民的固有观念中，户籍登记仍是判断成员资格的最主要因素。需要注意的是，也有接近40％的受访村民认为应当在考虑户籍登记因素的同时，注重实际情况，兼采其他合理因素，综合处理成员资格的问题。

关于成员资格的认定标准，在两地的规范性文件与问卷调查中，村民的反馈情况基本一致，这意味着政策的制定和落实能够充分尊重村民意愿。试点地区普遍采取“一般＋特殊”的成员资格认定规则，即以户籍登记为主、以履行义务为辅的成员资格认定的一般规则[①]，同时多地股份经济合作社章程针对股权纠纷频发的实际情况，专门规定了外嫁女、五保户等特殊农民群体的成员资格认定规则。无论是政策实践，还是问卷结果，其都形成了以户籍登记要素为基础的复合性成员资格认定标准。应当说，以户籍登记作为成员资格认定标准的基础因素是由农村集体经济组织的历史承继性所决定的，因为改革后的大多数农村集体经济组织实质上是在此前的社区型农村集体经济组织的基础上经改造形成的新型农村集体经济组织。[②] 至于实际生产生活因素则可以有效识别“空挂户”“两头占”等群体。值得注意的是，在不同地区，针对实际生产生活因素因实际情况差异而呈现出不同的判断标准：有的地区强调集体土地的社会保障功能，将是否承包土地作为“实际生产生活”的判断标准；而有的地区则将“实际生产生活”表述为享有集体权利和履行集体义务。

---

① 《广东省农村集体经济组织管理规定》第15条规定：“原人民公社、生产大队、生产队的成员，户口保留在农村集体经济组织所在地，履行法律法规和组织章程规定义务的，属于农村集体经济组织的成员。”

② 《广东省农村集体经济组织管理条例》第3条规定：“本规定所称农村集体经济组织，是指原人民公社、生产大队、生产队建制经过改革、改造、改组形成的合作经济组织，包括经济联合总社、经济联合社、经济合作社和股份合作经济联合总社、股份合作经济联合社、股份合作经济社等。”

（二）农村集体经济组织的成员资格与股东资格的分离

农村集体经济组织的成员资格认定与股东资格取得并非对应关系，本集体经济组织股东并非当然具有成员资格，而本集体经济组织成员也并非当然享有股东资格。广东地区在成员资格和股东资格的认定上体现出的最大特点在于，实然层面下农村集体经济组织中成员资格与股东资格是分离的。

本集体经济组织股东并非本集体经济组织成员，这主要表现为顺德区对村居股东和社会股东的区分。顺德区 1994 年开始进行成员资格和股权配置的实践探索。根据 2001 年顺德区《关于固化农村股份合作社股权量化股份合作社资产的实施细则》的规定，进行股权配置的主要考虑依据是：截至股权配置基准日，是否具有本村的农业户口，即凡是具有本村户籍的农业人口，均予以配置股权，包括拥有本村户籍的外嫁女、现役士官、在读大学生等户籍特殊农民群体成员。除此之外，通过流转、继承、赠与等方式取得股权的非本村户籍人口，为股份社的社会股东。例如，《上华村股份合作社章程》第 27 条规定："凡 2001 年 9 月 30 日 24 时止在册的农业人口已一次性获得本股份社股权配置或通过股权流转取得本股份社股权的个人，承认本股份社章程并承担相应义务的，均成为本股份社股东。2001 年完成股权固化后，新出生人口和通过婚姻嫁娶迁入本村户籍者均不再具有股东资格，不享有股权。"例如，乐从镇的部分股份合作社章程规定："截止股权配置基准日时，凡是具有本村户口的农业人口，均予以配置股权，该类股东均为村居股东。除此之外，通过流转、继承、赠与等方式取得股权的非本村农业人口，为股份社的社会股东。"村居股东和社会股东的差异主要在于是否享有表决权、选举权和被选举权，社会股东不享有表决权、选举权和被选举权，这可以避免社会股东因继承、转让、赠与等方式受让股权而无法享受分红收益，同时防止社会股东控制本集体经济组织。

本集体经济组织成员并非本集体经济组织股东，这主要表现为南海区对持股成员与非持股成员的区分。佛山市《南海区农村集体经济组织成员资格界定办法》第4条规定：农村集体经济组织成员按其所享有的不同权益分为持股成员和非持股成员两种类型。持股成员是指既具有农村集体经济组织成员资格又持有农村集体经济组织股权的人员。非持股成员是指只具有农村集体经济组织成员资格，但不持有农村集体经济组织股权的人员。两者的主要区别在于持股成员享有股份收益权和参与本集体经济组织事务的表决权，而非持股成员仅享有如下权利：可以获得依照国家法律、法规和政策制订的集体经济组织章程规定的集体福利；依照法律、集体经济组织章程的规定获得有关集体经济组织的财务公开信息；符合集体经济组织章程规定配股或购股条件的，享有集体经济组织的配股权或购股权。持股成员和非持股成员的划分方式源于南海区早期的改革探索，早在1995年，南海区率先开始推行“股权固化”改革，尝试“生不增、死不减”的股权管理办法。随着区域人口流动的增大和新增人口无法享受股权的矛盾的日益激化，当地的股权设置和管理方案又实现了从“固化到人”到“确权到户”的转变。股权绝对固化的做法一定程度上有助于化解因人口变动引发的股权纠纷，便于股权管理。但绝对固化的股权管理模式应当是建立在农村集体经济组织绝对封闭性的基础之上的。尽管社区性即人员构成和辐射范围的区域性，是农村集体经济组织成立时的基本特征，但随着部分地区农村集体经济组织发展程度的逐渐提高和区域人口流动性的逐渐加大，大量新增的人口迁入对当地股权固化的模式产生了一定冲击。但值得注意的是，“确权到户，户内共享”的政策虽然有助于解决新生人口的部分权益诉求，但却忽视了对外来迁入人口的权益保障。针对这一问题，南海区正式出台了《南海区农村集体经济组织成员资格界定办法》，对成员以及股东的概念和认定标准重新进行了明确界定。该文件规定，在当地出生且在股份制改革的基准日指标内户口无变动的村民都具有原始股东身份，同时其他在改革基准日前不具备原始股东身份资格，但后来符合相关条件（如农转居、外嫁女、原农籍大学生、退伍军人等）且通过审查的其他集体成员，也可以按照核算的价格一次性全款出资购股。至于出资购股的价格，根据各经济社和经联社的资产情况，经联社和经济社全员投票及上级要求具体确定，一般是该社前3年平均分红的20倍左右，实践中存在40万—80万元不等的价格。出资购股的条件设置则较为宽松，如南海区凤池社区经济联合社，对于购股资格的要求原则上限定为只要曾经参与过凤池社区建设者均可出资购股，但关于何为参与社区建设、如何认定曾参与社区建设，均无明文规定。这种做法对购股资格限制较为宽松，因此，在股份改革时并未引发太大的争议。对于具备出资购股条件但经济能力有限无法购买股份的村民，也可以选择购买福利股。福利股和普通股的区别在于，福利股不具备表决权，也不享受分红，只享受经济联合社或经济社提供的福利，但购买的价格相较普通股低一半以上，具体在20万元—40万元不等。

需要澄清的是，农村集体经济组织的成员与股东在权利内容上有着较大差异。例如：农村集体经济组织成员基于成员权可以享有法定的请求分配承包地和申请宅基地的权利，可以对集体事务的管理行使表决权；而如果仅有股东权，则只能请求分配相关折股资产的收益。换言之，成员资格解决的是成员权的前置性问题，而股东资格则仅指向折股资产的收益分配问题。课题组认为，成员和股东的分离是股权固化的静态管理模式以及成员资格“一刀切”的认定方法所导致的必然成果。股权固化的静态管理模式源于农村集体经济组织的封闭性，相较于公司法人，农村集体经济组织的一项重要职能在于将财产保留在本集体内部，以服务于本集体成员的利益。与此同时，试点地区在改革时普遍采取以某一时点为基准认定成员资格的“一刀切”做法。但是，与成员资格认定和股权管理模式的封闭性相对的是，各地对股东资格的认定并非绝对封闭，一旦股权固化以后，新出生或者其他经法定途径加入农村集体经济组织的外来人员，就不得不面临着成员资格与股东资格相分离的局面。诚如有学者指出的那样，在无法保证成员均能持有股份，亦无法保证成员的收益权、控制权强度与持股数量成正相关的情况下，成员资格与股东资格在现行法秩序下具有分离的必然性。[①]“户内共享”的制度设计可以有效解决新生人口的股东资格问题，而“出资购股”的制度设计则为改革基准日后迁入本集体并实际生产生活的外来人员提供了分享集体收益的可行路径。这不失为一种化解纠纷的有效途径。当然，这种制度设计同样也会引发一系列理论和实践问题，对其理论融贯性和制度可行性还需要进一步探究。

（三）探索建立成员资格和股东资格分离状态下的区分认定规则

从调研结果来看，试点地区围绕集体成员资格认定均初步确立了以户籍因素为基础、兼采实际生产生活因素的多重标准。这一标准在现阶段具有合理性和可操作性，在未来阶段，试点地区可以考虑以农村集体经济组织的成员名册逐步取代户籍登记作为农村集体经济组织成员资格认定的形式要件。此外，实际生产生活因素可以在各农村集体经济组织章程中结合本地实际情况得以具体细化。例如，第一产业发达的地区更加注重集体土地的生活保障功能，考虑是否享有承包土地等实质要件；而第二、三产业相对发达的地区可能更多地表述为“在本集体实际生产与生活”“对本集体积累有贡献”等实质条件。

除成员资格认定的一般性规则外，我们还应当重点关注成员资格与股东资格分离问题的立法回应。第一，在立法或政策设计中，应当区分对“成员”与“股东”概念的理解和使用。农村集体经济组织的治理领域，应使用“成员”“成员资格”等基本概念，在立法和政策设计中应围绕“成员”这一概念来阐明成员的权利和义务，构建成员资

① 严聪．论农村集体经济组织中成员资格与股东资格的分离．山东社会科学，2022（2）．

格的得丧变更规则和成员（代表）大会表决机制，而不宜在政策表达中滥用“股东”“股东资格”的概念，以凸显成员资格与股东资格的差异，避免在法律适用过程中导致普通群众在概念理解上将农村集体经济组织中的成员与股东相混淆。第二，探索相对开放和动态的股东资格认定规则。南海区允许非持股成员出资购股的方法，实际上是采取了相对开放和动态的股东资格认定机制，在“一刀切”的股权固化办法实施后，采取相对动态的出资购股机制或许是化解这类矛盾的一剂良方。但与此同时，必须考虑到农村集体经济组织作为特别法人，其内部治理和股权管理有着社区性特征，因而还应当对出资购股的资格和购股条件作出必要的限制。农村集体经济组织在民主决议购股资格的具体要求时，应当注重“实际联系原则”，即曾经在当地社区生活若干年限并实际参与社区的建设和发展的人才有权出资购股。在具体操作上，其可以通过设置“成员大会三分之二多数通过”的兜底条款，为地方的实践探索留存空间。第三，应明确规定非成员的股东享有分配资产收益的权利。考虑到社会股东之所以被赋予股东资格，就是因为其为集体作出过成员认可的贡献，同时这种做法也有利于化解股权固化和成员认定资格“一刀切”所引发的矛盾纠纷。从长远上看，保护社会股东的利益也是在保护成员的利益，立法中可规定“不具有成员资格，通过参与农村集体经济组织特定资产的折股量化而持有股份者，有权按照其持有的股份分享资产收益”，以宣示非成员的社会股东的合法权益。[①]

三、农村集体资产股份合作制改革

（一）农村集体资产的股权类型设置

《集体产权改革意见》规定了两种股权类型，即成员股和集体股，

① 严聪．论农村集体经济组织中成员资格与股东资格的分离．山东社会科学，2022（2）．

但是否设置集体股由集体成员民主讨论决定。从调研情况来看，调研地区的农村集体经济组织内部普遍不设置集体股。在成员股的设置方面，各试点地区的做法相对简单且一致，即按人平均配置股份。但也有少数地区沿袭了过去的做法，采用劳龄股的配置方式，即根据成员年龄配置不同数额的股份，如顺德区规定，18 岁以下配置 1 股，18—45 岁配置 2 股，45 岁以上配置 3 股。显然，这种成员股的设置方式考虑到了生活成本和对集体的贡献等因素，为年长者配置了更多的股份。

在股权类型设置方面，是否设置集体股是最值得关注的问题。而就是否设置集体股而言，问卷统计和实践调研呈现出截然相反的两种结果。从问卷统计结果来看，受访村民中赞成设集体股者居多，认为应当设置集体股的受访村民高达 61%，约 39%的受访村民认为自己所在的农村集体经济组织设置了集体股，但实际上两地的农村集体经济组织并未设置集体股，而是采取了从经营收益中提取公积金、公益金的做法。在顺德区上华股份合作社，根据当地《关于固化农村股份合作社股权量化股份合作社资产的实施细则》和《上华股份经济合作社章程》第 28 条的规定，股份社的股权份额应按集体股占 20%、个人股占 80%的比例配置。但当地社区负责人在访谈中表示，当地村社实际上并未设置集体股，而是采取了一事一议的灵活方案，即针对每笔收入的分配方案都会召开一次股东代表大会进行民主讨论，决定集体是否留存资金和留存比例。而在南海区，《南海区村（居）集体经济组织成员股权（股份）管理流转交易办法》第 13 条第 2 款规定，“集体经济组织不得在确权时设置集体股、预留股”。集体所需资金则通过提取公积金、公益金的方式进行，如《凤池社区经济联合社章程》第 32 条表明，该社集体收入分配给村民之前，应先提取村居运作经费、公益金、福利费。当地社区工作人员在访谈时也表示，该社虽无集体股设置，但当地政府统一制定了各级经联社和经济社的分配要求，每年分红比例不得超过当年净利润的 60%，另有 20%资金用于福利派发、支持公益等用途，20%作为公积金留存本社。

通过访谈，课题组了解到，产生这种实践和认识差异的最主要的原因是在农村集体产权改革的基层实践中，部分村民乃至基层干部对于公积金、集体股的概念和性质认识不清，对使用和管理集体资产的内在逻辑也不明晰。所谓集体股，是指按集体资产净额的一定比例折股量化，由全体集体经济组织成员享有的股份。集体股在股权量化时由集体持有，可以作为农村集体经济组织分红或行使权利的依据。是否设置集体股关乎每一位农村集体经济组织成员的切身利益，这在很大程度上会对农村集体产权制度改革的彻底性和集体经济组织成员权益的实现产生影响。而公积金则是农村集体经济组织从收益中提取或者通过其他途径获得的，用于弥补亏损、扩大生产的资金。尽管在实践中，集体股与公积金的用途存在交叉，但两者在概念、来源和监管方式上存有本质差异。总体而言，课题组赞成以公积金、公益金取代集体股的做法。

（二）农村集体资产的股权管理模式

股权管理模式主要有两种：一是“生不增、死不减，入不增、出不减”的静态管理模式，二是随人口变动而动态调整的动态管理模式。《集体产权改革意见》规定，提倡实行不随人口增减变动而调整的静态管理方式。早在 2001 年，顺德区即实施股权“生不增、死不减”的固化政策，即股权固化后，股东的股份不再随年龄的增长而变化，新生婴儿和迁入的农业人口不再配置股份。[①] 随着时间的推移，“死人有分红，生人无享受”的股红分配问题不断积淀，引发不少农村纠纷问题。据统计，2001 年全区当时 261 个股份社中固化的股民约有 72 万人，历经十载之后，已死亡的有 3.5 万～4 万人。但在原股东离世后，只有极少部分村居民办理了股权继承手续，大部分人仍然以死亡股东的名义领取股份分红。这一现实状况往往容易在村民中造成误解。针对

① 参见《顺德区关于固化农村股份合作社股权量化股份合作社资产的实施细则》。

上述问题，《关于开展规范和完善顺德区农村股份合作社组织管理试点工作的意见》对规范股份合作社组织架构、理顺股份合作社议事规则、明确股份合作社股东权益、完善股份合作社股权管理等提出了指导性意见。对此，当地政府方面表示，在股份社股权管理问题上，将按照“大稳定、小调整”的要求，坚持“生不增、死不减”原则，完善股权（份）流转程序，通过规范股权（份）继承、转让和赠与等办理程序，解决目前顺德农村股权纠纷的问题。在股权管理模式上，南海区的做法与顺德区的做法基本一致。根据前期工作经验和实际情况，南海区于 2004 年以后同样将确权到人的形式改为确权到户，提出“确权到户，户内共享，社内流转，长久不变”十六字方针，将社员间的矛盾转由各户户内解决，实际上仍采取静态管理的股权管理模式。根据《南海区村（居）集体经济组织成员股权（股份）管理流转交易办法》第 14 条的规定，集体经济组织股权确权到户后，实行按户确定股数、按户登记股权、按户管理股权、按户股份分红。股权户内总股数不随户内成员人数的增减而变动。

从调研情况来看，试点地区的农村集体经济组织均实行了“增人不增股、减人不减股”的股权静态管理模式。但从问卷统计结果来看，却有高达 64.75%的受访村民认为股权动态管理模式更符合自身利益，仅有 35.25%的受访村民认为股权静态管理模式更加合适。同时，与股权静态管理模式配套的措施还有“确权到户”的集体资产股份配置方法，而在“集体资产股份应当怎么配置”的问题上，试点地区主张应当“按人配置”的受访村民占 88%。

产生这一现象的原因，究竟是股权静态管理模式本身存在弊端，还是政策在实践中没有很好地落实？问卷统计结果显示，在认为股权静态管理模式不符合自身利益的同时，试点地区却有高达 72%的受访村民表示“不太了解”甚至“没听说过”股权静态管理的内容。由此可见，尽管两地均已在实践中采取了股权静态管理模式，但该模式的内容并不为村民所熟知。受访村民对股权静态管理模式存在模糊认识，特别是“增人不增股”的政策表达，容易导致受访村民产生权益受损的观念。需要指出的是，两种股权管理模式均存在其自身的局限性。动态管理模式的主要问题在于股权频繁变动导致管理成本过高，易引发不必要的纠纷；同时，随人口增加配置股份还会产生稀释股权的后果。而静态管理模式的主要问题在于股权稳定与人口变动之间的矛盾，不少受访村民在访谈中也表达了对静态管理模式下户内新增人口股权问题的疑虑。针对股权静态管理的弊端，广东部分地区的改革探索已经给出了解决方案，即以“户内共享”的分配模式化解户内新增人口的股权矛盾，以“出资配股”的方法回应外来人口的权利诉求；同时，做好集体资产股份继承、转让和有偿退出等相关工作，以配合实现“户内共享”的股权分配模式。

综上所述，股权管理模式并没有绝对的优劣之分，各地区根据自身具体情况，选择相应的股权管理模式，并做好配套制度的设计，就可以回应广大农民群众的合理期盼。各地区如果基于管理效果的考虑而选择股权静态管理模式，就应当重点化解人口流动和股权相对稳定之间的矛盾，在便于股权管理的同时兼顾群众的合理诉求。在基层工作中各地区也要注重对政策内容和精神的宣传，加深群众对涉及切身利益的政策的理解。这样有助于政策实施更好地落实落地。

（三）农村集体资产股份的流转权能

股份合作制改革的本质是“为农民赋权扩能，保障农民集体收益分配权的实现”[①]，因此，股份合作制改革的重要内容为实现股权的流转权能。从顶层设计来看，《集体产权改革意见》为未来阶段农村产权交易的市场化改革指明了方向，而集体资产股份流转的主要方式为有偿退出、转让和担保等。全国农村集体产权制度改革试点的第一批典

① 房绍坤，林广会．农村集体产权制度改革的法治困境与出路．苏州大学学报（哲学社会科学版），2019（1）．

型单位已经有了股份流转的成功案例[①]，但调研结果显示，集体资产股份有偿退出、继承、担保权能的实现具有复杂性和困难性。从地方政策的内容来看，各地普遍遵循了《集体产权改革意见》的精神，从政策层面放开了对集体资产股份流转的限制，特别是在早期的改革实践中，试点地区允许股份流转，也产生了大量股份流转的案例。但伴随着大量“社会股东”的产生，股权和身份之间的联系在一定程度上被弱化了，农村集体经济组织内部治理的难度亦明显增加。

问卷统计结果显示，试点地区有58%的受访村民认为集体资产股份可以在集体内部转让，认为不可转让的受访村民则多达33%。南海区颁布的《村（居）农村集体经济组织成员股权（股份）管理流转交易办法》中明确规定了农村集体经济组织成员内部股权跨户转让、继承、赠与的规则，也明确了股权质押权能。[②] 从调研情况来看，上述权能在实践中的落实空间被进一步限缩。现阶段，地方政府对于股权有偿退出和对外流转的态度比较消极。[③] 某经联社的负责人在访谈中表示，目前集体资产股份的转让、担保等不具有实际意义，原因是当地经济条件较好，股份带来的分红十分可观，村民没有必要去进行股份交易或担保。根据《关于开展规范和完善顺德区农村股份合作社组织管理试点工作的指导意见》，股东的股权具有继承、转让和赠与的权能，但不得质押。关于股份的继承，主要依照继承法的相关规定执行；

① 广东省佛山市南海区已实现股份流转案例有200余件。全国农村集体产权制度改革试点典型单位经验材料之十五．农村集体产权制度改革情况，2019（22）.

② 该《村（居）农村集体经济组织成员股权（股份）管理流转交易办法》中规定：“股权户因重大疾病、危房改造、读书等原因造成生活困难的，可以向所在农村集体经济组织提前借支该户股权股份分红，或者以股权为质押物向金融机构贷款。”这是本次调研搜集的规范性文件中唯一明确允许以股权对外质押的规定。

③ 在与当地股份经济合作社工作人员的访谈中，课题组得知，根据政府要求，目前当地股份经济合作社股东的权益（股权）包括资产产权、收益分配权、表决权及选举与被选举权等，不允许股权有偿退出和转让，仅可继承，成员的表决权、选举与被选举权不能脱离股份独立存在或流转。这样做的主要目的是强化股权与村民的人身联系，避免股权转让影响相关集体收益分配和经济事务的表决。

对股份的转让行为则仅限于在股份合作社内部进行，受让人必须是户籍在本村（社区）的近亲属和其他具有扶养、赡养关系（如翁婿、婆媳）的亲属，或者户籍在本村（社区）的股份经济合作社股东及其配偶、子女。

由此可见，集体资产股份流转的制约因素主要表现为两个方面：其一，集体资产股份流转的制度环境。尽管部分地区在宏观政策层面赋予了集体资产股份有偿退出、继承、担保权能，但基于现阶段农村集体经济组织封闭性的特征，对集体资产股份流转的限制性条件较多，且关于股份如何流转的配套制度设计存在缺失。其二，集体资产股份流转的动力和意愿。相对而言，广东地区的农村集体资产股权价值较高，存在通过股份流转获取资金的可能。但一直以来，集体股权承载着一定的社会保障功能，因此，许多集体成员甚至地方政府，对于集体资产股份流转可能引发的风险仍然存有顾虑，因此在实践中的态度也比较消极。

（四）完善优化股份流转交易的制度环境

现阶段，农村集体资产股份权利的应然权能，除占有、收益权能外，还应当包括有偿退出、继承和担保权能。[①] 为保证集体资产股份有偿退出、继承、担保等权能的实现，立法应当着重关注以下两个问题。

第一，农村集体资产股份流转的开放性问题。根据《集体产权改革意见》的精神，现阶段农村集体资产股份的流转仍然要遵循农村集体经济组织社区性和封闭性的要求[②]，但在未来阶段农村集体资产股

① 《集体产权改革意见》之（十一）中指出，要“保障农民集体资产股份权利”，“赋予农民对集体资产股份占有、收益、有偿退出及抵押、担保和继承权”。

② 《集体产权改革意见》之（十一）中指出，要“探索农民对集体资产股份有偿退出的条件和程序，现阶段农民持有的集体资产股份有偿退出不得突破本农村集体经济组织的范围，可以在本集体内部转让或者由本集体赎回”。

份的交易仍应当坚持市场化和开放化的方向，否则将可能造成集体资产股份难以实现的制度困境。因此，应当坚持市场在资源配置中起决定性作用的理念，逐步放开集体资产股份流转的限制，不提倡地方性政策文件或集体章程对集体资产股份流转等权能予以限制甚至禁止，集体资产股份能否流转还应当取决于集体资产股份自身的价值和股东的流转意愿。

第二，农村集体资产股份应当如何流转的问题。目前，集体资产股份流转的实践案例相对较少，但本着立法先行的原则，应当设计相应的流转规则。具体而言，其应当包括以下几点：其一，流转交易平台和具体方式。应明确将集体资产股份流转纳入农村产权交易平台的交易对象，确定股权流转具体交易规则，建立农村产权交易服务和监管机制。其二，流转的限制。立法或章程应当对股权流转的受让方持股上限、外来资本的持股比例和权能进行限制，以避免外来资本或受让方对集体事务的不当控制。其三，流转的具体程序。应当建立股权价值评估机制，以确定股权转让价格。其四，在特殊情形下的集体资产股份处置规则。如当没有继承人的农村集体经济组织成员死亡时，农村集体经济组织应当无偿收回其集体资产股份。

第七章 浙江省部分地区农村集体产权制度改革

自全国开展农村集体产权制度改革试点工作以来，浙江省在清产核资、成员资格认定、股权量化与管理等方面取得了非常突出的成绩。浙江省的改革历程为我国农村集体产权制度改革的全面展开起到了良好的示范作用，提供了丰富的实践经验。仔细考察浙江地区农村集体产权制度改革的实践方法，认真总结其改革的实践运行模式并抽象出法律层面的一般规则，对进一步深化全国范围内的集体产权制度改革及农村经济的持续健康发展均具有重要意义。为此，课题组选择在浙江省推进农村集体产权制度改革较为典型的嘉兴市和丽水市开展调研工作，并于每个市（区）选择 2 个乡镇，每个乡镇选择 2 个村。在调研过程中，课题组主要采取召开座谈会、实地走访、查阅资料、问卷调查等多种方式，就清产核资、成员资格认定、股份合作制改革以及农村集体产权制度改革中的创新经验等开展了广泛深入的调研，共获得了调查问卷与访谈笔录 128 份、政策文件与组织章程 73 份。在调研过程中，课题组与市区各级相关负责人、基层干部和村民进行了充分交流，深入了解了两市在农村集体产权改革及集体资产增收方面的有益经验。

一、农村集体经济组织治理机制

（一）农村集体经济组织静态治理结构

从两市的实践情况来看，我们可以从以下三个方面考察农村集体经济组织的静态治理结构：其一，农村集体经济组织的规范模式。村集体经济组织是按照“依法、自愿、民主、公正”的原则，通过一系列的规范性程序建立的以乡（镇）、村、组生产资料集体所有制为基础的合作经营、民主管理、服务成员的社区性合作经济组织。从两市的调研情况来看，嘉兴市的改革更为完善，实践中较为有效的具体做法基本通过规范性文件得到定型化、成文化①，并且在具体环节中也体现出一定符合自身情况的做法，如在股份量化方面针对承包地征收情况有着不同的量化策略。② 而丽水市虽然在改革方面还处于进一步探索阶段，尚未形成完善的规范体系，但各地方也发布了工作细则以指导改革的持续探索。③ 其二，内部组织机构的设置。两市的农村集体经济组织均根据《浙江省村经济合作社组织条例》和有关政策规定，以“决策机构—执行机构—监督机构”的架构模式来构建集体经济组

① 嘉兴市各地根据上述文件出台了各自的细则。例如，《平湖市农村集体“三资”规范化管理制度》《平湖市农业主体“三权”“五权”贷款抵押登记和财政贴息补助、风险补偿操作细则》《秀洲区农村集体经济组织成员身份确认指导意见（试行）》等。丽水市也借鉴了浙江其他地区的改革模式，根据自身情况出台了切合实际的管理细则，如《莲都区仙渡乡农村集体资金资产资源管理实施细则》等。

② 嘉兴市在股份量化方面根据不同村集体承包地被征收情况有不同的管理策略，即绝大多数承包地已被征收，村级集体资产相对固定的，量化股份可采取一次确定，终生不变。承包地少量被征收或尚未被征收，村级集体资产可变程度较大的，量化股份可采取随人口、农龄等情况的变化而变动；实行变动方式管理的，变动周期由各集体经济组织结合当地实际，在改革方案中明确；在土地被征收到一定比例时，经股东（代表）大会决定，股份不再变动。

③ 如针对部分村集体因设置村民小组而产生的产权争议问题，丽水市人民政府办公室在其发布的《关于加快推进丽水市农村产权制度改革的实施意见》中明确要求：“以行政村为单位开展村经济合作社股份制改革，在农村集体经济组织内将集体资产中的非土地资产按一定标准折股量化到人，建立起新的农村集体资产管理和运行组织。”

织，不同地区的组织机构虽然在名称方面有所差异，但均按照《浙江省村级股份经济合作社章程（试行）》的要求，拟订了社区股份经济合作社章程（草案），然后由各村民主决策并制定本村的股份经济合作社章程。其三，组织机构的人员构成。关于农村集体经济组织治理人员的构成，嘉兴市与丽水市普遍采取农村集体经济组织负责人与村民委员会主任交叉任职的做法①，但部分村集体并不完全认可交叉任职的做法，而是规定村民委员会领导人员直接兼任监事会（社监会）职务，理事会（社管会）人员则由股东代表大会（社员大会）进行民主选举决定。

从问卷统计数据可知，关于"集体经济组织负责人是否应当由党委或政府确定"这一问题，有63.2%的村民选择"不需要，我们自己选出来的踏实"，27.4%选择"需要，上面派的人应该更有水平"，9.4%选择"没什么看法"；而对于"您是否认可集体经济组织管理人员和村干部交叉任职"这一问题，受访村民选择"认可""不认可""应视具体情况而定"的比例分别为54.8%、23%和22.2%。上述数据说明，村民委员会与基层党组织在农村集体产权制度改革中的引导与号召作用不容忽视。虽然部分地区存在不允许村民委员会人员任理事会（社管会）职务的做法，但大部分村民均较为认可交叉任职，且两市所调研地区也均存在交叉任职的状况。② 应当说，村民对交叉任职有较高的认可度在现阶段不无道理，但随着集体经济的不断壮大与经营水平的提高，交叉任职带来的弊端以及对"政经分离"的需求仍是必须面临和解决的问题。例如，嘉兴市已通过选择条件成熟的村（社区）进一步探索村级行政事务和集体经济事务分离的有效方法，有效防止了交叉任职可能产生的不利影响。

---

① 如在仙渡乡的访谈中课题组得知，其村级组织的运行规则严格执行重大事项"五议两公开"制度，完善村两委联席会议制度，健全一肩挑后村级组织班子成员权责清晰、分工合理的工作运行机制，确保村级组织议事决策和权力监督协同高效运行。

② 《丽水市仙渡乡葛畈村股份经济合作社章程》第21条规定："本社董事会由3－7人组成，由股东代表会议实行候选人等额选举方式产生，董事会成员可与村党组织成员、村民委员会成员交叉任职。"

（二）农村集体经济组织动态治理机制

动态治理机制的核心内容主要体现在决议方式与程序、内部机构的具体运行规则、债务化解方式等方面。

第一，在决议方式与程序方面，问卷统计结果显示，对于“您所在的村集体经济组织的重大事项通过什么方式决定”这一问题，嘉兴市与丽水市选择“召开村集体经济组织成员大会或成员代表大会决定”的受访村民占比分别为76.4%与79.2%，选择“由村集体经济组织理事长决定”与“由村党支部或村民委员会决定”的受访村民占比分别为17.4%、11.3%与6.2%、8.5%。在访谈中课题组也了解到，两地均鼓励抱团联合发展，从而通过规模化运作增加经营性收入。这表明，两市的农村集体经济组织基本落实了重大事项由集体经济组织成员共同决策的改革要求。课题组在查阅两地多个村集体经济组织章程后发现，各地基本均有较为详细且较为一致的决议程序，对决议的发起方式、表决方式、决议效力、决议事项范围等均有一般性的规定。[①]

第二，在内部机构的运行规则方面，两市在一系列深化改革的意见中均强调各地要建立股份经济合作社财务和资产管理、收益分配、股权管理、经济责任等制度，持续创新股份经济合作社的资产管理模式。具体的章程除对内部机构的职能进行详细规定外，还对内部机构的成员人数、任期限制、表决规则和召开程序等具体运行的规范作出

① 例如，《嘉兴市秀洲区王店镇南梅村股份经济合作社章程》第20条规定：“股东代表会议实行一人一票制，采取举手表决、无记名投票等方式进行。股东代表会议形成的决议，须经应到会股东代表半数以上通过方能生效。有三分之一股东代表联名要求召开股东代表会议的，董事会必须召集。”《嘉兴市碧湖镇下南山村股份经济合作社章程》第15条规定：“社员代表大会讨论决定社员大会授权的事项，须有三分之二以上社员代表参加会议方为有效。所作决定，须经应到会社员代表过半数通过。社员（代表）大会表决本章程第八条规定的事项，须经应到社员（代表）三分之二以上通过”等。

了细致的规定[①]，使集体经济组织的经营决策事务得到充分执行。

第三，在集体债务化解方面，当被问及“您所在的村如何化解集体债务”这一问题时，嘉兴市与丽水市选择“没有集体债务”的受访村民比例分别为86.2%与34.8%。课题组在访谈中得知：嘉兴市大多数村集体均不存在集体债务，故没有较为统一的债务化解方案；而丽水市部分地区则针对集体债务存在较为普遍的情况出台了具体方案，如《莲都区村级债务化解方案》。化解村级债务与制止村级债务增长是深化农村综合改革、保障农村基层组织正常运转、促进城乡一体化建设、壮大村集体经济的重要举措。[②] 丽水市通过“摸清底数、分类处理、逐年消化、控制新债”的方式，坚持属地管理原则，所在乡镇（街道）为化解村级债务责任主体，以村为实施主体，对乡镇（街道）实施捆绑考核；坚持因地制宜原则，各村针对债务产生的不同情况，逐项制订出了债务化解方案，实行“一村一策”；坚持积极稳妥原则，按照分析债务构成，摸清债权债务，理清化债思路等步骤，分阶段稳步推进，并适时开展对乡镇（街道）工作开展情况进行检查、验收和总结，积极探索村级财务管理的长效机制，取得了明显的减债效果。

---

① 例如，《丽水市仙渡乡葛畈村股份经济合作社章程》第15条规定：“社员代表大会实行一人一票表决制。社员代表大会讨论决定社员大会授权的事项，须有三分之二以上社员代表参加会议方为有效。所作决定，须经应到会社员代表过半数通过。社员（代表）大会表决本章程第八条规定的事项，须经应到社员（代表）三分之二以上通过。”第17条规定：“（一）社管会设成员3名，由社员代表大会选举产生。社管会每届任期5年，可以连选连任。（二）社管会设社长1名，在社管会成员中产生，社长是本社的法定代表人。”第18条规定：“（一）社管会行使下列职权：1. 召集、主持社员代表大会，并向社员代表大会报告工作……2. 负责日常社务工作，根据需要设置必要的内部经营管理机构，聘用必要的经营管理人员。（二）社长行使下列职权和任期承诺（榜单）：1. 主持社员代表大会和召集、主持召开社管会会议；2. 组织实施社管会形成的决议，并向社管会报告；3. ……”《嘉兴市秀洲区王店镇红联村股份经济合作社章程》第21条规定：“本社设监事会成员3名，监事会设社监事长1名。监事会每届任期5年，可以连选连任。董事会、监事会成员不得相互交叉兼职。”

② 狄金华，曾建丰．农地治理资源调整与村级债务化解：基于鄂中港村的调查分析．山东社会科学，2018（11）.

（三）农村集体经济组织应分阶段推进“政经分离”

“政经分离”是对2015年《深化农村改革综合性实施方案》中“政经分开”试验持续深化的结果，但由于我国各地方农村集体经济发展水平及组织方式在南方与北方、沿海与内地等不同区域之间呈现出较大差异，故而很难从法律层面进行统一规范。从调研结果来看，两地的农村集体经济组织虽然发展水平较好，但也仍存在交叉任职的问题。其主要原因是为了尽力避免法律规定和改革实践之间的冲突，并通过减少人员来节省开支从而减轻村级负担。这一做法固然可能会导致机制复杂、体制混淆以及经济发展与公共服务的不平衡，在弱化政府社会服务功能的同时容易对集体经济组织和农民的合法权益造成侵害，但由于“政经分离”存在较高的制度成本，村集体需要根据自身的发展阶段逐步推进，故而应将“政经分离”的推进方式步骤化和分类化。具体可从以下几方面着手。

其一，推进“政经分离”最根本的要素就是自治职能与经济职能的分离，而职能分离的关键则在于理顺集体资产产权关系并进行组织之间的资产账目分离。故而，推进“政经分离”最基础的要求和步骤是分别开设村集体的行政账目与经济账目，实行资产、账务和核算等方面的分离，通过引入第三方会计核算机构或委派村务会计异地任职等做法提高审计核算方面的监督能力与报账水平，杜绝交叉任职人员混淆职权与随意挪用公款等行为，并且可以使集体资产的使用变得更加清晰透明、易于监管。

其二，在账目分离的基础上进行事务分离，即行政类事务归基层自治组织管理，而经济类事务由集体经济组织负责，同时以股份制改革为基础建立一套独立完善的经济决策机制，使事务分离带动决策分离，消除以往行政管辖格局下公共服务开支给村集体带来的过重经济负担，同时也可以促进基层服务体系的规范化与制度化，使基层自治组织的职能回归本位。

其三，在事务分离具有完备有序的规范且集体经济发展水平达到一定阶段之后，人员任职的分离才有实践上的可行性。事务分离是人员分离的前提，如果不能很好地区分集体事务的属性，将经济类事务或经济成分更大的事务误认为行政类事务而交由基层自治组织管理的话，则其结果仍与交叉任职相同。因此，农村集体只有将账目分离与事务分离作为“政经分离”的基础性要件，才能真正使人员任职的分离达到最理想的效果，而只有集体经济发展到能够不断吸收和引进专业人才的程度，实质上的交叉任职以及“政经不分”所带来的危害才能逐渐被消弭。

二、农村集体经济组织成员资格认定

（一）农村集体经济组织成员资格认定的一般规则

成员资格认定是农村集体产权制度改革的核心工作之一，而从两市改革的实践状况来看，成员资格认定标准在依据法律、法规及相关政策规定执行的同时，也充分尊重历史原因形成的传统集体经济组织成员界限，综合考虑了不同历史阶段集体经济组织成员的劳动贡献。

在被问及“您认为集体经济组织成员资格认定应当考虑哪些因素（可多选）”这一问题时，嘉兴市和丽水市的受访村民选择“户口是否在本村”的比例分别为84.4%与77.6%，选择“平常是否在农村生产生活”“是否对集体积累有贡献”“是否以承包土地为主要生活来源”的比例则分别为63.2%、27.3%、35.4%与74.2%、13.2%、24.8%。而从两地有关成员资格认定的文件规定来看，户籍登记是判断成员资格的最主要因素，同时两市也考虑到了户籍被迁出或被注销的情况，均对成员资格的保留作出了相应规定。[①] 在调研过程中课题组了解到，由于各地区的具体情况不尽相同，而对集体积累有贡献又没有统一的划分标准，故嘉兴市的规范性文件采取了“以户籍为主、以承包地为辅”的原始取得模式[②]；而丽水市则考虑到户籍被迁出或者被注销的情况，采取了“以户籍为主、以履行义务为辅”的一般成员认定规则。[③]

在成员资格认定一般规则的基础上，两市均对特殊人群的成员资格认定作出了相应的规定。例如，《秀洲区农村集体经济组织成员身份确认指导意见》对婚嫁特殊人员、取得正式编制或国有企业管理人员、取得现役军官及三级以上士官身份、回迁挂靠人员等特殊人员的成员资格认定均作出了明确规定；而对涉及村、组撤并的，若相关经济关系未处理，土地所有权界限未打破的，仍以原单位作为相应的农民集体。丽水市的成员资格认定在执行《浙江省村经济合作社组织条例》规定的基础上，对特殊人群坚持以下原则进行处置：第一，尊重历史。集体资产是各历史阶段集体经济组织成员劳动成果的积累，成员资格认定总体应涵盖各阶段的不同群体。第二，权责对等。成员享有的权利应与其对集体经济组织作出的贡献、承担的义务相当。第三，程序公开。坚持程序的合法性与公开性相结合。第四，宽广覆盖。成员资格认定要按照法律规定和实际贡献将少数人也包含其中，切实防止多数人侵占少数人的合法权益。

---

① 两市各地的规范性文件中均对以下人员进行了保留成员资格的规定：（1）解放军、武警部队的现役义务兵和符合国家有关规定的初级士官；（2）全日制大、中专学校的在校学生；（3）被判处徒刑的服刑人员；（4）符合法律、法规、规章、章程和国家、省有关规定的其他人员。

② 嘉兴市《秀洲区农村集体经济组织成员身份确认指导意见》中规定：“符合下列条件之一的，可依法取得本集体经济组织成员身份：（1）开始实行农村双层经营体制时原生产队成员且户籍关系一直在本集体经济组织的……（2）原为本集体经济组织成员，长期外出下落不明被注销户籍，后又返回原籍常住生活，且未取得其他集体经济组织成员资格的；（3）符合法律、法规及相关政策等规定的其他人员。”

③ 如《仙渡乡葛畈村股份经济合作社章程》第 8 条规定：“除本条例第六条、第七条规定以外的人员，履行村股份经济合作社章程规定义务，经本社社员（代表）大会表决通过的，可以成为本社社员或者保留本社社员资格。”

在被问及“您认为户籍在本村但嫁到外村的妇女属不属于本集体经济组织成员”与“外村的妇女嫁入本村但户籍未迁入本村时属不属于本集体经济组织成员”两项问题时，嘉兴市受访村民选择“属于”的比例分别为73.6%、34.2%，丽水市受访村民选择“属于”的比例分别为69.8%、47.5%。嘉兴市农村对引发纠纷较多的外嫁女成员资格问题有着较为一致的认识与较为良好的解决方式。对于外嫁女这类特殊人员的成员资格并不能简单地将其认定为原集体经济组织成员或现所在村集体的经济组织成员，而应视具体情况决定。课题组在与村民的交流中了解到，在认定外嫁女的成员资格方面，虽然村集体有一般性的规定，但外嫁女往往倾向于成为集体经济发展较好的集体经济组织的成员。若外嫁女没有明确放弃本集体经济组织的成员资格，则其可以保留，而在外嫁女明确放弃原户籍地的成员资格时一般也会将其认定为本集体经济组织成员。① 丽水市对于妇女成员资格相关的问题也有较为完善的规定，即凡具有农村户口的妇女，在2001年10月14日［《关于批转市公安局在我市城区（镇）落户意见的通知》发布之日］以前与具有非农业户口的人结婚（“农嫁非”妇女），本人及其所生子女已落户本村组的，有权参加二轮土地承包，所在村（组）不得擅自取消土地承包权。“农嫁农”的妇女结婚后，其应将户籍迁往男方，男方户籍所在村（组）应解决“农嫁农”妇女的土地承包经营权；若女方在男方所在村（组）落户，客观上无法取得土地承包权的，出嫁女的原所在村（组）不得强行收回原有的承包土地。有女无儿户或

---

① 《嘉兴市农村集体经济组织成员身份确认指导意见》对于婚嫁的特殊情况有如下规定：(1) 其他农村集体经济组织成员因合法婚姻关系进入本集体经济组织常住生产生活，户籍暂未迁入的，应在本集体经济组织取得成员身份；仅将户籍迁入，但生产生活仍在原居住地的，应在原居住地取得集体经济组织成员身份。(2) 原本集体经济组织成员在其他农村集体经济组织因离异或丧偶，将本人及其未成年子女户口迁回本集体经济组织并常住生活，放弃原户籍地的成员身份的，应在本集体经济组织取得成员身份。婚嫁特殊情况相关人员需分别出具放弃户籍地或原籍地集体经济组织成员身份的承诺书，才能在本集体经济组织进行身份确认。因特殊原因在新居住地未取得集体经济组织成员身份的，原集体经济组织身份应确认保留。

者有子女而子丧失劳动能力的户，已招入赘女婿的，女方所在地原则上落实一个入赘女婿的土地承包权。女方离异或丧偶后未再婚的，所在的集体经济组织不得取消其土地承包权。已再婚的，按照上述"农嫁农"妇女和"农嫁非"妇女的政策落实土地承包权。具有农村户口的妇女嫁给现役军人的，该妇女在按有关规定随夫将户籍关系迁入部队前，妇女所在村（组）应保留其土地承包权等。

（二）农村集体经济组织成员与股东的关系

农村集体经济组织成员与集体经济组织股东并非包含与被包含的关系，两者所对应的范围之间是交集关系。例如，很多地区在进行成员资格认定时，由于以地域和血缘为基础的身份关系是股权改革的基础，成员权的行使亦是以熟人社会作为基础的，成员之间具有天然的紧密性①，故对于某些不符合分股要求的部分特殊人群并没有完全否定其成员资格，而是采取在保留其成员资格的同时不分给股份或者暂不分相应类型股的做法，即对已经享受其他社会福利待遇但户籍登记仍在本村的人员，若其在村集体没有承包地也未承担其他义务则不向其分股，若其尚有通过继承等方式取得的承包地，则仅分给其相应的土地股，而不分予其人口股、劳龄股、福利股等其他类型的股份，待其脱离集体经济组织分股的限制性条件时（丧失其他社会性福利待遇时）②，仍可依成员资格要求向其再分股。根据此种划分方式，关于农村集体经济组织成员即可按其所享有的不同权益分为持股成员和非持股成员两种类型。而从持股权利的角度来看，持股股东包括成员股东与非成员股东两类。成员股东即由本集体经济组织的成员组成，一般均

---

① 李爱荣．集体经济组织成员权中的身份问题探析．南京农业大学学报（社会科学版），2016（4）.

② 如嘉兴市秀洲区规定了丧失集体经济组织成员身份的情形之一是取得行政机关、事业单位正式编制或被国有、国有控股企业正式聘用担任相当于科级以上的高管，而某些村集体则对这种情形作出了保留成员身份但不分股份的处理方式，待其丧失上述身份时则可依据成员身份从预留的集体股中进行再分股。

享有表决权、选举权和被选举权；而非成员股东则由丧失成员资格或外部通过股权流转方式取得股权的人员构成，其并不拥有成员股东的上述权利，仅享有按股分红的权利。在调研过程中，课题组还发现，部分地区在集体经济组织资金不足的情况下，也允许通过向原股东配股的方式进行筹集资金用于发展经营，如《嘉兴市关于进一步深化农村集体资产产权制度改革的意见》中明确提出，集体经济组织成员可按量化股份以现金配股，从而增强股份经济合作社的竞争力。

（三）弱化成员资格认定的户籍标准

集体成员资格的认定对农民集体所有权主体的明晰至关重要，但我国目前与农村集体成员资格认定相关的一般规则存在立法空白，这将在很大程度上造成司法实践的不统一，导致司法权威严重受损。同时，现有的认定标准在某些方面仍有所不足，如仅注重户籍标准可能会导致在利益驱动下相对富裕的村集体户籍人口不断膨胀，而“户籍＋”的复合标准虽然在地方实践中取得了较为良好的效果，但各地区差异化的条件设置不可避免会使跨区域司法裁定的难度增大。[①] 从两地的实践情况来看，原始取得成员资格与法定取得成员资格的认定标准均包括户籍条件，其对成员资格保留方面的规定具有一致性，对成员资格丧失的相关规定也较为类似，基本均包括对实际生产生活关系、生存保障基础等因素的判定。然而，农村集体经济组织成员是一个动态的集合体，人口的不断变动意味着在成员资格的认定上很难做到边界清晰。从试点地区的具体实践来看，成员资格取得的途径一般包括原始取得、法定取得和申请取得，农村集体经济组织成员资格认定的标准被划分为户籍标准、事实标准和复合标准[②]，但用这三种标准在认定成员资格时需考虑的优先程度，我国不同地区的实践当中

---

① 戴威．农村集体经济组织成员资格制度研究．法商研究，2016（6）．

② 代辉，蔡元臻．论农民集体成员资格的认定标准．江南大学学报（人文社会科学版），2016（6）．

有很大不同。首先，虽然旧有的户籍管制制度使户籍的变动有据可查，但随着户籍制度的放宽，农村人口已经逐渐实现在城市与农村、农村与农村之间的自由流动。这种流动导致部分村民因户口迁移等原因在迁出地和迁入地均无法取得集体成员资格，出现了“两头空”的现象。这进一步说明了成员资格的户籍认定标准已与社会现实之间产生了一定程度的脱节，户籍不再适宜作为农村集体经济组织成员资格认定的主要标准。其次，事实标准主要针对的是通过婚姻关系、收养关系、政策移民等法定途径取得成员资格的外来群体，尤其对于婚姻途径取得的成员资格更注重事实标准。如很多地区认为，对于在不同村集体之间存在婚姻关系的村民，即使户口未迁入，只要存在生产生活事实，便可认定其为本集体经济组织成员，并且在拥有本村土地承包经营权时更容易被归属为本集体经济组织成员；对于因外出务工等原因而未长期在本集体生产、生活的村民，如其未弃荒承包土地，也可以认定其具有成员资格。尽管事实标准的成员资格认定方式强调尊重事实，但如何判定具体事实关系则因包含较高的主观因素而容易引发争议，具体执行的可操作性也不容乐观。再次，“户籍登记＋”的复合标准是许多地区结合实际情况采取的成员资格认定的折中方式。该标准既包含了对农村社会中生存权与公平权的保障，同时又对集体义务履行、实质生产生活关系、土地承包关系等因素予以考量，但这种对各因素进行区别权重设置的方法也会面临各要素所占权重不统一的问题，导致看似因地制宜的成员资格界定标准出现地区间的极大差异。①

课题组认为，集体经济组织成员资格认定不宜采取以户籍为主的认定标准，而应着重考量认定对象是否以土地承包关系作为其基本生活保障，以基本生活保障及其衍生关系作为成员认定的一般标准更具

① 刘高勇，高圣平．论基于司法途径的农村集体经济组织成员资格认定，南京社会科学，2020（6）．

有合理性与可操作性。拥有土地承包关系且以之为基本生活保障的村民应当是集体资产的实际享有者和受益者[①]，只有在充分保障农村土地发挥其社会保障功能的前提下，才有可能再进一步作为共同富裕的基石。户籍、生产生活事实、所作贡献与所尽义务等仅是成员资格的主要表现形式，以集体土地为基本生活保障的依托才是取得成员资格的本质特征。并且，大众普遍能够接受将基本生活保障因素作为判定特殊群体是否丧失成员资格的依据，尤其对于那些虽已取得城镇户口或形式上实现了“农转非”但并未纳入城市居民或城镇企业职工社会保障体系的人员而言，无论户口是否迁出其是否在农村生活，只要其未被纳入非农社会保障体系当中，均可认定其具有原集体经济组织成员资格。同时，以基本生活保障的认定标准为主还能有效规避“空挂户”“挂靠户”等投机现象，防止富裕地区集体经济组织人口的膨胀，通过统一跨区域司法裁判规则，切实保障集体经济组织成员的实在利益。

三、农村集体资产股份合作制改革

（一）农村集体资产的股权类型设置

早在 2010 年，嘉兴市就在《关于进一步深化农村集体资产产权制度改革的意见（试行）》中提出，股份量化原则上应以村在册人口（包括在部队服役、在校大中专学生及毕业后返乡务农的大中专毕业生、劳教服刑人员、生态移民等）、成员在经济合作社内的“农龄”等为综合计算依据，也可根据实际需要增设法人股、土地承包权股等，具体分配方案及所占比例须经社员（代表）会议民主讨论决定。丽水市在 2014 年发布的《关于加快推进丽水市农村产权制度改革的实施意见》中指出，集体经济组织成员的股权量化可分为人口福利股（人口股）和劳动贡献股（农龄股），而股东则可按照所持股份作为分红依

① 刘竞元．农村集体经济组织界定的私法规范路径．华东政法大学学报，2019（6）．

据。股份分红应在年度审计的基础上，进行收益分配。集体经济组织应先从当年净收益中提取不少于20%的公积公益金，用于股份经济合作社发展，同时提取不少于10%的福利费，用于社员的福利事业开支，其他提留按实际需要由股东（代表）会议讨论决定。

在股权类型设置方面，是否设置集体股这一问题值得关注。当被问及"您认为是否应当设置集体股时"，嘉兴市和丽水市的受访村民选择"应该"的比例分别为67.2%和74.6%，且有61.3%的受访村民认为所在的股份经济合作社设置了集体股。从调研情况来看，嘉兴市大部分地区均不设置集体股，但设置了土地股、贡献股、福利股等特殊股份类型；部分地区还根据成员年龄的不同进行增加配股，如65周岁以上的成员多配1股，80周岁以上的成员多配2股等。丽水市在集体经济组织未达到一定经营收入的情况下，普遍仅设置人口股以简化按股分红的程序和步骤，与此同时为村民提供缴纳社保费、救济金等集体福利。调研得知，两市大多数的村集体均不设集体股，而是采取提取公积金与公益金的方式①，在满足公共事业要求以及实现偿还债务、弥补亏损、扩大再生产等制度功能的同时，有效避免集体股带来的产权主体不清、增加管理成本以及权利义务不均等的问题。

（二）农村集体资产的股权管理模式

股权管理模式分为静态管理模式与动态管理模式，静态管理模式

---

① 例如，《嘉兴市高桥镇越丰村股份经济合作社章程》第27条规定："股份经济合作社在年终分配时应兼顾国家、合作社和股东的三者关系，编制财务决算，搞好收益分配（土地征用款和上级专项拨款不列入分配）。社员福利、医疗保险及救助、经营性支出均在收益分配前列支。经营性净收入原则上按以下比例进行分配：（1）提取公积公益金和福利费不少于30%；（2）股东红利分配不超过70%（具体分配到人的红利与今后本村计划生育奖惩政策挂钩）。"《仙渡乡葛畈村股份经济合作社章程》第39条规定："本社在年终收益分配时要兼顾国家、集体和股东的三者关系，实行同股同利，并合理安排村公共事务和公益事业所需的资金。在当年净收益中先提取不少于20%的作为公积金、公益金用于股份经济合作社发展；提取不少于10%的福利费用于社员的福利事业开支；其他提留按实际需要由股东（代表）会议讨论决定，再进行红利分配。"

即不随集体成员人口的增减变动而调整股权的分配，而动态管理模式则是根据集体成员人口的变动及时地进行股权分配的调整。

从调研结果来看，两市大部分地区的集体经济组织均实行了“生不增、死不减”的股权静态管理模式。但从问卷统计结果来看，高达43%的受访村民却认为股权动态管理模式更加符合自身利益，而认为股权静态管理模式更加符合现实需求的受访村民只占38%，其他19%的受访村民则认为可以先实行静态管理，待改革成果稳定后再进行动态管理。这实质上反映出两种管理模式各有优劣：动态管理模式需要频繁变动股权，其管理成本过高且存在股份可能被不断稀释的风险，但对于成员个体利益来说可能更加公平合理，故而常见于集体经济发展程度较好或者人口变动较少的村集体；而静态管理模式下的股权绝对稳定则可能与人口不断变动的现实情况脱节，导致部分成员分得的股份过少而使农村原有的社会保障福利功能难以发挥作用。然而，在大部分地区集体经济组织还未完全发展壮大的当下，多数村集体还是以大力发展集体经济为工作重心，即更偏向于管理成本相对较低的静态管理模式。例如，嘉兴市对个别存在的实行股权“动态管理”的村集体，在充分尊重成员意见的前提下进行由“动态管理”向“静态管理”转变的持续推动，而《莲都区股份经济合作社示范章程》也明确规定股权在原则上实行静态管理。

关于股权的配置问题，当被问及“您认为集体资产股份应当怎么配置?”时，嘉兴市与丽水市的受访村民认为应当“按人配置”的比例分别为57%与63%。这充分印证了上述村民对动态股权管理的选择比例高具有一定原因，即认为股份按人配置较按户配置在农村人口不断变动的情况下，更能使成员个体的利益得到保障。针对上述两种管理模式的弊端，两市在改革探索过程中给出了一定的解决办法，即在静态管理模式的前提下，通过按户配置并在户内共享的股权分配方式减少因户内新增人口引发的股权矛盾，以此来平衡不同户之间人口差异所带来的利益失衡。同时，采取出资配股的方法为外来人口提供参与集体经济的渠道，以在国家政策与法律规定范围内通过不断进行制度创新的方式来尽力满足不同类型成员合理的权益保护需求。

（三）农村集体资产股份的流转权能

农村集体产权制度改革的重点就是要通过为农民进行赋权扩能的方式，从而促进农村产权交易的市场化，而产权交易的市场化则需要充分激活股权的各类流转权能。集体资产股份流转的主要方式包括转让、担保和有偿退出等，这些流转方式是否能够在全国农村范围内有效实现，对于改革的成效好坏至关重要。2015 年，嘉兴市发布了《嘉兴市农村集体资产股权登记备案和交易管理细则》，明确了申请、受理、审核、备案等股权登记备案的一般程序性要求与股权交易的具体方式，出让人为股权证上登记的股东，受让人原则上为同一股份经济合作社内部的成员。股权因转让、继承、赠与等方式发生权利转移的，应当自权利发生变化之日起的规定时限内到村（社区）股份经济合作社办理股权变更手续和进行登记备案。此外，其还对交易的中止情形与终止情形进行了列举式规定。① 同年发布的《嘉兴市农村集体资产股权质押贷款管理办法》详细规定了股权质押贷款的发放条件、贷款用途、期限、利率、额度和还款方式，并严格规范了股权质押贷款流程、股权质押登记与股权质押贷款的管理等，

① 《嘉兴市农村集体资产股权登记备案和交易管理细则》第 30 条规定："农村集体资产股权交易过程中，有下列情形之一的，经县（市、区）农村集体资产管理部门确认后中止交易：（一）镇（街道）农村集体资产主管部门提出中止交易的；（二）出让方所在的社区股份经济合作社提出中止交易的；（三）与出让方有直接利害关系的第三方提出正当理由，并经镇（街道）农村集体资产主管部门批准的；（四）农村集体资产股权在权属上有争议的；（五）农村产权交易机构认为有必要中止交易的；（六）其他依法应当中止交易的。"第 31 条规定："农村集体资产股权交易过程中，有下列情形之一的，经县（市、区）农村集体资产管理部门确认后终止交易：（一）镇（街道）农村集体资产主管部门提出终止交易的；（二）出让方所在的社区股份经济合作社有正当理由，并经农村集体资产主管部门批准，提出终止交易的；（三）与出让方有直接利害关系的第三方提出终止交易的书面申请，并经农村集体资产主管部门批准的；（四）司法机关依法发出终止交易书面通知的；（五）其他依法应当终止交易的。"

进一步拓展了农村融资渠道，满足了农民创业创新的需求。[①] 虽然丽水市因股权交易需求较少而暂时没有制定出较为完善的股权质押贷款细则，但丽水市莲都区制定了《莲都区开展农村“三权”抵押贷款工作实施方案》，强调各乡镇（街道）和金融机构按照“先中心、后边远”的原则，先行选择经济条件较好、融资需求较大的中心村、城中村和城乡结合区域开展抵押贷款工作，由各金融机构按照要求制定落实农村产权抵押贷款的具体措施，并通过加强农村信用体系建设，开展信用户、信用村、信用乡镇（街道）评定与完善农户个人电子信用档案以创新担保组织形式，结合农户信用等级的评定结果优先保障信用农户的贷款需求。

从调研结果来看，两地对集体资产股份流转规范得都比较完善。当被问及“您认为村民对集体资产的股权是否可以对外转让”时，有 47%的受访村民认为仅可以内部转让，24%的受访村民认为不可以转让，还有 29%的受访村民认为可以转让给任何人。嘉兴市出台的《农村股份合作社组织管理试点工作的指导意见》指出，股东的股权具有继承、转让和赠与的权能，且同一股份经济组织内部的成员具有优先受让权，对向组织外部转让的最高比例以及单个主体受让的股权比例均有限制，且应在农村产权交易机构内进行合法交易。而丽水市出台的《莲都区农村集体经济组织示范章程》明确规定，赋予股东对持有的股份占有、收益、有偿退出及质押担保、继承权，

---

① 如《嘉兴市农村集体资产股权质押贷款管理办法》第 7 条规定：“贷款期限由借贷双方根据生产经营和消费实际情况协商确定，短期贷款最长不超过一年，中长期贷款一般为一至三年，最长不超过五年。”第 9 条规定：“贷款额度应根据借款申请人合理的资金需求、生产经营情况、资产负债情况、收入情况、自有资金比例等因素综合确定。股权质押率原则上不高于质押股权价值的 80%。质押股权价值一般以上年末农村集体净资产作为确认依据，有条件的地方，可通过资产评估等双方认可的办法确定股权价值。”第 16 条规定：“股权质押贷款申请经质权人审批同意后，签订质押借款合同，由股权质押双方当事人到所在地镇（街道）农村产权交易机构办理股权质押登记手续，取得《他项权证》。”

股权被允许按照市场化运作规定进行转让交易，但不得退股提现，且强调股权发生继承、转让、交易等变更情况应及时进行股权证书变更登记。

当问及“您是否愿意在产权交易平台进行交易时”，嘉兴市、丽水市选择“没听说过”的受访村民分别占23.6%与45.7%，选择“愿意”的受访村民分别占46.9%与32.5%。而相关调研材料显示，嘉兴市于2015年作出了全面推进农村集体资产交易平台建设的工作部署，市一级按照“政府引导市场、市场公开交易、交易统一监管”的改革思路，探索开展农村集体资产股权交易服务，并接受村级以及投标者等交易相关主体的监督，有效地促进了农村集体资产产权流动。丽水市按照“依法公开、自愿有偿、规范操作、有效监管”的要求，以农村产权交易为纽带，积极搭建农村产权交易平台，在2014年全面建立了“市、县、乡”三级协作联动的农村产权交易服务体系与农村产权流转交易服务平台，在乡镇（街道）设立了农村产权交易服务窗口。例如，莲都区农村产权交易网络平台建成并上线运行，14个乡镇（街道）全面完成了产权交易窗口的设立、运行，建成了覆盖“市、区、乡”三级的农村产权交易平台体系，实行“统一信息发布、统一交易规则、统一交易鉴证、统一网络操作、统一平台建设”的“五统一”管理模式，并通过村便民服务中心等延伸覆盖到村。

（四）全面培育农村产权交易市场，提高集体经济政策扶持力度

农村产权交易市场分为有形市场（如产权交易所，包括在省、市、县、镇设立的产权交易所）和无形市场（如产权交易网络平台，包括产权交易门户网站、信息发布平台、“三级”网络交易市场）。其主要发挥着两方面的作用：一是，能够通过减少农业经营主体及农村金融机构的信息收集成本从而降低交易费用；二是，能够通过竞价、协议转让、拍卖等多种方式变卖、兑现产权，为农村金融机构提供一个变

现相关权利的场所。[①] 故而，农村集体经济组织只有全面推行农村产权交易市场的标准化建设，完善和细化各类产权交易流程，才能达到有效盘活闲置资产资源与实现集体资产保值增值的目标。

而在激励政策方面，可以适当调整负责土地托管、法律咨询、资产评估、金融担保等专门机构的税率，促使其在扩大服务范围后提高市场的专业化水平，提高其入市积极性。为农村产权交易市场营造良好环境。在抵押贷款方面，其应对银行风险进行有效控制，如设立“风险资金池”[②] 与“项目池”[③] 以及农业保险等风险缓释机制，促进农业经营风险防控机制与农村金融体系的形成。此外，国家还应加强对集体经济发展方面的政策引导和财政扶持，以农村产权交易为纽带，通过确权登记颁证，使农村集体经济组织和广大农民的主体地位与开放高效的农村产权流转市场相适应。[④] 例如，可鼓励各地开展“飞地抱团”项目建设，拓宽“集体＋”合作经济实施领域，利用闲置、低效土地等集体资产建设高标准厂房、农贸市场等城镇配套设施，促进城乡要素加速流动，调整完善土地出让收入使用范围优先支持乡村振兴，扩大有效投资，加快农村基础设施和公共服务同标同质，促进乡村品质生活，最终使脱贫攻坚成果同集体产权改革有效衔接，以实现以农村集体经济繁荣发展为基础的共同富裕目标。

---

① 俞滨，郭延安．农地产权制度改革对农地抵押市场双重效应研究：以浙江农地抵押改革试点区为例．浙江社会科学，2018 (4).

② 张占．农地流转制度的现实困惑与改革路径．西北农林科技大学学报，2017 (1).

③ 何红卫，余爱民．资源变资本的有益探索：湖北省武汉农村综合产权交易所改革创新调查．山西农经，2014 (2).

④ 吴群．农村产权交易市场发展若干问题思考．现代经济探讨，2014 (10).

第八章 四川省与重庆市部分地区农村集体产权制度改革

为充分了解四川省和重庆市不同区域内农村集体产权制度改革推进的实际状况，课题组就四川成都市的温江区、邛崃市和重庆市的渝北区、沙坪坝区等区域内不同村庄农村集体产权制度改革的实际情况进行了调研，通过与村民交流并邀请其填写调查问卷以及与村干部座谈等形式，详细了解各村在改革过程中的主要困难和有益经验，并对各地出台的涉农地方法规、政策文件进行搜集和整理，共形成了调查问卷和访谈笔录 88 份，搜集了相关政策章程文件 13 份。调查问卷共包含 29 个问题，分别从清产核资工作的完成情况、农村集体资产的构成类型与数量、农村集体经济组织的构建与有效治理机制、农村集体经济组织成员资格的认定及其权利的确认与保障、农村产权流转现状与监管设置等几大方面的法律问题入手，以期发掘现实问题，总结实践经验。①

① 本文以 83 份有效问卷为基础，分别以各调研地区的有效问卷为百分比基数，被调查者没有回答的问题数目则在相对应的基数中减去，因有多选题，会出现总百分比之和大于 1 的情况。此外，由于“股份合作”并非必经改革阶段，个别试点地方因地区差异存在不需要股份合作的情况，特此说明。

一、农村集体经济组织治理机制

农村集体经济组织的法人治理机制包括内部治理机制和外部治理机制。本次调研主要针对内部治理机制进行考察。

（一）农村集体经济组织的设立

虽然农村集体经济组织在一系列改革政策文件的推动下已在全国范围内的农村地区普遍设立，农业农村部也制定了《农村集体经济组织示范章程（试行）》，但其发挥作用的关键仍在于农民群众对改革目标与意义的清晰认知以及对进一步改革深化措施的理解、认可与支持，进而推动对集体经济展开渐进式改革。[①] 而这在每个地方是不同的。因此，在关于村民对设立集体经济组织的态度方面，当被问及“您对设立集体经济组织有什么看法?”时，成都市、重庆市的调研数据有一定的区分度。例如，在成都市温江区幸福村，有37.5%的受访村民认为有经营性资产才有设立集体经济组织的必要，35.3%的受访村民认为有集体土地就有设立的必要，27.2%的受访村民认为由村民大会讨论决定即可；而温江区岷江村与邛崃市夹关镇的受访村民对上述三种选项的选择比例分别为42.9%、21.4%、35.7%和31.3%、21.9%、35.7%。综合以上数据，成都市有37.2%的受访村民认为有经营性资产才有设立集体经济组织的必要，29.2%的受访村民认为有集体土地就有设立的必要，33.6%的受访村民认为应由村民大会讨论决定。可见，在成都市农村集体产权制度改革中，村民在设立集体经济组织上的态度主要是以有经营性资产才有设立集体经济组织的必要为主，因为仅有集体土地等资源性资产而设立集体经济组织给村民收入带来的

---

① 解文芳．农村集体产权制度改革对农村集体经济的促进研究．中国集体经济，2021(12).

变化并不明显。如相关调研资料显示，成都市温江区在固化资产过程中按照经营性、非经营性、资源性三类资产全面清理核实，经农户代表签字确认清理结果、价值评估、权属确定等“三项结果”后登记备案，并录入成都市农村集体资产信息化管理系统。上述做法为三类资产分类进行改革推进的策略打下良好基础。在调研过程中，课题组也发现，该地区往往先通过经营性资产的有效改革来吸引资金并形成农家乐、手工艺与传统文化体验等具有特色的区域效应，从而带动或促进资源性资产的流转与利用。

在重庆市，渝北区玉峰山镇环山村与沙坪坝区歌乐山街道山洞村的受访村民对上述三项选择的比例分别为23.1%、23.1%、53.8%和2.5%、35%、62.5%。综合以上数据，在重庆市农村集体产权制度改革中，有23.2%的受访村民认为有经营性资产才有设立集体经济组织的必要，30.6%的受访村民认为有集体土地就有设立的必要，57.2%的受访村民认为应由村民大会讨论决定。这与成都市的情形存在较大差别。可见，村民对于集体经济组织的成立态度主要以村民大会讨论为主，大部分村民个人并无明确的意见和倾向。这可能与其对集体经济组织没有较为深入的认识有关。并且，课题组在与村民访谈中得知，由于重庆地区地形较为复杂，当地的地理条件对经营性资产的盘活以及资源性资产的规模化利用存在较大制约。有些集体经济组织可能还存在不良资产，集体经济组织作用的发挥可能更加需要政策扶持以及相关部门之间的配合。

（二）农村集体经济组织的内部机构设置

1. 农村集体经济组织内部机构设置的实际情况

关于农村集体经济组织的内部机构设置，课题组通过查阅各村的股份经济合作社、经济联合社章程，发现各地所设机构在名称和功能等方面均大同小异。例如，成都市《邛崃市孔明乡郭山村股份合作社章程》第2条规定“本集体经济组织的名称为邛崃市孔明乡郭山村股份经济合作联社”；第4条规定“本集体经济组织依法代表全体成员行使集体资产所有权，承担集体资产经营与管理、集体资源开发与利用、农业生产发展与服务、财产管理与收益分配等职能”。重庆市《渝北区玉环山镇环山村股份经济合作联社章程》第2条规定，“环山村股份经济联社（以下简称‘本社’），即在坚持社会主义公有制为主体的前提下，经环山村股份经济合作社全体董事会成员同意，将原集体资产、集体土地收益权量化到人，组建的新型社区性股份合作经济组织”；第3条规定，“本社是专门承担农村社区经济管理职能、促进小农业对接大市场、维护农民利益，以及实现农村社区政经分离的组织载体；本社是统一经营管理集体资产、集体土地的具有法人资格的农村经济组织”[①]。

从内部机构设置来看，各试点村的集体经济组织基本建立起了现代法人的治理架构。例如，成都市《温江区幸福村股份合作社章程》第23条规定：“本集体经济组织设立成员大会、成员代表大会、理事会、监事会，成员大会是本集体经济组织的最高权力机构，由年满十八周岁、具有完全民事行为能力的成员组成。”《邛崃市孔明乡郭山村股份合作社章程》第17条规定：“本集体经济组织设立成员大会、成员代表大会、理事会、监事会。”重庆市沙坪坝区人民政府《关于农村集体资产量化确权改革试点工作开展情况的报告》明确：“组织召开原合作社社员大会或户代会，选举产生改革代表，大会决议通过授权改革代表大会履行股东大会职责。改革代表获得全权处理一切事宜的法律效力。并选出董事长和监事会主席，选举结果需报街镇批复后生效。”重庆市《沙坪坝区山洞村股份经济合作联社章程》第18条规定：“股东大会是本社的最高权力机构……股东大会由董事会召集，董事长主持；董事长不能履行职务或者不履行职务的，由半数以上董事共同推举一名董事主持。董事会不能履行或者不履行召集股东大会会议职

① 其他调研地区关于机构名称和功能的相似规定，参见《成都市温江区幸福村股份经济合作社章程》第3条、第5条，《重庆市沙坪坝区山洞村股份经济合作联社章程》第2条、第6条等。

责的，监事员应当及时召集和主持；监事员不召集和主持的，由‘村两委’或街道办事处专人召集和主持。”① 综合所收集到的政策文件、具体章程以及调查访问的实际情况可知，各地区基本上均通过参照公司的治理模式来进行自身的组织架构和职能设置，在结合集体经济组织自身经济发展实质条件的基础上实行自主经营和独立核算。

在农村集体产权制度改革中，“三会”等基层民主治理机构的设置极大程度上影响着集体收益的合理分配，而其内部管理人员的选任则决定着机构运行的民主与效率。② 在对“三会”的设置与人员选任的态度方面，当被问及“您认为集体经济组织的理事会可否聘任经理?”时，在成都市，邛崃市夹关镇有 4%的受访村民认为不可以，52.2%认为可以但只能聘任村集体成员当经理，26.1%认为应由村民大会讨论决定，17.4%的受访村民则认为应由理事会讨论决定；幸福村和岷江村村民均没有选择“不可以”和“应由理事会讨论决定”两项内容，而选择“可以”与“由村民大会讨论决定”的比例分别为 50%、50%和 37.5%、62.5%。综合以上数据可知，成都市有 1.3%的受访村民认为理事会不可以聘任经理，46.6%认为可以但只能聘任村集体成员当经理，46.2%认为应由村民大会讨论决定，5.8%则认为应由理事会讨论决定。在访谈过程中课题组也发现，成都市农村地区在聘任人员方面还是持较为谨慎的态度，由于村民担心改革过程中会产生使集体利益受损的风险，故而更偏向于让本集体成员担任经理，经理可由董事或理事长兼任③。同时，专业人员的聘任受当地集体经济组织发展程度的影响也较大。

---

① 其他调研地区有关集体经济组织机构设置的规定，参见《重庆市渝北区玉环山镇环山村股份经济合作联社章程》第 22 条、《成都市温江区岷江村股份经济合作联社章程》第 19 条等。

② 张浩，等．“权释”农村集体产权制度改革：理论逻辑和案例证据．管理世界，2021 (2).

③ 如《邛崃市孔明乡郭山村集体经济组织章程》第 24 条规定：“本集体经济组织设理事长（兼任经理）1 名，为本集体经济组织的法定代表人。理事长任期 5 年，与理事任期同步，可连选连任。”

在重庆市，环山村和山洞村对上述四项的选择比例分别为0%、22.2%、55.6%、22.2%和9.1%、9.1%、63.6%、18.2%。经汇总统计可知，重庆市有15.7%的受访村民认为理事会不可以聘任经理，32.3%认为可以但只能聘任村集体成员当经理，42.9%认为应由村民大会讨论决定，9.1%则认为应由理事会讨论决定。以上数据表明，在聘任人员方面，重庆市农村地区由于经济基础薄弱，人才流失严重，更倾向聘任真正对口或经验丰富的专业人才担任经理①，显示出较为开放的态度，更愿意让专业人员对集体经济组织进行管理。

2. 明晰农村集体经济组织的功能与作用，完善内部治理机制

各区域村民在对待设立集体经济组织时截然不同的态度反映了制度适配性问题。虽然在改革政策的要求下，绝大多数农村地区都进行了集体经济组织的建立与挂牌登记，且形式上也普遍按照现代企业管理制度建立了股东会、董事会、监事会和总经理负责制的“三会一制”的治理结构，但许多地区并没有充分发挥出集体经济组织在农村经济发展方面的作用，尤其在经营性资源较少的村庄，农民的收入来源主要依靠传统的种植产业，大部分人并不愿意轻易冒险去改变原有的生产经营模式而参与到改革当中。同时，在集体资产较少的村集体，部分村干部也认为产权改革的推进对集体经济发展的影响不如人意，甚至其机构的设置与维持会给村集体增加负担。故而，课题组认为，从两个调研地区的经验与实际情况出发，集体经济组织的设立，首先要考虑的问题是，其具备的独特功能与作用有哪些？在设立之后能够给资产、资源，甚至地理、人文等条件不尽相同的各类型村集体的经济发展带来何种帮助？其功能与作用如何保持全面、稳定、持续的发挥？如何在法律层面使该组织的静态设置及动态运行得到全方位的保障和促进？我们只有将以上比较基础的问题思考并阐释清楚，在改革过程

---

① 如《山洞村股份经济合作联社章程》第22条规定：“本社的经理由董事会决定聘任或者解聘。经理可由董事兼任。经理对董事会负责。”

中不断强调和突出市场在资源配置中的决定性作用与使农民持续增收的根本目标，才能使基层干部与农民群众自愿接受、热烈拥护、积极配合改革政策的不断推进与深化，而非在不了解改革内涵的情况下盲目地进行组织机构的设置，将其作为形式上的摆设与行政强制的结果，反而危害到改革的公信力。反之，如果忽视这些方面的问题，仅仅通过对资产条件较好的村集体之改革经验进行推广和借鉴，而不重视改革前期在大部分农村存在的条件限制与群众基础问题，则会逐渐拉大各地区农村之间集体经济发展的差距，无法完成村集体从保守型“地租经济”向内生性发展的转变，并不能从根本上解决一直以来制约我国大部分偏远农村发展的主要障碍。[①] 我们只有真正明晰集体经济组织的功能与作用，并在此基础上不断完善集体经济组织的内部治理机制，才能真正发挥其在农村层面的制度价值和引领作用，不至于流于形式。

（三）农村集体经济组织管理负责人员选任机制

1. 农村集体经济组织负责人的选任及构成

集体经济组织负责人的选任与任职情况不仅关系着集体经济组织是否被虚置以及村级组织是否存在功能交叉、侵权越权或权界模糊等问题，而且更深层次地关系到村集体经济的市场化转型与集体利益的分配格局。[②] 故而，对于农村集体经济组织的人员选任及构成问题方面，在问及“您觉得集体经济负责人是否应当由党委或政府确定”时，在成都市，幸福村有 18.2％的受访村民认为不需要，54.5％认为需要，27.3％没看法；邛崃市夹关镇对上述三项选择的比例分别为 30.4％、60.9％、8.7％；岷江村需要和不需要的比例分别为 37.5％和 62.5％。综合以上数据可知，成都市有 28.7％的受访村民认为不需

① 夏柱智．农村集体经济发展与乡村振兴的重点．南京农业大学学报（社会科学版），2021（2）.

② 于国萍．分治视角下村委会与村集体经济组织关系探究．山西高等学校社会科学学报，2021（1）.

要，59.3%认为需要，12%没有看法。可见，成都市的调研地区对集体经济组织的负责人是否应当由党委或政府确定存在争议。由于幸福村作为第一批改革试点，其集体经济组织负责人在改革伊始即由党委进行确定，且改革成效突出，村民普遍认为党委或政府确定的人员更有水平，愿意积极配合。而其他区域在改革展开的后续阶段，由于已经存在可借鉴的对象和较为清晰的改革思路，故而更倾向于村民自治，即通过民主选举的方式来确定值得信赖的本集体成员作为集体经济负责人。这更加利于产权改革具体措施的动员与开展。

在重庆市，环山村和山洞村的村民认为需要、不需要和没有看法的比例分别为22.2%、11.1%、66.7%和33.3%、55.6%、11.1%。综合上述数据可知，调研地区有27.8%的受访村民认为不需要，22.3%认为需要，38.9%没有看法。可见，重庆市调研地区的村民对于通过何种方式确定集体经济组织负责人的态度并不明确，这与成都市的情形形成了反差。应当指出，无论是党委或政府确定集体经济经济组织负责人，还是村集体民主选定，都没有太大阻碍，关键在于其是否能够带来切合当地集体资产实际条件进行集体经济改革和发展的新思路，是否能够带动集体成员参与改革活动的积极性，是否能做出实效来提升集体经济组织成员的获得感，并增强进一步改革的信心。村民态度的不同也从侧面体现出了各地在实践中确定集体经济负责人方面较大差异的存在以及相关程序性与规范性机制的缺失。

2. 农村集体经济组织中的交叉任职现状

在问及"您是否认可集体经济组织管理人员和村干部交叉任职?"时，在成都市，幸福村有34.8%的受访村民认可，34.8%不认可，30.4%认为需要根据具体情况来定；岷江村与邛崃市夹关镇关于上述三个选项的比例分别为37.5%、37.5%、25%和47.8%、13%、39.1%。综合上述数据可知，成都市有40%的受访村民认可，28.4%不认可，31.5%认为需要根据具体情况来定。结合对村民的访谈来看，在成都市农村集体产权制度改革中，村民虽然对集体经济组织的管理人员和村干部交叉任职的态度存在争议，但总体来说，还是倾向于较为认可的态度。因为村干部对本集体资产与经济发展现状往往更加了解，也更有号召力和凝聚力，能够使集体经济组织更易与村民委员会相互配合形成合力。其可使集体经济组织在发展初期便能高效进行产权改革活动和进入产权交易市场，更利于对集体经济组织在政治、经济、文化等各领域的统筹规划，且交叉任职时村干部往往是"两项职务，一份工资"，极大地减轻了村集体的财务负担。

在重庆市，对于上述选项，环山村与山洞村受访村民选择认可、不认可、根据具体情况确定的比例分别为11.1%、22.2%、66.7%和33.3%、33.3%、33.3%。汇总后的数据显示，有22.2%的受访村民认可，有27.8%不认可，有50%认为需要根据具体情况来定。可见，在重庆市，村民对于这一问题的态度与成都市所调研地区村民的意见较为一致。但是，由于交叉任职不利于对越权行为的认定与监管，容易滋生滥用职权或侵害集体利益的不法行为。还有一些村民对村干部在专业能力方面担任经济组织管理人员存有质疑。因此，村民更倾向应当根据具体情况确定。

从收集到的资料所反映的情况来看，重庆地区普遍实行集体经济组织负责人与基层党组织负责人交叉任职的做法。例如，重庆沙坪坝区农委《关于规范村集体经济组织运行的通知》规定："村（社区）党组织书记可兼任股份经济合作社理事长；村（居）民委员会主任不得兼任股份经济合作社理事长，已兼任的按程序进行变更……村（社区）党组织、村（居）民委员会、集体经济组织成员中非主要领导人员可相互担任非主要领导职务。"渝北区则规定，村（居）委会领导成员不再与经联社领导成员交叉任职，集体经济组织领导成员均由社员股东选举产生。然而，成都地区农村股份合作社的理事会则普遍由股东代表会议实行候选人等额选举的方式产生；股份合作社理事长一般由各村级党组织负责人兼任，处理本股份经济合作社的日常经营管理活动，并且，在成都所调研的两个不同地区之间，交叉任职情况呈现出较大区域性差异。例如，根据邛崃市夹关镇的要求，村社党支部书记一般同时兼任村民委员会主任和经联社社长，其他村社党委成员与经联社、股份社理事会成员存在交叉情形。因此，是否要实行集体经济组织领导成员与村两委成员交叉任职的做法，不应一概而论，还要根据各地经济组织发展的实际情况、村民参与经济组织活动的积极性以及当地的相关政策等具体情况才能决定。同时，我们应尽力避免造成村民自治组织与村集体经济组织的组织和权能关系混同的情况，进一步落实集体经济组织的特别法人地位并明晰两者在产权、组织和功能方面的区别，为构建更加开放包容的村民自治组织体系打好基础。①

（四）农村集体经济组织的监管

农村集体经济组织的监管问题不仅涉及集体经济自身能否得到长远有序的发展，还影响到各经济利益主体之间良性关系的建立与持续，同时也发挥着避免经济发展中积累矛盾和产生冲突的风险，直接关系到集体成员的利益与农村社会的稳定。② 因此，当被问及“您认为是否有必要设立监事会监管集体经济组织?”时，在成都市，幸福村有13.6%的受访村民认为没必要，只要定期公示财务状况就行；18.2%认为没必要，因为多一个机构就会多拿一份工资；50%认为有必要；18.2%认为应当由成员大会讨论决定。邛崃市夹关镇的受访村民对上述四项意见的选择比例分别为4.3%、4.3%、60.9%和30.4%，而岷江村的受访村民均认为很有必要。经汇总数据可知，成都市有4.3%的受访村民认为没必要，只要定期公示就行；4.3%的受访村民认为没必要多设一个机构、多拿份工资；60.9%的受访村民认为有必要；30.4%的受访村民认为应由村民大会讨论决定。可见，在成都市农村

① 项继权，毛斌菁．要素市场化背景下乡村治理体制的改革．华中师范大学学报（人文社会科学版），2021（2）．

② 郭方方．农村集体经济股利分配影响因素实证研究：基于210个村4年的集体经济数据．会计之友，2017（7）．

集体产权制度改革中，由于各地集体经济组织发展较好，农村资源要素流动与金融服务活动频繁，涉及的产权交易数量众多且标的较大，因此，村民在设立监事会的态度上非常积极。同时，为了精简监管成本，有些地区会设置监事员制度来替代监事会，如《岷江村股份经济合作联社章程》第 21 条规定："监事员是本社的监督机构，对股东大会负责。监事不得兼任董事会成员、经理、副经理。董事会成员、经理、财务负责人不得兼任监事。监事由股东大会选举产生，设监事员 1 人。由监事员执行监事行为，任期 3 年，可连选连任。"

在重庆市，环山村和山洞村对上述四项意见的选择比例分别为 0%、0%、22.2%、77.8%和 8.3%、25%、50%、16.7%。结合上述数据可知，重庆市有 4.2%的受访村民认为没必要设立监事会，只要定期公示财务状况即可；12.5%认为没必要多设一个机构、多出份工资；36.1%认为有必要设立监事会；47.25%认为应由成员大会讨论决定。可见，在重庆市农村集体产权制度改革中，成员在设立监事会的态度上，虽然也有相当一部分认为有必要，但更多倾向于由成员大会讨论决定。究其原因，调研地区的集体经济组织的功能主要是没有完全发挥，相关的产权交易活动较少且标的往往不大，缺乏设置专门机构来进行监管的必要，加之存在一定的制度成本，故而在实践中对监事会的有效设立仍存在一些顾虑。

在与各地村干部的座谈中得知，所调研地区内并未出现在组织机构中设置其他非"三会"机构的情况，但存在在集体经济组织设立之前，为了吸引城市资本投资和取得入市资格而设立村集体企业的情况。例如，幸福村通过土地整理、确权颁证、"三资"清理、股份改造方式，促进生产要素流动，并探索创新集体产权经济发展模式，形成了"村里出资源，社会资本出资金，第三方出技术"的合作运营模式。岷江村的集体产权制度改革依托特色桂花与苗木培育等产业，发展集体企业与股份合作社并行的模式，推行政经分离和产业转型，打造文化产品并引入电商行业进行运营等形式。又如，山洞村通过土地平整与水源引流等方式吸引城市资本进行投资建厂，进行工业原料和其他原产品的加工及处理，以期能够增加就业机会，吸引人才回流，并对集体收益进行按股分红等。

针对调研结果所反映出的监事会设置方面的矛盾问题，由于现阶段各地农村基础设施和公共服务的差异，很多农村无法对集体事务及时有效公开，同时也无相应的集体经济组织监管机制。因此，这在阻碍深化产权改革的同时，也使得农民主体意识较为薄弱，无法形成自我管理、自我发展、自我收益的良性循环，也无法在集体经济发展的过程中获得参与感。而建立完善的集体经济组织监管机制不仅有利于提升农民群众的信赖感，还能促进集体事务的解决和内部决议的形成，杜绝滥权行为的发生和集体成员的疑虑，更好地推进集体经济组织的发展。因此，在农村集体产权制度改革的过程中农村集体经济组织应当注重构建集体经济监管体系，明确监管主体、监管内容与监管方法，以增加集体管理透明度的方式来作为集体经济组织运行和发展的基石，加快建立股东（代表）大会、理事会、监事会“三会”分设的管理体制及以保障股东知情权、参与权、表达权和监督权等“四权”为核心的监督机制来消除类似“内部人控制”等问题，民主监管清产核资结果、股份量化方案及合作社章程等关涉集体成员重要利益的事务，进一步加强农民对集体经济组织设立的认同感、参与感与获得感。此外，在类似土地整合管理与成员资格认定等许多方面，我们应当尊重不同地区在经济、文化、地理、习俗等众多因素影响下的差异，不宜制定过于刚性的统一性标准，否则容易使农民在改革过程中产生撕裂感与抵触感，不利于集体产权制度改革的有序推进。

二、农村集体经济组织成员资格认定

（一）农村集体经济组织成员资格认定的一般因素

对农村集体经济组织成员资格的准确认定，既是使农村集体产权制度实现归属清晰的基本要求和农民享有其所在集体经济组织权益的法律基础，也是司法实践中集体经济组织成员权益纠纷频繁出现的焦点问题。[①] 在集体经济组织成员资格认定这一方面，当被问及“您觉得确定成员资格的标准由村民自己定好，还是地方政府定好?”这一问题时，在成都市，幸福村选择由村民自己定的有 43.5%，选择由政府定的有 56.5%；岷江村和邛崃市夹关镇选择由村民自己定、由政府定、遵守相关法律规定的比例分别为 50%、37.5%、12.5% 和 58.3%、29.2%、12.5%。据汇总数据，成都市调研地区的村民选择应该由自己定的有 50.6%，选择应该由政府定的有 41.1%，选择遵守相关法律规定的有 8.3%。可见，在成都市，村民对集体成员资格认定标准的意见主要倾向由村民自己来定，也有较多一部分人支持政府的安排，选择遵守相关法律规定的人较少。这从侧面也反映出村民自治的强烈意愿及相关法律规则的缺失。

在重庆市，环山村和山洞村对上述三项选择的比例分别为 0%、11.1%、88.9%和 40%、50%、10%。统计以上数据可知，村民选择应该由自己定的有 20%，选择应由政府定的有 30.6%，选择遵守相关法律规定的有 49.5%。可见，在重庆市，对于村集体成员资格认定的标准，虽然也有一部分人倾向于自己制定，但大部分意见倾向选择遵守相关法律规定。这与成都市倾向由村民自己定的态度明显不同。

我国在农村集体经济组织成员资格方面的立法滞后，目前集体经济组织成员资格的认定标准主要通过地方立法、村规民约以及司法解释等文件来进行确立。这容易造成规范效力层次低、认定标准不统一以及缺乏对高度自治的有力制约的问题。[②] 对于成员资格认定标准的制度所需考虑的因素，当被问及“您认为成员资格认定标准应该考虑

---

① 江晓华．农村集体经济组织成员资格的司法认定：基于 372 份裁判文书的整理与研究．中国农村观察，2017 (6).

② 高飞．农村集体经济组织成员资格认定的立法抉择．苏州大学学报（哲学社会科学版），2019 (2).

哪些因素”这一问题时，在成都市，幸福村选择户口是否在本村的受访村民有34.1%，选择平常是否在本村生产生活的有63.6%，选择是否以承包地为主要生活来源的有40.9%，选择是否对集体有贡献的有18.2%；而岷江村和邛崃市夹关镇关于上述四项选择的比例分别为75%、62.5%、37.5%、50%和83.3%、37.5%、37.5%、29.2%。综合以上数据后可知，在成都市，关于成员资格的认定标准，有64.1%选择户口是否在本村，54.5%选择平常是否在本村生产生活，38.6%选择是否以承包地为主要生活来源，32.4%选择是否对集体有贡献。上述数据表明，村民对村集体成员认定的意见大多数倾向于考虑户口是否在本村这一项，而把其他标准则作为辅助标准加以考虑。在重庆市，环山村和山洞村选择“户口是否在本村”“平常是否在本村生产生活”“是否以承包地为主要生活来源”“是否对集体有贡献”等四项的比例分别为44.4%、77.8%、33.3%、55.6%和50%、50%、50%、20%。综合以上数据可知，重庆市调研地区的受访村民有47.2%选择户口是否在本村，63.9%选择平常是否在本村生产生活，41.6%选择是否以承包地为主要生活来源，37.8%选择是否对集体有贡献。可见，在重庆市，村民对于村集体成员认定所考虑的因素则并非主要以户口为主，而是兼顾多个方面并予以综合考虑，但两地村民关于“对集体有贡献”这一因素都不太广泛接受。这一结果产生的原因是对集体有突出贡献的村民并不普遍，大部分村民不愿意将其作为成员资格认定的一般因素，更希望通过民主表决的方式决定是否赋予其成员资格。

（二）农村集体经济组织成员资格认定中的特殊因素

由于成员资格认定在实际操作中的复杂性，除一般因素外，亦需对一些普遍存在的社会现象（如男赘女嫁、绿色户口、公职人员和政策性移民等）所引发的特殊因素进行考量。这些因素在集体经济组织成员资格认定过程中的利益指向与法理基础具有相当大的同一性，故而，本次调研仅选取其中一种最为典型的现象，即外嫁女的成员资格认定问题。当问及“您认为嫁到本村但户口没有迁到本村的妇女是否具有本集体经济组织成员资格”对于这一问题，在成都市，幸福村有60.9%的受访村民选择具有，39.1%选择不具有；岷江村和邛崃市夹关镇选择具有与不具有的比例分别为25%、75%和43.5%、56.5%。综合上述数据，有43.1%的受访村民选择具有，56.9%选择不具有。可见，在成都市，村民对嫁到本村但户口没迁到本村的外嫁女的身份认定没有比较统一的意见。这可能与农民自身相关利益的特殊性有关。在重庆市，环山村有50%的受访村民选择具有，50%选择不具有；山洞村40%选择具有，60%选择不具有。综合上述数据，受访村民共计有45%选择具有，55%选择不具有。可见，在重庆市，外嫁女成员资格问题同样意见模糊，村民对于外嫁女在村集体成员资格认定方面均没有达成具有倾向性的共识。

当问及“您认为嫁到外村但户口还在本村的妇女是否具有本集体经济组织成员资格”这一问题时，在成都市，幸福村有95.7%的受访村民选择具有，4.3%选择不具有；岷江村有87.5%的受访村民选择具有，12.5%选择不具有；邛崃市夹关镇有85%的受访村民选择具有，15%选择不具有。统计可得，成都市所调研地区的受访村民有89.4%选择具有，10.6%选择不具有。可见，村民对嫁到外村但户口还在本村的外嫁女的身份认定意见比较统一，大都认为其应当具有集体成员资格。在重庆市，环山村有77.8%的受访村民选择具有，22.2%选择不具有；山洞村有50%的受访村民选择具有，50%选择不具有。统计可得，有63.9%的受访村民选择具有，36.1%选择不具有。可见，在对待外嫁本村妇女的成员资格方面，重庆市村民虽然也倾向于认定其具有成员资格，但并没有如同成都市一般较为坚决。

在调研过程中了解到，各地对于外嫁女成员资格认定的问题都比较关注，相关的法律纠纷也较为普遍，但由于目前我国法律法规对农村集体经济组织成员资格的认定标准没有明确的统一规定，故而司法实践因缺乏裁判标准使得判决尺度难以统一，当事人受自身的法律水平及客观条件限制也使得举证能力难以保障，农村户籍管理普遍对婚嫁的迁移户把关不严、程序不规范的现象更使得部分外嫁女出嫁后不愿意从原籍迁出户口，以及存在一人多户、空挂户、回迁户等现象。诸多因素导致关键问题的真实性难以查明，难免会出现“同案不同判”的情况。[①] 因此，各地在进行集体经济组织成员资格认定时，往往需要对村规民约、妇女权益保护、基本生活保障等许多方面引发的特殊因素进行仔细考量。

（三）明确成员资格认定的一般标准，兼顾对特殊因素的考量

针对在改革中非常关键的成员资格认定问题，《集体产权改革意见》中规定了要探索在群众民主协商的基础上形成确认农村集体经济组织成员的具体程序、标准和管理办法；2018 年修订的《农村土地承包法》第 69 条也规定，确定农村经济组织成员资格的原则、程序等由法律、法规规定。但现有的法律、法规并未授权县级人民政府可以确定农村集体经济组织成员的资格，而农户在入股后其人口数量会随着时间不断变化，各户对集体经济的贡献也不一致。因此，有关成员资格的确认应当由农村集体经济组织成员共同讨论商议，通过民主议事规则先制定出成员资格认定的一般标准，通过核实人口信息与建立成员名册，并综合考虑户籍关系、土地承包关系以及对集体积累的贡献等一般因素来确定初始成员和后续新增人员的成员资格。但由于目前在确定成员资格时，各集体经济组织普遍适用《村民委员会组织法》规定的村民自治程序，而无法定的民主表决程序对其进行约束，容易导致个别村民代表协商确定或村民委员会主任直接决定成员资格的情况。因此，利用集体决议机制与决议程序以及立法对基本权利保护的一般规则来对成员资格进行认定更能保

---

① 赵贵龙．“外嫁女”纠纷：面对治理难题的司法避让．法律适用，2020（7）．

证认定结果的合理性与科学性。在确定一般标准时，我们还需注重对妇女、儿童等弱势群体合法权益的保护与代际公平问题，防止以“多数人暴政”的形式在乡村自治下通过村规民约不受限制地剥夺其应享有的成员资格。[①] 通过以上思路，我们应加快形成以法定化为主、以社团自治为辅的成员资格认定规则与具体明确的成员资格取得方式（原始取得、法定取得和申请取得），并按照锁定时点、确认成员、民主审议、编制清册等一系列系统化的认定程序形成成员资格的固化决议。对于成员资格认定中出现的特殊因素，我们则不能搞“一刀切”，而应在尊重农民意愿的前提下协调好成员之间的利益关系，根据实际情况仔细考量，经全体成员表决后形成对其成员资格确认与否的决议。如某些地区规定，机关事业单位、国有企业、国有控股企业的在编人员获得正式编制的条件包括其必须放弃或丧失原有村集体经济组织成员资格。这样的规定不仅与《集体产权改革意见》中尊重历史的原则背道而驰，而且与《农村土地承包法》《土地管理法》等相关法律的体系性不符。因此，在特殊标准的制定中，除要考虑基本生产生活保障因素外，还应关注对其对集体经济组织财产利益之分享所产生的影响，如依据法律规定或者执行国家移民政策必须接纳的人员，因其既不存在户籍的关联性与生产生活方面的依赖性，在与集体之间的权利义务也无合理的对价性[②]。故而安置方或其自身应当向集体进行一定补偿或出资；而对于特殊因素下其他非强制性接收的人员，则可以提高表决要求，如经三分之二以上集体成员同意方可获得成员资格，从而尽可能严密地防止在利益驱动下挤占原有成员权益等情况的发生。

---

① 高飞．农村集体经济组织成员资格认定的立法抉择．苏州大学学报（哲学社会科学版），2019（2）.

② 韩俊英．农村集体经济组织成员资格认定：自治、法治、德治协调的视域．中国土地科学，2018（11）.

三、农村集体资产股份合作制改革

（一）农村集体资产的股权类型设置

农村集体资产股权的设置和分配攸关集体经济组织成员作为产权主体的地位及利益是否能够得到确实，并关系到集体资产运营模式与收益分配机制的转变。[①] 因此，关于农村集体资产股权设置方面的问题，当问及“您所在的村股权设置有哪些类型”时，在成都市，幸福村有 45.5%的受访村民选择成员股，36.4%选择集体股，31.8%选择人口股，27.3%选择劳龄股，4.5%选择贡献股，22.7%选择福利股；岷江村和邛崃市夹关镇在上述六个选项上选择的比例分别为 83.3%、66.7%、33.3%、0%、16.7%、33.3%和 70.6%、41.2%、58.8%、11.8%、11.8%、41.2%。以上数据汇总后显示，成都市调研地区有 66.5%的受访村民选择成员股，48.1%选择集体股，41.3%选择人口股，13%选择劳龄股，11%选择贡献股，32.4%选择福利股。可见，在成都市农村集体产权制度改革中，股权类型的设置主要集中于成员股、集体股和人口股三种类型，也有部分农村设置了劳龄股与福利股，但对设置贡献股的意愿并不强烈。

在重庆市，环山村有 22.2%的受访村民选择成员股，44.4%选择集体股，55.6%选择人口股，11.1%选择贡献股；山洞村有 50%的受访村民选择成员股，40%选择集体股，20%选择人口股，20%选择劳龄股，10%选择福利股。统计后可知，有 36.1%的受访村民选择成员股，42.2%选择集体股，37.8%选择人口股，10%选择劳龄股，5.6%选择贡献股，5%选择福利股。可见，在重庆市，股权设置的类型同样集中于前三种股权类型，但与成都市不同的是，其对劳龄股、贡献股和福利股的设置均呈现消极的态度。这可能与调研地区集体经济组织

---

① 段浩．农村集体经营性资产股权设置的理论突破与实践探索．理论导刊，2020（1）.

工作开展的进度和效果有很大关联。

由于《集体产权改革意见》强调股权设置应以成员股为主，是否设置集体股由本集体经济组织成员民主讨论决定，且集体股的设置大多受一些历史遗留因素和本地实际情况的影响。因此，各地在改革实践中以设置集体股的实效性考量为基础，其认识和做法不一。[①] 当问及“您认为是否应当设置集体股”时，在成都市，幸福村 86.4%的受访村民认为应该，13.6%的受访村民认为不应该；岷江村和邛崃市夹关镇村民选择应该与不应该的比例分别为 71.4%、28.6%和 95.2%、4.8%。汇总以上数据后可知，有 84.3%的受访村民认为应该，15.7%的受访村民认为不应该。在交流过程中，课题组也发现，村民对设置集体股的意见比较统一，均认为设立集体股能够对本集体经济组织的长远发展有益，能够维护集体产权的稳定运营和保障村集体经济的持续壮大。村集体有自身可支配的资金可以为村民办更多的事。

在重庆市，环山村认为应该与不应该的比例分别为 55.6%和 44.4%；山洞村有 80%的受访村民认为应该，20%的受访村民则表示对集体股不太了解。统计后得出，有 67.8%的受访村民认为应该，22.2%的受访村民认为不应该，10%的受访村民则对集体股不太了解。可见，重庆市调研地区对是否设置集体股的意见也主要是以肯定为主的。但是，依旧有一部分村民对于集体股的作用不太了解，担心集体股的设置与村民的集体思想不符或者与村集体的处理能力不匹配，或者担心管理人员通过集体股的管理漏洞以公谋私，或在未来变更重组时会面临再分配与再确权导致的产权二次模糊等问题；而即使不设集体股，有关集体公共事务的经费仍可通过提取公积金与公益金的方式来获取，因此不予肯定和支持。这与成都市绝大部分赞同的情况有所不同。

课题组在与村民以及村干部交流的过程中得知，实际上大多数集

① 房建恩．农村集体产权制度改革中的集体股设置．人民法治，2019（14）．

体经济组织并未设置集体股，而是采取了提取公积金、公益金等其他的做法。这种实践和认识的差异在很大程度上是由于在农村集体产权制度改革的基层实践中，部分村民乃至基层工作者对于公积金、集体股的概念和性质认识不清所致的。

在问及“您所在的集体经济组织中集体股的权利由谁来管”时，在成都市，幸福村和岷江村选择由村民委员会管与由成员大会民主决议的比例分别为45.5%、54.5%和12.5%、87.5%；邛崃市夹关镇有5.3%的受访村民选择没有表决权不用管，21%选择由村民委员会管，5.3%选择由理事会管，68.4%选择由成员大会民主决议。汇总统计数据后可知，成都市有1.8%的受访村民选择没有表决权因而不用管，26.3%选择由村民委员会管，1.8%选择由理事会管，70.1%选择由成员大会民主决议。可见，村民对集体股管理方面的意见基本倾向于由成员大会民主决议，并不完全放心由村民委员会或其他机构来管理。

在重庆市，环山村有55.6%的受访村民选择由村民委员会管，44.4%选择由成员大会民主决议；山洞村有10%的受访村民选择没有表决权不用管，30%的受访村民选择由村民委员会管，20%的受访村民选择由理事会管，40%的受访村民选择由成员大会民主决议。汇总上述数据可知，有5%的受访村民选择没有表决权不用管，42.8%的受访村民选择由村民委员会管，10%的受访村民选择由理事会管，42.2%的受访村民选择由成员大会民主决议。可见，村民对于这一问题的态度主要集中在村民委员会管理或成员大会民主决议两项，与成都市的村民对集体股权利管理机构选择的态度基本一致。这反映出村民担心集体股完全交由村民委员会管理，很可能会导致集体股股东及其代表对股份合作社经营管理的控制，甚至不当干预。

（二）农村集体资产的股权管理模式

股权管理分为静态管理与动态管理两种模式，对这两种模式的选择直接会影响到股份权能的发挥。关于股权管理模式选择的问题，当问及“您认为股权静态管理好，还是动态管理好”时，在成都市，幸福村 23.8％的受访村民选择静态管理，9.5％选择动态管理，66.7％选择先静态后动态；岷江村和邛崃市夹关镇选择上述三项的比例分别为 0％、12.5％、87.5％和 15.8％、52.6％、31.6％。据以上数据统计后可知，成都市调研地区有 13.2％的受访村民选择静态管理，24.9％的受访村民选择动态管理，61.9％的受访村民选择先静态后动态。可见，村民对股权管理模式选择的意见大体统一，均比较倾向选择动态管理或者先静态后动态的管理模式，而不太赞成完全静态的管理模式。但根据收集到的章程文件来看，成都市调研地区主要倾向静态管理。例如，《岷江村股份经济合作联社章程》第 16 条第 2 款规定：“土地股实行相对静态管理，可以在一定期限内适度调整。调整时，先由调整人、被调整人协商达成一致意见，经所涉及股东签字同意后，由调整人向本社提出申请，交董事会审核后在股东名册上作股权变更登记。”《邛崃市孔明乡郭山村集体经济组织章程》第 13 条规定：“本集体经济组织股权管理实行不随人口增减变动而调整的静态管理方式，确权到人、颁证到户、户内共享、长久不变。”究其原因：一是村民在短期内对不同股权管理模式的差异及对其经济利益产生的影响认识不够清晰；二是静态管理模式在相对公平的基础上能够极大地减少改革负担，避免发生争议的同时便利集体收益的及时分配；三是股权管理模式应随着经济组织发展的不同阶段或现实情况的变化，经民主协商后确定，可在一段时期后综合村民之间的不同诉求进行调整。

在重庆市，环山村有 77.8％的受访村民选择动态管理，22.2％选择先静态后动态；山洞村有 62.5％的受访村民选择静态管理，25％选择动态管理，12.5％选择先静态后动态。据数据统计后可知，有 31.3％的受访村民选择静态管理，51.4％选择动态管理，17.3％选择先静态后动态。可见，重庆市的村民对股权管理模式的选择与成都市有一定不同，主要倾向或静态或动态的管理模式，虽然也有部分村民选择先静态后动态模式，但没有形成主导性意见。而在收集到的政策文件中发现，重庆市的股权管理模式也基本偏向静态管理，如《环山村股份经济合作联社章程》第 23 条规定：“本社股权实行静态管理，按照‘生不增、死不减，入不增、出不减’的基本原则管理股权。”课题组在与山洞村村干部的访谈中得知，由于该村主要经营农业生产，经营性资产较为缺乏，人口流动较少，故选择动态管理模式并没有增加太多制度成本和工作负担，而且可以及时地随着人口增减对股权进行调整，实现更加公平的利益分配目标。

从调研的实际情况来看，两地目前的集体经济组织对股权管理的做法不尽相同。人员流动较为频繁、改革进度较为深入的村（如成都温江区的幸福村、岷江村等），为了降低相应的管理成本，避免村民之间利益冲突的产生以及农村社会矛盾的积累，故而没有选择看似更加平等的动态管理模式，而是主要实行“一户一证”作为享受股份经济合作社收益分配的凭据，以户为单位进行收益分配，实行相对静态管理以保持股权的稳定。而某些人员流动较少、改革尚未深入进行的村（如重庆市山洞村），则并未全部选择较为高效便宜的静态管理模式，而是由于管理成本较低或长期管理习惯等原因，主要实行根据人员变动而调整的动态管理模式，以便于更加及时公平地进行股权利益分配，从而减少对股权质押、继承、转让和退出等方面的限制。故而，各地对股权管理模式的选择具有针对性，并没有完全正确统一的结论，有关股权管理的规定也不应强制要求进行静态管理，而应当根据各地情况作出赋予村集体拥有选择权的规定，从而合理地兼顾农村基层群众的利益诉求。

（三）丰富股权类型设置与权能实现形式，放活股权管理模式

针对上述调研结果中所暴露出的各地股权设置不统一与村民对股权权能实现形式较为陌生的问题，课题组认为，除对成员股等基本股权类型的设置应作出统一规定外，其他股权类型的设置与否应由集体成员通过民主决策来确定，法律只应对股权类型进行效力方面的认定，

而不应限制集体成员产权意识的自主发挥。同时，相关部门应尽快制定出台集体资产股权融资担保、继承、有偿退出等方面的管理办法，就成员继承人与非成员继承人的相关权利进行区别规定，丰富股权权能的实现方式，如可以采取集体经济组织担保或股东之间互保的形式，由担保人与银行签订借款合同和担保合同来获得贷款等，促进成员对股权权利的深刻了解与积极行使。此外，股权固化的管理模式虽有使集体经济组织管理科学化、决策效率化、产权明晰化以及防止股份稀释与股份分配争议等优点，但也存在与村民自治原则、社区聚合原则相冲突以及逐渐剥离农民与土地紧密联系等弊端。① 故而，村集体应尽量放活集体对股权管理模式的选择，真正激活与落实组织成员的自治管理。例如，可在股权相对固化管理的基础上采用积分认证制度，根据各集体经济组织实际情况在组织章程中规定各项义务履行标准，累积一定积分即可获得组织成员资格，而扣减到一定积分则按退出机制处理等。

同时，相关部门要重视产权流转的可持续性，细化集体收益分配规则。对于调研访谈时发现的产权流转过程中因相对方违约、经营不善或其生产经营活动遭到行政处罚等各种情况导致集体资产难以持续流转的问题，尽管中共中央、国务院在2020年先后颁发《关于构建更加完善的要素市场化配置体制机制的意见》与《关于新时代加快完善社会主义市场经济体制的意见》，意图进一步优化集体产权要素高质量、高效率、公平、可持续的市场化改革，全国各地也均鼓励农村产权进行积极有序流转，但由于现实情况的复杂性以及在立法层面上关于农村产权流转争议解决方面规定的缺失，村集体将集体产权流转后，一旦遭遇经营者经营不善的状况，相关法律规定的缺失必然导致争议的搁置甚至集体产权流转过程的停滞，其带来的直接影响就是集体经

① 梁文生．论农村集体经济组织股权固化的完善：基于中山市古镇镇的调查分析．重庆理工大学学报（社会科学），2017（12）.

济收益的获得与分配陷入困境。同时，虽然《集体产权改革意见》中对农村产权流转的方式进行了规定，但却并不足以作为实践中争议解决的依据。故而，未来的相关法律制度设计应当坚持产权的持续性流转原则，在全国层面就产权流转争议解决机制的一般规则和特殊情形予以统一规定，并尽快加强对产权交易中心的规范化与分层级网络信息化产权交易平台的建设，以促进产权流转的效率以及进一步保障交易的有效性和连续性，引入产权价值评估机制、信用评价机制、风险防控机制、融资服务机制与抵贷资产收储机制，使交易的前、中、后等各个阶段均能达到可以实时监管和追责的效果，探索农村土地产权交易的新模式并逐步建立功能完备、程序透明的农村土地产权交易平台，弱化产权交易过程中的行政介入和干预，推动农村资源要素交易市场化和资产运营高效化，避免出现集体产权在流转过程中出现停滞从而造成集体经济资源遭到浪费甚至集体收益落空的窘境。[①] 此外，在集体收益得到保障的前提下，相关部门应当进一步细化集体收益的分配规则，完善相应的配套政策，充分考虑到各地村集体在收益分配方面的不同需求，平衡好集体经济组织发展与农民基本收益保障之间的关系。同时，通过激发农民群众的积极性和创造性实现股权收益分配模式的多样化与科学化，逐步探索进城落户农民土地承包权、宅基地使用权、集体收益分配权等权利自愿有偿转让办法，使集体收益的合理分配方案落到实处。

① 李树超，丁慧媛．农村土地产权交易平台建设的必要性、问题及对策分析．江苏农业科学，2016（2）．

第九章
湖南省部分地区农村集体产权制度改革

湖南省开展全国第三批农村集体产权制度改革试点的单位包括1个市（株洲市）和4个县市区（韶山市、临湘市、益阳市赫山区、娄底市娄星区），共有123个乡（镇、街道）、1 520个村（社区）、30 638个村民小组。课题组结合湖南省改革试点情况，选择1个市（株洲市）和两个县区（韶山市、娄底市娄星区）作为调研对象，每个县级市（区）选择1—2个乡（镇、街道），每个乡（镇、街道）随机选择2个村，共涉及7个乡（镇、街道）、12个村，发放问卷300份，回收有效问卷为251份。

一、农村集体经济组织治理机制

激活集体资产的市场活力、探索“政经分离”的格局目标，农村集体经济组织的组织建设至关重要。目前，通过农村集体产权制度改革，农村集体经济组织的市场主体地位得到进一步明确。调研发现，株洲市、韶山市各村级单位全部建立了新型农村集体经济组织，共计1 365个。只有娄底市娄星区个别村级单位尚未建立新型农村集体经济组织。同时，各地农村集体经济组织的法人治理多体现为静态治理结构与动态治理机制结合的态势。

（一）农村集体经济组织静态治理结构

在讨论农村集体经济组织静态治理结构之前，农村集体经济组织设立是否有必要成为讨论的前提。在调研座谈中，娄底市娄星区负责人认为，农村集体经济组织是集体资产管理的主体，如果农村或社区（村改居后形成的社区）没有太多集体资产，就没有建立农村集体经济组织的必要。同时，根据问卷调查，75.3％的受访村民认为有经营性资产就可以设立集体经济组织，53.78％的受访村民认为有资源性资产就可以设立集体经济组织，另有58.17％的受访村民认为集体经济组织设立与否由村民大会决定即可。由此可知，村民对成立集体经济组织的必要性存在不同认识。此外，课题组也发现有相当一部分受访村民认为农村集体经济组织的建立与集体资产的类型、数量无关，只要村民大会表决通过，就可以建立农村集体经济组织。显然，在改革实践中出现的不同观点是未能精确领会中央文件精神、宣传培训工作不到位的结果。《集体产权改革意见》强调："农村集体经济组织是集体资产管理的主体，是特殊的经济组织，可以称为经济合作社，也可以称为股份经济合作社。"这意味着，农村集体经济组织是集体经济发展的必要载体，有集体资产，即有设立必要，但不可局限于现有集体资产，更要长远谋划，使集体经济组织成为促集体经济发展、利集体利益分享的主体。

在农村集体经济组织设立指导方面，政策文件是指导和实施改革工作的根据，而示范文本是参照和执行政策文件的主要依据。湖南省在开展农村集体产权制度改革之时，注重夯实基础，出台各项明确具体的政策，有效帮助乡村打开发展思路。为做好试点工作，湖南省在2019年就出台了20余项政策文件，既包括宏观改革思路的指引，也包括具体改革工作的实施和阶段性工作的检查督查总结。例如，株洲市出台了一系列改革文件，概括起来包括"2个纲要性指导文件＋19个具体性实施文件＋7个集体资产管理文件"。其中，"2"是指《株洲市农村集体产权制度改革实施方案》《株洲市“全国农村集体产权制度改革整市试点”工作实施方案》；“19”是指根据改革各个阶段的不同特点和要求相继出台的有关方案、制度、规定、办法等相关文件[①]，其中《株洲市农村集体经济组织示范章程》是在参照省级文件的基础上，将出现在市级指导性文件《株洲市农村集体产权制度改革实施方案》中的农村集体经济组织组织机构具象化了；而“7”是指通过清产核资建立健全株洲市农村集体“三资”管理制度，以及农村集体资产工作联系制度、定期报告制度、保管制度、使用制度、处置制度和清查制度等，实现结构与制度间的合理有效联动。基于政策文件先行的思路，湖南省基本实现通过规定指导意见和基本原则规范试点地区的自行探索行为，避免出现与改革精神相违背的内容。

在农村集体经济组织治理结构方面，试点地区基本完整设置“三会”的组织框架，以成员（股东）大会作为最高权力机构，理事会作为日常执行机构，监事会为监督机构。例如，株洲市于2019年6月拟定《株洲市农村集体经济组织示范章程》规定，农村集体经济组织的机构设置成员（股东）大会、成员（股东）代表大会、理事会、监事会等机构。同时，经过问卷调查与实地访谈，村民不仅认同此种分权构造，更表露出重视自身权利的行使与实际参与资产管理的要求。例如，在农村集体经济组织重大事项决议中，除无效回答外，96.41%的受访村民认为应当由成员大会或成员代表大会决定本村重大事项，只有0.4%的受访村民认为可由理事会或村两委决定。这显示着成员大

① 具体性实施文件主要包括：《株洲市农村集体产权制度改革工作目标管理考核办法》《株洲市农村集体产权制度改革工作督查督办制度》《株洲市农村集体资产清产核资工作市级验收方案》《株洲市农村集体资产产权界定的指导办法》《株洲市农村集体资产清产核资资金核实和财务处理规定》《关于认真做好农村集体经济组织成员身份确认工作的指导意见》《株洲市农村集体经济组织成员登记备案制度》《农村集体经济组织登记赋码工作实施方案》《株洲市农村集体经济组织示范章程》《农村集体经济组织成员登记管理办法》《株洲市农村集体资产股权量化管理的指导意见（试行）》《株洲市农村集体资产股权管理暂行办法》《株洲市关于做好农村股份经济合作社收益分配工作的指导意见》《株洲市农村产权交易市场体系建设方案》等。

会在集体资产管理中的突出地位与村民自决的要求。

在农村集体经济组织组织机构人员构成方面，最为突出的特点应为“政经分离”，但政策目标与现实情况存有明显差距。《集体产权改革意见》指出，“有需要且条件许可的地方，可以实行村民委员会事务和集体经济事务分离”，同时强调“妥善处理好村党组织、村民委员会和农村集体经济组织的关系”。这表明，中央政策认为“政经分离”的实现需要依赖现实需要和一定的条件，但村党组织、村民委员会和农村集体经济组织的职责分工却需要被明确。在调研地区，普遍存在着集体经济组织和村民委员会的负责人交叉任职现象，集体经济事务与村民委员会事务不能分开。究其原因：一是集体经济组织的独立性尚显不足。在调研地区，村集体经济组织普遍缺少独立的办事机构、工作人员、工作地点，尤其是缺少独立的财务会计制度。试点地区的基层干部也认为，集体经济组织应当参照现代企业管理模式，结合农业农村的特殊性，建立独立的财务会计制度。总的来说，上述独立性的欠缺，一定程度上影响了集体经济组织经营管理集体经济事务的初衷，削弱了村民对“政经分离”和集体经济事务独立的认识，不利于集体经济组织独立的市场主体地位的确立。二是农民集体的社区性和封闭性，村民对外来人员管理集体经济事务缺乏信任。例如，在集体经济组织负责人的产生方式上，84.86％的受访村民认为应当由他们自己选举产生，有13.55％的受访村民认为应当由上级政府指派，还有1.59％的受访村民对此问题“没想法”。总体而言，村民要求熟悉乡村情况、具备群众基础的“自己人”来管理集体经济组织事务。三是考量现实状况与村民民意，在农村劳动力流失和高素质人才短缺的情况下，既有的村干部队伍熟悉本村情况，拥有良好的群众基础，工作开展顺畅。在调研过程中，有高达94.42％的受访村民认同集体经济组织管理人员与村干部的交叉任职，似乎现有做法是“民心所向”之举。

改革深化应该尊重实际情况、充分吸收实践经验，但同样应当高于实践、指导实践、规范实践。针对目前试点地区交叉任职的情况，我们不可以武断否定，但应当以促进农村集体经济组织发展为首要原则，正视存在问题，提出改进方向。坚持“政经分离”的改革方向存在现实原因：一是从目前的任职情况看，村民委员会主任或村党支部书记的工作任务重、精力和能力有限，对新时代背景下发展集体经济有点力不从心。二是从农村集体经济发展方向看，逐步市场化运作的要求已然提出，对农村集体经济组织的经济效益增长与专业人才管理提出了要求。课题组在调研中发现，有的集体经济组织已经意识到并作出了有益探索，如湖南省株洲市攸县的农村集体经济组织章程规定：“理事会成员任期内经营管理成效显著，本社净资产有效大幅度增加的，经股东代表会议决议可根据其贡献大小，给予有关人员一定的奖励。”虽然因改革尚处于初始阶段，其制度成效还需要时间验证，但这种激励机制的尝试值得肯定，是对“政经分离”的改革要求的深入解读。三是对农民权利行使与保障的再次重申，即使原有村干部队伍在乡村治理中具有优势，但为进一步畅通村民意见表达、提高民主决策水平，建设知人善用、独立民主的农村集体经济组织，“政经分离”势在必行。例如，独立的人员选举程序不可或缺，基层各组织间清晰的职能划分与相互监督同样必不可少。

（二）农村集体经济组织动态治理机制

农村集体经济组织的动态治理机制直接反映了静态治理结构的科学性与可行性，农村集体资产的实际保有及增长状况则实际反映动态治理机制的效果。可以看到，动态治理机制的关键措施在于成员参与，重要保障为监督机制，最终目的落脚于经济增收与成员分享。因此，从上述三点进行考察，基本可以明确试点地区动态治理机制的构建状况。

第一，试点地区的农村集体经济组织建设均强调成员参与、管理与运行的重要性，使村民心中有数，手中有权。成员（股东）大会作为最高权力机构，事关农村集体经济组织发展的重要事项均由其决策，包括但不限于章程的通过与制定、合并分立以及资产处分、投资计划的制定等。成员代表大会经成员大会授权行使职权，每名成员代表所代表的农户数根据村庄的实际人数进行设定，召开人数以及事项通过比例均有严格要求，力求在农村的现实状况下实现民主与效率的平衡。农村集体经济组织重要人员由成员选举与罢免，任何组织与个人不得随意指定、委派或者撤换成员代表和理事会、监事会成员。同时，所有选举程序均需成立选举委员会，选举过程强调成员参与监督，选举结果要求公正公开，如《株洲市农村集体经济组织示范章程》第四章专章进行了规定，力求实现规范化运作。成员参与的动态治理机制除参与决策外，在具体的组织运营与决策落实过程中同样有所体现。例如，株洲市天元区响水村作为改革典型，在村民的配合下，盘活闲置房屋，打造 50 个民宿和家庭微农庄。同时，推进土地向规模化聚集经营，在流转土地近 1 000 亩的基础上进一步深化土地流转，并以“流转＋专业合作社”的方式完成了对 5 000 亩油茶林的低产改造，促进全村 12 家 3 000 头以上规模的生猪养殖场所的转型和生态化。这些成果的取得离不开村民的理解与参与。

当然，试点地区也存在村民参与度总体较低的问题。总体来看，试点地区的各村集体资产数量和质量存在差异，而村民参与度与集体资产数量、质量成正相关。经营性资产多而优的村，村民参与度高；经营性资产少但资源性资产多而优的村，村民参与度也高；集体资产总量少、质量不高的村，村民参与度低。因此，克服资产状况困难、因地制宜、因时定策、动员村民、提高参与度，应成为各试点地区努力的方向。

第二，试点地区的农村集体经济组织力求构建内外兼顾、上下畅通、多种形式、完整有效的监督机制。除强调监事会应发挥监督职能外，湖南省在对农村集体经济组织以及更宽泛意义上的农村集体资产财务管理的监督上形成了制度建设在先、成员监督为重、规范平台建设的局面。在制度建设方面，娄底市娄星区、韶山市、株洲市等地均制定了农村集体资产登记、保管、使用、处置制度以及年度资产清产制度、定期报告制度，对政府拨款、减免税费等形成资产的移交农村集体经济组织管理运行也均有规定。这为成员监督农村集体资产状况提供了标准与依据。在成员监督方面，强调成员个体直接监督的可能性，最突出的体现是开发多种意见表达渠道，将农村集体经济组织的监督机制放置于基层治理机制中构建，实现各制度间的相互配合、系统改革。为此，湖南省开发了“互联网＋监督”的基层政务公示监督平台，其中包括 1 个 APP“互联网＋监督”和 1 个微信公众号“三湘 e 监督”。村（社区）、乡（镇、街道）、县（市、区）、地级市各级政府办公场所均设有电子查询机，农民可以随时随地用手机查询，了解村（社区）、乡（镇、街道）、县（市、区）、地级市的各类公示信息。在平台建设方面，湖南省通过市县乡三级集体资产监督管理、土地经营权流转管理等平台建设，实现农村集体资产处置有迹可循，再配以财务定期公示制度、农村集体财务审计制度，让监督落在实处。

虽然试点地区已经存在较为完善的监督机制，但现有农村集体经济组织章程、财务管理制度等只涉及集体财务的内部监管，缺乏强有力的外部监管，尤其是从国家到省、市级层面，都没有出台对集体经济组织财务从外部进行有效监管的办法和规定。这就造成了管理漏洞，留下了安全隐患，仍需要进一步完善。

第三，从目的导向看，湖南省农村集体经济组织的运行已初见成效。例如，通过农村集体经济组织的民主决策与执行机制，株洲市创新性地走出了四条发展道路：一是产业带动型道路，通过集体经济组织整合优势，发展特色农业；二是资源开发型道路，通过集体经济组织整合土地资源，并引入工商资本发展集体经济；三是股份合作型道路，通过折股量化，让农民分享发展成果；四是资产租赁型道路，通过集体资产租赁，收取固定收入。韶山市主要依托自然禀赋和区位优势，开发旅游资源及其附属服务产业，创新了农村集体产权发展模式，发展壮大了集体经济，农民财产性收入也有所增加。同时，在动态治理机制完善的状况下，三个试点地区听取了各方意见，逐步开放对工商资本的不当限制，允许、鼓励优质的工商资本下乡，同时对工商资本施加适当的监督。例如：株洲市天元区月福村引进裕农项目，发展农产品加工物流园；娄底市娄星区引入玫瑰园项目，发展休闲农业和玫瑰特色产业，增加集体就业岗位，提高了集体经济收入。

农村集体经济组织完善的动态治理机制确实带来了诸多收益，但也并非尽善尽美。一是目前改革试点的基本工作已经完成，基本形成以固定收益或稳定收益为主的租赁、入股保底分红等经营方式，但其他稳健性投资活动还没有开展，如投资国债等，单一的经营方式最终会限制着农村集体经济组织的发展。二是在股份经济合作社继续探索集体资产保值增值的道路上，开展高收益的经营活动伴随着高风险，因此，如何平衡风险和收益就成了难题。三是组织治理重要依据的章程文件尚不规范，如对股权的表述有“确权到人”与“确权到户”的不同表述，只规定了股东代表会议却没有规定股东大会。虽然农村集体经济组织是法律规定的特别法人，具有不同于一般工商企业的特点，但也应当遵循法人组织机构的基本模式。

（三）完善农村集体经济组织治理机制的建议

农村集体经济组织承担着发展集体经济的重任，是集体产权制度改革的核心。农村集体经济组织治理机制是否完善将直接影响广大农民的切身利益，更关乎共同富裕目标的实现。农村集体经济组织的治理应当秉持激励与制衡相结合的原则，通过科学的折股量化、成员认定，唤醒农民的权利意识、激发广大农民发展集体经济的动力，使人民群众更积极地参与农村集体经济组织的治理与运作中。与此同时，要充分考虑各个治理机构之间的制衡。任何组织机构只要掌握了资源的分配，就掌握了某种权力，这就要求落实农村集体经济组织“三会”

的权力，充分发挥各机构的职能。

农村集体经济组织中存在着双重代理结构。作为法定所有权人，农民集体的主体身份虚化，无力行使所有者权益；而集体成员作为参与者，没有具体出资，也不享有剩余索取权，集体利益与其并不直接相关，参与治理的积极性不高。同时，集体成员缺少必要的手段给管理者施加压力——对于企业等经济组织而言，投资者可以“用脚投票”，这能给经营者有效地施加压力。但是，在成员固定的农村集体经济组织中，成员并不享有通畅的退出渠道，因此也无法有效监督和激励管理者的经营行为。此外，就实际情况而言，一般来说农村集体经济组织的管理者同属于一个集体，彼此间关系盘根错节，很难理性行事，这加大了农村集体经济组织内部治理模式建构的难度。如何调动农民治理的积极性，如何增加必要的内部治理的手段，如何处理复杂的社群关系，关系着农村集体经济组织内部治理构建的成败。这就要求完善农村集体经济组织的治理机制，在减少村民之间、村民与集体之间新的矛盾纠纷的同时，提升农村社区治理的自主性与公共性。课题组调研发现，农村集体经济组织与村干部交叉任职情形普遍。应当承认，在农村基层工作中，村干部在组织协调能力方面有着得天独厚的优势，而且当前大量乡村都缺少人才，因此，村干部在农村集体经济组织交叉任职也有一定合理性，但这难免带来“政经不分”、权力集中、监管困难等问题。针对这些问题，我们首先，要持续推进“政经分离”，增强农村集体经济组织的独立性，并通过不同班子之间的分权制衡、相互监督降低代理成本。其次，要压实“三会”的职责，使成员大会、监事会充分发挥其作用，通过吸收外来人才等方式提高农村集体经济组织的经营能力、管理能力。最后，我们还要畅通集体经济组织运行的各项信息公开，充分保障成员知情权，疏通民意反应渠道，使上下沟通不闭塞、不单薄，让村民事前参与决策，事中参与管理，事后参与监督，通过科学的治理机制运行促进集体经济组织规范化运行。

与此同时，完善农村集体经济组织治理机制也应立足于提高经营能力，区分不同农村集体资产类型，分类有序施策，促进资产有效运营。对非经营性资产，我们要完善集中统一运营管理机制，提高公共服务能力，更好地服务农民群众。对资源性资产，我们一方面要推进清产核资、确权登记工作，另一方面想方设法搞活经营，提高经济效益。此外，我们还要充分利用集体拥有的闲置房屋、山林、池塘水面等自然资源，结合各地历史人文等区域特色，发展农产品加工、休闲观光、电子商务等新产业、新业态，吸纳更多农民就地就近就业，在提升农民职业技能水平的同时，促进农民收入的多元化。村集体所有资产资源都要纳入农村产权交易市场公开交易，杜绝暗箱操作和私下交易。

二、农村集体经济组织成员资格认定

（一）农村集体经济组织成员资格认定的实践作法

农村集体经济组织成员资格认定问题是成员享有权利的前提，更与农村集体经济组织特有的社区性有关，同时，成员资格认定工作也是农村集体产权制度改革中最为复杂的环节。《集体产权改革意见》提出的基本原则之一是强调“尊重农民群众意愿”，发挥农民主体作用。从调研反映的民意看，大多数村民认为，成员资格认定标准应由村民自己决定，该部分受访村民占比 63.75%。同时，还有一部分受访村民认为应当由政府出台指导意见，该部分受访村民占比 25.5%；认为应当按照法律规定办的受访村民占比 10.36%。从改革实际情况看，试点地区的确也遵循了政策导向与村民意见。课题组在调研中发现，承认召开村民大会并通过成员资格认定标准的受访村民占比 98.01%，认为虽然召开了村民大会但未达成成员资格认定标准一致意见的受访村民占比 1.99%。这表明，成员资格认定标准具有较好的民主性，这基本符合大多数村民的利益追求。可以说，成员资格认定标准基本都是由成员大会通过的，实际改革推进不断追求着农民认可度，这也体现在各试点地区成员资格认定工作开展的各个阶段中。

从改革推进的现实状况看，各试点地区都认识到，农村集体经济组织成员资格认定是集体经济的特色和改革工作的难点，为保证认定工作经得起历史检验，在不违反法律政策的基础上，应充分尊重地区具体情况、充分尊重农民群众意愿。以娄底市娄星区为例，娄星区是中心城区，城市化进程快速发展，征地拆迁不断向周边乡镇扩展，农民群众利益诉求意识很强，其出台的《娄星区农村集体经济组织成员身份确定指导意见》创新成员资格认定，以“三个是否”作为确认成员资格的综合依据，即“是否具有本集体经济组织常住户籍”“是否长期居住在本集体经济组织，与本集体经济组织形成了较为固定的生产生活关系，并形成了事实上的权利义务关系和管理关系”“是否依靠本集体经济组织土地作为基本生活保障”。这“三个是否”的标准符合实际情况，得到了村民的支持；同时，创新工作基本原则，在上级文件明确的“依法依规、程序规范，尊重历史、兼顾现实，民主协商、群众认可”的三条基本原则之外，加入了“身份唯一、不重不漏”的原则，实现了指导性意见与自主性发挥的结合。试点地区也创新性地规定了研判建议机制，在民主协商确认成员资格意见分歧较大时，规定会议不强行表决，而是向乡镇街道报告，经乡镇街道农村集体产权制度改革领导小组认真调查，集体研究决定；必要时报区产改办研究，形成政策解读书面意见，指导村组会议讨论表决。这有效防止了多数人侵犯少数人权益导致个别群众上访的现象，最终实现兼具原则与灵活的成员资格认定标准与方法。例如，株洲市出台了《关于认真做好农村集体经济组织成员身份确认工作的指导意见》，制定了“八宜五应八不定”界定法①；韶山市则探索出“一个指导意见”“五个必须”

---

① “八宜”规定了成员资格确认的一般条件，包括：（1）实行农村土地家庭承包制或承包土地延包时，依法取得或保留承包土地的村民及其以后出生落户子女；（2）因婚姻关系依法登记为本村（社区）常住户口，且在本村（社区）生产、生活，或者尚未将户口从原籍迁入本村（社区），但已在本村（社区）实际生产、生活（由原籍地乡镇一级出具已失去土地承包权和集体收益分配权证明）的人员及其子女；（3）夫妻一方在（转下页）

"三级审核建议"的工作方法，确立了"19种认定情形[①]+14种不认

(接上页)原籍地未取得土地承包或集体收益分配（由原籍地乡镇一级出具未参加土地承包或集体收益分配证明），且户口在本村（社区）的；(4)户口在本村（社区）的妇女离婚或丧偶后仍在本村（社区）生活，或者虽未在本村（社区）生活，但其新居住地未为她解决承包地或集体收入分配的（需提供新居住地乡镇一级出具的未取得土地承包权及集体收益分配权证明）；(5)夫妻双方或一方是村集体经济组织成员，其合法生育及依法办理收养登记（1992年4月1日《收养法》实施前领养而未办理领养手续的，另需提供领养证及其复印件），且在本村（社区）入户的子女；(6)土地承包期内，因外出经商、务工、陪同子女上学等原因离开本集体经济组织生产、生活，但仍未迁出户口的；(7)政策性移民落户的人员及其子女；(8)因被征地而参加社会基本养老保险的原本村（社区）被征地农民。"五应"规定了成员资格确认的特殊情形，包括：(1)全日制大中专院校就读在校的本村（社区）人员（就读时户籍迁入就读学校的）。(2)服兵役（义务兵和三级军士长〈含〉以下士官），且退役后回原籍安置的本村（社区）人员。(3)户籍关系从本村迁入城镇的原本村（社区），且仍享有土地承包权的人员及其子女。(4)开除军籍，且回原籍安置的人员。(5)正在劳教服刑的本村（社区）人员，并未丧失民事主体资格即民事权利能力，应保留其集体经济组织成员资格；在校学生、服兵役的、无本村户籍但有土地承包权的、开除军籍回到原籍的、劳教服刑的。"八不定"规定了成员资格丧失或不予认定的具体情形，包括：(1)国家行政、事业单位和国有企业及国有控股企业的在编工作人员及离退休人员；(2)已享受国有企业及国有控股企业、事业单位改革安置补偿的人员；(3)服兵役人员转为军官或退役后被党政机关和国有企业事业单位进行政策性安置的人员；(4)夫妻一方户口未迁出，但已在他地取得承包地或集体收益分配资格的人员；(5)法律法规明确应收回农村土地承包权或取消集体经济组织成员资格的人员；(6)已依法或申请取得其他村集体经济组织成员资格的人员；(7)以书面形式自愿申请放弃集体经济组织成员资格的人员；(8)自然死亡或被依法宣告死亡的人员；(9)其他成员资格丧失或不予认定的情形，经由已明确资格的集体经济成员代表大会按民主程序讨论决定。

① 19种认定情形包括：(1)可直接认定的情况：1)原始取得；2)合法婚姻关系取得；3)收养关系取得；4)因父母再婚取得；5)因国家建设或者其他政策性原因取得；6)协商方式取得。(2)户籍在本集体经济组织的，可以认定的情况：1)本集体经济组织女性成员出嫁到城镇，但仍在本集体经济组织生产生活，且享有本村集体土地家庭承包经营权，未纳入城镇居民社会保障体系的；2)本集体经济组织成员家庭有两个或两个以上女儿招亲的，原则上只确认一个入赘女婿；3)本集体经济组织成员娶进外村的妇女或招赘女婿，在离婚、丧偶后仍在本集体经济组织生产生活，未享有原集体经济组织集体资产利用权及权益分配权等权益的；4)本集体经济组织成员娶进外村的再婚嫁入女或入赘男，未享有其他集体经济组织集体资产利用权及利益分配权等权益的；5)再婚嫁入女或入赘男合法生育的未成年子女随其户口迁入本村，与本集体经济组织形成较为固定的生产生活关系，与本集体经济组织成员（继父或继母）形成抚养关系的继子女，未享有其他集体经济（转下页）

定情形[①]＋村民代表表决”的韶山市特色界定标准。由于工作仔细、

（接上页）组织集体资产利用权及利益分配等权益的；6）原本集体经济组织成员因购买“蓝印户口”、自谋职业、读书、自找门路等原因将户口“农转非”，没有享受公务员、国家事业单位、国有企业、国有控股企业以及县级以上集体企业（含县级）职工生活保障，且与本集体经济组织形成较为固定的生产生活关系的。（3）无户籍，但可经本人可申请认定的情况：1）本集体经济组织男性成员在基准日前依法娶进其他村的媳妇及双方合法生育的子女，已在嫁入地生产生活的，从尊重历史习惯和传统风俗考虑，原则上优先认定其具有嫁入地集体经济组织成员资格，但嫁出地给予集体资产利用权及利益分配权等权益或者认定成员资格的除外；2）本集体经济组织男性成员依法娶进其他村的媳妇及双方合法生育的子女，因男性村民房屋拆迁、项目建设户籍冻结、正在服兵役等客观原因，户口无法落户本村，但一直在嫁入地生产生活，未取得嫁出地集体资产利用权及利益分配权等权益的；3）本集体经济组织成员家庭因无法生育或终生未婚育而实际收养的子女，户口无法登记在本村，但已在本集体经济组织生产生活的；4）本集体经济组织成员因犯罪入狱刑满释放后回原籍地实际生产生活，其户口因特殊客观原因无法回迁本村，且没有其他社会保障来源的；5）本集体经济组织成员被判刑，尚在服刑的人员；6）本集体经济组织成员在部队服役的义务兵和符合国家有关政策规定的士官；7）本集体经济组织成员家庭的子女因就读幼儿园、中小学、大中专院校将户口从本村迁出的。

① 14种不认定情形包括：（1）丧失成员资格的情况：1）死亡（包括自然死亡和宣告死亡）的人员；2）取得其他集体经济组织成员资格的人员；3）全家户口迁入设区的城市，取得设区市非农业户籍的人员；4）在人力资源和社会保障部门办理正式招工录用已经纳入国家公务员序列、事业单位等正式在编的人员；5）以书面形式向本集体经济组织申请自愿放弃本集体经济组织成员资格。（2）基准日时户籍在本集体经济组织的，但不予确认的情况：1）已经纳入公务员序列、事业单位编制或成为国有企业、国有控股企业以及县级以上集体企业（含县级）正式在编人员、离（退）休人员；2）原国有企业、国有控股企业以及县级以上大集体企业（含县级）下岗人员；3）寄居户和空挂户。自户口迁入时起，未与本集体经济组织形成较为固定的生产生活关系的，以及没有与本集体经济组织其他成员形成较为固定并且具有延续性联系的人员；4）本集体经济组织女性成员出嫁或男性成员入赘本集体经济组织以外的单位，不再与本村形成较为固定的生产生活关系的；5）本集体经济组织女性成员出嫁或男性成员入赘其他村集体经济组织，已享有其他村集体经济组织集体资产利用权及利益分配权，在基准日之前将本人及配偶、子女的户口迁回本村的，其本人及配偶、子女不予认定；6）本村离婚、丧偶的妇女与外村村民再婚后，未与本集体经济组织形成较为固定的生产生活关系的，其本人、再婚配偶以及所生子女均不予认定成员身份；7）20世纪80、90年代，原本村村民的子女在其父或母退休（退职）后顶替补员的；8）基准日前，原本村村民移居海外（包括港澳台地区），并取得所移居国家或地区永久居留权或国籍，但未注销户口的；9）离婚或丧偶的外嫁女及子女，原乡镇企业类工作人员，自谋职业等“农转非”人员以及纳入公务员序列、事业单位等正式在编人员的配偶及其子女，在基准日前将户口回迁本村，但未与本村形成较为固定的生产生活关系的。

文件明确，在成员资格认定工作中，各试点地区没有关于成员资格认定的上访案件。

从具体调研涉及的成员资格认定的考量因素看，受访村民对户籍、土地承包关系、承包地作为主要生活来源、对集体贡献等因素的考量，占比为98.41%、73.31%、44.62%、49.4%。部分受访村民表示本村的成员资格认定标准存在时间节点，即1982年第一轮土地承包之时，这表明成员资格认定标准与户籍、土地承包关系的密切联系。同时，由于土地承包关系的存在，大部分村民认为承包土地的村民对本村的集体经济发展有贡献，但村民并不能完全认识二者之间的关系，多从“三提五统”的交纳角度理解对集体的贡献。个别村民表示，已经有其他工作且享有社会保障的人员不应成为本集体经济组织成员，这与一般主张的社会保障不能双重享受的观点一致。上述民意调查结果与各试点地区出台的成员资格确认指导性文件基本一致。这意味着政策的制定和落实能够充分尊重村民意愿，也是遵守“尊重历史、兼顾现实、程序规范、群众认可”原则的体现。

但就特殊人员的成员资格问题而言，村民意见存在较大差异。例如，婚嫁对妇女的成员资格认定会产生影响。针对嫁到本村但户籍不在本村的妇女，认为具有成员资格的受访村民占比56.57%，认为不具有成员资格的受访村民占比42.63%，多选造成的无效答题占比0.8%；外嫁女但户籍还在本村的，认为具有成员资格的受访村民占比47.41%，认为不具有成员资格的受访村民占比52.59%。这基本表明，村民将户籍作为认定成员资格的重要因素，但也并非唯一因素。婚姻关系会影响成员资格的认定，也是农村集体经济组织的社区性的一种表现形式，社区性依托于一定地域，但在生活生产过程中形成一种封闭的成员认同，这一自发形成并加以修正的判断基准在一定程度上比硬性户籍制度更实际可行。故而，试点地区的做法也多体现地方特色，如《株洲市农村集体经济组织成员身份确认指导意见》规定，有婚姻关系，“尚未将户口从原籍迁入本村（社区），但已在本村（社区）实际生产、生活（由原籍地乡镇一级出具已失去土地承包权和集体收益分配证明）的人员与子女”应当被确认为集体经济组织成员。在《株洲市天元区农村集体经济组织成员身份确认指导意见》中，与本集体经济组织成员合法结婚的人员，基准登记日前户口暂未迁入，放弃户籍地土地承包权的，应经本人申请，再由集体经济组织成员会议或户主会议民主协商确认。由此可以看出，在特殊人员的成员资格问题上，试点地区出台的指导性文件并非强制性规定，村庄内部生成的民主意见才是最为重要的，因为村民往往更看重特殊人员与本村的实质关联度与紧密度。

总体而言，成员资格认定涉及集体利益分配，三个试点地区对成员资格认定工作都极为重视，工作也非常扎实，但是仍然存在部分问题。首先，特殊利益群体的利益保护和利益衡量较难实现。对此，从上述村民关于婚姻影响妇女成员资格认定的分歧中可见一斑。而且，涉及特殊人员的成员认定缺乏统一规定，造成了村民对成员资格认定标准合法性的质疑。其次，缺乏统一的指导性文件。各区级、甚至村级文件各行其是，无法显现政策性文件权威性，同一个地级市内的实践做法不一致也影响权威性。不过，这是当前改革阶段性的体现，不必过于苛责。再次，成员资格决议主体尚未确定。成员资格认定标准涉及农村集体产权制度改革的利益分配，应当由成员大会集体决议。考虑到农民集体成员集会的困难性和改革的效率性，成员资格认定标准也可由成员代表会议集体决议。但是，应当明确成员资格认定是关涉农民集体全员的重大事项，原则上应由成员大会表决通过，不可规定仅由成员代表会议表决。最后，从农村集体经济组织相关文件中可以看到成员资格与股东资格问题。市场经济的发展自有其规律，而掌握市场规律的经管人才可以帮助集体发展经济。因此，为吸引和留住外来经管人才，三个试点地区的村级股份经济合作社章程都规定了优惠条件，如股权设置上的特殊人才股，让人才享受本集体的成员待遇，赋予人才与其创造价值相等的工资报酬等。韶山市韶山村、韶润村股份经济合作社章程规定，理事会有权“根据需要聘用必要的经营管理人员，并决定其报酬事项”。但是，从现有文件中并未发现对因股东身份获取途径不同所作的区分，不同种类股东权利内容也未得到释明。这容易引起实践中的适用困境，有待总结实践经验后予以规范。

（二）尽快出台成员资格认定的法律、法规

《农村土地承包法》明确了农村集体经济组织成员享有土地承包、集体收益分配、参与集体表决等权利。该法第 69 条规定：“确认农村集体经济组织成员身份的原则、程序等，由法律、法规规定。”但截至目前，我国还没有任何法律条文对农村集体经济组织成员资格进行界定。从实践现状看，法律的缺位直接导致了公权机关无法对身份认定过程中的利益纠纷予以及时回应，并制定行之有效的政策。实践中，地方政府将涉及集体资源的利益分配问题彻底交给了村集体或村民委员会解决，导致村集体的权力被无限扩大。同时，法律法规的缺位也导致法院对此类纠纷束手无策。多数情况下，法院以“村民自治”“成员资格问题尚无法律规定”“不属于人民法院受案范围”等为由，驳回当事人的起诉或诉讼请求。然而，在成员资格认定过程中，很多村、组不遵守宪法、法律规定，以“少数服从多数”这种表面上合理的集体表决方式，剥夺或侵害少数人的合法利益，不认定其成员资格。随着集体收益的稳步增加，这种情况愈演愈烈，并且具有一定的普遍性，已成为严重影响农村社会稳定、制约新农村建设的突出难题。因此，相关部门应在发现问题、重视问题的基础上，及时采取措施解决问题。

首先，应加快出台国家层面的《农村集体经济组织法》，以保证成员资格的取得、保留、丧失有法可依，确立成员资格的唯一性原则，避免出现“两头空”或“两头占”现象。其次，应结合不同地区的经济发展状况，对成员资格认定标准进行针对性完善。对于富裕地区而言，要注重成员资格丧失标准的制定和完善，以此避免富裕地区集体经济组织人口的膨胀。对于经济发展滞后地区而言，成员资格认定应

更注重对成员的生存保障，应充分考虑成员是否以土地为基本生活来源、是否取得城镇职工社会保障等因素，在农村集体经济组织成员未获得生存保障条件下，一般不宜认定农村集体经济组织成员资格丧失。在经济发展水平较为一般的地区，成员资格取得应更注重生产生活关系的事实，弱化户籍标准。对那些虽已取得小城镇户口或形式上实现了“农转非”，但并未被纳入城市居民或城镇企业职工社会保障体系的人员，仍应确认其具有原集体经济组织的成员资格。

三、农村集体资产股份合作制改革

（一）农村集体资产折股量化的范围

折股量化是农村集体资产股份制改革的核心环节。所谓折股量化，是指将农村集体资产按股分配给集体经济组织成员的过程。《集体产权改革意见》将农村集体资产分为资源性资产、非经营性资产和经营性资产三种类型。资源性资产包括集体所有的土地、森林、山岭、草原、荒地、滩涂等；非经营性资产包括用于公共服务的教育、科技、文化、卫生、体育等方面的资产；经营性资产包括用于经营的房屋、建筑物、机器设备、工具器具、农业基础设施、集体投资兴办的企业及其所持有的其他经济组织的资产份额、无形资产等。对于可以折股量化的资产范围，各试点地区大体有三种做法：一是折股量化经营性资产，二是折股量化经营性资产与资源性资产，三是折股量化经营性资产、资源性资产以及非经营性资产。目前，学术界就折股量化的资产范围存在较大分歧。[①] 湖南省三个试点地区在折股量化的资产范围方面也呈现出一定的差异。

株洲市仅将集体经营性净资产纳入折股量化范围，对此，《株洲市

---

① 张洪波．论农村集体资产股份合作中的折股量化．苏州大学学报（哲学社会科学版），2019（2）．

农村集体产权制度改革实施方案》规定："经清查核实、价值评估并由全体成员确认的集体经营性资产总额扣除负债后的净资产数额以股份或份额的形式量化到本集体经济组织每个成员。"韶山市的折股量化范围大体与株洲市相似，但为后续改革调整预留了更多可操作空间。如《韶山市农村集体资产股权量化管理指导意见》规定："农村集体资产折股量化范围可选择农村集体总资产或经营性资产或经营性净资产（经营性资产总额扣除负债）折股量化，折股量化资产的数额是指经清产核资、价值评估并由农村集体经济组织全体成员确认的资产总额。资源性资产可暂不量化，也可采取面积量化的方式量化成员股份。折股量化范围、折股量化方式等事项，要提交农村集体经济组织成员（代表）大会讨论决定。"

经过问卷调查发现，在试点地区 12 个村的 251 名受访村民中，90%的受访村民认为应当将经营性资产进行折股量化；与此同时，89.24%的受访村民认为资源性资产也应该纳入折股量化范围中，84.86%的受访村民认为公益性资产亦应进行折股量化。由此可见，大部分村民认为应该将农村集体的全部资产进行折股量化。这一方面展现出农民权利意识觉醒与提高，希望更多财产权益可以由自己持股并参与利益分享，追求个人股份账面价值的提高；另一方面则反映出改革准备工作的不足，在农村集体产权制度改革前期及推进过程中存在对政策的解读不到位、群众宣传不足等问题。应当明确，农村集体产权制度改革以及配套的折股量化的目标并不是要将所有集体资产分给农户个人，而是在于"保障农民集体经济组织成员权利……探索农民增加财产性收入渠道"①。就公益性资产而言，其公益目的使这类资产难以产生收益，反而需要集体或者国家出资维护。而折股量化的目标是激活集体沉睡资产，维护集体经济组织成员的权利。将非经营性资

① 《中共中央关于全面深化改革若干重大问题的决定》。

产折股量化对实现这一目标没有任何帮助，因而暂时不宜折股量化。[①]基层改革过程中应当注意结合农民切身利益对各项政策进行充分解读，以推动各项措施顺利落地，提高群众的满意度、获得感。

但是，资源性资产是否应当折股量化则应按照实际情况进行考量。农村最具经济价值的资产是资源性资产中的土地，而绝大多数农村缺乏经营性资产，要想使农村集体产权制度改革惠及所有农村，就必须盘活农村土地这一核心资产。一般观点认为，农村土地关乎农民基本保障，不宜进行改革调整。但实际上并非所有集体土地均具有基本保障属性，如集体经营性建设用地、“四荒”地和农村闲散用地，这些土地或相关权利适于经营利用、产生收益，可以纳入股份合作制改革的范围。[②]《集体产权改革意见》在“多种形式发展集体经济”部分，也提到利用“四荒”地及闲置集体建设用地等资源发展经济。因此，韶山市为集体资源性资产折股量化留出一定政策空间的做法具有合理性。与此同时，相关部门应当加强利用资源性资产发展集体经济的政策引导，鼓励村集体盘活集体土地资源，提高农民财产性收入。

（二）农村集体资产的股权类型设置

股权设置主要包括是否设置集体股、个人股设置规则以及确权单位是个人还是农户这三方面的问题。

1. 集体股的设置

在集体股设置方面，调研地区根据当地实际情况，采取了不同的设置方式。例如，《株洲市农村集体资产股权量化管理的指导意见》规定，“是否设置集体股份由集体经济成员民主讨论决定，原则上不设置集体股份”；《株洲市“全国农村集体产权制度改革整市试点”工作实

① 张洪波．论农村集体资产股份合作中的折股量化．苏州大学学报（哲学社会科学版），2019（2）．

② 房绍坤，林广会．农村集体产权制度改革的法治困境与出路．苏州大学学报（哲学社会科学版），2019（1）．

施方案》也规定，“鼓励只设置成员股，不设置集体股”。因此，株洲市在股权设置方面倾向简化类型，以成员股为主，将设置集体股作为例外。而韶山市在集体股设置方面采取了不同的模式，兼重集体股与个人股。《韶山市村集体经济组织股权设置与管理暂行办法》规定：“村集体经济组织股权原则上按集体股和个人股两种类型设置。集体股所占比例原则上不超过20%。集体股主要为村集体经济组织开展公益事业建设筹集资金、保障村集体经济组织日常运转等需要设置。”

在实地调研中，娄底市娄星区的四个调研点（杉山镇万乐村、杉山镇花溪村、万宝镇石塘村、万宝镇埡古村）、韶山市的两个调研点（韶山乡韶山村、韶山乡韶润村）都设置了集体股；而在株洲市的六个调研点中，天元区三门镇月福村、三门镇响水村、攸县江桥街道江桥社区设置了集体股，但网岭镇罗家坪村、新市镇大同村及新市镇新联村未设置集体股。因此，在实践中，各地对是否设置集体股的认识存在较大差异。同时，值得注意的是，在12个调研点中，98.8%的受访村民认为应当设置集体股，在未设置集体股的村中100%的受访村民认为应当设置集体股。可见，目前集体股的设置具有较为坚实的群众基础。

但就全国整体情况来看，实践层面禁止设置集体股的地区数量逐渐增加，要求设置集体股的地区集体股的设置比例逐年降低，集体股正不断收缩。在理论层面，集体股的设置有悖基本法理，违背股权的本质，会导致法律关系混乱，因此，未来应当逐渐取消集体股的设置，运用公积公益金制度替代集体股，促进股份经济合作社高效运营，维护集体成员权益，增加农民财产性收入。

2. 个人股的设置

在个人股设置方面，株洲市仍然采取简化模式，尽量减少股份类型。《株洲市农村集体资产股权量化管理的指导意见》规定：“股权设置要科学合理，以成员股为主，可设立成员股、农龄股等。”同时，《株洲市农村集体经济组织示范章程》第13条也规定：“成员股按

70%和30%比例设人口股和劳龄股。”韶山市在个人股设置方面给予各村较大自主权，《韶山市村集体经济组织股权设置与管理暂行办法》第5条规定：“个人股可只设人口基本股，也可设劳龄股、贡献股等，按集体经济组织成员一人一股设置，具体量化份额由各村集体经济组织的村民大会或经授权的村民代表大会讨论确定。”但在具体实践中，大部分村依然选择了较为简单的股份设置模式，如韶山村、邵润村仅设置人口股，并在此基础上完成了折股量化。

课题组通过实地调研发现，各地在个人股设置方面大都采取了简化类型的方式。三个试点地区的12个村中，仅有株洲市攸县江桥街道江桥社区、新市镇大同村、新市镇新联村等四个村（社区）在成员股之外还设有劳龄股以及其他基本股；其余8个村（社区）仅设置成员股，只有株洲市攸县江桥街道江桥社区设置有三种以上的个人股。因此，在实践中试点地区的个人股设置倾向简化形式，以便于理解操作，遵循形式公平。但这也导致股份设置、管理粗放，类型单一，激励效应不足，难以通过劳龄股、贡献股等股权类型实现股权配置实质公平的问题。

3. 股份配置单位

在股份配置单位方面，主要存在股份落实到户与落实到家庭成员个人两种模式。从各地实践看，量化基本都是按人进行的，这一点并无争议，但管理是按户还是按人在实践中存在一定争议。按户管理的模式下，家庭成员共享分得的股份，家庭享有的股份总额不随家庭成员变动而发生变化。这种配置模式与股份的“静态管理”直接关联。从试点地区实践来看，株洲市采取了“确权到人、发证到户、户内共享”的模式。《株洲市农村集体产权制度改革实施方案》规定：“由集体经济组织以户为单位向股东发放县级人民政府农业农村（农经）行政主管部门负责监制的股权证书，记载集体经济组织成员持有的集体资产股份信息；作为其占有集体资产股份、参与管理决策和享有收益分配权的有效凭证。”韶山市在这一问题上采取了与株洲市相同的立场。

在问卷调查中，农民对于股权配置单位的态度以支持“按人配置”为主。在12个调研点中，96%的受访村民认为应当按人配置股份，但在调查“股权应当静态管理还是动态管理”这一问题时，又有92.8%的受访村民选择了“静态管理”，这与按人配置股权的主张直接冲突。经过进一步课题组访谈得知，大部分村民将“按人配置、管理”与“量化到人”两个概念混淆，选择“按人配置”实质上是认为股权应当按人量化，但是在管理上应当按户进行；另一小部分村民则着眼于“按人配置”在之后人口变动中的公平性，但却并未考虑按人配置引发的股权动态管理问题应当如何化解，因此，在选择“按人配置”的同时又倾向“静态管理”。股份配置单位问题不能孤立进行分析，应当紧密结合股权管理等其他问题展开论证。在家庭联产承包责任制施行多年的背景下，农民深刻了解和体会了“生不增、死不减，入不增、出不减”的“静态管理”之优势。在此背景下，对股份静态管理的支持即能反映出“按户配置”具有坚实的民意基础。

（三）农村集体资产的股权管理模式

前文已述，股权管理模式与股份配置直接相关，主要有不随人口变动而变化的静态管理与随人口变动而调整的动态管理两种模式。在问卷调查中，92.8%的受访村民支持采用静态管理模式，这一观点恰好与《集体产权改革意见》的立场相同。但《集体产权改革意见》仅是基于现阶段改革的安全性和稳定性的考量而倡导静态管理模式的，并没有限制农村集体经济组织未来的发展方向。

静态管理的优势在于股份一经确定、长期不变，避免了因人口变动而导致的股份频繁变动，降低了因股份再次调整而发生纠纷的概率。同时，静态管理也是最便于操作的股份管理模式。这是因为：一方面，允许股份变动就要制定相应的变动规则，这直接关系农民的切身利益，不易就很多疑难问题达成共识，并有可能在农村引发新的矛盾与纠纷；

另一方面，股份的频繁变动也产生了较高的社会成本，并且不利于加强对集体产权的管理。

但是长期来看，静态管理模式也有其弊端。首先，这一模式不利于实现分配公平，户内成员增减会导致股份利益的不平等享有；其次，静态管理相当于将户内利益分配交给农民自决，这可能引发户内矛盾，不利于社会稳定和谐；最后，在静态管理模式下，股份由户内家庭成员共享，那么当股份需要流转时就面临集体决策的难题，户内形成一致的同意交易意见不但增加成本，而且往往很难达成，这变相降低了集体资产股份的流转效率。

因此，静态管理与动态管理两种模式并不存在绝对的优劣之分，在不同情境、不同问题下有着差异化的比较优势。当前改革需要结合各地实际情况选择适合的管理模式，做好配套制度的设计，最大程度上回应广大农民群众的合理期盼。如果基于管理效果的考虑而选择股权静态管理模式，那么就应当重点化解人口流动和股权相对稳定之间的矛盾，这样既便于股权管理，又兼顾群众的合理诉求。同时，在基层工作中，也要注重对政策内容和精神的宣传，加深群众对涉及切身利益政策的理解，这样有助于政策实施更好的落实落地。

（四）农村集体资产股份的流转权能

股份合作制改革的本质是“为农民赋权扩能，保障农民集体收益分配权的实现”，因此，股份合作制改革的重要内容为股权流转权能的实现。为此，各试点地区都在集体资产股权流转等权能方面积极探索。《株洲市“全国农村集体产权制度改革整市试点”工作实施方案》提出，“赋予农民集体资产股份权能。积极探索赋予农民集体资产股份占有、收益、有偿退出及抵押、担保、继承权能。研究制定集体资产股份抵押、担保贷款办法，指导集体经济组织制定农民持有集体资产股份继承的办法。”《株洲市农村集体资产股权管理暂行办法》进一步对股权继承、转让、赠与、有偿退出、股权质押等作出具体规定，明确了集体资产股份各项权能的实现方式。株洲市农村集体资产股权转让、赠与“原则上在股东之间进行，也可以转让、赠与给股东本人的配偶、子女、父母，但不得转让、赠与给其他人。受让股权享有的权利根据受让人身份来确定，受让人为非普通股股东的，其受让股权只享有收益权”。同时，继承人为本集体经济组织成员的，按照法定顺序继承股权；继承人为非本集体经济组织成员的，只能继承其持有的村集体资产股权的收益，不能继承其成员资格，不能参与决策和管理，被继承人所持股权原则上由本集体经济组织回购或转让给集体经济组织其他成员。在股权质押方面，质押必须先经村集体经济组织同意，并且申请股权质押贷款的农村集体资产股权必须为实施静态管理的集体资产股权。韶山市在股份流转权能方面的规定与株洲市基本相同，但在多个方面又进行了一定细化。例如，规定了股权由集体经济组织托管以及在拖欠所在集体经济组织欠款的情况下，禁止转让股权；明确股权跨户赠与的条件；规定股权质押额度原则上不得超过本集体经济组织前三年平均分红的 10 倍等。

通过问卷调查，69.32%的受访村民认为应当赋予集体资产股份质押担保权能，这说明调动集体股份的金融价值具有相当稳固的民意基础。而在“有偿退出”方面，仅有 32.67%的受访村民表示支持，考虑到集体赎回型退出涉及集体资金的外流，并有可能因退出导致集体资产“空壳化”，所以大部分村民对此的态度较为谨慎。实际上，“有偿退出”从逻辑上补齐了股权变更的缺失，是集体经济组织成员的必要出口，应当予以认可。但对于有偿退出的条件、程序应当从严把握，回应广大群众的关切。在股权转让方面，仅 6.77%的受访村民认为可以将股权向集体外转让，这与当下政策所规定的股权流转范围相同。由此可见，在当下村民对股权对外流转基本持保守态度的情况下，打破集体资产股权的封闭性，使股权自由流动的条件尚未成熟。贸然取消对股权受让主体的限制存在较高风险，可能引发内部人与外部人之间的冲突，不利于推进集体产权制度改革。但随着集体经济的进一步发展，农村集体经济组织治理模式与经营模式逐步实现现代化，集体资产股份自由流动的条件会逐渐成熟，满足社会主义市场经济体制的开放性特征。

（五）完善股权的权能和流转的建议

股权流转是影响农村集体经济组织产权关系的重要方面，集体资产股权流转的形式主要包括有偿退出、继承、担保、转让等。根据调研情况，当前集体资产股份流转尚不畅通，关于股权流转的制度规定尚不健全，农民对于股权流转的态度较为谨慎。具体而言，其主要存在以下问题。

首先，农村集体经济组织成员对股权有偿退出的意愿不强，甚至比较排斥。改革过程中，村民对股权收益预期或过高或过低，实践中开展分红的集体经济组织比较少，即使分红，成员能得到的实际收益也极低，与其退出一次性获得极少的经济对价，还不如继续持股等待股份升值。此外，制度上的不确定性也限制了村民的退出意愿，很多农村并未明确有偿退出导致的是收益权的丧失还是成员权的消亡。这也在一定程度上影响了村民的实际选择。

其次，当前集体资产股份仅允许成员在内部进行转让。这种封闭式的转让方式不利于建立公平的农村集体资产股权交易市场，不利于体现真实的股权市场价值。这也导致集体经济组织市场化运作受到影响，无法通过股权价值的充分彰显来激励组织的高效运行。所以，相关部门仍需完善各项法律制度，使股份转让突破组织内部边界，让市场在产权要素流转中起决定性作用。

最后，当前集体资产股份开展融资担保较难，现实条件尚不成熟。一方面，成员行使这项权能的积极性不高，主要是因为贷款数额、期限和利率满足不了实际需求。广大农区经营性资产较少，多数股权收益很少甚至没有收益，用收益权进行融资担保，贷款额度太小，而且期限短、利率高，对生产发展几乎不起作用。另一方面，对金融机构来说，股权融资担保具有“低利润，高风险”的特点，主要表现在：其一，借款人担保的是收益权，多是小宗交易，额度小，利润较低；其二，担保权实现困难，难以防范坏账风险。当前集体资产股份只能在同一集体经济组织内部流转，金融机构很难通过转让股权收回贷款。要改变这一状况，国家、地方政府以及集体经济组织需要齐心协力，共创良好的融资担保环境，让银行无忧放贷，让成员能顺利贷款。对此，我们可从以下三个方面有效施策：一是完善农村集体资产股份融资担保的顶层设计，使银行有章可循，放心操作。《集体产权改革意见》提出，“完善金融机构对农村集体经济组织的融资、担保等政策，健全风险防范分担机制”。中国人民银行和国家金融监督管理总局应出台明确的文件，规定集体经济组织成员股权担保贷款的利率、期限、授信金额比及控制质押率等。二是地方政府要加大财政支持和加强制度设计，建立风险保证金和财政贴息制度，防范风险。三是集体经济组织要保护集体资产的完整性，可探索在借款人不能按期偿还时集体经济组织回购股权的办法。

第十章
湖北省部分地区农村集体产权制度改革

在农村集体产权制度改革试点工作中，湖北省潜江市、当阳市与荆州市荆州区作为改革第三批试点地区，试点工作取得了显著的改革成效，形成了地方特色的改革经验。课题组通过深入乡镇、村（社区），详细了解清产核资、成员资格确认、股权设置、集体经济组织设立和发展、农村产权交易市场建设等有关情况，采取了听取汇报、座谈、问卷调查等多种方法收取评估资料，设计、回收了调查问卷 147 份，与试点地区的相关部门负责人、村干部和村民进行了多次访谈，以尽可能全面客观地了解基层干部、群众的真实想法以及试点地区改革政策执行及实施的具体效果。

一、农村集体经济组织治理机制

（一）村级农村集体经济组织和其他组织的职责界限

在农村基层治理体系中推进“政经分离”改革，理顺农村集体经济组织与村两委之间的职能权限，发挥村党组织对农村集体经济组织的领导核心作用，避免村两委对农村集体经济组织事务的过分干预，始终是实践中应当进一步关注的焦点问题。根据调研了解到的情况，村党支部、村民委员会、村农村集体经济组织的工作职责界限不清。

有干部反映，村党支部、村民委员会、村农村集体经济组织的工作职责存在重叠和交叉。如果不能在这三者的工作职责之间划分明确的界限，那么在一定程度上将可能会降低各自的工作效率，影响乡村治理和发展集体经济的效果。

需要明确的是，农村集体经济组织作为我国农村基层治理体系中的重要一环，从完善乡村治理体系的角度来看，与其他基层治理机构发挥同等重要的作用。根据《村民委员会组织法》第 8 条的规定，村民委员会应尊重和支持集体经济组织依法独立进行经济活动的自主权。《民法典》第 262 条规定的集体所有权代行主体也表明，农村集体经济组织与村民委员会存在职能上的区分。实质上，当前实践阶段之所以出现政经未完全分离、职能分工不明的情况，内在原因在于集体经济发展仍然较为薄弱，且农村集体经济组织的市场主体地位未得到稳固。因而，实现“政经分离”的前提就在于通过确定农村集体经济组织的市场主体地位，开展股份合作化的新型农业合作化发展道路①，并借由农村集体经济组织这一市场主体，实现集体经济发展壮大，将农村其他各类合作社和农村集体资产经营管理公司与农村集体经济组织按照市场化方式进行联合。如此一来，村集体经济组织与村民委员会在村党组织发挥核心领导作用的前提下形成职能分工。

（二）农村集体经济组织内部人员选任和薪酬制度

要实现乡村振兴的战略目标，人才是关键。在各地农村集体经济组织发展过程中，高素质的经营管理人才和专业技术人才的短缺问题，成为制约集体经济发展的瓶颈，而要把高素质的人才留在农村，必须科学合理地设计农村集体经济组织内部人员选任和薪酬制度。

根据调研情况，对农村集体经济组织负责人应当如何确定，86.90%的受访村民认为应当由他们自己选举产生，而不是由上级政府

① 张晖．乡村治理视阈下的农村集体经济组织建设．广西社会科学，2020（11）.

指派；同时，83.45%的受访村民也同意农村集体经济组织管理人员与村干部的交叉任职。这表明需要在尊重村民意愿、加强党对农村基层的管理、实现“政经分离”这三者之间寻找到合理的路径。目前，试点地区成立的股份经济合作社是“一套人马、三块牌子”，由村支书和其他村干部兼任股份合作社的高级管理人员，同时根据纪委的要求，村干部兼任股份合作社高管并不能额外领取的报酬。在调研过程中，对此问题出现两种不同的声音。有部分干部表示，虽然目前村干部在农村集体经济组织的工作积极性并不存在问题，但若长时间不能解决，则可能会影响相关村干部的积极性和动力，不利于股份经济合作社的发展。但也有一部分干部表示，如果让村干部兼任股份合作社高管的同时可以领取额外报酬，那么就存在以下几个方面的疑虑：第一，额外领取报酬可能不利于干部队伍的稳定团结。能够额外领取报酬，可能导致基层干部之间争抢相关职位。第二，各村的情况不同，农村集体经济组织的收益不同，对报酬很难确定一个合理的标准。第三，在法律、政策没有明确监管要求的情况下，让村干部领取额外报酬可能会导致村干部利用制度缝隙为自己多发报酬，损害农村集体经济组织的利益，破坏党在农民心目中的形象。因此，如何合理地确定农村集体经济组织高管的薪酬问题还需要进一步研究。

（三）农村集体经济组织重大事项决策

建构起兼具科学性、效率性和可操作性的决策和执行机制，是农村集体经济组织动态治理机制建构的核心部分。在目前来看，试点地区的农村集体经济组织基本形成了“决策机构—执行机构—监督机构”的决策和执行架构，但涉及重大事项的决策运行机制尚有待进一步完善。根据调研情况，对于农村集体经济组织的重大事项应当如何决策，90.65%的受访村民认为应当由成员大会或成员代表大会决定，9.35%的受访村民认为可由理事会或村两委决定。但在与村民交谈时，村民就何为重大事项往往意见不一。这既表明村民有参与管理的热切愿望，又表明在何事属于重大事项上上级有关部门缺乏具体的指导性意见。为此，将来制定相关法律、政策时，相关部门仍应进行广泛调研，充分考虑村民重点关注的事项。

（四）农村集体经济组织的财务会计和资产监管规定

根据调研结果，占比 100%的受访村民表示所在的农村集体经济组织实现了定期公示财务收入和支出情况，98.62%的受访村民认为应当定期公示农村集体经济组织的账务，而只有 1.38%的受访村民认为应当不定期公示农村集体经济组织账务。这反映了村民对集体事务的关注，以及对集体财务的监督意识。在调研过程中，试点地区的基层干部普遍认为，目前农村集体经济组织的财务管理制度不适应农村集体经济组织发展的需要，希望上级能结合现代企业管理模式和农业的特性，完善农村集体经济组织的财务会计管理制度。应当指出，2021 年 12 月 7 日，财政部、农业农村部已经颁布了《农村集体经济组织财务制度》，这将对巩固农村集体产权制度改革成果、保障农村集体经济组织及其成员的合法权益、促进农村集体经济的发展，发挥重要作用。

对于农村集体经济组织的监管，试点地区仅仅从集体资产流转和财务两方面进行监管。在当前政经尚未分离的情况下，进行这样的监管尚属合理。但访谈基层干部的过程中，部分基层干部认为，随着“政经分离”的推行，当前对集体资产的流转和财务的监管就与农村集体经济组织独立法人的地位不相符，也不利于农村集体经济组织参与市场交易，但如果完全不监管，又担心集体利益受到不法侵犯，影响乡村治理和社会稳定。因此，对于农村集体经济组织究竟应如何监管、监管到哪一步，还需进一步进行调查研究。

（五）构建优化农村集体经济组织治理的长效机制

针对调研过程中发现的阻碍农村集体经济组织发展的问题，课题组认为，下一步应在如下方面提出切实可行的解决方案。

第一，协调相关部门开展农村集体经济组织“政经分离”的改革。《民法典》已经赋予农村集体经济组织以特别法人的资格，因此，从尊重村民意愿，提高农村集体经济组织经营效率的角度来说，“政经分离”是农村集体经济组织发展的大方向。但是，对于如何推进“政经分离”以及分离后如何监管农村集体经济组织、“政经分离”是否会削弱党在农村基层的执政基础，试点地区的基层干部持谨慎态度。从稳妥角度出发，我们建议农业农村部协调相关部门选择一定的地区进行农村集体经济组织“政经分离”的试点工作。

第二，合理界定农村集体经济组织的职能范围。对农村集体经济组织的职能范围的合理界定，关系到村民委员会、农村集体经济组织的职能界限与“政经分离”改革目标的实现，有利于农村集体经济组织的良性运转。为此，《集体产权改革意见》也强调，要“探索明晰农村集体经济组织与村民委员会的职能关系”，进一步区分“集体经济经营管理事务和村民自治事务”，实现各组织分工明晰、高效便捷的工作机制。对农村集体经济组织职能范围的科学界定，应当注重强调经济职能，这主要涉及集体经济的经营管理事务。具体而言，集体经济经营管理事务应当包括以下几个方面：一是建立健全农村集体经济组织长效发展机制，如筹建农村集体经济组织、完善农村集体经济组织章程、优化农村集体经济组织管理结构等；二是统筹规范集体资产的经营管理，如统一管理集体农业用地、经营集体资产、处理集体资产质押担保事宜等；三是开展其他与集体经济发展壮大相关的经济活动，如工商资本的引进谈判、集体收益投资、公共服务费用支出等。

第三，指引农村集体经济组织优化治理结构。农村集体经济组织的内部治理结构应当重点关注民主决议机制和“三会”的特殊性。具体而言，民主决议机制的召集程序、表决方式、决议效力、瑕疵处理规则等内容都应当在法律框架内设计，民主决议机制不能突破法律界限，以防止少数人假借民主形式控制农村集体经济组织。“三会”的特殊性主要在于成员大会、理事会和监事会的设置和权力划分，是否设置监事会与集体资产监管密切相关，理事会的权力行使和限制应保持平衡。在优化单一农村集体经济组织内部治理结构的同时，还可以鼓励农村集体经济组织的联合，尤其是弱弱联合。这不仅是脱贫攻坚的有力措施，还可以增强农村集体经济组织对接市场的实力。

第四，协调相关部门探索促进农村集体经济组织发展的联动配套保障措施。在与试点地区各级干部交流中，课题组了解到，对制约农村集体经济组织发展的各种问题很难由一个部门出台政策解决，而是需要多个部门从高位出台相关政策来进行指导和扶持。为此，我们建议农业农村部协调有关部门，从债务化解、人才吸引、经营指导、财政支持、税收支持、用地支持、贷款支持等方面共同探索构建促进农村集体经济组织发展的保障措施。

二、农村集体经济组织成员资格认定

（一）农村集体经济组织成员资格认定标准及程序

在推进农村集体产权制度改革过程中，保障涉及农民合法权益的首要举措在于确定农村集体经济组织成员资格。农村集体产权制度改革政策文件在成员资格认定标准和规则的表述上较为笼统，法律亦未明晰成员资格认定的一般规则和基本理念。因此，各试点地区在改革推进过程中，应自行探索出相对合理的认定标准与认定程序，为形成成员资格认定的一般规则提供了一定的实践支撑。

成员资格认定不仅涉及对农民个体的合法权益保护，而且关涉农村基层治理体系，因此，成员资格认定需要政府出台政策予以合理引导。例如，潜江市下发的《关于清人分类工作的指导意见》确立了“尊重历史、兼顾现实、程序规范、群众认可”的确认原则，引导村集体按照“有或曾有本村户口、在二轮承包期间有或应享有土地承包经营权、没有取得其他集体经济组织成员资格”三个判别标准认定成员资格；荆州市荆州区下发了《荆州区农村集体经济组织成员身份界定工作指导意见》，采取“五步走”的工作法界定成员资格，并确定了“四保留、四取得、三丧失”的集体经济组织成员资格认定标准；当阳市下发了《当阳市农村集体经济组织成员身份界定及农龄确认工作指导意见》，实施了“成员界定九步工作法”，即组建专班、制定方案、调查摸底、划定类别、公示公开、民主决策、签字认可、成员登记、成员备案。各试点地区在上述文件中规定了成员资格确认的标准、流程、公示、备案等内容。荆州区紫荆村结合本村的实际情况，在开展成员资格认定工作中，通过民主决议明确列举了取得成员资格的 3 类人员和丧失成员资格的 3 类人员。①

根据调研结果，99.3%的受访村民认为成员资格认定的标准应由村民大会或村民代表大会通过。总体来看，成员资格认定涉及复杂多变的情形，即使试点地区下发指导意见，统一的政策文件仅能就成员资格认定的程序和认定标准的原则予以规定，无法具体细致地确认成员资格，村集体需要结合本村实际情况，明确成员资格的界定方式。在具体实践中，各试点地区下发的指导意见对标准进行了引导，村集体只要在程序上充分尊重村民意愿，村民就会对结果予以认可。如潜江市在推进成员资格确认工作的过程中，明确了在“一市一标”框架内实行“一村一策”，要求各村在遵循总体要求的基础上，结合本村情况根据民主原则制定细则。例如，经“村改居”形成的南荷社区在经过村民四轮反复协商后，明确按 1982 年分田时人口确认成员，之后新增人口通过继承方式获得股权。从统计结果看，调研地区 76.6%的受访村民提出成员资格认定的标准应由村民自己决定，12.3%的受访村

---

① 《紫荆村集体资产产权制度改革清人分类工作实施方案》明确，取得成员资格的 3 类人员包括：(1) 1997 年 12 月 31 日前出生，户口在本村且在 1997 年紫荆村土地二轮延包时向村集体承包基本农田的在册人员；户口在本村且工作地也在本村，但没有承包基本农田，却承担了村“三提五统”的在册人员；(2) 1998 年 1 月 1 日至 2003 年 12 月 31 日出生的子女和接入的媳妇、入赘的女婿，并且在此时间段内将户口迁入本村的在册人员（以户口登记信息为准）；(3) 2003 年 12 月 31 日之后的所有在册人员。丧失成员资格的 3 类人员包括：(1) 截至 2017 年 7 月 10 日，此前所有死亡人员；(2) 取得非农业户口人员；(3) 公职和事业编制人员。

民认为成员资格认定的标准应当由或国家法律指导意见予以确定。这反映出，成员资格认定的标准应尊重集体与农民个人意愿。

就成员资格认定标准应当考虑的因素来看，受访村民对户籍、土地承包关系、承包地作为主要生活来源、对集体贡献等因素的看法占比分别为 84.8%、66.2%、35.1%、49.7%。此外，部分受访村民表示应以 1982 年第一轮土地承包时是否分田作为认定标准；个别受访村民表示，标准认定中还需要考虑是否属于“老门老户”。这一看法的本质就是被认定的对象是否长期在本村生活，能否被村民视为他们中的一员。对于户籍和土地承包关系作为成员资格认定标准应考虑的因素，村民的态度相对支持；但对于承包地是主要生活来源以及个人对集体的贡献这两个因素，村民的分歧较大。这体现出村民强调成员资格认定标准的确定性，同时并不排斥非农村民成为集体经济组织成员。

关于特殊人员的成员资格问题，调研结果显示，认为“嫁到本村但户口不在本村的妇女应具有成员资格”的受访村民占比 24.83%，认为不应具有成员资格的受访村民占比为 75.17%；认为“外嫁女但户口还在本村的妇女应具有成员资格”的受访村民占比为 62.07%，认为不应具有成员资格的受访村民占比为 37.93%。这表明，村民普遍将户籍视为认定集体经济组织成员资格的关键因素。值得注意的是，支持第二类特殊人员成为本集体经济组织成员的村民未占据绝对多数。综合来看，出嫁的农村妇女或外嫁到本村的农村妇女因农村经济文化影响而未能得到充分保护。

就农村集体经济组织成员登记而言，当阳市出台了《当阳市农村集体经济组织成员登记备案办法》，规定由村集体经济组织理事会负责成员资格的登记管理，乡镇人民政府负责本辖区内成员资格的审查备案，市级农经部门负责成员的登记备案管理。类似地，潜江市与荆州区亦明确了县乡两级建立集体经济组织成员登记备案。值得注意的是，各试点地区推行颁发了股份经济合作社股权证，由市级农村经营管理部门监制颁发，明确股权证是成员用于证明其占有集体资产股份、参与管理决策、参加收益分配和享有股份分红的凭证。这在一定程度上实现了股份经济合作社的市场化运营，淡化了农村集体经济组织成员的身份依附性，有助于农村集体经济组织成员资格的对外彰显和公示效力，为丰富股权权能、促进股权流动、增加农民财产性收入提供了便利。

但问题在于，政策并未明确此种集体经济组织成员登记的效力如何，是否为基于行政管制的角度开展的成员资格登记工作。这会直接涉及当事人向法院就确认成员资格提起诉讼的类型。在理论上，有观点认为，法院应通过行政诉讼来解决成员资格纠纷，规避单纯撤销集体决议的弊端。[①] 而另有观点主张，当事人应当以农村集体经济组织侵犯成员权利为由向法院提起民事诉讼，法院有权审查侵犯成员利益的村规民约或自治章程。[②] 若地方政府不明确此种成员登记的效力，则会使法院可能将此类案件归于行政案件予以审理，使成员登记这一行为成为成员资格的最终认定。这是不符合成员资格的本质的。成员资格认定是认定当事人是否属于农村集体经济组织成员的过程，是私法意义上集体所有权实现的前提。[③] 因此，农村集体经济组织成员登记应当具有类似于公司股东登记的效力。

总体而言，各试点地区的成员资格认定相对合理，通过合理引导基层按照民主程序，确定了成员资格认定的合理标准。同时，改革推进过程也反映出，成员资格认定需要尊重基层治理与农民个体意愿，统一明确成员资格认定的标准必须经民主程序确定。在程序上，农村集体经济组织成员资格需经登记备案，政府应当向成员个人颁发农村集体经济组织股权证书，以落实农村集体经济组织特别法人的地位。

---

① 鞠海亭．村民自治权的司法介入：从司法能否确认农村集体组织成员资格谈起．法治研究，2008（5）．

② 吴春香．农村集体经济组织成员资格界定及相关救济途径研究．法学杂志，2016（11）．

③ 刘竞元．农村集体经济组织成员资格界定的私法规范路径．华东政法大学学报，2019（6）．

（二）农村集体经济组织成员资格取得与调整

《集体产权改革意见》在股权管理与成员资格调整中倡导“生不增、死不减，进不增、出不减”的静态管理，试点地区均指导各集体经济组织在股权管理上实行静态管理。荆州区各集体经济组织在章程中规定，股权管理与成员管理实行“生不增、死不减，进不增、出不减”的固化原则，若集体经济组织需要扩股，则应由股东大会讨论决定扩股对象，村民按照市场价格购买股份，如《荆州高新基础产业园区城南高新区梅村股份经济合作社章程》。荆州区各农村集体经济组织在原则上以成员资格界定基准日为准，固定了组织成员，即使扩股增员，亦要求当事人以现金购股。类似地，潜江市指导各农村集体经济组织在股权管理与成员变动方面，亦坚持静态管理原则，对新增人口以及成员变动未作政策安排，各集体经济组织亦未在章程与制度建设中对股权管理与成员变动作出其他规定。而当阳市在推进成员资格认定工作过程中，不仅明确固定了成员资格界定基准日，而且明确了新增人员认定成员资格的条件，包括自然出生且落户本集体、因婚姻关系或收养关系落户本集体且在本集体生产生活、因国家建设或政策因素落户本集体且在本集体生产生活等。

总体而言，试点地区首先应对拟确认的农村集体经济组织成员进行现有成员和新增成员类别的区分，即先确定特定的日期为基准日，在一定基准日之前的成员在实践中被称为“现有成员”，在一定基准日之后的成员被称为“新增成员”。无论是现有成员抑或新增成员，皆在相关市级层面的指导意见中进行了类型化的区分。在现有成员的认定标准方面，首先分为以户籍为基础的标准和非以户籍为基础的标准。以户籍为基础确认的农村集体经济组织成员可分为因世居农村集体经济组织所在地认定、因与农村集体经济组织成员有一定家庭关系（配偶、子女）而认定、因国家政策（如移民）而认定三类成员；不以户籍为基础的标准主要涉及因服役、读书、服刑等原因暂时将户籍迁走的人员。[①]

在新增成员的认定标准方面，湖北省市级的指导意见不再考虑户籍不在农村集体经济组织所在地的情况，而是以具备农村集体经济组织所在地户籍为前提，将新增人员的认定标准分为四类：因与农村集体经济组织成员有亲子关系而认定、因被农村集体经济组织成员收养而认定、因国家政策和因集体决议而认定。[②] 可见，市级层面的指导意见中新增成员的类型化标准与以户籍为基础的现有成员类型化标准的区别不大，仅仅增加了“因集体决议取得成员资格”这一种认定标准。事实上，增加因集体决议取得成员资格这一种认定标准突出了成员与农民集体经济组织之间的组织关系。这直接源于成员权的人法特性，即成员权有其独特的身份性利益与团体法要求。[③] 固然，当前成员资格问题的直接起因就在于集体自治程度过高且缺乏制约，在一定程度上表现出集体自治的无序性与决议的随意性[④]，同时集体自治的推进有着强烈的公权力色彩，在制度上并未表现出私法属性。[⑤] 但是，成员资格认定属于集体自治的范畴是毋庸置疑的。

就股权管理模式而言，根据调研结果，试点地区受访村民中 80% 的村民赞成股权实行股权静态管理模式，但是这一数据内部存在较大差异性。例如，当阳市玉阳办事处新民村 76.92%的受访村民赞成股权动态管理，而荆州区梅村和紫荆村则只有 44.44%的受访村民认为

---

① 虽然市级相关具体文件中将因亲子关系取得和因收养关系取得成员身份分开，但这两类成员身份的取得标准实际可以包括在依家庭关系取得之列。参见《潜江市关于清人分类工作的指导意见》（2017 年 9 月 1 日）、《关于〈当阳市农村集体经济组织成员身份界定及农龄确认工作指导意见〉的通知》（当农产改办〔2018〕4 号）、《应城市农村集体产权制度改革清人分类指导意见》（应农产权办〔2018〕3 号）。

② 参见《潜江市关于清人分类工作的指导意见》（2017 年 9 月 1 日）、《关于〈当阳市农村集体经济组织成员身份界定及农龄确认工作指导意见〉的通知》（当农产改办〔2018〕4 号）。

③ 陈小君．我国成员集体成员权的立法抉择．清华法学，2017（2）.

④ 高飞．农村集体经济组织成员资格认定的立法抉择．苏州大学学报（哲学社会科学版），2019（2）.

⑤ 王丽惠．集体产权共有制的成员资格塑造及认定维度：以珠三角地区为对象．甘肃政法学院学报，2020（4）.

股权动态管理更有利于公平。这表明地方实践政策明确倡导基层采取静态管理模式，但成员资格认定需要因地制宜，不宜强行固守静态管理模式，村集体经济组织应当结合本村实际情况，合理平衡静态管理与成员的动态调整的关系。如当阳市长坂村明确实行股权静态管理和动态调整结合的方式，基准日后出生的新生儿原则上不被认定为本集体经济组织成员，而因婚姻关系或收养关系迁入本集体经济组织的人员当然属于本集体经济组织成员。

三、农村集体资产股份合作制改革

（一）农村资产的清产核资

农村集体经济组织的发展必须以产权明晰的物质基础为前提，否则就可能因权属不清引发争议，导致因家底不明而难以确定集体经济发展模式的后果。《集体产权改革意见》明确规定，开展集体资产清产核资是顺利推进农村集体产权制度改革的基础和前提，是明确集体所有权的前置步骤，也是开展股份合作制改革的资产基础。

湖北省试点地区鉴于清产核资工作的重要性，充分考虑各自的实际情况，制定下发了关于集体资产清产核资的指导意见，对清产核资的范围、产权界定、资产评估等内容和要求进行了明确规定，做到了全面彻底、依法合规和民主公开。在具体推进中，村级债务的普遍存在，严重阻碍了集体经济发展。为此，部分地区将化解村级债务作为改革的一项重要内容。例如，当阳市政府于 2019 年出台了《当阳市化解村级债务实施方案》和《当阳市扶持新型村级集体经济发展工作方案》，在市镇两级财政预算中安排 9 000 万元化债资金，力争在三年内基本化清村级债务的同时，将 6 个村纳入新型村级集体经济发展扶持村，给每个村补助资金 50 万元。

试点地区在清产核资工作推进中，坚持全面彻底、依法依规、民主公开，做到账内账外应查尽查、清查核实全覆盖，要求明确产权归属和权利主体，力争在清产核资阶段明确资产的权利主体与产权归属，并通过登记方式予以公示。例如，潜江市竹根滩镇在自然资源部门的协助下厘清了33个村（居）的农户宅基地面积，并予以重新登记。试点地区均出台了关于政府扶助、减免税费等形成的资产权属文件，针对学校、水利设施、养老设施等公益性资产权属，将国有财产以外的资产，按照“谁投资、谁收益、谁拥有产权”的原则，合理分配资产权属。

（二）农村集体资产折股量化的范围

在农村集体产权制度改革之前，集体经济发展被诟病的重要现实原因在于主体虚化，集体收益无法通过股份配置使集体成员共享。这就使在集体经济发展过程中农民参与集体管理、维护集体利益、发展集体经济的主人翁意识不强。因而，向集体成员配置股权以建构集体收益分配机制，激活集体资产的财产属性，有助于弥补上述瑕疵。

1. 折股量化的资产范围

在折股量化的集体资产范围上，试点地区的实践操作存在一定的差异，对《集体产权改革意见》的理解亦存在不同。《集体产权改革意见》提出了有序推进经营性资产股份合作制改革，将农村集体经营性资产以股份或者份额形式量化到本集体成员。潜江市在推进改革的调研过程中，有部分农村基层干部提出，很多村并不存在有价值的经营性资产，而资源性资产却能带来很多收益，将两者一并纳入量化范围对改革推进和实现改革目标更为有利。之后，潜江市认为，中央文件并未指出不得对资源性资产进行股权量化，其根据全市村集体经营性资产少、资源性资产多的实际，出台了《关于农村集体产权制度改革若干问题的指导意见》等文件，明确指出可以将集体经营性资产价值和资源性资产价值一并量化。具体做法是将村集体统一经营的资源性资产按征地价格折算价值，与核实的经营性资产一并以股份形式量化到本集体成员。值得注意的是，潜江市明确可以纳入折股量化资产范围的资源性资产，实质上是集体统一经营的资源性资产，其与经营性资产在资产运营和管理方面具有一致性。

而当阳市出台的《当阳市农村集体资产股权量化设置管理指导意见》，明确规定资源性资产可以量化，同时强调当集体既有经营性资产，又有资源性资产时，必须将两者一并量化。由此，当阳市明确了必须将资源性资产纳入折股量化的资产范围，只有资源性资产的村可以选择将资源性资产折股量化或将资源性资产按面积量化到人。需要说明的是，当阳市所指的资源性资产与潜江市的概念类似，是除承包耕地、确权林地、公益性土地与福利性土地以外的由集体统一经营的资源性资产。

荆州市荆州区在推进股份合作制改革中划定了四条标准，即集体资源经营性面积在 1 000 亩以上的村；集体经营性资产在 200 万以上、经营性资源面积在 500 亩以上的村；集体经济年末未分配收益额达到 20 万元以上的村；2016 年以来实行行政村合并的村。荆州区明确，符合上述条件之一的村，实行股份制改革，成立股份经济合作社；不符合条件的村，仅成立经济合作社。虽然荆州区的政策将应由村民民主讨论决定的事项转为政策性规定，过分强调加快改革进程的现实需要，但荆州区的政策仍然体现出股份合作制改革要求将用于集体经营的资产用于折股量化。

总的来说，试点地区将能够产生集体收益的经营类资产折股量化，包括一般的经营性资产和用于集体经营的资源性资产。这为推动集体经济发展、增加农民财产性收入提供了财产基础。[①] 同时，坚持将经营性资产纳入折股量化的资产范围也符合《集体产权改革意见》的要求。但问题就在于，因经营性资产不达标而仅成立经济合作社，其与其他集体经济组织在功能上并未有所区别，均属于农村集体经济组织。这是否意味着这两类农村集体经济组织完全相同，这是值得思考的

① 以当阳市长坂村为例，长坂村总集体资产在扣除非经营性资产和负债后的净资产，可量化给股东的股本金为 521.45 万元。因此，各试点地区在折股量化的资产范围上坚持以经营性资产为主。

问题。

2. 农村集体资产的股权类型设置

在股权类型设置上，是否设置集体股是需要重点关注的问题。潜江市在政策文件中明确，“各村必须设定集体股”，集体股设定上限不得超过总股份的20%。经调研了解的情况，这种规定的实施是“为体现集体所有制性质，解决农村集体经济组织处置遗留问题、补缴税费、社会保障支出和必要的公益性支出等承担公共服务的需要”。问卷调查结果显示，除潜江市之外，荆州市荆州区和当阳市反对设置集体股的受访村民占比为35.2%和25.5%。荆州区与当阳市在集体股的问题上，明确股权设置以成员股为主，股份经济合作社可以设置集体股。设置集体股的，必须经村民大会或村民代表大会讨论通过，但集体股不得超过总股份的30%。集体股的设置应当由村民民主决定，不应当由政府强制推行。荆州区与当阳市设置的集体股在功能上与潜江市设置的集体股完全一致，但集体股本身并不是解决相应问题的唯一办法，是否设置集体股需由村民自治决定。

在部分试点地区，受访村民认为不应当设置集体股的比例分别为35.2%和25.5%。在个别设置了集体股的村，反对设置集体股的比例甚至高达85.7%。经向村民了解，他们认为设置集体股增加了集体经济组织高管贪腐的可能。上述情况表明，强制要求必须设置集体股并不能完全符合村民的意愿。探索多元化的集体资金形成机制更有利于股份经济合作社的运行。从试点地区的改革情况来看，集体股的设置对于农村集体经济组织的运行而言并非是必要的，集体股的功能可以由公积金与公益金得到完全替代，而在集体股本身的存在逻辑存在一定问题的前提下，农村集体经济组织应当避免设置集体股。①

在其他股权设置中，由于潜江市出台的政策明确要求仅设置集体

① 房绍坤，任怡多．论农村集体产权制度改革中的集体股：存废之争与现实路径．苏州大学学报（哲学社会科学版），2021（2）.

股与成员股，故潜江市98%的受访村民都认为只需设置成员股和集体股，并未选择贡献股、劳龄股等选项。相反，当阳市与荆州区在股权设置上采取开放态度，地方实践较为多样。荆州区紫荆村将股份分为集体股和个人股，集体股仅占总股份的5%，主要用于对遗留问题和突发事件的处理，结余部分自动转入下年度分配。占总股份95%的个人股包括基本股和劳龄股。基本股按照清人分类方案确定的成员类别确定系数，依次递减；劳龄股按照权责对等的原则确定，保证集体经济组织成员承担责任的年限和获得股份的数额对应。当阳市长坂村设置了集体股与成员股，集体股占总股份的30%，成员股包括基本股与农龄股。基本股实行平均分配，每个成员配5股。农龄股按照实际劳动年龄配股，计算农龄的时间截止点为2003年12月31日，到截止点，不满18岁、男性超过60周岁、女性超过55周岁的成员不享有农龄股，在法定区间内的成员按实际劳动年龄享受农龄股，一年一股。荆州区部分集体经济组织设置了多种股份，包括计生股、特殊贡献股、继承股等。从股权设置的现状来看，基层普遍设置了农龄股，这符合村民的普遍期待，反映出农村集体经济组织的股权设置基本遵循着保障农民基本生活、实现公平分配的原则。

值得注意的是，有部分地区并未明确股份类型，在设置股权时，将总股本等额划分，不是按照股份类型区分股东，而是按照应享受股份数量区分股东。如荆州区白龙社区在配股分红中区分了五类人员，分别是享有10股、5股、2股、1股的人以及享有股权但不能分红的人员。第五类人员针对的是侵占集体资产的人员，这类人员终止侵占行为后，经居委代表大会讨论决定后可取得分红。此种股权设置方式创新了成员共享集体收益的依据设置，并将集体资产的保护与成员个体利益相联系。但此种股权设置方式将股权收益的多少与成员资格相联系，形成了多层级的利益分配机制，是否与保障农民基本生存相一致，值得慎思。

3. 收益分配机制

在农村集体资产股份收益分配上，试点地区认识到引导农村集体经济组织进行集体收益分配是农民共享集体收益的直接途径，因而均出台了股份收益分配指导意见。当阳市明确要求集体经济组织收益分配应按照如下顺序进行，即弥补亏损、提取公积金与公益金、按照成员（集体股与个人股）股份份额进行分红。潜江市确定的分配顺序略有不同，具体分配顺序为提取公积金与公益金、提取福利费、股份分红。

在试点地区，各级均出台了指导集体经济组织建立健全集体资产收益分配制度的政策，政策明确农村集体经济组织应当按照章程展开收益分配，列明了集体资产收益分配的原则、程序和指导顺序，强调对集体资产监管前提下的集体收益分配。如《荆州区农村集体产权制度改革实施方案》在收益分配中，强调了收益分配要根据当年经营收益情况，明确“无效益不分配”原则，规定了区农村经济管理局对收益分配方案的批准权。部分基层的集体产权制度改革实施方案，未强调收益分配制度的建设，如《潜江市泰丰办事处农村集体产权制度改革工作方案》。由此，其形成了上级单位从监管集体资产的角度严管收益分配、集体经济组织不主动负责收益分配的局面。根据调研结果，部分村民认为集体经济组织没有实现收益分红，集体产权制度改革的实际意义有待明确，村民对农村集体产权制度改革的建议亦希望集体经济组织尽早分红。因此，收益分配机制的建立不仅限于程序的构建与分配顺序，还包括收益分配的条件、启动方式。集体经济组织亦需探索多样的收益分配方式。

我们从试点地区的农村集体经济组织章程中，也可以看出，股份经济合作社并未就收益分配予以充分规定，仅规定了分配程序与顺序，并未明确分配的条件、分红的启动程序等，对收益分配机制的规定相对粗糙。如《荆州区城南高新园三红村经济合作社章程》对收益分配的规定仅有一条，其中第 1 款规定了分配的基本原则，第 2 款规定了公积金与公益金的提取，第 3 款规定“本社年度收益分配方案必须经过股东大会或股东代表会议表决通过”，其中的“年度收益分配”并非每年的收益分配，而仅仅是习惯性表述。从实践来看，股份经济合作社难以依据此条展开有效的收益分配，如收益分配在何种条件下可以提出、收益分配方案的提出者范围等。相比而言，《荆州高新基础产业园区城南高新区梅村股份经济合作社章程》《御河社区股份经济合作社章程》等明确规定合作社每年于年终结算后、春节之前进行一次收益分红，成员可凭借股权证直接领取。同时梅村在章程中详细规定了成员福利费用的种类与领取，借由多种途径使成员共享集体收益。当然，不顾合作社经营状况，强制固定每年一次分红的做法值得商榷，农业农村部印发的《农村集体经济组织示范章程（试行）》明确要求收益分配要做到“三个严禁”[①]。上述此种不顾合作社经营状况的强制分配机制亦存在较大问题，使收益分配机制最终难以得到贯彻。

综上所述，农村集体经济组织应当建立完备的收益分配制度，强调集体经济组织应规定收益分配的条件，赋予成员在集体经济组织未获得分配收益时的异议权。集体经济组织应当在保护集体资产的前提下探索形式多样、高效便民的收益分配机制，使成员共享集体收益，避免完全照搬公司股东的分红机制。

（三）农村集体资产股份的权能和流转

当阳市在推进农村集体产权制度改革中，明确提出要丰富农村集体资产股权权能，促进股权流转，保障农民集体资产权益，不断增加农民财产性收入，并前后出台了《农村集体资产股份收益分配指导意见》《农村集体资产股份有偿退出实施办法》《农村集体资产股份继承实施办法》《股份经济合作社股权证管理办法》，推出了股份转让协议模板与退股协议模板，以便利成员股权的流转。

---

① “三个严禁”，即严禁举债搞公益、严禁举债发福利、严禁举债分红。

在股份继承方面，试点地区均明确集体资产股份继承人不限于本集体经济组织成员，但非本集体经济组织成员仅能享有继承股份份额对应的财产性权利，不享有其他成员性权利。对于无继承人的，试点地区并未在政策中予以明确规定，有部分集体经济组织规定，集体经济组织成员死亡后，无继承人的，其所持股份由集体经济组织收回，如《潜江市竹根滩镇周岭村股份经济合作社章程》第 13 条。在程序上，荆州区各农村集体经济组织要求股权继承需要经过理事会认可，理事会认可后，当事人方可办理股权登记变更手续。

在股份转让方面，试点地区明确股份转让仅限于股份经济合作社内部，集体资产股份转让后，相应的权利义务归属于受让人。同时，当阳市明确规定，未经市级农村经营管理部门登记备案的股份，不得流转。潜江市在指导农村集体经济组织开展股份内部转让时，须经成员代表会审核和董事会同意，严格限制股份的转让，如《潜江市竹根滩镇沙街村股份经济合作社章程》。类似地，荆州区亦规定股份的内部转让需经理事会认可，如《荆州区新风股份经济合作社章程》。这都反映出，试点地区将集体经济组织股权视为保障农民基本生活、成员共享集体收益的依据，要求农民审慎对待股权转让，限制股权权能。

在股份有偿退出方面，试点地区均明确成员可自愿退出本集体经济组织，集体经济组织应当有偿赎回相应的股份。当阳市坚持自愿、审慎与公开原则开展股份有偿退出工作。股东应当自愿提出书面申请，申请退出股份，同时应符合一定条件，包括有稳定收入来源、已办理养老保险或预留相应养老保险金等，明确股份赎回的程序要经成员大会或成员代表大会民主决策。荆州区各集体经济组织在章程中明确成员不得退股提现，坚持股份对农民的生活保障功能，但其他试点地区的农村集体经济组织允许当事人在有稳定生活保障的前提下退股。

在股份权能方面，试点地区采取审慎的态度，村民亦对集体资产股权的部分权能存有疑虑。根据调研结果，认为集体资产股权应当实现占有、收益权能的受访村民占比 72.41%，认为集体资产股权应当实现质押担保权能的受访村民占比 35.86%，认为集体资产股权应当实现有偿退出的受访村民占比 33.10%，认为集体资产股权应当实现继承权能的受访村民占比 76.55%。可见，试点地区的做法基本反映了农民的期待，均明确成员可继承集体资产股份。集体资产股份作为集体经济组织成员共享集体收益的凭证，不宜使非本集体经济组织成员进入集体经济组织内，因而股份不得对外转让亦是合理之举。

针对股份流转问题，在下一步改革中，应当鼓励农村集体经济组织拓展权能范围。应当说，集体资产股份权能拓展受限于改革的阶段性，除普遍认为集体资产股权可以继承外，有偿退出、质押担保权能并未完全实现。当然，权能拓展不应受到地方政府的强制，而应由农村集体经济组织根据实际情况民主决定。就有偿退出权能而言，其权能拓展需要农村集体经济组织具备一定的货币资产，或农村集体经济组织具备一定的发展基础；对外有偿退出的时点和条件、程序，需要审慎决定，可以参考优先股制度，允许非成员受让股份，但其股权受到限制。就质押担保权能而言，国家应当鼓励集体资产股份与其他农民财产性权利的联合担保，平衡担保实现与农业经济保障的关系，防止外来资本控制导致的非农经营泛化。

四、农村集体产权交易

（一）加强产权交易平台建设，推动产权规范流转

问卷调查显示，愿意到农村产权交易平台进行交易的受访村民占比为 84.14%，但仍有 10.34%的受访村民不愿意到农村产权交易平台交易，甚至有 4.83%的受访村民没有听说过农村产权交易平台。这也说明，试点地区的宣传工作取得了一定的成绩，但还有进一步提升的空间。

试点地区在改革过程中，主要从产权交易和财务管控两方面对农村集体经济组织进行了监管。在荆州市荆州区，区政府以区采购中心

为依托，成立了荆州区农村集体产权交易中心，落实了编制和人员。各镇以“三资”监管平台为基础，建立了农村集体产权交易办事处；村级配备了产权交易信息联络员，向上级提供产权交易动态情况；颁发了《荆州区农村集体资产、资源经营和工程项目交易管理暂行规定》，要求农村集体将村集体经济组织会议纪要、村民代表大会讨论通过的会议记录、项目实施方案、四至图、荆州区农村集体资产资源经营申报审批表等报农村产权流转交易中心办事处。交易中心对申请项目可行性、项目标的合理性、经费来源等进行初审后，提交镇政府审批，从而从源头上做到了场外无交易、场内全公开。潜江市除对产权交易的环节、流程进行管控之外，还利用改革工作形成的成果，整合土地确权颁证相关信息，研发了潜江市农村集体产权改革信息系统，通过对集体资产资源信息的随时查询，起到了跟踪、监测产权流转的作用。当阳市颁布了《当阳市农村集体“三资”管理实施细则》，要求各镇依托财政所设立农村“三资”监管代理中心，负责审批农村集体资产、资源交易项目和方式，代理农村集体经济组织的会计事务和资金收付，并要求农村集体对涉及“三资”的相关事项必须履行“四议两公开”。上述举措，从产权交易和财务管控两方面有力避免了集体资产处置过程中的违法违规现象，保障了集体经济依法依规的有序发展。

实际上，农村产权交易平台不仅能够加强集体产权流转的监管力度，更能充分发挥资源整合的平台优势，进而盘活闲置的集体资产。例如，潜江市支持村集体经济组织积极主动作为，依法发挥集体资产资源整合平台的作用，发掘集体资产价值，提高集体成员收入。一方面，潜江市成立了潜江市农村综合产权交易中心，要求合同金额 3 000 元以上的集体资产处置和 10 万元以上的村级建设工程全部进场，确保交易公开公正，将有实力的经营主体“引进来”，让闲置的集体资产资源“活起来”。另一方面，潜江市在鼓励村集体经济组织多采取发包、租赁等方式获取稳定租金收入的政策导向下，支持村集体多途径发展物业经济和开展土地股份合作，盘活闲置资产。例如，泰丰街道南荷社区通过修建标准化菜市场、早点夜市再出租的方式，每年创收 140 万元，每个成员每年可分红 2 500 余元。高石碑镇窑堤村动员农户将 2 000 亩承包地入股到村合作社统一经营，保底租金每亩 300 元，经营收益的 60%按股份给农户分红，40%用于集体再投资和公共服务。

（二）加强集体资产监管，消除产权交易的法律隐患

在农村集体产权制度改革过程中，试点地区集中关注合同清理问题，为农村集体经济组织后续的发展提前消除了隐患。在改革之前，责任意识、主体意识的缺失，导致农村集体经济组织订立的合同存在违反《村民委员会组织法》《农村土地承包法》的规定、没有履行集体决议或发包程序、对方不按合同约定履行、合同约定的价格显失公平等情形。这些问题不解决，将极大地影响农村集体经济组织未来的发展。为此，试点地区通过合同清理，既避免了农村集体经济组织被各种显失公平、违反法律强制性规定或超期限合同所约束，又能确保合同收入按期到账，从而保证集体资源性资产的未来收益。其中，荆州市荆州区审核承包租赁合同 2 854 份，核实收入 1 444.32 万元；当阳市全市累计清理规范各类“三资”合同 61 379 份，增加村集体收入 153.54 万元。

同时，试点地区通过完善农村集体“三资”管理的实施细则，明确农村集体经济组织为监管主体，但需要通过委托代理的方式由监管代理服务机构履行代理监管。① 由此，镇级政府需要成立农村集体“三资”的监管委员会，负责农村集体“三资”监管代理工作，主要负责的是农村集体经济组织的年度预算决算、各项审计、资产资源交易

---

① 《当阳市农村集体“三资”管理实施细则》第 7 条规定：“在保证农村集体‘三资’所有权和收益权、审批权、使用权不变的前提下，实行农村集体‘三资’监督代理制度。”第 9 条规定：“农村集体经济组织要与监管代理服务机构签订委托代理协议，监管代理服务机构依据委托代理协议履行代理服务职责。”

以及年度的“三资”清理核查，而农村集体经济组织需将“三资”作为重大事项公开并经成员大会或成员代表大会决议。针对农村集体经济组织的支出管理，试点地区实行备用金管理制度，监管代理服务机构根据会计业务量、地理位置以及支出状况确定农村集体经济组织领取的额度和方案。

五、农村集体经济的未来发展

（一）阻碍农村集体经济发展的人才匮乏问题有待解决

1. 农村集体经济组织发展所需的经营管理人才普遍缺失

虽然试点地区成立的农村集体经济组织目前主要从事的物业、土地租赁并不存在太大的经营风险，但这并不能持续地提高农村集体经济组织的收益。农村集体经济组织要使收益持续获得增长，必须具备能够充分挖掘各方面集体资源，懂经营、懂管理的高素质人才，将农村集体经济组织的经营内容从单一的物业、土地租赁扩展到农村集体经济组织特有的产品、服务提供等方面，并能够在市场竞争中占有一席之地，但如何吸引这类人才投身集体经济，还需要政府出台相关有吸引力的政策和创造合理的营商环境。问卷调查的结果显示，有4.1%的受访村民认为村改革带头人的能力不行，但83.45%的受访村民认可农村集体经济组织管理人员与村干部的交叉任职。这也表明在现有交叉任职模式下，对如何提高农村集体经济组织管理人员的综合能力需要进行研究。

为解决农村集体发展的人才匮乏问题，国家应当大力加强农村人才队伍建设，具体的工作措施可以包括：（1）明确农经管理队伍职能。农经管理队伍的工作人员，直接与农民打交道，职能明确可以优化人员配置，提高指导效率。（2）明确农经管理队伍的绩效考核。农村集体产权制度改革工作的绩效考核，不仅可以提高人员的工作积极性，还可以监管具体人员的工作质量。（3）鼓励农村人才回流和吸引外来人才下乡。集体经济事务的经营管理，需要专业人才，农村自生人才的回流以及外来人才的引入会促进集体经济发展。农村自生人才的回流，可以依靠乡土情结、成就荣誉等理念打动。外来经管人才的吸引，则可以参考“三支一扶计划”“大学生村官计划”等国家级政策进行定向招聘。(4) 鼓励农村集体经济组织创新人才吸引方案。农村集体经济组织可以为有想法、有能力的高管提供相应的奖励待遇，如设置人才股、有条件地赋予成员资格、奖励收入提成、提高工资待遇等。

2. 县乡级农村经济经营管理站撤销导致经管队伍弱化

农村集体经济的发展不仅需要其内部具备人才，还需要政府层面有一批懂农村、懂农业、愿意从事农村工作的专业队伍。在调研过程中，试点地区的干部普遍反映，由于机构改革导致在农经站撤销后，农村经管体系和经管队伍建设不断弱化，给改革工作带来阻碍的同时，也不利于党和政府对农村的建设和管理。机构改革后，县级经管部门有的归入财政部门，有的被彻底撤销，而很多县、乡层面从事农经工作的新进人员不懂业务，在个别地方开展工作既不规范，亦不严谨，工作协调难、落实难、推进难。考虑到农经站的主要职责就是联系农民、服务农民以及指导农业产业化，如何在机构改革后的现行体制架构下使原农经站的功能作用得以保持，需要在顶层设计层面予以重视。

为此，国家应当加强农村经营管理体系建设，进一步明确完善乡镇农村经营管理部门的职能、编制、经费。乡镇农经站作为与农民和农村接触最紧密的部门，对于党和政府推进农村工作，落实农村政策，加强和农民的联系发挥着具有重要的作用。即使农村集体产权制度改革取得了阶段性的成果，未来农村集体经济组织的发展和监管也需要大量高素质、敬业的基层农经工作人员。为此，课题组建议，各级政府要加强乡镇农经站的队伍建设，明确人员编制、职能，保证经费预算。

（二）因地制宜，探索农村集体经济发展的多种途径

关于集体经济的发展途径，试点地区主要表现为两个路径：其一是以承包地入股，规模化发展现代农业；其二是引入社会工商资本，发展乡村服务业等其他产业。而对于不同的发展方式，不同地区的农民态度迥异。根据调研情况，对于承包地入股本村集体经济组织，84.83%的受访村民表示希望入股，只有15.17%的受访村民表示不希望入股。需注意的是，潜江市莫市村参加问卷调查的村民都不希望承包地入股。同样需注意的是，荆州市荆州区城南高新园梅村的问卷情况显示，该村不希望入股的受访村民多达66.67%。这说明，不同村的具体情况对村民是否愿意作出这一选择起到关键作用。因此，在进行相关制度设计时，村集体经济组织应将此问题的选择权交给村民。就对本村集体经济的发展而言，绝大多数村民对外来工商资本持谨慎态度，虽然25.52%的受访村民认为外来工商资本可以为集体经济发展提供助力，但却有一半调研村的村民近乎全部反对外来工商资本。这表明了村民对外来资本的畏惧和对外来资本能否增加集体收入的怀疑。相对而言，77.24%的受访村民认为可以利用闲置房产、建设用地来发展乡村服务产业，32.42%的受访村民仍坚持从资源性资产中探索发展现代农业之路。这体现了村民利用现有集体资产发展集体经济的基本想法。此外，还有村民从电子商务的角度出发，认为农村集体经济组织可以通过电商平台来拓宽产品销售渠道。

试点地区因地制宜，基本确立了以村级主导为主、政府扶持为辅的集体经济发展思路，因地制宜制定发展规划，力争多渠道挖掘和激活集体资源。例如，荆州市荆州区紫荆村改革的着力点之一是引导土地经营权有序流转、发展农业适度规模经营，以推动现代农业发展，强化新型农业经营主体培育。紫荆村设立的“紫荆花开”土地流转专业合作社已成功流转土地880亩，建立了“紫荆紫薇”生态采摘园，引进了正本农业科技和麦田特种养殖。一方面，荆州市荆州区于2018

年出台了《荆州区镇域经营主体和土地流转管理考核奖励办法》，为全区农业招商引资提供了有力的政策保障，2018 年荆州区全区流转土地面积 23.7 万亩，土地流转率达到 56.4%；另一方面，其在已经初步完成改革的乡镇村，以村集体（股份）经济合作社为依托，在村支部领办的基础上，成立村级土地股份合作社和劳力资源合作社，通过集并土地、集合劳力、招贤引资，以实现党支部引领、企业家管理、职业农民生产的新格局，使农民从土地得到财产性收入，从打工中获得劳务收入，村集体从服务中取得服务性收入，全面激活村农业生产要素，发展壮大集体经济。

（三）完善农村集体经济组织发展的扶持政策和配套措施

农村集体经济组织在设立时本身就存在底子薄、经验少、抗风险能力弱等各方面的不足，如果政府不出台政策从多个方面进行扶持，农村集体经济组织的发展仍将面临较大的困难。就目前试点地区出台的扶持政策看，扶持主要体现为资金扶持或产业指导，但在市级层面出台土地、税收、贷款等方面的优惠政策，因存在法律和政策权限上的限制，相关干部对此持谨慎态度，表示希望省级以上部门出台政策。例如，对于农民是否可以享受个人所得税减免、农村集体经济组织是否可享受税费优惠过渡期等方面目前尚未在试点地区了解到相关政策的推行。灵活机动的政策可以更好地适应“政经分离”的试点实践，试点地区也反映，没有顶层政策的指导性意见，很多优惠条件和扶持标准难以实现。因此，顶层应当细化政策优惠，包括财政、金融、土地、税收等方面，例如，农村金融的担保融资条件、土地经营权抵押担保实现的特殊性、相对具体的集体经济扶持标准等。

农村集体产权制度改革的很多工作环节，都很难通过政府部门的力量单独完成。例如，清产核资中的资源测量、资产清理、债务化解、资产估值等工作内容，成员资格认定中的外出村民召集、会议筹备、成员标准协调、异议纠纷处理等工作内容，建立农村集体经济组织中的管理人员选举、具体经济事务处理、财务审核等工作内容。这些工作都需要借助部分社会力量，而社会力量的介入则需要成本。在试点实践中，专项资金的来源主要是县级或地市级政府的财政拨款，而基层干部认为，国家、省部级层面应安排专项资金，用于农村集体产权制度改革的奖励、补贴。

第十一章
山东省部分地区农村集体产权制度改革

在全国第一、二批农村集体产权制度改革试点中，山东省均有地区入选。2018年6月，按照“扩面、提速、集成”的改革总体要求，山东开展整省试点活动，围绕农村集体资产清产核资、农村集体经济组织成员资格认定、股份合作制改革、农民集体资产股份权能探索等诸多方面开展明确农村集体产权、完善农村治理、保障农民权益的有益尝试。为总结山东省农村集体产权制度改革的经验及不足，课题组分赴山东省9个市县[①]开展调研，通过实地观察、访谈笔录、问卷调查、典型选取等方法，对农村集体经济组织治理体系、农村集体经济组织成员资格认定、股份合作制改革等环节的改革经验以及尚存不足进行对比分析、归纳总结，以求为农村集体产权制度改革的深入推行与立法实践提供有益思路。

一、农村集体经济组织治理机制

农村集体经济组织治理机制的构建并非平面化的组织设置，而是

---

① 调研地区分别为：德州市平原县、日照市莒县、淄博市桓台县、临沂市沂水县、肥城市（县级市，泰安市代管）、邹城市（县级市，济宁市代管）、济宁市兖州区、聊城市莘县、滨州市阳信县。

动静兼顾的整体性工程。[①] 在考察山东省各地改革状况时，我们可以发现在静态结构搭建以及动态机制运行中，既存在着共性，又因各地实践实际情况不同而产生差异。

（一）农村集体经济组织静态治理结构

从实践情况看，山东省各地的农村集体经济组织静态治理结构的改革措施与尚存问题具有一致性。

首先，各地重视农村集体经济组织内部治理机构的设置，体现出分权制衡原则。各地根据关于改革的指导性意见、农村集体经济组织的示范章程等文件与实地情况，注册成立的农村集体经济组织一般设成员（股东）大会、成员（股东）代表会议、理事会、监事会。当然，也有个别地区允许根据需要设置其他经营管理机构，如临沂市沂水县在《农村集体产权制度改革参考》中提供了村股份经济合作社章程参考样式，在“组织机构”一章中说明可根据需要加设其他经营管理机构。但从调研情况来看，调研地区未出现增设经营管理机构的情况。从治理结构的基本框架来看，调研地区均采取了现代法人的“决策机构—执行机构—监督机构”分权制衡的治理结构。从治理机构的职责分工来看，成员（股东）大会是农村集体经济组织的最高权力机构，成员（股东）代表大会多根据实际情况设立，以一定基数的村庄人口与分散程度为设立前提，经成员（股东）大会授权代行各项职权；理事会是常务决策和管理机构；监事会则是由成员（股东）代表会议选举产生的内部监督机构。同时，各地的内部机构名称基本相同。从治理机构的运行情况来看，各地的治理机构内部权责关系较为明晰，这为完善法人治理机制提供了可靠的基础。

其次，各地内部治理机构的人员构成具有相似性。（1）成员（股

① 管洪彦．农村集体经济组织法人治理机制立法建构的基本思路．苏州大学学报（哲学社会科学版），2019（1）．

东）大会的人员构成。成员（股东）大会强调民主决策，力求全面体现民意，因此，成员（股东）大会的成员涵盖了村内所有年满 18 周岁、具有选举权的集体成员。（2）理事会的人员构成。调研地区普遍采取基层党组织负责人与农村集体经济组织负责人交叉任职的方式。一般而言，理事会成员候选人的选举方式包括等额选举和差额选举两种，但是根据调研情况来看，各地选举方式实际均为等额选举。同时，候选人的选任以原村党支部、村民委员会成员为主，理事长从理事会成员候选人中推选。（3）监事会的人员构成。监事会选任成员一般具有村庄内部权威性、思想先进性等特点，根据调研结果来看，监事会多由老党员、老干部组成。同时，理事会成员、财务人员及其直系亲属不得参加同级监事会，以保证公正及监督职能的有效发挥。

综上所述，山东省各地的农村集体经济组织普遍存在交叉任职情况，且集中体现为村党支部成员、村民委员会成员与理事会成员、监事会成员的交叉任职。显然，这不完全符合“政经分离”的改革要求。不可否认，人员的交叉任职可能会造成村内少部分人权力的不当扩张，造成民意的被迫沉默，无法实现静态结构设置追求的分权制衡的目标，最终不利于农村集体资产的公开透明化运作与基层治理体系的完善。但必须承认，现阶段在经济相对欠发达的农村地区，村党支部、村民委员会和集体经济组织之间的交叉任职是必要的。课题组通过实地调研，经过与村干部、村民的访谈，交叉任职现象普遍存在的原因可以总结为如下四个方面：其一，历史因素的影响。随着兼具经济功能与行政管理功能的人民公社的瓦解，农村经济职权实际基本落入具有基层管理意味的村民委员会之手。在农村语境下，农村经济事务“由谁管、怎么管”已经由几十年的实际运转而自成体系。① 其二，改革快速、顺畅铺开的要求。一方面，快速消除村民抵触心理，推进改革快

① 李永军，张艺璐．论特别法人制度的立法价值及特殊功能：以农村集体经济组织法人为视角．新疆大学学报（哲学·人文社会科学版），2021（1）.

速铺开，需要借助本就获得村民认可、已有管理经验的村干部的现有权威，故在农村集体产权制度改革的开展前期，改革具体实施主体多为村党支部、村民委员会成员。另一方面，两套班子、两套人马可能会导致互相争权、互相扯皮、推诿不配合等现象，不利于改革的顺畅开展。其三，农村地区经济实力的限制。目前，调研地区各村两委成员的工资薪酬主要依赖于财政转移支付，而村会计和其他管理人员工资酬劳则由村集体自己负责。独立的农村集体经济组织人员配置，意味着增加人员任命，同时也会造成村集体经费支出增加，这对经济不太发达的部分县区级单位，新增经费开支也会使财政承受较大压力。简言之，从实践来看，现阶段各村的收入来源有限，地方政府也并未明确农村集体经济组织管理人员薪酬的单独支付问题，各村难以负担独立人员配置的工资待遇。其四，农村人才流失的困境。农村集体经济组织最理想的运营状态是由具备经济管理才能的专业人才掌舵，然而城乡发展不平衡的现实情况导致农村剩余劳动力大量流入城市，使得农村人才流失成为制约农村发展的瓶颈。原有农村干部队伍已经囊括大部分有心力、尚有能力为建设农村增砖加瓦的人才，原有干部存在群众基础，选拔新的人才存在困境。而从问卷统计结果[①]来看，受访村民在“集体经济组织管理人员和村干部交叉任职”这一问题上的认可度高达81%，“应视具体情况而定”的比例占7%，仅有12%的受访村民持否定态度。有鉴于此，不能一概否定交叉任职情况，而应根据具体情况具体判断。

（二）农村集体经济组织动态治理机制

科学有效的农村集体经济组织动态治理机制的运行不仅检验着内部机构静态结构设置的合理性，也决定着农村集体经济组织作用发挥的实际效果。故在考察动态治理机制建设情况时，我们则应兼具内外视角。

---

① 课题组共发放调查问卷945份，收回有效调查问卷921份，本章调研统计结果均以此数据为基数。

从内部治理角度看，追求民主、经营得当、有效监督成为各地改革努力的方向。首先，充分调动村民能动性，追求民主主要体现在对民主决策机制的落实。各地政策文件普遍存在成员（股东）大会参与人员的广泛性、重大事项由成员（股东）大会或成员（股东）代表大会决定等规定。从实践情况看，有接近85.23%的受访村民表示所在村集体经济组织的重大事项是通过成员（股东）大会或者成员（股东）代表大会表决的方式决定的，而选择"由村集体经济组织理事会决定""由村集体经济组织理事长决定""由村党支部或村民委员会决定"的村民比例分别为3.15%、4.02%、6.95%，且此比例分布在山东省调研各地区并未出现明显波动，这显示着民主决策的基本落实。同时，内部治理的民主性还体现在对成员选举权利的落实，不仅因为成员广泛选举本身所体现的民主性，更重要的是体现了成员对自身利益的托付，所谓"自己人"管自己事。民心所向的成员代表、理监事会成员是民主决策机制得以运行并最终落实的保障。在受访村民对"集体经济组织的负责人是否应当由党委或政府确定"的回答中，仅有16.72%的村民表示赞同，认为应当由村民自己选举产生的比例达到77.52%，4.89%的村民对此并不在意。经访谈了解到，村民对党委或政府是信任的，但更偏向自己拥有选择权，以便有力维护自身权益，调研地区实际情况亦基本符合村民的设想。

其次，农村集体经济组织的经营管理能力是决定效益产出的关键，但调研地区的实际情况却存在较大差异。究其原因：一是不同的村镇因地理位置产生各类型资源的差异化，二是农村集体经济组织管理层个人能力的差异化。一般而言，各调研地区普遍重视土地利用与规模经营，具体经营则可分为三类：第一，明确土地资源的权属，有条件的地方开展集中整合整治，采取公开发包经营、集体统一经营、发展重点产业和项目等方式，增加集体收入。集体闲置土地不多的地方，可以推动村民土地经营权流转，吸引农民合作社、家庭农场、种养大户和农业龙头企业等新型经营主体到本村流转农户承包地。第二，利用村庄现有地理位置，靠近城区的村庄多开展物流经济，或者建设房屋、商铺与农贸市场，通过出租、投资入股、自主经营等形式增加集体收入，实行此种经营模式的农村集体经济组织收入颇丰。第三，部分地区还存在村党支部领办、创办合作社或者村企合作等经营管理模式，如邹城市与济宁市兖州区就存在“支部＋合作社＋农户”“支部＋公司＋农户”“合作社＋村集体＋农户”等模式，发展特色种植、农产品深加工、储藏保鲜、物流运输等经营性项目，以增加集体收入。但调研地区的农村集体经济组织大多没有创办企业，大多数村庄经济欠发达、无资源可利用，农村集体经济组织也没有实资产可以运营。

最后，农村集体经济组织的有效监督是完善法人治理机制的可靠保障，各调研地区均进行了有益探索。第一，在农村集体经济组织财产基础问题上，各调研地区在清产核资中坚持公开透明的工作方法，并将清产核资结果进行广泛公示；同时，各地区要求农村集体经济组织实现对日常运营中的财务信息披露常态化。从问卷调查结果看，根据受访村民回答“所在的村集体经济组织是否定期公示财务收入和支出情况”时的统计，定期公示财务状况的比例已达 95.33%，不定期公示仅占 4.02%，基本不存在不公示财务的情况。第二，在成员资格认定标准的制定、执行过程中，集体经济组织充分接受村民质疑与监督，农村集体经济组织章程普遍规定成员享有对农村集体经济组织经营管理事项的监督权与对理事会提出质询、批评和建议的权利。第三，应当明确的是，财务信息公示制度的落实并不能真正发挥内部监督机制的作用，有效监督的实现还需要成员撤销权、成员派生诉讼等对成员权益的救济。在改革实践中，《民法典》第 265 条规定的成员撤销权、侵权责任承担以及部分学者提到的成员派生诉讼制度均未得到体现。[①] 调研地

① 杨立新．民法典对侵权责任保护范围的准确界定：对《民法典》第 1164 条含义理解的进一步厘清．兰州大学学报（社会科学版），2021（1）．管洪彦．关于农民集体成员撤销权的几点思考．法学论坛，2013（2）．杨仕兵，方颖．论农村集体经济组织特别法人成员撤销权．东北农业大学学报（社会科学版），2019（1）．房绍坤，袁晓燕．农村集体经济组织特别法人制度建构．上海政法学院学报（法治论丛），2021（3）．赵新龙．农村集体成员代表诉讼的法理逻辑与制度构造．南京农业大学学报（社会科学版），2018（6）．

区未出现较为激烈的纷争，其主要原因在于，大多数村民不知道自己享有什么权利、如何行使权利。例如，在作为权利基础的成员股权类型的认知上，通过问卷调查我们可以发现对本村是否设置了劳龄股、贡献股以及福利股的了解率仅达 1.01%、0.43%与 4.34%。如此状况，在权利享有、权利获得以及受侵害保护的链条上，村民个体权利保障的自我实现更是任重道远。

外部治理主要内容包括资产管理、外部监督等。值得肯定的是，在资产管理方面，山东省广泛搭建了农村产权交易平台，强化市场对资源配置的作用，通过拍卖、竞价、招标投标、协议和其他法律、法规、规章规定的方式进行交易，提升交易过程及结果的透明度，使农村集体资产的价值得到显现，让农村集体资产交易实现公平、公正、公开，并且通过不断健全制度化、规范化的监管体系解决集体资源资产“怎么管”的问题。[①] 例如，日照市莒县建立了县、乡、村“三级联动”的农村“三资”监管平台和农村股权管理平台，将所有村的“三资”运行轨迹、股权管理纳入实时、动态、全面的监控，实现了农村集体“三资”监管、农村会计核算和集体股权管理信息化。但是，在现阶段改革推进以及农村集体经济组织的运营中，政府指导行为普遍存在，突出表现在农村集体经济组织的收益分配方面。当农村集体经济组织的经营收益较多时，县级农业农村局相关部门会建议将大部分资金用于集体公益事业以及集体经济发展的再投资，故而向集体成员进行收益分红的情况较为少见。实际上，2020 年 3 月 31 日，中共山东省委组织部、农业农村厅、财政厅、民政厅四部门发布《关于引导农村集体经济组织进一步规范收益分配的通知》，明确提出农村集体经济组织的收益分配原则应坚持分配与积累并重，同时，为实现效益优先，分配额度和比例应依据当年村集体经济组织取得的净收入确定，

---

① 李树超．农村土地产权交易平台建设的必要性、问题及对策分析．江苏农业科学，2016（2）．

如可分配收益不足10万元或户均可分配收益不足200元的，经集体经济组织成员同意，可以不向成员进行收益分配。而从收益分配的顺序看，其同样坚持先公益福利、后分配到人的顺序。总体而言，政策倾向与实践做法基本吻合，不可否认政府指导可以在一定程度上防止因村民短视引起的集体经济发展后继乏力的现象发生，有助于公共积累与集体经济的发展，对现阶段农村集体经济组织的规范发展、农民收益保障有重要意义。但从长远看来，对农村集体经济组织法人地位的确认意味着其应是参与市场化活动的独立主体，故而仅应承认政府指导的阶段性意义。外部监督一般多通过农业农村主管部门或者乡镇人民政府检查监督的方式予以实现，但在各调研地区并未形成完整有效的外部监督体系，而外部监督体系的缺位则制约着农村集体经济组织的长久发展。

（三）农村集体经济组织的治理机制重在运转

从各地实践看，农村集体经济组织治理机制中的静态结构基本相似且稳固，也为其功能发挥提供了相适应的空间，因此，动态运转则成为重中之重，但在实践中也多有疏忽之处。面对人员交叉任职的现实状况，如何理解并实现“政经分离”的改革目标，成为法人治理的关键。

首先，应以前瞻性眼光坚定改革信念。村党支部、村民委员会以及集体经济组织组织之间存在的人员交叉任职现状，并不能动摇“政经分离”的改革方向。我们在承认人员交叉任职的现实必要性的同时，更应该看到农村现代化治理模式之下公共管理职能和经济职能分离的发展趋势。[①] 赋予农村集体经济组织特别法人地位是实现机构分离的一步，而人员分离的趋势同样不容忽视：一是从各地人员选任趋向看，

---

① 于明明．集体经济组织的特别法人构造及职能界定：从集体经济组织与村民委员会的关系展开．中国不动产法研究，2021（1）．

基本都强调对高素质人才的引进、重视专业人才领导作用的发挥，对市场配置资源作用的强调指示着集体经济组织法人发展方向，现阶段的人员交叉任职不能成为最终的选择；二是从监督与制衡的角度出发，基层治理体制的改进要求合理界定村民委员会与农村集体经济组织的关系，明确两者间存在一定的监督管理关系，故而两个组织之间的人员构成应有所差别，实现分权制衡之效。①

其次，必须以合法性的程序保障组织独立。针对人员交叉任职的现状，履行程序对实现农村集体经济组织组织独立具有重要意义。一是农村集体经济组织负责人等必须通过单独的选举程序实现，即使在现阶段有些地方存在三个基层组织负责人由一人担任，领导与管理人员大体相同等情况，仍然不能将其作为默示的常规操作，而应保证农村集体经济组织独立选举的程序。这不仅可以作为履职正当性的证明，同样是村民权利与意愿表达的重要保障。二是设立独立的表决机制，农村集体经济组织对集体资产的管理运营决策应具有成员大会、理事会表决等程序性要求，应当明确区分经济职能范围内的事项表决与村民委员会会议表决，在召开制度、决议表决机制、决议通过比例等方面均应有独特的设置。

最后，以信息化手段促进公开。因公开而知情，因知情才能实现有效监督，最终以监督机制反促管理人员形成严于律己、公平公正的行事风格。在人员尚未分离的情况下，组织之间的监督无法发挥最大效用，信息技术手段的应用则提供了现阶段“政经分离”的保障可能。逐步铺开的区域统一农村产权交易平台，使农村集体资产的交易决策可查询、可溯源；建立的媒体、专项热线等途径，可疏通民意反应渠道，使上下沟通不闭塞、不单薄。

① 于国萍．分治视角下村委会与村集体经济组织关系探究．山西高等学校社会科学学报，2021（1）.

二、农村集体经济组织成员资格认定

农村集体经济组织成员资格认定是成员享有各项权利的前置性条件，也是农村集体产权制度改革的重要环节。从实践来看，各地区基本遵循《集体产权改革意见》提到的“尊重历史、兼顾现实、程序规范、群众认可”的原则，但是由于成员资格认定的复杂性和特殊性，各地方仍然存在一定的差异。

（一）农村集体经济组织成员资格认定的标准

从相关指导性文件来看，为保持改革措施规范化与行为示范性，各调研地区均成立了工作领导小组，领会改革指导意见，并在广泛民意调查和访谈的基础上，出台了本地区成员资格认定指导意见并进行深入阐释。例如，临沂市沂水县先后出台的 4 个指导性文件，均涉及规范和指导成员资格认定工作，涵盖成员资格认定的标准、程序等诸多方面；济宁市、邹城市在《农村集体产权制度改革相关政策问题解答》中进一步总结回应成员资格如何认定、认定程序等问题。[①] 但是，山东省内农村集体经济组织成员资格认定标准并未形成统一做法。从成员资格认定的基准日看，在综合考虑改革进程、土地承包情况、人口变迁等因素后予以确定，故其规定在县域范围内可以基本保持一致，但不同市县的做法往往存在差异。而当具体涉及农村集体经济组织成员资格认定考量因素时，各调研地区会根据农村经济发展情况、成员

① 临沂市沂水县相关文件为《沂水县农村集体产权制度改革实施方案》《沂水县农村集体产权制度改革工作流程及节点明细》《沂水县农村集体经济组织成员身份确认工作指导意见》《沂水县农村集体产权制度改革参考》；济宁市、邹城市成员资格认定工作对县（市、区）要求其制定农村集体经济组织成员资格确认指导性意见，对成员资格确认的时点、程序等有关事项作出规定，重点建立健全农村集体经济组织成员登记备案机制。此外，应以村为单位确定成员资格确认具体程序、标准和管理办法，经乡镇（街道）审核，由村集体经济组织成员大会民主讨论决定后施行，具体程序可总结为召开成员会议、入户摸底调查、民主讨论、结果公示、逐户签字确认以及存档备案。

年龄构成、村民意见等进行调整，因此，各村之间也会出现差异。总体而言，成员资格认定统一标准的达成存在诸多的障碍，因村制宜是现实可行的选择。

从实践来看，各地区的成员资格认定标准普遍采取综合多因素的认定方法。在具体判断因素方面，除户籍、农村土地承包关系、对集体积累的贡献外，在村内实际生产生活、婚姻家庭关系、最低生活保障等因素也是重要的判断因素。问卷调查显示，在对受访村民对成员资格认定因素的认同度统计中，户口、本村生产生活、土地承包为生活来源、集体积累有贡献所占比例分别为 83.39%、42.24%、22.37%、13.03%。显然，政策文件的标准基本与村民意愿吻合。然而，针对外嫁女的成员资格问题，各地存在复杂的观念冲突。在“嫁到外村但户口还在本村的妇女是否具有本村集体经济组织成员资格”这一问题上，50.92%的受访村民认为应当具有，49.08%的受访村民则认为不应当具有；在“嫁到本村但户口没有迁到本村的妇女是否具有本村集体经济组织成员资格”的回答中，受访村民支持赋予其成员资格的比例仅为 28.45%，而有 71.55%的受访村民对此明确反对。总体而言，受访村对外嫁女的成员资格问题存在较大的分歧，对外嫁女群体权益的保护问题应当更为慎重。目前，较为成熟的做法是在考量户口、婚姻因素外，再进行实际生活地与经济关联性考察，同时通过一定的程序进行保障。例如，外嫁女不被确认为原村集体经济组织成员的，需要本人签署知情同意文件，或者进行村集体经济组织间的协商，保障外嫁女成员资格确认不能“两头落空”。外嫁女资格认定问题之所以产生如此之大的分歧，是因为牵扯了主观情感与利益划分，因此，单纯的民主决策不能实现公平，故而对特殊群体利益的保护往往需要外部力量的介入。

（二）农村集体经济组织成员资格的认定程序

在成员资格认定问题上，刚性指导与柔性治理应呈相辅相成之势。

刚性指导试图全面列举成员资格认定的复杂情况，而柔性治理试图通过灵活的认定机制处理特殊情况。二者的配合之道在于确定成员资格认定的基本原则与规则，并允许通过民主决策的方式决定特殊情况。日照市莒县依据相关文件规定了成员资格应予认定的 11 种情形、“空挂户”等不予认定的 4 种情形和户籍迁出等丧失资格的 7 种情形，以试图对享有股权的对象进行清晰界定，但其同样承认民主决策兜底的重要性。而临沂市沂水县为破解特殊情形人员成员资格确认的难题，以问题为导向，创设了五个机制，为进行有限度的民主决策提供了可行的思路。这五个机制是：一是“研判建议”机制，由村集体产权制度改革小组搜集本村特殊情形人员的情况，并上报乡镇农村集体产权制度改革工作小组进行分析研判，之后反馈研判意见并召开村民（代表）会议，通过为村民提供一定的引导的方式，以求合理解决“多数人侵犯少数人权益”问题；二是“沟通反馈”机制，主要解决户籍存在迁移的情况，在待认定资格的人员、原户籍村与现户籍村之间形成沟通交流渠道，有效防止出现重复确认和两头落空现象；三是“实名票决”机制，避免无序投票与恶意操纵，做实民主确认工作；四是“落空追认”机制，为弥补成员资格认定工作中的遗漏与过失提供渠道，做到应确尽确；五是“多占退出”机制，主要是强调农民只能成为一个集体经济组织的成员，确保公平公正。

在推进的过程中，改革应当明确农村社会自有运行规则与衡量准则，在不违反法律、公序良俗的情况下理应尊重，但不得因落后观念的影响而损害诸如外嫁女等特殊农民群体的权利。成员权利享有、行使、保障都离不开成员资格，因此，对民主与正义的兼顾、传统与公正的协调将成为成员资格认定的恒重之处。

（三）成员资格认定应当统一标准，充分发挥民主决策的作用

农村集体经济组织成员资格认定规则的制定应侧重两方面：一是尽可能提供较为具体、统一、切实可行的认定标准。这不仅是保证实

践中工作开展的要求，同样也是成员资格认定重要性高于一般村规民约规定事项的体现。二是兼顾成员资格认定情形的例外可能性，预留灵活、可调、可控的规则空间，体现对完全法定化的取舍。[①]

从实践现状看，在农村集体经济组织成员资格认定工作中进行标准提炼是相当困难的，更为可行的方式是进行核心要素的提取并进一步对规则细化，类似于农业农村部印发的《农村集体经济组织示范章程（试行）》第9条[②]的内容，但是现有规定过于简略，对地方实践的指导性较弱。成员资格认定框架的建构应该包括一般确认规则与特殊人群特殊情况确认规则。一般确认规则应包含肯定与否定两个面向：否定成员资格的群体多为非由土地提供社会保障的人员，无实际生产生活联系的“空挂户”，其他集体经济组织成员，自愿放弃成员资格的人员以及其他法律、法规规定不予确认成员资格的人员；肯定面向中，确认成员资格的条件经前文分析可归纳为户籍、农村土地承包关系、对集体积累的贡献、村内实际生产生活、婚姻家庭关系、最低生活保障等要素。以户籍作为判断要件，是最为清晰、简便的方法，但考察实践做法并参考村民认可度可知，户籍仅应被作为形式要件加以确认，可被其他要素证“无”或证“有”，即在成员资格认定问题上应当重视实质要素判断而减轻形式要素影响。

成员资格的特殊确认规则，应被区分为可列明与无法列明两种情况。可列明情形包括已经类型化的特殊群体，如外嫁女、双女户等。为防止特殊人群利益被忽视，在规则制定过程中应当给予指导性意见并设置程序性保障措施，尽可能实现特殊人群对自身权益的知情与同意。无法列明情形的规制要点在于构建可行的确认流程以囊括特殊情

① 高飞．农村集体经济组织成员资格认定的立法抉择．苏州大学学报（哲学社会科学版），2019（2）．

② 《农村集体经济组织示范章程（试行）》第9条规定：“户籍在本社所在地且长期在本社所在地生产生活，履行法律、法规和本章程规定义务，符合下列条件之一的公民，经书面申请，由本社成员（代表）大会表决通过的，取得本社成员身份：（一）父母双方或一方为本社成员的；（二）与本社成员有合法婚姻关系的；（三）本社成员依法收养……”

况。村民意见在繁多复杂的实践情形中起到最为重要的作用，具体到各个村庄，体现在事前的章程自定与事后的成员会议的召开中。农村集体经济组织的章程应当作为各村独特智慧的体现，尽可能规定本村出现的各种特殊情形，章程中所规定的成员资格认定标准应是各村村民群智群策的体现。此外，即使在章程未规定的特殊情形出现时，其仍然可以由成员大会民主决策的方式决定某一人员是否具有成员资格。因为成员资格在认定后所分享的利益实际上与本村村民最为关切，出于权益自我处分的正当性，民主决策可以在成员资格认定上起到兜底作用。但是，为了防止村民只重视自己的利益而侵害少数特殊人群的利益，村集体经济组织需要予以必要的外部干预。对此可以通过上文提到的“研判机制”进行把控，同时法院也可在必要时对当事人是否为集体经济组织成员予以裁决。司法途径可以其自身的确定性与权威性弥补民主自治下的群体局限。

三、农村集体资产股份合作制改革

（一）农村集体资产折股量化的范围

农村集体产权制度改革是一个复杂而成体系的改革，集体资产的折股量化做法具有承上启下的意义，其不仅是清产核资的成果体现，而且是农村集体资产股份合作的重要开端。

《集体产权改革意见》明确指出，农村集体资产应实行分类推进、分类管理，对非经营性资产侧重运行管护，对经营性资产则强调股份合作制改革的有序推进。显然，文件意旨在于通过集体经营性资产的折股量化，激活城中村、城郊村和经济发达村的集体经济活力。但是，调研结果显示，实际情况多有不同。首先，改革对象呈现扩大化趋势，所有村镇均成为改革对象。山东省在全省范围内开展股份合作制改革，并进行折股量化工作，本次调研的 9 个市县的相关村镇均完成了折股量化工作。其次，折股量化的资产范围不同，各村镇除将经营性资产纳入折股量化范围外，基本都将部分资源性资产纳入改革范围内。虽然实际情况与改革意见有所出入，但当前的方式方法实际体现着尊重实际情况、从实际出发、因地制宜的思想。

就改革范围看，调研地区各村镇不论经济发达程度，均完成折股量化工作。其主要原因有三：一是各村经济发展水平不高且相差不大。在区县一级单位中，经济发达的城中村、城郊村等村数量极少，更多的是经济欠发达的村。同时，经济发展水平的衡量标准难以统一，故而难以确定对不同地域的某一村镇是否进行折股量化。二是考量农村集体产权制度改革的重大意义。折股量化是农村集体经济组织建立的基础性工作，事关成员的利益。如果仅以当前村庄的经济状况为由而将其排除在改革之外，则无法达成全面、协同、利民的目的。三是正确认识当前基层改革工作者对改革的理解与信心，以及折股量化的程序性价值。在实际访谈中，部分农业农村主管部门的工作人员以及村干部表示，农村集体产权制度改革是参考其他地区成功经验而开展的，山东省各农村地区要有自己的适应过程，而通过折股量化实现村民对自己持有的权利的明确，有助于激发其主人翁意识。同时，对目前经济不发达的村镇应保有信心，随着国家政策的相继助力，已有贫困村通过发展旅游、光伏产业积累农村集体资产，故而折股量化工作作为农村集体经济组织建立的重要一环，应当从长远角度看其利益分享的意义。

就折股量化资产范围的现有状况，我们则应从两个方面进行理解：一方面，其成因仍应落脚于经济发展程度，整体经济欠发达的实际情况决定着农村改革的目光会投向资源性资产，以尽可能实扩大股权的价值。另一方面，经济欠发达地区农民受传统观念的影响会更加显著。在没有太多经营性资产的情况下，土地作为农村最重要的资产，也是农民权利的最终彰显，故农民对集体土地权属的界定与利用最为关心。此外，现有改革实践是体察群众意见的选择。根据问卷调查的情况，在对多选问题“您认为股份合作制改革应该涉及哪些集体资产”的回答上，受访村民认为应当涉及经营性资产与公益性资产的比例分别为

77.63%与54.61%，而认为股份合作制改革应当涉及资源性资产的比例则高达86.75%。因此，在折股量化工作开展的初期，针对经营性资产普遍较少的情况，各村就是否应把资源性资产作为折股量化的目标曾多次公开征集村民意见，并获得绝大部分村民的支持。部分村庄更是聘请专业的会计师事务所等进行折股量化，尽量做到民主、科学。

（二）农村集体资产的股权类型设置

按照《集体产权改革意见》，股权类型设置主要为成员股、集体股，同时集体股的设置允许本集体成员进行民主讨论后决定。除此之外，并未对股权类型设置提出更多指导意见及限制性规定。通过对实践情况的观察，山东省各地股权类型设置呈现出自主性强而呈现多样化、强调民主性但村民对股权类型理解程度仍有待提高等特点。

自主性强而呈现多样化，是指山东省内各地改革试点因为鼓励思维开放，在审慎的基础上进行了大胆尝试，故而容纳了一些突破性措施，直接表现为不同地方设置了不同的股权类型。从山东省9个市县的情况来看，很难以单一的标准对其股权类型设置进行衡量与评价。目前看来，山东省地方实践均是以成员股作为股权的主要类型，在集体股问题上则做法不一。虽然一般区县级意见倾向不设立集体股，以方便管理，但是并没有强制性规定，各村镇自由度较高，是否设立集体股主要与村民意愿有关，亦没有显露绝对的经济关联性。总体看来，大多数村镇未设置集体股，但在上述两种股权类型之外，部分村镇进行了创新。例如，某经济状况较好的城中村，将贡献股纳入考量范围，但限制在特定人群中，即对年龄较高的、生活条件欠佳的出嫁女，因其年轻时对村庄同样作出贡献而被认定具有股份；部分村庄根据村民意愿设置农龄股，同时在坚持探索创新的路径上，结合村情创新设置孝德股、新增股、扶贫股等股权类型。此外，有个别村对个人持有股份进行再细分，即将个人股分为土地承包经营权入股股份与集体净资产股两部分：土地承包经营权入股股份是将土地流转户作为土地承包经营权入股户，按照土地流转的面积计算股数，具体多少面积的土地可以换算为一股，不同村镇有不同的规定，红利则从土地流转收益中分配；集体净资产股则是将集体净资产金额的全部量化到每个股民，每人一股。这种方式与一般的将土地交由农村集体经济组织统一经营的方式不同，其合理性还应审慎考量。

在股权类型设置问题上，我们可以发现各村对村民意见的重视，通过问卷调查“本村股权设置有哪些类型”可知，在村民观念中，成员股、集体股、人口股、劳龄股、贡献股、福利股出现的比例分别为85.67％、16.29％、22.69％、1.01％、0.43％、4.34％。从数据分析及访谈情况看，在成员股的设置上，实际情况与改革精神基本一致。此种类型设置与所占比例也得到广大村民的认可，但村民对股权类型仍然具有一定的误解，主要集中于对集体股与人口股的理解与设置上。通过各地政策文件与实地调研可知，大多数地区并未设置集体股或人口股，但仍有小部分村民认为本村设置有此种类型。究其原因：一是，村民在集体股问题上容易将其与村留存公积金、公益金部分混淆，认为只要村集体经济组织留存的可以用于发展集体经济、村集体公益事业的资金都是出于集体股所得的分红；二是，未能理解人口股的真正含义，易与成员股混淆。根据受访村民对集体资产股份配置方式的倾向，有89.06％的受访村民认为应当按人配置，在实践中也多是对具有成员资格的村民实行每人一股分配方式，仅有10.94％的受访村民支持按户配置。因此，在目前看来，农户内部可能因为成员数量的不同而出现分配股份数量的不均情况，有些村民便认为存在人口股类别，其实是将人口与成员数量混淆的结果。针对目前股权类型设置的实际情况，增进村民理解、吸取实践经验，同时实现股权类型向规范化发展，将是对下一步工作开展的要求。

（三）农村集体资产的股权管理模式

农村集体经济组织股权管理模式存在动静之分。目前山东省内大部分地区普遍实行股权的静态管理，即在集体资产量化为股权后，由集体经济组织向股东出具股权证书，作为其参与管理决策、享有收益分配的凭证。对农村集体经济组织成员家庭今后的新增人口，我们提倡通过分享家庭内拥有的集体资产权益的办法，按集体经济组织章程获得集体资产份额和集体成员资格。动态管理模式的主要意义在于，能够在一定时期内随着人口的增减而调整股权或者份额，对出生、迁入、死亡、迁出等情况进行股权的相应调整。此种模式往往涉及调整的时间跨度与基准日。在调研地区，有的地区以每年 12 月 31 日为基准日，确定出生、迁入、死亡、迁出人口，分别配给股权和减少股权的；也有的地区以农村集体经济组织任职届期届满后换届选举的开展为时间节点，对变化的人员进行股权增减。

从问卷结果来看，支持静态股权管理模式的受访村民占比为 72.73％，而倾向动态股权管理模式的比例为 27.27％。但在个别地区会出现相反的情况，如德州市平原县与淄博市桓台县，支持动态股权管理模式的比例分别为 66.67％与 65.38％，均超受访村民半数。同时，课题组经访谈了解到，在已经采取静态股权管理模式的村庄中仍有相当的村干部与村民不认同现行做法，而认为静态管理模式虽然短期内不会出现问题，但随着时间的变化必然会在农村激起矛盾。因为股权不随人口增减变动而调整，且只在农村集体经济组织家庭成员内部通过继承、转让等方式流转，随着农村人口的增减变化，各户家庭成员数量会逐渐出现差异，而各家拥有的股份不变，将会出现人多股少、人少股多的情况，导致村民心理不平衡，从而容易激起矛盾。由此可见，对股权管理模式的选取尚未形成地域内统一意见。

其实，我们应当客观中立地看待两种股权管理模式。静态股权管理模式的优势在稳定，劣势在不变；动态股权管理模式的优劣评价要点也纠结于其可变性。从静态股权管理模式看，稳定对现阶段农村极其重要，可以有效避免在股权调整过程中产生的诸多纠纷，同时防止农村集体经济组织承担过重的股权调整压力。这体现其作为特别法人的社区性。从更广阔的试点实践看，广东省南海区的产权改革已实行二十多年，29 个试点县中有 24 个县选择静态管理的模式，具有现实可行性与群众支持率。[①] 而动态管理的模式则因其灵活可调性，在一些村民的观念中更显公平。目前，折股量化工作的开展在成员间可以实现公平，基本为每人一股的状态，但农村集体经济组织成员并非稳定不变的，农户之间的利益分配随时间推移确实可能会出现争端，似乎出现对第一次认定成员的人身附随性优待，并未实现代际公平。在此意义上，动态管理的模式显现优势。但是，如何实现以合适的频率平稳进行股权份额调整仍旧是动态管理模式应探究的问题。目前实践中出现的“相对静态”或动静结合的股权管理模式都是一些渐进尝试，并未完全解决上述问题。

任何脱离实际的选择都只是理想主义，股权管理的动静优劣之辨在短期内更是难以清晰。因此，现阶段相关部门应以小步渐进、适时尝试的改革心态，在考察各地经济发展状况与人口增减趋势的基础上，尊重村民的自主选择。

（四）农村集体资产股份的权能

自党的十八届三中全会提出“要保障农民集体经济组织成员权利，积极发展农民股份合作，赋予农民对集体资产股份占有、收益、有偿退出及抵押、担保、继承权”，农村集体资产股份权能的完善方向基本被确定，之后开展的农村集体产权制度改革则在延续的基础上不断深化。

在问卷调查中，我们可以发现受访村民对各项权能的期待基本与政策路线符合，村民认为农村集体资产股权应当实现占有、收益权能的比例为 78.83%，认为应当实现有偿退出的占比为 54.70%，对实现

---

① 农业部．集体资产股权管理有两种模式最终由群众决定．[2021－09－04]. https：//www.yicai.com/news/5196253.html.

担保和继承权的期待比例则有67.91%及63.19%；相对而言，对实现转让事项的占比最低，仅有53.85%，但同样超过半数。从改革实践看，目前占有权能已经通过成员资格认定及折股量化工作的开展得以实现，各地出台相关文件保障其他权能的落实，如临沂市沂水县出台《农村集体资产股份继承实施办法》、《农村集体资产股份有偿退出实施办法》以及《农村集体资产股份收益分配指导意见》，明确了权能实现条件、流程及限制。分情形看，股权继承情形已经普遍发生于各村镇，调研地区未出现争议纠纷。股权的内部转让仅在个别经济欠发达村庄出现，这些村集体资产股权价值较低且往年未有分红；与此相反，在经济收益展望较好的村镇中，股权价值相对较高，村集体可能更倾向于开展收益性活动，集体经济发展潜力较大，村民个人增收意愿也较为强烈，即使目前没有分红或分红较少，但大多数村民对转让股权的态度更为保守。由此可见，股权价值、村镇发展情况、村民自我意识等均会影响村民对股权权能的认知。股权的担保则多为地方银行提供农村集体资产股权质押贷款相关服务，以推进农村赋权活权改革，但有严格的程序要求。例如，有区县要求，股权的质押应及时向集体经济组织提出申请，集体经济组织初审同意并公示后，报乡镇（街道）经管站登记备案核准，同时股权信息应及时录入管理系统。目前，以区县为单位，各区县已发放农村集体资产股权质押贷款笔数基本为个位，并未出现大规模质押贷款的态势。

虽然当前改革已经取得较大进展，但建立健全归属清晰、权责明确、保护严格、流转顺畅的现代产权制度在农村领域仍然需要寻找契合之路。从调研实践看，农村集体资产股份的有偿退出成为探索重点。在大部分情况下，限于农村集体经济组织的社区性，有偿退出仅仅包含集体赎回及内部转让。随着改革的不断深化，山东省的部分试点县在经上级授权后，开始探索股权在县域内流转的可行性，即在有偿退出中增加公开交易的流转方式，且已有个别交易尝试。但课题组经与县级相关负责人访谈了解到，县域内流转尚未全面铺开，而且是在非常谨慎的情况下进行的，几乎每一例都需县级部门的把控。从程序看，进行公开交易不但要满足集体经济组织章程允许等前置性条件要求，还要经过个人申请、理事会初审、乡镇（街道）人民政府（办事处）或县农业农村局审核同意、产权交易中心平台交易、签订协议、公证、变更登记、档案管理等诸多环节。从后果看，集体资产股份转让后，受让人仅享有转让股份份额对应的财产性权利，股东失去全部股权后其股东身份随即解除。同时，为了防止外部资本的过度介入，每个集体经济组织对可转让股份都有比例限制，个人或其他单位持股比例也有限制。总体而言，我们应当客观看待股权流转的开放与限制边界。从开放的益处看，实现顺畅的流转有助于市场配置资源，从而实现保值增值，在现阶段更多起到改革破题之功效。但股权县域内流转的做法也尚有疑虑：一是，跨乡镇的股权流转打破了历史上人民公社的范围，突破了以农民土地集体所有权为基础的社区性，尚需理论支撑①；二是，政府的指导与控制在现阶段不可或缺，大规模、流程化的股权流转难以实现，其追求的市场增值效果欠佳；三是，股权流转后果应再加考虑，这涉及农村集体经济组织的本质属性、成员申请转让的权利平等以及受让人权利保护等问题。因此，从公开交易形式转让股份的做法看，农村集体经济组织的权能觉醒之路仍任重道远。

农村集体产权制度改革是涉及地域影响、主体权利、农村发展进路的综合性改革，涉及亿万农民的切身利益，更深刻影响着社会进步的空间。改革从实践出发，可以发现最前沿、紧迫的真问题，从而进行有针对性的回应，尽可能提出对完善农村集体产权制度改革有益的法律建议。

（五）深化股份合作改革的建议

农村集体产权制度改革稳健推进，股份合作制改革持续进行并不

---

① 管洪彦．农村集体经济组织的概念界定与立法表达．中国不动产法研究，2021（1）．

断深化。在此过程中，民主与科学要素均应得到强调：一是，通过民主发挥群众智慧，实现改革平稳落地；二是，以科学标准或方法指导改革开展，防止措施的混乱与不适。此处的改进建议主要针对折股量化、股权设置与管理以及股权权能部分提出。

首先，折股量化工作应当尽可能地按照科学的标准进行，以防止农村集体资产不当流失，影响农村集体经济的未来发展。折股量化所指向的主体、客体以及最终追求的目的，应得到释明。在受益主体方面，折股量化的对象为本集体经济组织成员，蕴含利益分享与集体所有实现的意义。在针对客体方面，虽然在本源意义上，折股量化的客体均为农村集体资产，但《集体产权改革意见》将集体资产划分为资源性资产、经营性资产和非经营性资产，为分类管理提供了可能，方便将适当的资产通过转化变为农村集体经济组织运营的财产基础。折股量化是建立农村集体经济组织并实现其市场化经营的基本要求，因此，折股量化所涉及的资产应当是农村集体资产中可以被用于经营的部分。在当前实践中，山东各地多将资源性资产、经营性资产纳入折股量化范围，只有极个别地区存在将非经营性资产纳入的做法，应当被予以区分与规整。对尚未由个人承包的集体土地等资源，如果可以由集体经济组织经营以促进本集体经济发展的，那么将其进行量化并无不可。但对于非经营性资产，其与本村公益事业发展更为紧密，更多体现集体保障功能，不但不能产生收益，而且尚需集体支付管护资金，应被排除在量化范围之外。有学者将可量化资产标准归纳为可以由集体统一经营的可评估其市场价值的收益性集体资产的观点，是值得借鉴的。①

其次，在股权类型、股权管理等方面，民主要素在现有的实践中被各地广泛采纳与应用，但仅为改革初期寻找突破的要求与证明。一

① 林广会．农村集体资产折股量化范围的确定及其法律效果．中国不动产法研究，2021 (1).

时性的措施不能，也不应当被保持并延续至立法文件中，应继续发挥攻坚克难的精神，克服惰性思维以尽量获取普适性规则，各地特色化群众意见则应被作为具体落地的变通措施。故而，需要统一股权的类型划分方法，尽量以成员股为主，不提倡设置集体股。我们应当明确集体股与集体所有制并无实质关联，公共物品的供给与成员福利的分配并不只能依托于集体股而存在，如实践中广泛采取的公积金、公益金提取的办法，可以有效规避农村集体经济组织自己持有股份导致的产权不明、表决权失灵，内部人控制以及因此导致的寻租腐败问题。[①] 其他股份类型的设置则应当严格把控，类似扶贫股、福利股等非常规类型则应通过民主决策得到最广泛村民的支持，确实存在设立需求并且不存在替代性措施的情况下才应允许设置。在股权管理方面，静态管理模式与动态管理模式并无高下优劣之分，而是各村根据实际情况进行的判断与选择。实践中出现的定期调整的动静结合模式不失为一种折中的智慧，通过选择不同的调整时长，以实现对动静管理模式中优点的吸收与弊端的排除，以尽可能获得最优解。但在进行时间段选择时，村集体经济组织应考虑成员间的代际公平、新增人口的内源与外来性、管理成本下的现实可行性，从而寻求付出与效益的合适比例。

最后，针对农村集体资产股权的股权权能，占有、收益作为最基础权能自不必再提，担保权能目前尚限制于银行等机构，继承与有偿退出应当成为下一步工作的重点。首先，股权继承应坚持保障成员合法权益与重视集体利益。非集体经济组织成员的继承权应当得到保障，这是对农村集体资产股权财产属性的尊重，但亦应参考大多数地区的现有做法，相应地设置对非集体经济组织的继承人的股权权利内容的限制，如其仅获取股权财产收益方面的权利，而不当然拥有对集体经

① 房绍坤，任怡多．农村集体产权制度改革中的集体股：存废之争与现实路径．苏州大学学报（哲学社会科学版），2021（2）.

济组织内部事务的管理权。同时，农村集体资产股权的继承程序，应当考虑各村实际情况以保证其民主性。在有偿退出中，村集体经济组织应把握股份所有主体的特殊性和受让主体限制性的关系，集体赎回以及集体经济组织内部转让并不会引发过大的冲突，但公开交易模式却是较为大胆的尝试。就是否设置公开交易类型或者股权能在多大范围内进行公开交易等问题，相关部门应重点考察各村镇现实经济状况、股东转让意愿、民主决策结果、交易平台建设、交易程序设置以及政府现实把控等要素，同时，把握公开交易的尺度，从地域、身份、比例等方面对受让主体进行限制，特别在当前阶段仍应以试点试错心态在个别地区开展，坚定农村集体资产股权平稳渐进市场化的道路。

第十二章 辽宁省部分地区集体产权制度改革

根据中共中央、国务院关于农村集体产权制度改革的要求，从2017年开始，辽宁省就开展了农村集体产权制度改革。为科学、有序地推动农村集体产权制度改革，辽宁省建立了工作调度交流机制，对不同地区进行分类指导。为深层次检验辽宁省改革成果，课题组选取了改革完成较早，已经实际稳定运行一段时期的国家级试点地区进行调研，选取市（县级市）、县、区各1个，分别是第二批国家试点地区调兵山市与第三批国家试点地区铁岭县、丹东市振安区。在样本选取上，课题组从每个试点地区选择2个乡镇（街道），再从每个乡镇（街道）选择2个村，共计12个村。为保证样本的多样性，12个村包括了城中村、城郊村、经济发达村与普通村。调研地区根据《集体产权改革意见》精神，因地制宜、科学合理、民主规范地制定相关地方性政策规范，就清产核资、成员认定、折股量化、确权颁证等改革具体环节均确定有独立的实施方案，并出台有当地《农村集体经济组织示范章程》，为基层改革工作的具体执行提供了参照目标。课题组主要采取实地走访、查阅资料、问卷调查、暗访访谈等多种方式展开深入调研，共发放调查问卷100份，收到有效问卷74份，搜集政策文件、组织章程等材料30余份。课题组调研发现，辽宁省在农村集体产权制度改革工作中产生了许多根据地方实际而做出的创新举措。但是，课题组通过对改革实况进行整理分析发现，其在农村集体经济组织治理机制、成员资格确认、股份合作制改革等环节仍然存在一些问题。

一、农村集体经济组织治理机制

（一）农村集体经济组织静态治理结构

《集体产权改革意见》对农村集体经济组织的治理结构设置了一系列标准，如规定有多种组织形式，内部机构设置统一，强调“政经分离”等。但从辽宁省的实践情况看，农村集体经济组织治理结构与《集体产权改革意见》的规定多有不同。从调研地区的实践情况看，农村集体经济组织的静态治理结构在如下三个方面表现出不同的特点。

其一，集体经济组织的名称设置。《集体产权改革意见》指出：“农村集体经济组织是集体资产管理的主体，是特殊的经济组织，可以称为经济合作社，也可以称为股份经济合作社。”从政策内容来看，农村集体经济组织的形式是经济合作社，还是股份经济合作社，应当由村民大会民主讨论决定。但是，调研地区的政策文件多对二者的区分设立了特殊的标准，即对有经营性资产的村成立股份经济合作社，没有经营性资产的村成立经济合作社。应当说，股份经济合作社与经济合作社并没有绝对的优劣之分，二者的区别仅在于对经营性资产是进行股份量化，还是进行份额量化。因此，从意旨看，政策并不应当限制农村集体经济组织的组织形式。2018 年，农业农村部联合中国人民银行、国家市场监督管理总局印发了《关于开展农村集体经济组织登记赋码工作的通知》，该通知允许改革后对经济合作社和股份经济合作社进行登记赋码。这进一步肯定了经济合作社与股份经济合作社具有同等法律地位，二者均可经登记赋码成为特别法人。

值得注意的是，铁岭县的规范文件规定，农村集体经济组织可结合自身实际情况选择合适的市场主体形式，其类型共分为四种：经济合作社、股份经济合作社、经济合作联合社、股份公司。[①] 但是，规范文件中并没有明确这四种形式在具体内容和设立程序上的区别，可操作性不大，实践中也未出现设立经济合作联合社与股份公司的案例。应当指出，股份公司属于营利法人，在性质上并不属于特别法人，因此，不应成为农村集体经济组织的主体形式。

其二，内部组织机构的设置。辽宁省的农村集体经济组织均根据《集体产权制度改革意见》和有关政策规定以“决策机构—执行机构—监督机构”的架构模式来进行集体经济组织的构建。辽宁省对已改制的农村集体经济组织的“回头看”工作均已完成，进一步健全了成员（代表）大会、理事会、监事会“三会”制度并完善了档案管理等方面的规范。

课题组实地走访发现，对于执行机构的名称，一些地区经常发生与《集体产权改革意见》的规定相左的情况，如多采“董事会”称谓，而不采取“理事全”的称谓。课题组通过与基层工作人员和村民代表的访谈，总结出造成该情况的原因有如下几种：第一，受传统固有思维影响，集体经济组织成员对公司等经济组织存在盲目崇拜情绪，认为“董事”这一称谓听起来比“理事”更气派，而且村干部普遍缺乏相关管理知识，对公司董事会与集体经济组织理事会的差异认识不足。第二，辽宁省部分地方政策文件中直接规定“董事会”称谓，各集体经济组织径行采纳落实，而并未发挥主观能动性予以改正。第三，基层领导人员对集体经济组织的特别法人定位理解普遍不清晰、不透彻，对人员构成的身份性特征认识不足。

其三，组织机构的人员构成。调研地区普遍实行农村集体经济组织负责人与村民委员会主任或村基层党组织负责人交叉任职的做法。从地方相关规范上看，辽宁省在实质上明确了董事长（理事长）人选的同时，亦强调了程序的正当性。课题组通过实地调查走访得知，辽

① 参见《铁岭县农村集体产权制度改革试点方案》。

宁省农村集体经济组织的董事会（理事会）成员在成员代表大会推选出候选人后均是通过等额选举方式产生的，村基层党组织成员、村民委员会成员与董事会（理事会）、监事会成员之间普遍存在交叉任职情况，董事长（理事长）一般由各村级党组织负责人兼任。调兵山市还专门制定有《村级组织政经分离账务分设试行办法》，明确村民委员会与村股份经济合作社实行组织机构、组织职能、组织资产、财务收支、财务核算“五分离”，形成“一班人马、两套账目”的“政经分离”新模式。

应当注意的是，铁岭县少数村在成立集体经济组织时，村党支部书记或村民委员会主任是由乡镇党委下派的干部或离退休老干部兼任的，其并非本集体经济组织成员。针对这种情况，铁岭县规定，经村民代表大会表决在过渡期可以聘用这些人担任新型集体经济组织董事长（理事长），但不享有股份分红权利，待村两委换届后再进行选举。但该规定存在以下问题：其一，由集体经济组织以外的人担任集体经济组织董事长（理事长）是对《集体产权改革意见》的实质性突破；其二，乡镇党委下派的干部具有公务员身份，直接作为集体经济组织领导人势必会造成集体经济组织独立市场主体地位的破坏，因为政府对集体经济组织应发挥外部监督作用而非直接介入；其三，若村两委换届后依然没有合适替代人选，乡镇党委下派的干部或离退休老干部是否能继续担任集体经济组织董事长（理事长）并未予以明确。

应当说，在当前形势下，各地不同程度的“交叉任职”现象有其现实基础所在。其一，人才现状的制约。辽宁省乡村精英缺失是一种常态化现象，农民在改革中的参与意识、主体意识和权利意识不强，处于消极、被动的地位。[①] 综观全国，经济发达地区的集体经济组织往往是依赖乡村专业人员发展起来的，并在后期得到了政府的扶持。

---

① 陈小君，等．我国农村集体经济有效实现的法律制度研究：省域观察与实证解析．北京：法律出版社，2016：19.

乡村专业人员往往已经在村中担任村主任与村支部书记职务，其在集体产权制度改革中的引导与号召作用不容忽视；并且上级部门普遍对村民委员会与基层党组织成员进行了改革相关业务的培训，其对本地情况的了解程度与技能专业性显著优于其他主体，如将改革视野侧重于集体经济的实质发展，交叉任职确是必要的。其二，内部治理成本过高。辽宁省大部分集体经济组织经营性资产稀缺，即便少数村集体有固定收入，但在为村民缴纳社保与承担维护村容村貌、翻修基建等公益性支出后，大多数村不能完全承担组织管理人员的薪资福利与社会保障。而村民委员会人员的薪资有所保障，即使其待遇稍有增加，也不会给村内财务增添过分负担。其三，由于改革初期大部分集体经济组织还处于发展壮大阶段，集体收入的不显著使村民并不担心集体经济组织管理人员会损害集体利益，人员配置易于在村民中形成有效共识。从问卷统计结果来看，受访村民在“集体经济组织管理人员和村干部交叉任职”这一问题上的认可度高达70.27%，“应视具体情况而定”的比例占21.62%，仅有8.11%的受访村民持否定态度。

（二）农村集体经济组织动态治理机制

农村集体经济组织内部机构的结构设置仅能对改革起到形式上的保证，实现集体资产的保值增值目标归根结底还是要依赖农村集体经济组织的动态运行。在农村集体经济组织动态运行过程中，民主决策、科学管理、平稳运行是基本的价值追求。从调研地区的实际情况来看，在集体经济组织的动态运行过程中，以上目标的实现稍有瑕疵。

其一，决策不民主，成员参与内部治理的动能不足。农村集体经济组织功能的发挥取决于农村集体经济组织成员享有的知情权、参与权、表达权、监督权等民主管理权利的实现。成员（代表）大会是本社的权力机构，具有审议、批准或修改本社章程、选举或罢免理事会、监事会成员等权力。因此，成员（代表）大会的构成人员完全决定着会议实际发挥作用的大小。课题组通过实地走访得知，各村留守人员多为老年人与儿童，青壮年劳动力多外出打工，长期不参与集体事务，成员代表多由各村留守老年人担任。但是，老年人往往缺乏劳动能力与文化知识，而实现集体资产保值增值目标必然要靠青壮年劳动力的广泛参与。碍于各村成员（代表）大会召开时间固定的限制，青壮年劳动力回乡时间多与会议召开时间脱节，客观上使其无法真正了解集体经济组织实际运营情况，投票权也多由家属代行。课题组采访到了一位偶然回乡的青壮年男士，发现其对农村集体经济组织改革内容与本集体经济运行情况十分陌生，从而进一步印证了上述事实。

其二，管理不科学，管理人员激励机制不健全。在全国农村人才缺失与辽宁省人口流失的双重背景下，辽宁省农村集体经济组织人才缺口巨大，因应这种趋势更需加大人才薪酬待遇，“兼职不兼薪”并不符合当前集体经济发展壮大的要求。在访谈中，课题组了解到，各集体经济组织普遍缺乏专业人才，这不利于集体经济发展规划的制定和具体产业项目的引进。问卷统计结果显示，有56.76%的受访村民认为集体经济组织应当聘任经理，同时有48.65%的受访村民认为集体经济组织是否应当聘任经理应由村民大会或理事会决定。而根据课题组的了解，村民大会或理事会趋向于根据经济发展情况决定是否聘任经理。集体资产较多的村集体，可尝试引进专业化的管理人才，提前培养职业化的经营管理队伍，使集体经济组织在市场竞争中保持优势地位，并应该广泛采取薪酬激励、福利激励、荣誉激励、股权激励等多种激励机制刺激集体经济组织法人的发展活力。[①] 农村集体产权制度改革关键在于人才引领，促进集体资产保值增值取决于带头人的致富能力。目前，农村集体资产闲置成为集体经济的常态，适当的激励机制是保证农村集体经济组织积极运转的重要条件。只有完善集体经济组织的人才结构，才能更好地发展集体经济，为此村集体经济组织

---

① 管洪彦．农村集体经济组织法人治理机制立法建构的基本思路．苏州大学学报（哲学社会科学版），2019（1）．

须进一步吸纳企业化管理模式经验，以期吸引人才，留住人才。

其三，运行不平稳，农村集体经济组织的内外监督机制不协调。农村集体经济组织法人受到双重监督：一是内部监督机构的监督，二是外部集体资产管理部门的监督。内部监督机构指的是监事会，在成员选任上主要考虑村庄内部权威性、思想先进性等因素，成员多由村民委员会成员和村党组织成员兼任。在调研地区，各集体经济组织均有理事会成员、财务人员及其直系亲属不得参加同级监事会的规定，以保证监事会监督职能的有效发挥。乡村社会的封闭性导致管理层间彼此熟悉，以致监事会职能发挥极为有限，难以规避内部人控制的问题，村干部在集体资产经营和处置中依然拥有绝对权力。调查问卷结果显示，43.33%的受访村民认为没有设立监事会的必要。

农村集体经济组织的特别性之一在于内部监督机构与外部监督机构的相互联动。[①] 外部监督虽在一定程度上影响了集体经济组织的独立市场主体地位，但在当前阶段其作用不可或缺。其一，政府应将保障农民基本生活作为首要任务，及时纠正改革实践中与政策意旨相悖的情况，既要关注改革执行人理解偏差导致的章程畸形，又要排查领导者为满足自身利益而侵害部分人权益。同时，政府应避免登记备案等程序流于空泛，加强对农村产权改革工作的巡察力度。其二，基于“交叉任职”的现状，政府监督改革可以在相当程度上避免集体经济发展畸形和集体资产流失。其三，集体统一经营的资源性资产收益可以对集体经济组织及其成员进行量化分配，但基于农村土地的公共属性，集体经济组织受到外部监督机构的监督亦为必须。

但是，从调研地区的实际情况看，外部监督机构的职能分配过于分散，实践中仍然多为县级农业农村部门负责大部分检查监督，未形成互相联动、互相促进的体系。为此，相关部门应进一步明确外部监

---

① 宋天骐．论农村集体经济组织法人治理机构的特别性．中国不动产法研究，2021（1）．

督部门相关职能，完善监督程序，促进交流协作，以确保改革的高质量落实。同时，在走访调研中发现，外部监督机构的功能并未得到充分的发挥，实践中依然存在集体经济组织内部对改革内容理解不到位从而侵害成员权利的情况。

（三）进一步稳固推进“政经分离”

经调研得知，辽宁省各地均已经完成了村民委员会与农村集体经济组织账务分设，建立了农村集体经济组织的组织架构，并出台相关文件进一步明确了村党支部、村民委员会、农村集体经济组织各自的职能。这是值得充分肯定的。但是，在辽宁省农村人才稀缺的大背景下，基层党组织、村民委员会与农村集体经济组织人员交叉任职现象短时间内仍应为常态，暂无法从实质上实现“政经分离”。这种现象归根结底还是乡村社会中缺乏人才的结果，相关政策文件规定成员交叉任职亦属无奈之举。

改革并非一蹴而就，需要久久为功、稳步推进，实现共同富裕是一个长远目标，勿要将短期现状上升为最终结果。因此，在承认人员交叉任职具有现实必要性的同时，我们更应该看到农村现代化治理模式之下公共管理职能和经济职能分离的发展趋势。[①] 形式上的“政经分离”并不能满足改革目标，弱化了农村集体经济组织的独立法人地位，设农村政治组织与经济组织两套班子是实质上“政经分离”的基本要求。首先，在实现由形式到实质“政经分离”的过程中，政府“驻村工作队”应常态化运行，在宣传指导政策的同时，亦能起到日常监督作用，纠正集体经济组织负责人员不规范行为。同时，利用信息化手段促进农村集体经济组织运营内容公开，便于成员查询与监督。其次，深化三农领域改革是成体系的、相互配套的，而非农村集体经

① 于明明．集体经济组织的特别法人构造及职能界定：从集体经济组织与村民委员会的关系展开．中国不动产法研究，2021（11）．

济组织改革所能单独实现的，为此，应加强与三农领域其他改革措施联动，特别要注意与推进乡村人才振兴相关政策的统一步伐、协调互补。最后，应在集体资产创收所产生的公积金中保留用于人才引进的份额，结合财政转移支付，逐步改善乡村人才稀缺现状。待时机成熟后，政府部门应出台相关规范禁止基层组织成员交叉任职，实现实质上的“政经分离”，保证村民委员会与农村集体经济组织各谋其政，互相促进、互相监督。

二、农村集体经济组织成员资格认定

（一）农村集体经济组织成员资格认定的具体做法

农村集体经济组织成员资格认定是确定集体资产权益主体的过程。从调研地区来看，各地的成员资格认定工作有如下特点：其一，在成员资格认定标准上，坚持“宜粗不宜细”的原则，避免成员资格认定标准过于精细而导致的实践偏差和不当操作；其二，在成员类型上，注重保护特殊农民群体的利益，通过类型化的方式明确特殊农民群体的类型和相应的成员资格认定标准；其三，在工作方法上，坚持群众路线，确保每一名成员的信息准确无误，避免出现“两头占”和“两头空”情况。

《集体产权改革意见》强调，认定集体经济组织成员资格要坚持“尊重历史、兼顾现实、程序规范、群众认可”的原则，做到“有法依法、无法依规、无规依民”，并根据土地承包关系、与村集体经济组织利益关系和户籍关系等因素综合进行确认。但是，这种成员资格认定规则过于宽泛，缺乏可操作性，只能作为原则性指引，因此，调研地区均根据自身实际情况制定有成员资格认定的具体规则。在调兵山市，户籍在本村是认定集体经济组织成员资格的前提条件，只有符合此条件才能进一步讨论其他成员资格认定因素，即采取“户籍＋”的模式。如果农民在二轮土地承包时取得本集体经济组织土地承包经营权，则可直接认定其为本集体经济组织成员，不要求在本集体生产生活。在本集体经济组织生产生活是认定与集体经济组织成员离婚后农民成员资格时所必需的，对其他情况无适用空间，适用范围相对狭窄。[①] 铁岭县将成员资格认定影响因素概括为以下三点：一是，落户在本集体经济组织所在村，并在此居住、生产；二是，按照家庭承包方式具有承包耕地的资格，或以承包地作为基本生活保障的人员；三是，已履行本集体经济组织成员义务的人员。但通过《铁岭县确认农村集体经济组织成员身份指导意见》具体规定可知，户籍在铁岭县虽不属于认定集体经济组织成员资格的前提条件，但属于主要认定因素。在认定与集体经济组织成员离婚后农民的成员资格时，在本集体经济组织生产生活亦属必要条件。[②] 从问卷统计结果来看，对于“集体成员资格认定应当考虑哪些因素”这一问题，选择“户口是否在本村”的人数在受访村民中占绝大多数，占比高达 82.14%，其他因素包括“平常是否在农村生产生活”“是否对集体积累有贡献”“是否以承包土地为主要生活来源”，占比依次为 36.21%、24.36%和 39.47%。由此可

---

① 《调兵山市农村集体经济组织成员界定办法》规定：户籍在本村，符合下列条件之一，可认定具有本村集体经济组织成员身份资格：(1) 二轮土地承包时取得本集体经济组织土地承包权的农业人口，具有村集体经济组织成员资格。(2) 父母双方或者一方为本村集体经济组织成员的家庭婚生人口的，为本集体经济组织成员。(3) 与本村集体经济组织成员有合法婚姻关系落户的，原户籍是农村户口，在《农村土地承包法》实施前与本集体经济组织成员结婚的，应视为本集体经济组织成员，如娶来的媳妇、招来的女婿。在《农村土地承包法》实施后与本集体经济组织成员结婚，并分得承包地的，也应视为本集体经济组织成员。(4) 外嫁女户口仍在本集体经济组织的，享有本村集体经济组织成员资格。离婚后户口仍在本集体经济组织，且生活在本村的，享有本村集体经济组织成员资格。

② 《铁岭县确认农村集体经济组织成员身份指导意见》规定：符合以下条件之一的人员，取得集体经济组织成员资格。(1) 户口在本村，已取得本集体经济组织土地承包权的农业人口，具有村集体经济组织成员资格。(2) 本集体经济组织农户的新生儿，即新生儿父母双方或者一方必须是本集体经济组织成员，且该新生儿是符合国家计划生育政策的婚生人口。(3) 与本集体组织成员结婚且户口（农业户口）迁入本村的人员。(4) 本集体组织成员依法收养的子女且其所收养子女户口已迁入本村的人员。(5) 因刑满释放回到原籍的集体经济组织原成员。(6) 全日制大中专院校毕业后，未正式落实工作回到原籍的人员。(7) 农村婚出人口户口仍在本集体经济组织的人员；离婚后户口仍在本集体经济组织，且生活在本村的人员；因离婚而将户口迁回原籍的出嫁妇女及其亲生子女。

见，出于村民的固有观念，户籍仍是判断成员资格的最主要因素，这亦可体现出户籍制度在乡土社会中的被接纳程度与农村集体产权制度改革政策的宣传力度，政策的制定和落实充分尊重了村民意愿。

应当说，在改革的初始阶段，虽然标准化、形式化的户籍制度有方便基层执行改革内容、降低权力寻租空间的作用，但以其作为成员资格的主要认定因素的做法并不符合改革的整体发展方向。认定特殊农民群体的成员资格，应弱化户籍的决定因素作用，注重保障基本生存权利。从调查问卷结果来看，在被问到“您认为嫁到本村但户口没有迁到本村的妇女是否具有本村集体经济组织成员资格”和“您认为嫁到外村但户口还在本村的妇女是否具有本村集体经济组织成员资格”的问题时，村民选择具有的比例分别为66.22%和58.11%。可见，村民对基于婚姻关系所产生的特殊农民群体成员资格认定的态度较为宽松，否定户籍作为认定成员资格的决定性条件具有充足的民意基础。

（二）合理架构农村集体经济组织成员资格认定规则的建议

随着农村集体产权制度改革的不断推进，将户籍作为成员资格认定的前提性或决定性因素的做法过于僵化，应允许各集体经济组织根据实际情况适当变通。

第一，成员资格认定应回归私法逻辑。根据民法基本原理，成员权属于身份权的范畴，是一种民事权利；以户籍制度和地缘边界来确定这种权利的做法则有悖法理，既不符合民事法的基本规则，也与公民的基本权利背道而驰。[①] 户籍制度作为行政管理的重要手段，与村民自治制度性质不同，对其认定难免具有浓厚的公法色彩，其制度设计的理念也难免背离私法保障私权的制度逻辑。我国农村集体产权制度的变迁是研究成员资格及其成员权来源的逻辑起点，立法应沿着集体成员主体身份以及财产权利的还原路径，在农民个人财产权的基础

① 杨一介．农村地权制度中的农民集体成员权．云南大学学报（法学版），2008（5）．

上探寻成员资格来源的正当性依据。随着农村集体产权制度改革的深入推进，对农村集体经济组织成员资格的认定已经逐渐回归私法路径，相应地，户籍因素也就失去了在实践中作为集体成员资格认定实质标准的正当性。

第二，成员资格认定应适应户籍制度改革。在户籍制度改革之前，户籍在识别村民身份的过程中具有重要意义。由于城乡二元格局的存在以及较弱的跨区域流动性，具有农村户口的主体和农村集体经济组织成员具有高度的重合性，因此，成员资格认定的身份依附性直接强调了户籍关系的重要性。但户籍制度改革淡化了城乡二元的划分趋势，农村人口自由流动加快，居住地与户口登记地不一致的情况已为常态。户籍作为成员资格认定因素已与社会现实之间存在脱节，户籍已无法作为成员资格认定的前提性或决定性因素，仅可基于其公示性间接地佐证成员资格。

第三，成员资格认定应保障成员的基本生存权利。从调研地区的情况看，成员资格认定标准多是围绕户籍制度构建的，集体经济组织在章程制定过程中普遍参考相关标准。这极易导致部分缺乏基本生活保障的村民被遗漏；并且成员资格认定是成员享有各项权利的前置性要求，是改革的核心环节。不宜完全由各地区单独设定成员资格认定标准，而法律应尽早出台地方条例进一步完善成员资格认定规则，扩大“在本集体实际生产生活”因素的适用范围，优先保障村民的基本生存权利。在“有法依法，无法依规，无规依民”的原则下，保障大多数成员应确尽确后，其余人员的成员资格的认定可交由成员大会所确立的章程认定。

三、农村集体资产股份合作制改革

《集体产权改革意见》指出，应“将农村集体经营性资产以股份或者份额形式量化到本集体成员，作为其参加集体收益分配的基本依据”。折股量化和股份分红本质上属于集体成员收益分配请求权的范畴，属于财产性利益。股份合作制改革构成了农村集体产权制度改革的关键乃至核心环节，其实质是将农村集体资产股份化，而农村集体资产股份化的目的在于将集体资产以股份形式量化给本集体成员，作为其参加集体收益分配的基本依据。

（一）农村集体资产的股权类型设置

在推进农村集体产权制度改革过程中，农村集体资产的股权类型设置并没有统一范式。辽宁省贯彻“一村一策”原则，为使股权分配更加公平合理，坚持“因地制宜，民主确定”，由各村民主决定股权设置方式，充分保障成员的知情权、参与权和表决权。从调研地区来看，农村集体经济组织成立时的股权类型相对多样，具体呈现如下特点：其一，股权设置总体上以个人股为基础，其中包括基本股、奖励股、贡献股等；其二，铁岭县调研各村均设立了集体股，但调兵山市与丹东市振安区调研各村均未设立集体股；其三，铁岭县部分地区集体股与公积金公益金并存，同时发挥作用。

1. 个人股

在个人股的设置中，贡献股与奖励股独具地方特色，值得深入探讨。农村集体资产是农民长期积累创造的财富，劳龄越大的集体经济组织成员对集体资产贡献的程度越高。因此，调兵山市根据成员的出生时间设定有不同的贡献股份额[①]，充分肯认了农民过往的劳动价值。基于贡献股的设立目的，贡献股仅具有财产属性，其取得与身份无关，集体经济组织成员以外对集体积累有贡献的人员也享有贡献股。贡献股的设定符合村民按劳分配的心理预期，从而获得了广泛支持，调查问卷显示，在问到“您认为股权设置有哪些类型？”时，92.1％的受访

① 关于贡献股的份额，《调兵山市农村集体经营性资产股权量化指导意见》规定：(1) 1955年12月31日前出生的成员，每人0.04股；(2) 1956年1月1日至1982年12月31日出生的成员，每人0.03股；(3) 1983年1月1日至2003年12月31日出生的成员，每人0.02股。

村民选择有贡献股。在实地走访中，课题组发现，调兵山市部分集体经济组织章程把“对本村集体经济积累贡献大的已转为公职的人员”仍然界定为集体经济组织成员，但规定其不具有基本股，仅具有奖励股与贡献股。这些集体经济组织的做法显然没有清晰地认识贡献股的基本属性，因为是否享有贡献股与是否取得成员权无关。如此规定又将衍生出关于成员权内容界定的一系列问题，实有画蛇添足之嫌。

在推进农村集体产权制度改革中，奖励股的设置多配合计划生育政策用于奖励独生子女家庭。[①] 而用于村干部薪酬的资金来源多为集体股、公积金或行政机关财政拨付，但辽宁省调研地区均为担任村干部的成员与曾经担任村干部的成员配置了奖励股。[②] 这在全国范围内是较为特殊的。从直观上看，村干部仅仅因干部身份就享有更多的股权配置，其合理性有待讨论。因此，我们需要从农村集体经济组织股权设置的应然逻辑与现实考量出发，来探究为村干部配置奖励股是否合理。

一方面，设置奖励股符合村民自治原则，具有合法性与正当性，符合股权设置的应然逻辑。农村集体资产的股权设置在实质上是形成现代资本运营、实现集体经济运行以及达成收益共享的机制，是“创新集体所有制的有效实现形式”[③]。由此，农村集体资产的股权设置在根本上是要在维护集体所有制与集体所有权的前提下体现公有制本质特征，并实现广大农民分享改革发展成果、壮大农村集体经济的目标。而为村干部或曾经担任过村干部的成员配置奖励股与股权设置的制度功能和改革目标并不冲突，不存在违反法律或行政法规的情形。合法性要求股权设置必须符合集体自治原则，有权作出相关决议的机构根据法律与章程确定的民主程序作出为村干部设置奖励股的决议，并不

① 管洪彦．农村集体产权改革中的资产量化范围和股权设置．人民法治，2019（14）．

② 参见《调兵山市农村集体经营性资产股权量化指导意见》与《铁岭县农村股份经济合作社示范章程》。

③ 段浩．农村集体经营性资产股权设置的理论突破与实践探索．理论学刊，2020（1）．

存在法理上的困境。农村集体经济组织作为特别法人，基于团体自治作出的决议行为：一方面适用《民法典》关于民事法律行为的一般规定，另一方面需要经过民主议定程序方可形成。[①] 固然，农村集体经济组织作出决议的程序以及决议效力瑕疵的问题在现阶段未有确定的法律依据，但各地在推进农村集体产权制度改革中都制定了关于决议程序的文件，农村集体经济组织亦有组织章程。在奖励股的设置不与股权设置的基本逻辑相冲突的前提下，根据政策文件与组织章程规定的决议程序作出为村干部和曾经担任村干部的成员设置奖励股的决议应为有效。

另一方面，站在实践运行的角度来看，村集体经济组织应当尽可能避免为村干部和曾经担任村干部的成员设置奖励股。其一，作出设置奖励股的决议程序通常会受到村干部行政化影响而无法充分反映村民集体的意愿。当前中国农村基层治理存在着国家权力下沉与村民自治的关系协调问题，国家权力的下沉使村干部行政化进一步加深，而村干部行政化与村民自治的兼容性在一定程度上存在矛盾，或者说，村民自治的新发展趋势就是逐步去除村干部行政化而形成行政化与专业化的村庄管理。[②] 在此背景下，设置奖励股的决议在很大程度上是在村干部行政化的前提下形成的，尽管作出决议的程序符合章程规定，但是难以确定此种决议是否切实地反映了集体利益。从现实来看，村民自治受到行政权力的侵蚀，村干部作为行政权力深入村民自治的执行者[③]，奖励股很可能会成为村干部以权谋私的合法外衣。其二，在实现乡村治理现代化与推动村民自治的背景下，需要将村干部的行政能力评价纳入奖惩体系，而奖励股的设置属于静态的利益分配机制，

---

① 房绍坤，张泽嵩．农村集体经济组织决议效力之认定．法学论坛，2021（5）.

② 景跃进．中国农村基层治理的逻辑转换：国家与乡村社会关系的再思考．治理研究，2018（1）.

③ 刘守英，熊雪锋．中国乡村治理的制度与秩序演变：一个国家治理视角的回顾与评论．农业经济问题，2018（9）.

而非动态评价后的利益分配机制。一旦集体经济组织作出决议设置奖励股或在组织章程中明确奖励股，那么村干部与曾经担任过村干部的成员则在私法的意义上享有股权，在无法定或约定情况下，有权请求集体经济组织分配利润。这就在忽视了对村干部任职评价的基础上，导致集体收益不合理地流入村干部方。

总之，在当前阶段，基于上述农村集体经济组织运行的实然情况，村集体经济组织直接赋予村干部奖励股一定程度上侵害了其他集体经济组织成员利益，进而导致了奖励股在调研地区支持程度不高的后果。调查问卷显示，在问到“您认为股权设置有哪些类型”时，仅有19.7％的受访村民选择奖励股。

2. 集体股

铁岭县与其他调研地区农村集体产权制度改革政策文件对股权设置的规范有所不同[①]，进而导致在集体股的设置上呈现了完全不同的两种表现。《集体产权改革意见》并未对集体股的设置作出强制性规定，是否设置集体股可根据地方实际自主决定。课题组在实际走访中发现，调研地区有稳定收入来源的集体经济组织均按一定比例提取公积公益金。但值得注意的是，农业农村部印发的《农村集体经济组织示范章程（试行）》第45条明确年度可分配收益首先应提取公积公益金，而后进行按股分红，而第39条与第41条又明确农村集体经济组织可设置集体股。从此角度看，《农村集体经济组织示范章程（试行）》认可了集体股与公积公益金可以并存，但对这一规定，理论上存在诸多反对之声。认为二者不可并存的观点又分为两派，即赞成设立集体股的观点与反对的观点。赞成设立集体股的观点认为，集体股是体现集体所有的公有制性质的必然选择，是防止农民个体拆分集体资产的必要手段，但集体股与公积公益金原则上为替代关系。[②] 而反

---

① 《铁岭县农村股份经济合作社示范章程》第12条规定：本社股权分为成员股、集体股。

② 段浩．农村集体经营性资产股份制改革的法治进路．法商研究，2019（6）．

对设立集体股的观点认为，公积公益金与集体股的功能完全重合，而集体股本身亦存在逻辑上的混乱与现实操作上的困难；由此，农村集体经济组织不应设置集体股，而应提取一定比例的公积公益金以实现相应的公益保障功能。课题组认为，集体股与公积公益金不应并存。①

（二）农村集体资产的股权管理模式

从全国范围内来看，股权管理模式有两种：一是静态管理模式，即股权一经分配永久不变，无论是人口出生、死亡或者迁入、迁出集体经济组织均不作股权调整，实行“生不增、死不减，进不增、出不减”的规则；二是动态管理模式，就是结合本集体经济组织成员变化情况，根据集体经济组织章程中的规定定期对股权进行调整。从调研地区情况来看，各地基本上采取了不随人口增减变动而调整的静态管理方式。如此选择主要出于两个目的：其一，静态管理模式是全国其他省市较多采用的模式，实践经验丰富，可操作性强，便于有效执行农村集体产权制度改革任务；其二，《集体产权改革意见》中明确提倡实行“不随人口增减变动而调整的方式”，采取此种模式更为保险，不易与其他产权改革相关规范冲突，而且静态管理模式相较于动态管理模式管理成本低，更适合做过渡阶段的选择。

股权静态管理模式最大的不足在于，无法平衡股权稳定与人口变动之间的矛盾。② 乡村社会素有“多子多福”的理念，新生人口的权益保障与每个家族都息息相关，农民出于对自身利益的考量有理由怀疑静态管理模式的正当性。动态管理模式虽增加了股权管理成本，股权频繁变动亦会产生连锁效应，但对新生人口利益的保护远优于静态管理模式。从问卷调查结果来看，在问到“您认为股权静态管理好，

① 房绍坤，任怡多．论农村集体产权制度改革中的集体股：存废之争与现实路径．苏州大学学报（哲学社会科学版），2021（2）．

② 房绍坤，崔炜．农村集体产权制度改革的法律问题研究：基于对两省（市）农村集体产权制度改革异同的实践考察．中国不动产法研究，2021（1）．

还是动态管理好”这一问题时，村民选择“静态管理”“动态管理”“现在静态管理，改革成果稳定以后可以动态管理”的比例依次为40.77%、25.65%、33.58%；当问及“您认为集体资产股份应当怎么配置?”时，受访村民认为应当“按人配置”的比例则高达86.62%。可见，受访村民大部分偏向动态管理。随着改革的逐步深入，以个体公平优先的原则将逐渐被确立，进而取代效率优先的粗放模式，衍生出股权管理模式“由静转动”的趋势。

通过实地调查发现，当前辽宁省大部分地区集体经济组织的资产还相对薄弱，多数村集体还是以大力发展集体经济为工作重心，在一定程度上节约管理成本的静态治理模式在较长一段时间依然会获得政府的支持和集体成员的偏好。针对上述两种管理模式的弊端，辽宁省在改革过程中探索出了原则性处理办法，即在静态管理模式的前提下，通过“户内共享”的股权分配方式减少由户内新增人口引发的股权矛盾。

（三）进一步改进农村集体资产的股权类型结构

对于折股量化的主体范围，《集体产权改革意见》中规定：“农村集体经营性资产的股份合作制改革，不同于工商企业的股份制改造，要体现成员集体所有和特有的社区性，只能在农村集体经济组织内部进行。”该规定强调了集体资产股份合作制的社区性特征，表明集体资产股份制既没有改变农村集体经济属性，也没有对集体经济的生产经营形式做出根本改变。其主要是试图唤醒沉睡的集体经营性资产，增加农民的收入。因而农村集体资产折股量化主要在本集体经济组织内部进行，折股量化的主体范围仅限于本集体经济组织成员。当然，需要澄清的是，折股量化的主体范围并不必然等于农村集体经济组织成员范围，部分农村集体经济组织成员可能不符合折股量化分配的基本要求，而部分社会股东虽然不具有成员资格，但可能基于法律规定或与集体经济组织的决议而获得收益分配请求的权利。因此，各地对折股量化的主体需要区分看待。调研地区在个人股中设置的贡献股是对既往劳动价值的肯定，非集体经济组织成员即使在集体资产折股量化前将户籍迁出但对集体积累有贡献的，也享有贡献股。可见，是否享有贡献股与是否取得成员资格无关，村集体经济组织应明确贡献股的财产属性，贡献股的持有者没有必要被认定为集体经济组织成员，仅能被认定具有股东资格，除享有股份分红的权利外，其不享有任何其他成员权利。

在农村集体经济组织改革的初级阶段，工作重点主要在于对集体经济组织形式架构的搭建。在村民对改革内容并没有深刻认知的情况下，村干部往往对改革结果起到决定性作用，而村干部在折股量化过程中为自己设立奖励股缺乏成员监督与正当性。为此，各地应限制甚至取消为村干部设置奖励股，对村干部的贡献，可以采取在公积金中为其预留酬劳的方式。

村集体经济组织基于管理效果考虑而选择股权静态管理模式，应重点化解人口流动和股权相对稳定之间的矛盾，在优化股权管理的同时兼顾群众的合理诉求，改革趋近稳定后可逐渐发展为动态管理模式。课题组给出的具体建议如下：其一，动态管理模式中集体经济组织成员变动频繁，应出台相关规则明确集体经济组织成员变动的程序，对各村章程制定提供原则性指引，确保成员变动稳定有序；其二，管理成本的增加势必会强化对集体经济组织管理者的服务要求，集体经济组织管理者要把提高自身服务意识作为首要目标，进一步满足群众的意愿；其三，在基层工作中，要注重对政策内容和精神的宣传，加深群众对涉及切身利益政策的理解。这样有助于制度充分变革。

第十三章
黑龙江省部分地区农村集体产权制度改革

黑龙江省在2019年被国家确定为第二批农村集体产权制度改革整省试点后，着力探索改革方向，于同年年底基本完成了各项改革的试点工作任务。作为粮食产量连续10年位列全国第一的省份，黑龙江省在农村集体产权制度改革整体布局中具有举足轻重的地位。截至2020年10月9日，除18个情况复杂的村以外，黑龙江省已有9 968个村集体经济组织组建了股份经济合作社或经济合作社，占集体经济组织总数的99.8%，其中录入国家登记赋码系统的9 892个，占应登记总数的99.1%，确认集体经济组织成员1 793.8万人，改革时量化经营性资产189.6亿元，实现分红20 474万元。同时，黑龙江省已建立农村产权交易市场73个，累计交易额28.4亿元。①

为深入发掘黑龙江省改革成果，课题组选取哈尔滨市道外区、大庆市肇州县、绥化市安达市三个县级单位，并通过以点覆面的方式从每个县区选择2个乡镇，每个乡镇选择2个村进行调研，以确保调研结论的全面性与可靠性。课题组主要通过召开座谈会、实地走访、查阅资料、问卷调查、深度访谈等多种方式就农村集体经济组织治理机制、成员资格认定、股份合作制改革等问题展开深入调研，共发放调

① 参见《黑龙江省农村集体产权制度改革工作情况的汇报》。

查问卷150份，收到有效问卷105份，搜集政策文件、组织章程等材料50余份。通过收集并归纳相关材料，课题组可以发现黑龙江省农村集体产权制度改革工作中不乏亮点：在行政主导改革的同时，肯定了农民的固有财产权利与农民的历史劳动贡献，最大程度地维护了农民利益，并一定程度上强调了改革的法治运行与保障，颁布了国内首部地方性法规——《黑龙江省农村集体经济组织条例》。但在改革执行过程中，由于基层干部对政策理解不到位、集体资产薄弱等原因，改革各环节也存在诸多问题。

一、农村集体经济组织治理机制

（一）农村集体经济组织机构的人员构成

1. 实践运行情况

课题组通过实地走访发现，黑龙江省各市对农村集体经济组织机构的人员构成及其称谓普遍采纳了《黑龙江省人民政府关于加强农村集体经济组织管理的意见》与《黑龙江省农村集体经济组织条例》的规定。其一，关于组织机构及人员的称谓。农村集体经济组织采取“三会”治理机构，设有成员（代表）大会、理事会、监事会。其二，理事由成员（代表）大会推选候选人，并通过等额选举方式产生，党组织成员、村民委员会成员与董事会成员之间存在交叉任职情况。同时，经农村基层党组织提名推荐，具有本集体经济组织成员资格的农村基层党组织书记兼任，应当通过法定程序担任理事长。[①] 各市在改革具体执行过程中，在政治上保证农村集体经济组织负责人与基层党组织负责人交叉任职的同时，亦未忽视在集体经济组织负责人选举中法定程序的重要性。

---

① 参见《黑龙江省农村集体经济组织条例》第19条规定：“经农村基层党组织提名推荐，具有本集体经济组织成员资格的农村基层党组织书记，应当通过法定程序担任理事长。”

课题组通过审视黑龙江省集体产权制度改革的现实情况得出，农村基层党组织与集体经济组织的负责人交叉任职是符合实际的。第一，集体资产股份的社会保障功能要求集体经济组织负责人具有一定的话语权。在当前阶段，集体资产收益率较低，集体资产股份事实上发挥着一定的社会保障功能，而实现社会保障功能需要确保集体资产股份的分配公平，域内权力可以确保改革稳步推进。第二，交叉任职有利于推动集体产权制度的改革。在乡村熟人社会中，农村基层党组织书记对集体经济组织成员了解程度较高，日常交往频繁，更容易受到大多数成员认可。第三，农村人才短缺的现状影响了村级组织管理人员的任职情况。基于农村人才稀缺程度和黑龙江省总体人才流失情况，黑龙江省在前期工作中亦是“巧妇难为无米之炊”，在农村集体经济组织负责人的选择上并无其他可用人选。

问卷统计结果亦反映出受访村民对此规则的认可态度，关于“集体经济组织管理人员和村干部交叉任职”这一问题，受访村民选择“认可”“不认可”“应视具体情况而定”的比例依次为 68.04%、12.52%和 19.44%。

值得注意的是，《哈尔滨市道外区经济合作社示范章程》规定：“股东代表必须是年满 18 周岁，有选举权和被选举权的本社股东，被剥夺政治权利的除外。”可见，拥有政治权利是股东当选股东代表的必要条件。课题组认为，此规则值得各地借鉴。不同于公司等营利性法人，农村集体经济组织作为特别法人，具有合作性、社区性、历史承继性、社会功能多元性等特点。这就意味着农村集体经济组织不仅仅承担运营集体资产的经济职能，还负担有一定的政治职能与社会职能。同时，农村集体资产所具有的集体公有产权属性也决定着股东代表应当具有政治权利。

2. 采取有效激励措施，提高运转效率

从农村集体经济组织的实践运行来看，现有激励机制与“政经分离”的运转要求不符。《黑龙江省农村集体经济组织条例》第 23 条规定："农村基层党组织委员和村民委员会成员在农村集体经济组织中兼职的，原则上兼职不兼薪。农村集体经济组织管理人员薪酬管理办法，由省农业农村行政主管部门会同有关部门制定。"通过与基层工作人员的交流，可以了解到，如此规定主要是出于对村干部当前工作实况的考量：一是，黑龙江省由县财政对村干部定期发放薪水，薪水中本身含有绩效工资部分，农村集体产权制度改革工作的完成程度即是绩效的一部分；二是，由于黑龙江省并未对集体经济组织制定增收的任务，集体经济组织理事长在完成前期程序性改革工作之后，剩余工作量并不繁重；三是，村干部具有公职人员性质，农村集体产权制度改革的落实属于其分内之事。

课题组认为，对集体经济组织负责人原则上实行"兼职不兼薪"势必会降低集体经济组织负责人的工作积极性，在当前改革阶段下会影响整体农村集体产权制度改革工作进度。虽然保留一部分收益可用于集体资产增值，但效果相对来说并不会明显，实有因小失大之嫌。课题组建议，经营性资产较多的村可以自主决定对集体经济组织负责人给予工资绩效奖励。如某村明确规定，"新型集体经济组织管理人员按 2019 年 7 月份工资标准为参考依据：即基本工资执行正职 100%、副职 80%（党支部班子兼职成员按副职）、成员 70%、会计 60%的标准。从成立本社后每年按基本工资不超 10%的比例进行调整；每年从本社收入（收益分配前）的纯利润中提取 3%，用于管理人员按职务、职责、业绩等进行奖励。基本工资、岗位、工龄工资、奖励等具体数额由董事会决定"。这对其他经济发达的农村集体经济组织具有参考意义，每年从纯利润中抽取 3%—5%支付集体经济组织负责人的收入，既有利于增加集体经济组织负责人的积极性，又不至于对集体资产的进一步增值造成影响。基于农村人才缺乏的现实，各地应加大人才薪酬待遇，"兼职不兼薪"并不符合当前集体经济大力发展的形势。

（二）农村集体经济组织的财产治理

在农村集体产权制度改革之前，黑龙江省实行“三资”委托代理服务制度。但在改革后，继续实行“三资”委托代理制度就会与股份制前提下的“三会”机构管理体制冲突，与政府简政放权的大环境相悖。这势必会制约新型集体经济组织的市场主体作用。《黑龙江省人民政府关于加强农村集体经济组织管理的意见》规定：“改制后的新型集体经济组织，不再执行农村集体‘三资’委托代理服务制度，在退出‘三资’委托代理制度后，集体经济组织实行自我管理、独立核算，按照国家财务会计管理制度，配备财务和会计人员。”这一规定明确了集体经济组织独立法人地位，减少了诸多行政程序束缚，在降低了交易成本的同时，方便了纯化后的集体经济组织在市场中的独立交易。

二、农村集体经济组织成员资格认定

农村集体经济组织成员资格认定工作不仅关乎改革的受益主体，更是配置成员股的基本依据。因此，成员资格认定关乎每个成员的切身利益，更关系到农村社会的长期稳定。

（一）农村集体经济组织成员资格认定的规则

由于现行法并没有明确集体经济组织成员资格的认定办法，因而黑龙江省通过历史延续下来具有广泛群众基础的“村民”与“社员”概念，对“集体经济组织成员”概念进行了范围上的界定。[①]《黑龙江

---

① 按照《黑龙江省农村集体产权制度改革操作指南》的规定，所谓村民，是一个与地域相连的社会学的概念，一般是指长期居住在农村里的居民，通常情况下，居住期限超过一年的即可视为村民。集体经济组织成员和社员，是一个与产权相连的经济学的概念。集体经济组织成员，是指在该集体经济组织生产、生活，与该集体经济组织发生权利、义务的人，不仅包括成年人，也包括未成年人。社员是指集体经济组织成员中的成年人，通常讲的农村劳动力，一般定位在16周岁以上。

省农村集体产权制度改革操作指南》明确了这三者之间存在包含和被包含关系，即村民∈集体经济组织成员∈社员。但这种界定方式过于宽泛，可操作性不强，仅能起到引导地方政府和村民自治组织理解“集体经济组织成员”概念的作用。同时，概念本身仅能起到原则上界定集体经济组织成员范围的效果，为方便执行改革任务，相关部门仍须根据具体情况创设一套具有操作性的规则。

黑龙江省在不违反法律与政策规定的范围内，对成员资格认定总体上实行“合乎情理，宜宽不宜严”的政策，确保“不漏一人”①。农业农村部印发的《农村集体经济组织示范章程（试行）》对把原集体经济组织成员的自然繁衍人口及配偶认定为集体经济组织成员资格的条件设定得相当严苛，除户籍、在本集体生产生活两个条件外，还需成员大会表决通过。《农村集体经济组织示范章程（试行）》设置过多的积极条件，使原集体经济组织成员的自然繁衍人口获得集体经济组织成员资格过于困难，难以为其提供基本的生存保障。与《农村集体经济组织示范章程（试行）》认定集体经济组织成员资格的规则不同，黑龙江省对原集体经济组织成员的自然繁衍人口和配偶成员资格的认定采取了宽松的态度，意在确保每一村民都能享有集体经济组织成员资格，“确保每个以耕种土地维持生活的人口都能获得集体经济组织成员资格”。对于原集体经济组织成员的自然繁衍人口当然可认定其成员资格。对于集体经济组织成员的配偶，只要户口在本集体经济组织，且不在原集体经济组织拥有承包地，村集体经济组织亦可直接认定其成员资格。这一认定标准充分保障了农民的生存权利，也符合村民对集体经济组织成员资格认定的合理期待，有利于农村集体产权制度改革的宣传与推进。

在改革实践中，黑龙江省一般成员的资格认定规则采取提取“公因式”并灵活组合的方式，助力改革顺畅、平稳的开展。《黑龙江省农

① 《黑龙江省农村集体产权制度改革操作指南》。

村集体产权制度改革操作指南》规定，户籍、在本集体生产生活、土地承包关系、与集体经济组织利益关系是认定集体经济组织成员资格的因素。农民个人要取得集体经济组织成员资格必须与四种因素中的一种或多种相关联。结合《集体产权改革意见》《黑龙江省农村集体经济组织条例》等相关规范确立的原则，对《黑龙江省农村集体产权制度改革操作指南》中成员资格取得的四种因素进行有机组合，我们可提炼出黑龙江省集体经济组织成员资格认定的一般规则：其一，具有原集体经济组织土地承包经营权的，应当认定为本集体经济组织成员①，不需要其他因素进行佐证；其二，户口在本集体经济组织，但不具有原集体经济组织土地承包经营权的，如其与原集体经济组织成员有婚姻家庭关系，应当认定为本集体经济组织成员；其三，户口在本集体经济组织，但不具有原集体经济组织土地承包经营权且无其他社会保障的，在原则上应认定其为本集体经济组织成员；其四，户口不在本集体经济组织且不具有原集体经济组织土地承包经营权的，只要是对集体积累有贡献的原集体经济组织成员，就可认定其为新集体经济组织成员。

户籍作为集体经济组织成员资格的认定条件在农村集体产权制度改革的当前阶段有其优势所在，可被作为形式上的认定标准以降低判断成本。首先，以户籍作为认定标准在农业社会中接受度较高。户籍由公安机关办理登记，公信力相较于其他组织更高。纸质版登记凭证使得其标准化作用优于其他认定条件，证明力较强，公示化作用更显著。问卷调查结果亦可佐证这一观点，在问到“您认为成员资格认定标准应该考虑哪些因素”时，选择“户口是否在本村”“平常是否在本村生产、生活”“是否以承包土地为主要生活来源”“是否对集体积累

---

① 如《中本镇富本村集体经济组织成员身份认定规则》规定：“（一）符合下列条件之一并履行相应村民义务的本镇常住人员，确认为本集体经济组织成员：（1）二轮土地承包时，已经取得本集体经济组织土地承包经营权的农户及其衍生的农业人口；（2）二轮土地承包时，已经取得本集体经济组织土地承包经营权，后来把户口迁出本村，且没有在现户口所在村集体经济组织取得土地承包经营权的人员及其衍生人口。”

有贡献”的比例依次为70.47%、45.71%、54.28%、22.85%。其次，当前阶段以户籍作为认定条件的做法提升了产改工作实施效率。户籍相较于其他认定条件有清晰化、明确化的特点，有利于各级组织执行改革任务。黑龙江省对改革工作的推进有明确且并不宽松的时间要求，户籍作为认定因素极大地减少了各级组织的工作压力，对在规定时间内完成全省产权改革任务具有突出的作用。最后，各地对涉及特殊农民群体基本生活保障底线的情况，也已经设立特别规则对户籍这一认定因素加以框定，对农村集体产权制度改革工作带来的负面影响程度不大。

综上，在户籍改革任务结束之前，以户籍作为集体经济组织成员资格认定的条件具有现实意义，但这不可避免地会导致“空挂户”“挂靠户”等投机现象出现。课题组认为，以户籍作为成员资格认定条件只是一种暂时性的妥协结果，随着户籍制度改革的推进可能会产生体系性的革新。

（二）特殊农民群体的农村集体经济组织成员资格认定

特殊农民群体是指基于婚姻关系、外地上学、外出务工等原因产生了一定的人口流动，导致户籍登记、土地承包关系及实际生产生活关系相互脱离，由此所形成的成员资格认定情形复杂的农民群体。[①]集体经济组织成员的身份认定与农民的生存保障息息相关，但在户籍登记与土地承包关系相互脱离的情况下，特殊农民群体可能产生户籍登记地与土地承包关系所在地两地集体经济组织都不赋予其成员资格的情况，亟须对这一相关群体成员资格认定规则进行梳理与解释。

在城乡二元社保体系的背景下，土地理应之于农民负有社会保障功能。这种理念很好地反映在黑龙江省的相关规范之中，即积极认定

① 房绍坤，任怡多．“嫁出去的女儿，泼出去的水?”：从“外嫁女”现象看特殊农民群体成员资格认定．探索与争鸣，2021（7）．

特殊农民群体的集体经济组织成员资格，尽可能不漏掉任何农村居民。在被问到“您认为集体经济组织（股份经济合作社）可以吸收外来人员为成员吗”时，受访村民选择“不可以，不能让外来人员分享我们的收益”“可以，但是外来人员必须作出贡献才能取得收益”“不一定，由成员大会讨论决定”“不清楚，由理事会决定更好一点”的比例依次为36.89%、35.92%、26.21%、0.97%。可见，村民对外来人员进入集体的态度并没有统一，出于政治上、经济上的种种担忧，完全将成员资格的取得与否交由成员大会决议并不具有可行性，应区分不同情况进行予以讨论。首先，外来资本能否入股应当交由集体经济组织成员自主决断，这是农村集体经济组织作为独立法人的应有之义。所涉外来人员股份的取得是基于等价交换，其符合市场经济的基本法则。其次，如涉及集体资产股份的无偿取得，外来人员的进入会影响原集体经济组织人员的利益，势必会招致大量反对意见，难以在成员大会中形成肯定性的决议。所以，国家意志的介入在此情形应属必须，如黑龙江省强制规定政策移民直接获得当地集体经济组织成员资格，这是对以耕种土地为生的农民的最低生活保障，是不能突破的政治底线，不以成员意志为转移。最后，对于退回原集体承包地的外嫁女和投奔亲属而来的人员，其成员资格的获取往往在乡村熟人社会中涉及其所进入家庭在这一范围的人际关系。这就导致这类人群以集体经济组织股份作为基本生活保障具有相当大的随机性。从总体上看，黑龙江省对集体经济组织成员资格取得所采取的标准是可取的。这对保障人的生存权与发展权、维护乡村社会稳定、促进乡村振兴建设具有至关重要的作用。

基于婚姻关系所产生的特殊农民群体是实践中情况最为复杂且判决数量最多的类型，其原因往往是认定标准的不清晰导致集体经济组织根据农村传统思维进行的简单判定。黑龙江省对基于婚姻关系所产生的特殊农民群体的成员资格认定基本上贯彻了其“不漏一人”的原则。从调查问卷结果来看，在被问到“您认为嫁到本村但户口没有迁到本村的妇女是否具有本村集体经济组织成员资格”和“您认为嫁到外村但户口还在本村的妇女是否具有本村集体经济组织成员资格”的问题时，受访村民选择“具有”的比例分别为68.72%和54.54%。可见，村民对基于婚姻关系所产生的特殊农民群体成员资格认定的态度较为宽松，在不涉及“两头占”的基础上嫁入地与嫁出地农村集体经济组织均应做到“应确尽确”。

三、农村集体资产股份合作制改革

（一）农村集体资产折股量化的范围

从全国各地有关集体产权制度改革的文件来看，其对量化单位与资产类型的规定有所区别，这就导致各地集体经济组织折股量化的资产范围并不相同。通过参阅相关政策文件可知，在量化范围上，《集体产权改革意见》仅规定了经营性资产应纳入折股量化范围，对资源性资产是否纳入并未作出规定，赋予各试点地区开放性的决策空间。调研发现，黑龙江省在集体经营性资产积累较少的地区，多将资源性资产纳入集体产权制度改革范畴。黑龙江省村均土地面积远高于全国平均水平，为有效发挥集体资产的要素价值，提高农民改革积极性，《黑龙江省农村集体经济组织条例》规定，集体经济组织有权对集体资源性资产进行折股量化。[①] 这一举措也受到了村民的广泛认可，调查问卷显示，对于股份合作制改革应涉及的集体资产范围，认为应涉及资源性资产的占比67.64%。通过实地走访，课题组发现，配合同步开展的土地确权工作与土地登记颁证工作，集体所有未承包的土地均可实现折股量化的技术性要求，各村落实资源性资产的折股量化并无实际困难，且均已圆满完成相关任务。

---

① 《黑龙江省农村集体经济组织条例》第11条第2款规定：“集体统一经营的资源性资产收益可以依据股份比例对集体经济组织及其成员进行量化分配。”

黑龙江省未采取行政手段直接认定量化单位范围，而是以村民民主协商结果为最终确定的依据，组（生产队）、村（生产大队）、乡（镇）皆可成为量化单位。在实践中，集体资产所有权确权严格按照产权归属进行，坚持“谁投资、谁所有、谁受益”的原则，避免了行政统一标准破坏既有组织结构侵害集体所有权的弊端。课题组在实地走访中，发现新集体经济组织往往与原集体经济组织在地理范围上保持一致，依然维系旧有的历史分布格局，并未破坏原有的乡村社会熟人结构，这对农民本来意愿进行了最大程度的肯定，稳固了集体经济组织的内部团结。

在集体资产类型上，将经营性资产与资源性资产纳入折股量化范围是集体经济组织运行的必然要求，在此不予讨论。值得讨论的是，黑龙江省对于非经营性资产的态度。《黑龙江省人民政府关于加强农村集体经济组织管理的意见》中规定：“对于非经营性资产，原则上不参与折股量化，重点探索集体统一运营管理的有效机制，更好地为集体经济组织成员及社区居民提供公益性服务，对个别增值潜力大参加折股量化的，也应由集体经济组织管理。”这虽为个别非经营性资产折股量化提供了依据，但规范内容过于模糊宽泛，还无法对其他地区的改革提供借鉴意义。例如，该意见规定，集体经济组织仍对折股量化后的非经营性资产拥有管理权，这仅是对既定事实的强调而不具有规范意义。同时，其对“增值潜力大”这一条件也未具体列举，导致规则的适用性不高。

从黑龙江省集体资产折股量化的效果看，村民实际获得感并不明显。原因在于，即使是将资源性资产折股量化，调研各村也依然没有为集体经济组织成员分红的能力，以至于37.12%的受访村民认为能产生利润的集体资产都可以进行改革，无论是资源性资产还是公益性资产，抑或是对经营性资产，均进行了扩大化理解。这实质体现了两个方面的问题：一方面，村民对集体经济发展现状的不满，希望通过改革激活集体资产，增加集体收入并实现收益分红；另一方面，《集体产权改革意见》对集体资产的分类改革思路并没有得到村民的认同，对集体资产的利用方式和经营方式有待进一步研究。

（二）劳龄股与原始股金的折股量化

1. 劳龄股

劳龄（农龄）是指自本集体经济组织成立以来，集体经济组织成员参加集体生产劳动的年限，劳龄股即按照劳龄年限的长短所设置的股权类别。对劳龄的确认与登记是黑龙江省农村集体产权制度改革工作中不可或缺的一步。劳龄登记的范围不仅包括现有集体经济组织成员，还包括原集体经济组织成员。课题组通过实地走访调研发现，各市劳龄股均设置一年一股，六个月以上、不足一年的以一年计。具有集体经济组织成员资格并非是取得劳龄股的前提条件，实践中存在大量于新集体经济组织不具有成员资格但具有劳龄的人员，主要包括已经取得了其他集体经济组织的成员资格或者已在城市取得居民社会保障的情况，各农村集体经济组织在章程中往往也对这类人员确认其按劳龄股分配。

从农村发展历史角度看，劳龄股的设置具有合理性。过去的农村处于高积累、低分配的状况，而在农村资产大幅升值的今天，对户口迁出农民保留利益分配渠道在某种程度上是“回应历史”的重要方式。此外，设定劳龄股显然对居于弱势的老年群体保护更为有利。但在谋求发展的改革进程中，各地应当思考当前劳龄股占集体经济组织股份比例是否过高。因为，设立劳龄股虽在很大程度上尊重了历史，但放眼未来，发展集体经济应靠吸引具有专业技术的人才与青壮年劳动力进村参与建设，如何实现面向未来的激励体系与面向历史的公平保障机制的平衡应当慎重考虑。同时，因取得劳龄股的人员不一定是集体经济组织成员，还会衍生出取得劳龄股的人员是否具有表决权等问题，相关政策文件均未对此作出具体规范，亟须进一步明确。

2. 原始股金量化的个人优先股

集体经济发端于合作化运动，农民生产资料的投入对集体资产的形成和积累具有特殊的历史贡献，应当予以充分尊重和保护。受当时

“左倾”思想的影响，该部分投入从未向集体经济组织成员分红，实际上是对农民财产权益的平调和剥夺。[①] 在农村集体产权制度改革的大背景下，黑龙江省对合作化运动时期农民的投入确认为原始股金，并对其财产价值积极确认，这体现了对既往历史的充分反思。《黑龙江省农村集体产权制度改革操作指南》对原始股金概念进行了界定：“原始股金是在农村合作化初期，加入初级农业生产合作社（初级社）的社员，以现金、大车、牲畜等生产资料向集体经济组织进行的股金投入。”

从全国的改革实践看，对于原始股金的处理，发达地区大多以现金形式一次性清偿兑现，并不将其转化为股权参与集体收益的分配。此种做法既有效避免了股权构造的杂乱，又可以防止稀释一般成员股份而造成分配不均。但是，黑龙江省绝大部分村集体没有积累或积累较少，对原始股金进行一次性清偿兑现困难较大；部分村集体即使有一定积累，但兑付后就没有了村集体发展资金，对发展集体经济相当不利。所以，黑龙江省独辟蹊径，规定原始股金折算的现值在原则上作为个人优先股转为新型集体经济组织股份。原始股金折算为个人优先股具有法理基础：农村集体经济组织改革所确定的成员基本股与劳龄股的功能主要是对集体经济组织成员的基本社会保障和历史贡献肯定，具有无偿取得的特点；而原始股金的产生属于变相投资，持有人取得股权应是一种等价交换，基于改革过程中对农民历史劳动贡献和资金投入进行积极肯定的原则，对集体经济组织成员持有的原始股金收益理应优先于成员基本股分配。当然，黑龙江省在原则上认定原始股金量化个人优先股地位的同时，亦未完全否定以现金途径一次性清偿兑换，只不过程序较为复杂。[②]

---

① 王玉梅．从农民到股民：农村社区股份合作社基本法律问题研究．北京：中国政法大学出版社，2015：163.

② 《黑龙江省农村集体产权制度改革操作指南》规定：“对情况特殊且具备一次性兑付条件的村集体经济组织，主要是城中村或村改居村或经济发达村，持有老股金人数少，老股金折现后额度较少，集体经济组织积累较多，由个人提出兑付申请，由集体经济组织成员大会或成员代表会议讨论通过，乡镇政府批准后，可以现金全额一次性清偿兑现。”

此外，在实际工作中，由于年代久远，很多农民无法找到原始股金证原件，各试点地区为保障原集体经济组织成员的利益，通过多种渠道明确成员的原始股金数额，如集体经济组织保存的原始入社股金账以及 1956 年高级社时期属于农业户口、年满 16 周岁且参加集体劳动的证明材料等。如果相关人员无法出示上述材料，评估单位的原始股金处置工作组则可以通过向了解情况的人员进行调查，以相关人员是否参加集体劳动为标准，参考原始入社社员的回忆证明，并经成员代表大会审议确认原始股金的持有情况。从调研情况来看，各村原始股金的确认情况获得了村民的普遍认可。

《黑龙江省农村集体产权制度改革操作指南》规定，"原始股金持有人死亡的，由其法定继承人继承"。然而，法定继承人既有可能是集体经济组织成员，亦有可能不是。这不但会衍生出外部成员进入集体经济组织造成对其封闭性与社区性突破的问题，也会产生权利享有的疑虑。因为，基于集体经济组织"一人一票"的特点，集体经济组织成员在拥有成员股的同时附加有原始股金量化的个人优先股并不会增加任何表决权利。但如果原始股金量化的个人优先股股权人或其继承人不具有集体经济组织成员资格，其是否基于原始股金量化的个人优先股享有选举权、被选举权和表决权则尚无定论。根据集体经济组织的性质及法律强制性规定，非集体经济组织成员不得拥有选举权与被选举权，无法成为集体经济组织的领导人员；但具有个人优先股的非集体经济组织成员是否有对集体经济事务的表决权，在黑龙江省的相关规范文件中并没有具体规定。在"有法依法，无法依规，无规依民"的前提下，这个问题应交由集体经济组织章程作出具体规定。

原始股金作为个人优先股转为新型集体经济组织股份，在当前阶段虽有其现实必要性，但随着集体经济的不断发展，势必会衍生出一系列的问题。其一，由于原始股金产生时间过于久远，其持有人死亡概率较高，原始股金量化的个人优先股可能一经被确认就面临谁来继承的问题。认定其是否是遗产与谁来对该财产继承皆无相关规范，这极易发生该财产实质上无人通知继承人与无人管理的情况。其二，原始股金所产生的个人优先股不同于成员股，在权利享有时并不强调其身份属性，故其继承人并不限于本集体经济组织成员。这似乎显示了对集体经济组织社区性的突破，如何解释尚待考量。其三，外部成员的优先股地位是否会削减村民积极努力实现集体资产增值的动力，亦应关注。个人优先股的继承人对集体资产的增值并未付出相应的劳动，且未参与集体经济组织管理，由其优先分配集体分红可能不利于集体经济组织的长久发展。

（三）农村集体资产的股权类型设置

《集体产权改革意见》针对集体股的设置问题，提供了指导性意见供各试点地区参考，明确规定是否设置集体股由本集体经济组织成员民主讨论决定。这表明对于是否设置集体股，中央政策的意见是赋予农村集体经济组织自主决定权限，不采取统一规定的做法，允许各试点地区根据自身的实际发展情况，自主决定集体股的是否设置问题。

《黑龙江省人民政府关于加强农村集体经济组织管理的意见》明确规定，黑龙江省原则上应设立集体股，同时指出集体股主要用于处置遗留问题、需要补缴的税费、社会保障支出和必要的公益性支出，以及增加集体积累发展集体经济。《黑龙江省农村集体经济组织条例》第12条规定："股权设置可以分为集体股和成员股。集体股占农村集体经济组织总股权的比例不超过百分之三十。是否设置集体股以及集体股占农村集体经济组织总股权的具体比例，由本集体经济组织成员民主讨论决定。"课题组通过实地调查走访发现，哈尔滨市、大庆市、绥化市各村均设立了集体股。各市在建议农村集体经济组织设置集体股的同时，还明确规定了设置集体股占集体经济组织的比例上限，强调设置集体股不得超过新型集体经济组织总股本的30%，而具体比例由本集体经济组织成员民主决定。从调查问卷的统计结果来看，对"您认为是否应该设置集体股"这一问题，92.66%的受访者认为应该，可见集体股在黑龙江省的广泛设置有其民意基础所在。

至于集体股的权利应当由谁行使，问卷调查显示，49.52%的受访村民认为集体股享有表决权且表决权通过成员大会民主决议行使，31.44%的受访村民认为集体股的表决权由村民委员会或理事会行使，只有19.04%的受访村民表示集体股没有表决权。但在法理上，集体股持有者享有表决权会造成诸多理论难题，如表决权的主体是谁、表决权如何行使等。故而，在现阶段，集体股只是集体收益分配的依据，只需要明确其监管主体和收益用途即可，无赋予其表决权的必要。

《黑龙江省农村集体产权制度改革操作指南》同时强调，集体股设置是过渡性、阶段性的，待村级集体经济发展到一定水平，农村社会保障体系健全，村级无债务和遗留问题的时候，是可以被适时取消的。相关工作人员亦普遍表示，现阶段保留集体股有利于凝聚成员的集体共识，调动成员参与集体经济事务的积极性，形式上亦可反映集体经济的公有制性质；但随着集体经济发展和集体债务消解，集体股可以逐渐减少，直至被取消。同时，《黑龙江省农村集体产权制度改革操作指南》规定，“对已村改居的村，无遗留问题，且集体经济组织成员全部纳入城市社会保障体系，可以不设集体股”，亦可佐证设立集体股的目的。这种理性认识对稳步深化集体产权制度改革具有积极意义。由此可知，黑龙江省对于集体股的设置是一种妥协的结果。

（四）农村集体资产的股权权能

《集体产权改革意见》指出，要“组织实施好赋予农民对集体资产股份占有、收益、有偿退出及抵押、担保、继承权改革试点”。其中，集体资产股份的有偿退出、质押担保和继承权能是促进集体资产股份流转的应有之义。课题组经调研了解到，各试点地区普遍未展开对集体资产股份权能完善的改革举措，主要存在如下问题。

1. 集体资产股份融资担保权能受限

集体资产股份融资担保权能的实现，不仅有利于集体经济组织获得资金支持，推动集体经济发展，也有利于集体经济组织成员筹集资金，解决个人的临时困难。然而，从实地调研情况来看，集体资产股份的融资担保权能尚未得到充分开发。这具体表现在两个方面：一方面，个别调研地区在股权量化和管理办法中明确规定，集体资产股份不得质押；另一方面，个别调研地区在集体资产股份质押贷款管理办法中规定，禁止跨乡镇行政区域进行股份质押。

课题组通过与农业农村部门工作人员座谈了解到，由于现阶段的集体资产股份价值相对较低，且可能打破股份流转的社区性要求，因此，各调研地区对集体资产股份融资担保权能的实现采取相对保守的态度。但问卷调查结果显示，即使在对集体资产股份的融资担保进行严格限制的调研地区中，仍有 53.82%的受访村民认为集体资产股份应当具有融资担保权能。可见，多数村民的意愿与《集体产权改革意见》基本一致，这反映出农民的现实需求。个别调研地区采取的相对保守做法在实践中阻碍了农民的融资空间，不利于扩大生产、实现增收，这种对农民的过度保护并不符合改革意旨的做法，须及时纠正。

2. 集体资产股份有偿退出权能受阻

黑龙江省总体对集体资产股份转让持保守态度，因其认为集体资产股份的作用重在对集体经济组织成员的基本生活保障，而非财富增长，故原则上仅允许在本集体经济组织成员之间流转。但这一认识隐含着在充分利用集体经济组织股份市场发现功能与避免资本投机中做出的价值衡量，并不能据此否定集体经济组织股权的财产权属性。故而，从实践看，调研地区存在对政策的过度解读。例如，部分调研地区对集体股份转让的对象进行了相较于省级规范更为严格的限定，个别调研地区对转让程序与价格进行了限制。有的地区在股权量化和管理办法中规定，股权内部转让须经理事会同意，股权转让价格受到了严格控制；有的地方在股份经济合作社章程规定，集体资产股份有偿退出必须遵循“集体收回在先”的程序，只有集体不收回的情况下，才允许内部成员转让股份，且必须一次性全部转让。这种带有强烈管制色彩的规则极大地贬损了集体经济组织股份的市场价值，势必会造成股份价值低于实际价值，损害集体经济组织成员利益。其实，限定集体经济组织股份只能在成员内部流转即为已足，完全可以起到防止外部资本控制的作用，进一步限制股份流转并无必要。过度限制集体经济组织股权权能势必会阻碍市场在资产配置中的决定性作用，使农民本就不高的改革意愿进一步下降，进而影响农村集体产权制度改革工作的实际效果。

《集体产权改革意见》指出，“探索农民对集体资产股份有偿退出的条件和程序，现阶段农民持有的集体资产股份有偿退出不得突破本集体经济组织的范围，可以在本集体内部转让或者由本集体赎回”。问卷调查结果显示，有 41.92％的受访村民认为集体资产股份可以有偿退出，在部分调研地区，如安达市中本镇大本村更有多达 70.14％的受访村民认为集体资产股份可以有偿退出。这充分显示了村民对股份有偿退出所持的积极态度。应当说，在现阶段，集体资产股份有偿退出的限制仅在于有偿退出范围，即不得突破本集体经济组织。但是，《集体产权改革意见》并没有限制有偿退出的价格和程序，即便集体经济组织探索相应的有偿退出程序，也不应增加过多的限制。

3. 集体资产股份继承内容过分扩张

《黑龙江省农村集体经济组织条例》并未直接限制非集体经济组织成员继承集体资产股份后的表决权，而是由集体经济组织章程规定是否限制其表决权。[①] 此规定与目前对农村集体资产主要是维护农民基本生活保障的保守态度相矛盾。尤其要注意的是，原始股金量化的个人优先股与劳龄股皆是农村集体资产股权的一种，且都可被继承，二

---

① 《黑龙江省农村集体经济组织条例》第 13 条规定：“农村集体经济组织成员对持有的股份享有占有、收益、有偿退出及抵押、担保、继承权。成员股份可以在本集体经济组织成员之间转让，也可以由本集体经济组织赎回，但不得强制转让或者赎回。赎回的成员股份转增集体股或者公积公益金。成员股份可以继承，本集体经济组织成员以外的人员通过继承取得股份的，不享有选举权和被选举权；是否享有表决权，由章程规定。无人继承又无人受遗赠的成员股份归本集体经济组织所有，可以转增集体股或者公积公益金。”

者均在《黑龙江省农村集体经济组织条例》第13条的涵摄范围之内。如原始股金量化的个人优先股与劳龄股的继承人皆可进入集体经济组织，势必造成集体资产利益链的过分扩张。许多与集体经济组织并无实际联系的人员皆可凭借父辈早年劳动进入其并未生活过的集体经济组织，这无疑是对集体资产内部享有的威胁。乡村熟人社会的打破亦会引发一系列矛盾纠纷，不利于乡村大局的稳定。

4. 集体资产股份流转范围受限

黑龙江省对于农村集体资产股权的流转持保守态度，原则上仅允许在本集体经济组织成员之间流转。这有利于防止投机性资本随意进入农村集体经济组织，减损农民基于稳定经营集体资产所产生的收益。但这仅是在农村集体经济组织市场发现功能与避免资本投机中做出的价值衡量，并不能据此贬低集体经济组织股权的财产权地位，从股权的可继承性这一侧面亦可印证其财产权属性。因不涉及资本的大规模进入，集体经济组织股权的继承人不仅包括集体经济组织成员、还包括非集体经济组织成员。《黑龙江省农村集体经济组织条例》并不阻碍非集体经济组织成员获得财产性收益，只是否定其部分民主权利而已，在实践中其多采取只确认继承人的分红权而不赋予其表决权与选举权的方式。

课题组通过与村干部座谈发现，黑龙江省集体经济组织的发展程度普遍偏低，集体资产股份价值较低，实践中农民进行股权流转的积极性不高，集体经济组织股权更多的作用还是对成员的基本社会保障。

（五）农村集体资产的股权管理模式

全国范围内股权管理模式有两种：一是静态管理模式，实行“生不增、死不减，进不增、出不减”原则，股权的流转主要通过继承、内部转让和集体经济组织赎回等模式进行；二是动态管理模式，就是根据本集体经济组织成员变化情况，定期对股权进行调整。黑龙江省采取了不随人口增减变动而调整的静态管理方式，如此选择出于三个目的：其一，静态管理模式是全国其他省市较多采用的模式，实践经验丰富，可操作性强，便于有效执行农村集体产权制度改革任务；其二，《集体产权改革意见》中明确提倡实行“不随人口增减变动而调整的方式”，采取此种模式更为保险，不易与其他规范相冲突；其三，黑龙江省希望“待二轮承包期结束时，根据国家关于股权管理的政策取向，再决定是否调整”①。

从问卷调查结果来看，在问到“您认为股权静态管理好，还是动态管理好”这一问题时，受访村民选择“静态管理”“动态管理”“现在静态管理，改革成果稳定以后可以动态管理”的比例依次为40.77%、21.36%、37.68%。可见，管理模式向动态发展的趋势与农民的态度相一致。当问及“您认为集体资产股份应当怎么配置”时，受访村民认为应当“按人配置”的比例为86.6%。这也充分印证了上述村民对动态股权管理的选择比例具有一定的原因，即认为股份按人配置较按户配置更能使成员个体的利益得到保障。管理成本的提高势必对集体经济组织提出了更大的挑战，集体经济组织的管理者应提高自身服务意识，满足群众意愿，更好平衡人口变动与股权稳定之间的矛盾。如果村集体经济组织基于管理效果考虑而选择股权静态管理模式，就应当重点化解人口流动和股权相对稳定之间的矛盾，在便于管理股权的同时兼顾群众的合理诉求。

针对上述两种管理模式的弊端，黑龙江省在改革过程中思考出了原则性的处理办法，即在静态管理模式的前提下，通过“户内共享”的股权分配方式减少由户内新增人口引发的股权矛盾，并同时以“出资配股”的方法来为外来人口提供参与集体经济的渠道。课题组认为，随着改革的逐步深入，以个体公平优先的原则将逐渐被确立，进而取代以效率优先的粗放模式，由此必然会衍生出“由静转动”的趋势。

---

① 《黑龙江省农村集体产权制度改革操作指南》。

第十四章
内蒙古自治区部分地区农村集体产权制度改革

内蒙古自治区紧跟农村集体产权制度改革步伐，全面贯彻落实了改革要求。自改革推行以来，内蒙古自治区稳步推进相关改革措施，有序开展集体资产清产核资、集体经济组织成员资格认定、农村集体资产股权设置和量化、成立集体（股份）经济合作社等工作。截至2021年6月底，内蒙古自治区农村牧区集体产权制度改革基本完成，99%的村（嘎查）成立了股份（经济）合作社，初步构建起归属清晰、权能完善、流转顺畅、保护严格的农村牧区集体产权制度。[①] 在改革推进过程中，内蒙古自治区立足本地农村、牧区的实际情况，围绕农村集体资产清产核资、农村集体经济组织成员资格认定、股份合作制改革、农民集体资产股份权能拓展等方面进行了一系列尝试与探索，采取有力措施推动改革深化。为全面了解内蒙古自治区农村集体产权制度改革的实施情况，课题组通过实地观察、访谈笔录、问卷调查、典型选取等方法开展调研，以期总结改革经验，分析当前所面临的改革阻点及其破解方式，提炼出具有推广价值的改革思路，为进一步深化农村集体产权制度改革提供政策建议。

---

① 内蒙古自治区农牧厅．惠农惠牧政策系列解读之十：推进农村集体产权制度改革政策．［2022－03－15］．http：//nmt.nmg.gov.cn/gk/zfxxgk/fdzdgknr/zcjd/202108/t20210810_1799500.html.

一、内蒙古自治区调研地区改革概况

课题组对内蒙古自治区农村集体产权制度改革情况展开的实地调查，共涉及5个市（盟）的9个县（旗），共18个村（嘎查、社区）①。内蒙古自治区辖区面积广大，农村、牧区数量较多，大部分农村和牧区集体经济底子薄弱，发展水平、发展路线又存在明显差异，改革进程也存在较大差距。在此情形下，各地结合实际，采取了具有地方特色的改革措施，呈现出了不同的改革效果。

具体而言，呼和浩特市属于内蒙古自治区首府，近10年来城市迅速拓展，一大批“城中村”“城郊村”由此形成，如调研地呼和浩特市赛罕区双树村即为其中代表。另外，由于呼和浩特市属于内蒙古自治区交通枢纽，与京津冀城市圈交通便利，凭借具有地域特色和民族特色的旅游资源，呼和浩特市周围有大量“旅游村”“民俗村”发展起来，如调研地呼和浩特市新城区恼包村即是其中的典型代表。呼和浩特市农村集体经济发展基础较好、动力较强，集体产权制度改革的步伐较快。但是，改革中也凸显出一系列非典型的改革问题，需要用针对性措施予以化解。

巴彦淖尔市属于内蒙古自治区主要农耕区，自然条件优越，自古以来就有“塞上江南”之美誉。但是，巴彦淖尔市工商业发展较为滞后，大部分农村耕地广阔、人口较少，人均耕地面积较大，大部分农村仍完全依赖传统种植业。调研中，五原县隆兴昌镇的农村户均耕地面积大都在50亩左右；而乌拉特中旗部分畜牧业村（嘎查）户均承包草场1 000亩以上。这一情况使大多数农户可以在自家承包地上展开一定的规模经营，削弱了发展集体经济的意愿和动力。因此，虽然巴

① 具体包括：呼和浩特市赛罕区和新城区、巴彦淖尔市五原县和乌拉特中旗、乌兰察布市察右中旗、鄂尔多斯市东胜区、锡林郭勒盟阿巴嘎旗和苏尼特左旗。

彦淖尔市农村集体产权制度改革起步较早，制度构建较为全面，但是集体经济底子薄、发展慢，很多改革问题还未凸显。

乌兰察布市经济发展较为滞后，2021 年全市 GDP 共 903.6 亿元，在内蒙古自治区 12 个市（盟）中排名第九，人均 GDP 更是排在十名之后。[①] 此前，乌兰察布市所辖的 11 个县（旗、市、区）中，8 个是国家级贫困单位，2 个是自治区级贫困单位；其中 8 个国贫县（旗）均为自治区级深度贫困单位（占全区的 53.3%），所辖 115 个深度贫困村（占全区的 44.6%），深度贫困人口 5.96 万人（占全区的 46.2%），是全区贫困程度最深，脱贫攻坚任务最重的盟市之一。商都县、化德县、兴和县被列入国家“燕山—太行山”集中连片特困片区，四子王旗、察右中旗、察右后旗地处阴山北麓重度风蚀沙化区。在脱贫攻坚过程中，乌兰察布市享受了政策和资金方面的优惠，将大量扶贫资产、集体经济发展资金投入到农村中，很多村借此建立并发展起了集体经济。调研中，察右中旗科布尔镇永和村即借助上级资金发展了规模养殖业，集体经济得到了迅速发展。总体而言，乌兰察布市的农村集体产权制度改革进程较慢，但部分村庄已经有了稳定的集体经济收入来源，当地政府及农民发展集体经济、推进农村集体产权制度改革的动力较强。

鄂尔多斯市属于内蒙古自治区经济最发达的城市，而辖区内农村人口仅占人口总数的 22.56%，2021 年全市人均 GDP 超过 21.90 万元，位居全国第一。[②] 因此，鄂尔多斯市农村集体经济发展活力较强，集体产权制度改革的负担较轻，改革施策的空间较大。以课题组调研的东胜区泊江海镇折家梁村为例，当地所成立的股份经济合作社通过土地流转的方式整合土地，并将农民承包的土地“转包”回来，实施

---

① 内蒙古自治区统计局 . 2021 内蒙古统计年鉴 . [2022 - 03 - 15] . http：//tj. nmg. gov. cn/.

② 国家统计局 . 中华人民共和国 2021 年国民经济和社会发展统计公报 . [2022 - 03 - 15] . http：//www. gov. cn/xinwen/2022 - 02/28/content _ 5676015. htm.

集体经营，共盘活闲置土地 3 300 亩，种植小杂粮、发展农家乐。同时，股份经济合作社还在当地设立了农产品实体超市，综合运用线上、线下渠道销售农副产品，大大增加了村集体收入，带动农民增收。同时，集体通过与民营公司合作经营农牧业，在短时间内极大地推动了集体经济的发展壮大。

锡林郭勒盟属于内蒙古自治区主要畜牧业区，草原面积 17.96 万平方公里占全盟总面积的 89.85%，农牧业人口 56.45 万占全盟总人口的 54.23%。牧区农村集体产权制度改革与农区存在较大差异，牧区人口稀疏、交通不便，当地工商业经济往往也不发达。此外，牧民一般承包草场面积较大，在调研地，部分青壮年牧民家庭通过承包、流转经营权共拥有草场近万亩，大多数牧民利用自有草场、牲畜一般就能满足经营需要，不存在集体经营的需要。同时，因为畜牧业集体经营管理难度大，经营效率低，无法保证经营者勤勉尽责，存在较高“代理成本”，所以集体经营也不符合实践要求。基于上述情况，在农村集体产权制度改革中，牧区集体经济一般围绕畜牧业产业链延长拓展、服务牧民方向开展，发展活畜交易、屠宰冷藏、畜产品加工等下游产业，相比农区集体经济，外向型程度较低。课题组调研的国家级试点苏尼特左旗巴彦淖尔镇巴彦德力格尔嘎查（村）发展集体马匹交易市场、集体“铁畜”承包、集体打贮草基地、集体种畜基地等，在牲畜结构优化、抗灾保畜、脱贫致富等方面为牧民提供了有效的服务。

总体而言，内蒙古自治区农村集体产权制度改革推进较慢，但这也使得各地能够博采众长，学习、借鉴改革先行区的经验，完善各项制度，充分发挥了改革“后发优势”。如今，区内大部分农村已经完成集体产权制度改革，内蒙古自治区大部分地区集体产权制度改革的制度建构较为完善，比较全面地考虑到各方利益，针对一些特殊情形也进行了较为细致的规定。但与此同时，内蒙古自治区不同地区农村发展极不平衡，少部分“城中村”“城郊村”发展水平较快，大多数农村集体经济发展情况不容乐观。在改革前，大部分地区将适宜集体统一经营的土地和资产全部分包到户，集体经济近乎空白，失去了发展集体经济的重要物质基础，重新发展集体经济困难重重。内蒙古自治区城市总体规模较小，大部分农村远离城市，地理位置偏僻，既无资源可开发利用，又无人才资金等优势的村，发展壮大集体经济的任务艰巨。在此情形下，很多借鉴而来的制度并不能适应本地集体经济的实际，无法促进集体经济的生发，呈现出“水土不服”的状况，需要进行针对性调整。

二、农村集体产权制度改革的实践经验

农村集体产权制度改革涉及面广、内容丰富、流程严密，是一项政策性、专业性、操作性都很强的工作。具体而言，清产核资、成员资格界定、股权设置与管理、集体经济组织构建等是改革中的关键环节。内蒙古自治区针对以上关键环节精准施策，较好地完成了改革任务，在此过程中，产生了很多具有推广价值的做法与经验，可以为全国其他集体经济薄弱地区提供借鉴。

（一）农村集体资产清产核资

清产核资是农村集体产权制度改革中的基础性工作，只有清晰掌握了集体所有的资金、资产、资源情况后，股权量化等后续工作才可以有序开展。清产核资工作的专业性较强，需要密集的规范来应对实际操作中的各种疑难情况，以适应基层工作的需要。为此，内蒙古自治区党委、自治区人民政府在中共中央、国务院及相关部委颁布文件基础上，进一步制定了《关于稳步推进农村牧区集体产权制度改革的实施意见》（内党发〔2018〕8号）、《内蒙古自治区农村牧区集体资产清产核资工作方案的通知》（内农牧法发〔2018〕250号）等，对清产核资作出了细化规定。此外，各市、县、乡镇甚至村集体也结合当地实际，在规范允许范围内对辖区内清产核资工作作了进一步补充。总

体来看，自治区集体清产核资工作基本上按照“清查、登记、核实、公示、确认、建立台账、审核备案、汇总上报、纳入平台”的9步操作流程进行。

在清查过程中，各村（嘎查）成立清查工作小组展开工作。各地在资源性资产清查中，充分利用土地、林地、草原等不动产登记，自然资源确权登记的工作成果以及航拍音像资料，提高清查效率、减少和避免重复劳动；在经营性资产与非经营性资产的清查中，坚持以会计账目为依据，坚持账内账外相结合、实物盘点同核实账务相结合的原则，以物对账，以账查物，全面清点品种、规格、型号、数量，查清来源、去向和管理情况。对清查中遇到的问题，按照尊重历史与民主决策的原则，集体研究处理。对损毁报废、有账无物的不实资产、需要核销的债权债务，清产核资工作小组拟定处置意见，填写核销申报表，经公示无异议后，上报乡镇清产核资工作领导机构审核批复。将政府拨款、减免税费等形成的资产确权到农村牧区集体经济组织成员集体，对由政府拨款和集体经济组织以外单位或个人投入等混合所有制方式形成的资产按各方出资比例或约定的股权比例确认所有权。对权属不清、存在争议的资产、资源，除法律、法规已有规定外，可通过协商解决，清产核资工作小组拟定处理意见，经公示，群众认可的权属暂时予以登记，同时填制集体资产权属界定申报表，上报乡镇和区清产核资工作机构协调处理，待权属明了后，再作调整；对协商不成的，可列为待界定资产，也可通过仲裁或司法程序解决。通过上述一系列规则，集体“三资”清查工作在最大程度上做到了“账内与账外相一致、实物盘点与账簿记录相一致、四至边界与群众认同相一致”。在清查过程中，有条件、有需求的村（嘎查）还聘请了专业的会计师事务所辅助完成清查工作。

在登记过程中，各县（旗）都下发了统一制定的清查核实情况登记表，村内按照这一格式化表格的项目类别，详细登记本集体“三资”情况。这也保证了各地清产核资口径的统一性、登记内容的规范性和数据的丰富性。在核实过程中，各村（嘎查）财务工作监督委员会成员和村民代表成立核实组，对已登记的集体“三资”进行逐项清查核实。在核实组成员确定方面，各村（嘎查）一般采用投票方式确定，并且要保证核实组成员与清查组成员不发生重复。因此，核实程序能有效监督“三资”的清查登记，保证清产核资的准确性。

在公示环节，核实小组负责对核实后的集体“三资”在村务公示栏中进行逐笔公示，辅之以发放“明白纸”等简化公示文件，向村民及有关当事人征求意见。一般规定公示期不少于 7 天，公示期间由核实组人员接待农牧民群众的咨询和反映，对异议事项进行认真检查，直至获得村民认可；对核查不清或有争议的资金、资产和资源，不得进入确认程序，须上报镇清产核资工作领导机构协调处理。整个公示程序强调“内容全面、程序合法”两大原则。公示期满后，各村（嘎查）对没有争议的资产，由村清产核资工作小组组织召开成员大会或成员代表大会，依法经三分之二以上成员或者成员代表讨论通过，确认本集体经济组织清产核资工作的数据结果。

经过确认后的各类资产，按照资产类别分类登记造册，建立台账，实行台账管理。与此同时，各地一般要求各集体建立集体资产登记制度，如实登记和及时记录各类资产增减变动情况；建立资产保管制度，明确资产管理和维护方式，以及责任主体等；建立资产使用制度，明确资产发包、租赁等经营行为必须履行民主程序，实行公开协商或招标投标，强化经济合同管理，清理纠正不合法、不合理的合同；建立资产处置制度，明确资产处置流程，规范收益分配管理；建立健全年度资产清查制度和定期报告制度，每年末开展一次资产清查，掌握资产变动情况，及时上报清查结果。

在确认程序完成后，各镇、村、组集体经济组织应及时将确认后的数据结果按资产归属上报镇清产核资工作领导机构进行校验审核、备案。之后，各镇清产核资工作领导机构将校验审核无误的集体资产清产核资结果，按照资产归属，报送区农牧业部门。最后，相关部门将清产核资数据录入农业农村部农村集体资产监督管理系统以及市、县级农村牧区集体“三资”管理平台。地方自建的“三资”平台可为农村牧区集体资产清产核资、统计查询、会计电算化、资金使用及监管、农村牧区“三变”（资源变资产、资金变股金、农牧民变股东）改革、农村牧区产权交易、村集体自治、基层党建等工作提供数字化管理工具，同时为村集体经济组织的发展壮大及其成员的生产生活提供必需的金融服务。

内蒙古自治区较高质量地完成了集体清产核资工作。在实地问卷调查中，93.4%的受访村民表示对清产核资工作“十分了解”或“了解”，仅有4.6%和2%的受访村民表示“不太了解”和“不知道”清产核资工作，77.4%的受访村民表示了解集体资产和负债情况。这一方面依靠上述完善的制度规定和流程设置，另一方面也受益于基层工作中的实践智慧。整个清产核资过程既是“自上而下”的，由各级领导机构统筹组织，按照预定实施方案和制度要求开展的；也是“自下而上”的，充分依靠和发动群众所完成的，各集体由村民投票选出清查小组、核实小组成员，代表全体村民完成清产核资工作的核心环节。为最大程度取得村民的支持与信赖，各地清产核资工作都积极动员德高望重的老党员、老干部和村民代表参与，对于专业问题，邀请村里的“老会计”、财政所“老所长”、农经站“老站长”等人员参与解决。整个清产核资过程接受农牧民监督，清核结果进行公示公开，保障农牧民的知情权和监督权。

（二）农村集体经济组织成员资格认定

农村集体经济组织成员资格是判定农民与集体经济组织、农民与集体资产关系的基本标准，是收益权取得的前提条件。内蒙古自治区大部分地区改革起步较晚，能够有机会充分地借鉴其他省份在成员资格认定方面的典型经验，吸收相关的理论研究成果。内蒙古自治区出台的一系列集体经济组织成员资格认定机制以尊重历史、兼顾现实、程序规范、群众认可为基本原则。各地在此基础上，统筹考虑户籍关系、农村土地承包关系、对集体积累的贡献等因素，协调平衡各方利益，制定了精准有效的成员资格认定具体办法。

从结构上看，各地对集体经济组织成员的界定基本上都以“一般规则＋特别规则”“认定规则＋否认规则”“固定标准＋灵活规则”的三重标准进行。首先，所谓一般规则，通常包括具有本集体所在地户籍、取得本集体经济组织土地承包经营权、是集体经济组织成员的子女、在本集体经济组织生产生活等，是农村大多数人取得集体经济组织成员资格所依据的标准。在有的地区，这几项标准满足其中之一即可被认定；而在另外的地区，需要同时具备上述几项标准，如“户籍＋取得土地承包经营权＋在本集体经济组织生产生活”方可认定。特别规则是指针对特殊群体的成员资格确认所制定的标准。在实践中，基层人口情况复杂，在成员资格认定中，很多历史遗留问题需要加以解决，因此就需要对上述特别情形、特殊人群建立相应的“特别规则”。通常而言，特别规则一般针对出嫁女、在校大中专学生、服役人员、服刑人员、丧偶离婚妇女、“上山下乡”人员等，规定了以上人员在何种情形下可被确认为集体经济组织成员。特别规则的意义在于其丰富了成员资格认定体系，解决了基于土地、户籍等硬性标准所造成的界定灵活性不足、权利保护不到位、成员认定有疏漏等问题，有力保障了少数群体、弱势群体的合法利益。一般标准、特别标准都是对确认集体经济组织成员资格的规定，属于广义上的“认定规则”。

其次，在某些情形下，当事人满足成员资格认定的一般标准或特别标准，但事实上并不应分享集体的生活与生产资料的，该部分群体就应当被排除到集体经济组织成员之外。“否认规则”正是为解决这一问题而建构的。通常来说，享受财政供养人员、享受离退休待遇人员、“空挂户”人员及其子女等均不能被确认为集体成员。虽然上述人员可能拥有本集体户籍甚至承包地，但是集体并不对其承担保障义务。

最后，除上述一系列明确、固定的认定标准外，大多数集体还预留了认定成员资格的“灵活规则”，在经集体经济组织成员大会决议通过后，当事人可越过一系列的认定标准，直接被确认为集体经济组织成员。这一规定将界定集体经济组织成员的最终权力交由该组织本身，充分体现了村民自治原则，改变了政府在农村治理过程中一贯的“家长主义”立场，尊重广大农民的共同意志，也为农村集体产权制度改革的进一步深化预留了空间。乡村发展离不开人才支持，但是如果没有配套的激励机制，农村难以产生足够大的对人才的吸引力。而农村集体经济组织通过决议，将为本集体发展作出重大贡献的人员确认为成员，允许其分享集体收益，能够对该部分主体产生强大的激励效应，从而进一步促进乡村发展。

具体来看，各地农村集体经济组织成员资格认定标准虽然结构相似，但在具体规则建构方面却存在较大差异，最典型的便是形式标准与实质标准的差异。例如，巴彦淖尔市五原县以户籍为基础①，而鄂尔多斯市东胜区则将“以本集体经济组织的土地为基本生活保障”作为认定基础。② 两种标准各有优势，形式标准操作简便，不宜滋生矛盾，但是不利于解决农民人户分离情形下的成员资格认定问题，而实质标准则正好与之相反。调研中课题组发现，大多数地区均以形式标准为基础，辅之以一定的实质标准，但在实际操作中实质标准的判断往往困难重重，所以这些地区实际上还是用户籍的形式标准界定成员资格。此外，各地对特殊人群成员资格认定的标准也存在一定差异。例如，锡林郭勒盟苏尼特左旗规定，户籍在本嘎查的国家公务员、行政事业单位的工作人员可以被界定为成员，但不享受分红；而鄂尔多斯市东胜区、巴彦淖尔市乌拉特中旗等地则直接规定该部分群体不能被界定为集体经济组织成员。

---

① 《五原县农村集体经济组织确认成员身份认定工作指导意见》第 1 条（认定原则）规定：“农村集体经济组织成员资格认定，以是否具有本村户籍为基础。”

② 《东胜区农村集体经济组织成员身份界定的指导意见》第 1 条（判断标准）规定：“以本集体经济组织的土地为基本生活保障的人，应认定具有本集体经济组织成员资格。”

在要求各地严格遵循本地成员资格认定办法开展认定的同时，内蒙古自治区还建立了跨区域的成员资格联络沟通机制。各地在开展成员资格认定工作的同时，需要按照上述机制履行公告、登记、审核、公示、档案管理、上报备案等程序，从而防止同时满足多个集体成员资格认定标准的个体拥有多重成员资格现象的发生，也避免部分个体同时与多个集体存在联系，但每个集体都不愿意认定其身份的“踢皮球”现象产生。这一机制有效地解决了成员界定过程中的“两头空”“两头占”问题，公平地保护了农民利益。

（三）农村集体资产折股量化的范围

集体资产折股量化是指在坚持集体财产农民集体所有的同时，农村集体经济组织成员从量化后的资产中获得相应的份额，并以此份额作为收益分配的依据与基础。集体资产股权量化是农村以“按劳分配”为主向“按劳分配为主体、多种分配方式并存”转变的生动实践，直接拓展了农民的财产权利。这反映了农民集体分配方式的重大转变。具体而言，集体资产股权量化包括确定资产量化的范围、制定股权设置办法、规定股权管理模式三步，在这其中又包括五个改革的重点和难点。

1. 确定集体资产量化范围的重点在于是否将资源性资产纳入

国家相关政策文件并未就资产量化范围制定统一的标准，各地量化资产的范围不一。例如，巴彦淖尔市乌拉特中旗、巴彦淖尔市五原县、乌兰察布市察右中旗就对集体经营性净资产和未实行家庭联产承包责任制的集体土地同时进行了折股量化，规定：“集体经营性净资产一次性全部折股量化，资源性资产除依法实行家庭承包经营的耕地外，其余的将土地面积或实物量化记录在股权中，明确股权，获得收益后按股分红。”而鄂尔多斯市东胜区、呼和浩特市赛罕区、锡林郭勒盟苏尼特左旗则仅将经营性资产进行了折股量化。量化范围的选择以及不同地区范围的差异是政策、法律和现实多重因素共同作用的结果。一方面，前述地区仅将未发包土地纳入折股量化范围，体现了对家庭联产承包责任制的坚持。这符合《集体产权改革意见》关于“坚持农村土地集体所有，坚持家庭承包经营基础性地位”的规定精神。虽然《集体产权改革意见》并未区分发包土地与未发包土地，仅根据其自然属性统一归为“资源性资产”，但在法理上，发包土地的所有权上已经附加了用益物权负担，而未发包土地上却并不存在他物权负担。一旦将所有土地均进行折股量化，势必意味着土地承包经营权人需要退回承包地，这不仅存在法律上的障碍，而且也不符合农村改革的基本要求，实践中也势必无法实现。另一方面，部分地区选择将未发包土地折股量化是基于当地集体经济薄弱的状况。这些村（嘎查）往往缺乏经营性资产，未承包到户的土地就成为集体的主要收入来源。为了顺利推进改革，各村（嘎查）就必须将这部分资源性资产纳入量化范围中。

2. 是否设置集体股问题

集体股的设置与否将直接决定股份结构，影响农村集体经济组织中各成员的权益份额和分配方式。从内蒙古自治区各地的实践状况来看，大部分地区选择了设置集体股，如乌兰察布市察右中旗、呼和浩特市新城区、鄂尔多斯市东胜区、巴彦淖尔市五原县等，均在旗（县）一级《集体经济组织资产股权量化指导意见》中明确了应当设置集体股。另有锡林郭勒盟阿巴嘎旗、苏尼特左旗等地在旗（县）一级的《集体经济组织资产股权量化指导意见》中将是否设置集体股交由集体经济组织自决，但是当地的大部分村（嘎查）仍然选择设置集体股。在调研地区中，仅有如呼和浩特市赛罕区巧报镇双树村明确选择了不设集体股。

从调研情况看，各地坚持设置集体股一般是出于以下原因。

首先，部分设置集体股的地区将集体股作为解决成员资格认定和折股量化过程中可能因调查遗漏而产生的转增成员股问题的途径。如《乌拉特中旗农村牧区集体产权制度改革集体资产股权量化指导意见》

规定，“集体股作为过渡调整股而设置，用以解决因调查遗漏而转增成员股问题”。该规定实际上并不符合改革的整体方案，因为成员资格认定、折股量化有着严密的程序设计，在实行股权静态管理的地区，成员资格认定和股权配置一旦完成，就将按规则“固化到户”，遵循“生不增、死不减，进不增、出不减”的政策，不存在二次转增的空间。而上述将集体股作为过渡调整股的地区全部都采取了股权静态管理模式，这说明以集体股作为转增成员股的预备必然存在着违反规则体系的问题。而且，这部分地区在股权设置规则中并未就下一步成员股的转增设置完整而可行的方案，所以集体股的这一功能并不能得以发挥。在实地调研中，据基层干部阐释，上述地区之所以要在股权量化规则中将集体股的性质与功用作此定义，是为了最大程度地缓解改革过程中的矛盾，减小和降低改革阻力。因为对基层而言，农村集体产权制度改革涉及面广、任务重、时间紧、关系很多人的利益。在如此有限的时间内，集体必然无法在实际工作中就成员资格认定、股权配置等环节获得所有人的认同，此时不给不同意见的人一个“缓冲区”就会激化改革中存在的矛盾，对改革造成阻碍。相反，如果预留一个未来调整的空间，很多主体就能接受当下的改革成果，保证改革顺利推进。而且，预留集体股，不将所有集体资产股份分配下去的做法也确实为保障少数个体的合法权益预留了空间，即使当前集体股新增、转增个人股的规则不明确，但也可以在有需求时进一步细化规则。这种“纸面上的政策”与“实践中的办法”不完全一致的情况体现了基层农村集体产权制度改革的复杂性。

其次，另一部分地区选择保留集体股，其是出于维护公有制的初衷。农村集体产权制度改革的相关文件一再强调不能把集体资产“改没了”，不能把集体所有制“改垮了”。这实则也符合大部分农民和基层干部对于改革的直觉认知。在清产核资、成员资格认定过程中，相关政策文件一再强调改革的集体属性，到了股权量化的环节，大部分农民以及基层干部就都自然认为应当在配股、持股方面继续贯彻“集体”本色，设置集体股。在实地调研中，部分基层领导干部表示集体股的保留是为了维护集体所有制，避免政策风险。

最后，部分地区出于保障集体公益职能的发挥而选择保留集体股。调研中部分村民认为，只有拥有一定资金和收入，集体才能维持运营、发挥相应公益职能。一旦将股份全部分配到个人，集体就丧失了经济来源，在需要投入资金的情况下只能向村民筹款。这既不利于公益职能的充分发挥，也将削弱集体组织和动员成员的能力。

上述意见在内蒙古各地均具有很强的民意基础。调研中，82.8%的受访村民表示应当设置集体股；更有78%的受访村民指出，集体股应当用于偿还集体债务、发展集体公益事业、支付集体公共管理费用和扩大集体再生产等（见图14-1）。与此同时，在设置集体股的地区，集体股的占比也普遍较高，一般在20%—30%；对于部分可用于折股量化资产本就较少的村而言，高比例的集体股摊薄了成员股的现值，也冲淡了集体成员所能获得的股份收益，但却并未得到集体成员的抵制和反对。

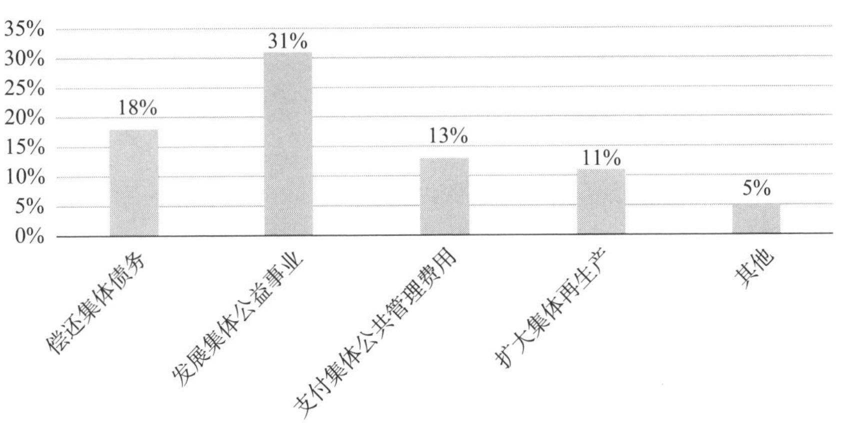

图14-1　集体股的具体用途

3. 股权类型的设置

如何细化个人股种类，针对成员的不同情况差异化配股，是直接关系到集体经济组织成员利益的重要环节。在农村集体产权制度改革初期，其他地区的个人股设置一般都较为简化，并未严格区分成员的不同情况，有针对性地进行配置股权。然而，实践中不同成员对集体的贡献并不相同，需要集体提供的保障也存在差异（如五保户、残疾人等特殊群体），基于实质公平的价值考量，应当针对不同的主体配置数额不同的股份。在操作中，各地即可将成员情况进行类型化区分，并对应设置不同种类的股份，成员按照不同股份的取得标准获得相应数量股份。内蒙古自治区的大部分地区都采取了上述精细化的股权设置和配股办法。例如，巴彦淖尔市五原县、乌拉特中旗下辖各村（嘎查）以成员股、居住股、土地承包权股、劳龄股和现金股作为个人股的具体种类；乌兰察布市察右中旗下辖各村（嘎查）以成员股、劳龄股、居住股、贡献股为个人股的具体种类；锡林郭勒盟阿巴嘎旗旗以人口股、劳龄股、奖励股为个人股的具体种类；锡林郭勒盟苏尼特左旗则以人口股、草场股、资金股、其他股为个人股的具体种类。综合来看，劳龄股占比最高，占 42.2%；其次是贡献股，占 23.4%；再次是福利股，占 7.8%；其他股占 3%（见图 14－2）。

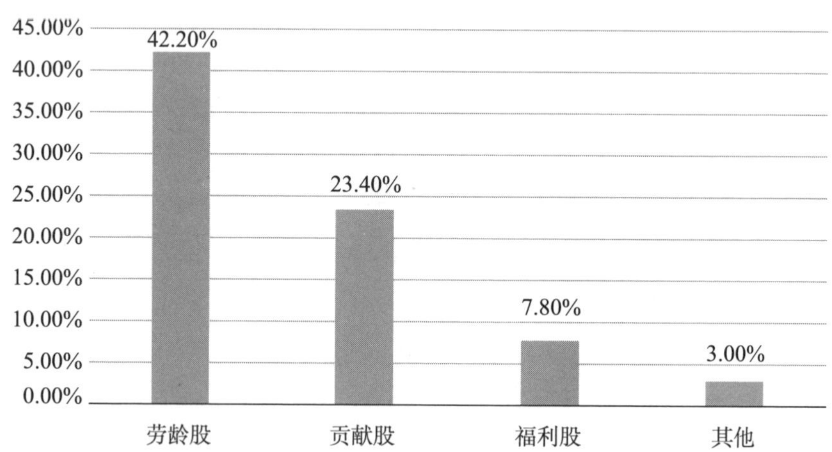

图 14－2　在成员股（人口股）之外还应设置的股份种类

但是，部分改革较早、集体经济发展较为活跃的地区，一般仅以人口作为成员个人股权配置的标准，典型如呼和浩特市赛罕区双树村、鄂尔多斯市东胜区罕台村等。一方面，由于上述地区改革起步较早，当时关于股份设置的制度探索尚未完善，所以只能按照形式公平的标准，依据人口进行直接配股；另一方面，上述情形的出现也与当地集体经济发展水平较高，农村集体经济组织股份的经济价值大，在配股过程中潜在的利益纠纷较大密切相关。在此情形下，按照人口同等配股能够在最大程度上化解矛盾、维持稳定、推进改革，但这并不意味着依人口对所有成员同等配股的方式值得肯定。在调研中，76.4%的受访村民表示应当在人口股（或成员股）之外设置其他种类的个人股。这说明根据成员具体情况差异化配股具有较为深厚的民意基础。

4. 股权管理模式

股权管理模式是折股量化环节的“最后一块拼图”。股权管理主要分为静态、动态两种模式，其中动态模式是根据人口变动情况对股权配置进行灵活调整的方式，而静态管理下股权不随着人口变化而改变。动态股权管理模式立足于保证所有村民的权利共享，新增人口能够按照股权调整办法获得股权，有利于保障新增人口的权利。但是，动态模式需要较高的管理成本，需不断地进行成员资格认定、股权配置等工作。与此同时，股权在调整过程中还可能诱发成员间利益冲突，导致矛盾和纠纷的产生。而静态管理模式在股份确定后，即采取固化到户的方式，实行“生不增、死不减，进不增、出不减”的管理手段，新增成员只能成为集体经济组织的成员，但不能成为股东，仅有权就户内初次分配确定的股权进行继承。与动态管理相反，静态管理模式不存在股权的二次配置问题，管理成本较低，有利于维护农村社会稳定。此外，静态管理也与我国农村土地承包经营权的管理模式相同，具有深厚的制度基础，农民接受度较高。在调研中，87%的受访农民认为股权应当采取静态管理模式。各地相关部门及集体经济组织也出于降低管理成本、避免股权调整引发社会矛盾的考量，无一例外地都选择了静态管理模式。

5. 股份权能的扩展

如何拓展股份的权能是农村集体产权制度改革深入的关键点，权能是否完整直接决定财产权利能否顺利实现。按照在法律、制度面前人人权利平等的现代法制理念，农民的财产权与其他主体的产权权能理应相同。但受现行管理制度约束，集体经济组织成员持有的集体资产股权与公司股东的股权仍然存在较大差别。[①] 党的十八届三中全会决定指出，要“赋予农民对集体资产股份占有、收益、有偿退出及抵押、担保、继承权”。内蒙古自治区各地在改革中，一般也在相关文件中确认了股份的上述部分权能，如《苏尼特左旗牧区集体经济组织资产股权量化指导意见》确认了股份的占有、收益、继承及内部转让权能，但是明确禁止了股份的担保权能。该意见同时规定，上述权能的实现还需股份合作社董事会同意，这为股份的权能实现附加了前置条件，设置了障碍。除苏尼特左旗外，多数地区也都采取“承认一部分股权权能＋设置权能实现的限制性条件”模式对股份的权能作出了规定，如巴彦淖尔市乌拉特中旗在《乌拉特中旗（乡）镇村集体经济组织股份经济合作社章程（样本）》中规定：“本社股权仅限在本社内部进行流转。股权流转由出让人向理事会提出书面申请，经理事会审核同意，转让双方签订《股权转让协议》，经五原县公证处公证后，到本社办理股权变更登记手续。每户持股总数不得超过本社总股份的20%。成员抽资退股由退股人提出书面申请，经理事会审核后，提交成员代表大会商议决定。收购资金从本社的经营收益中列支，赎回的股份可以转让给其他成员或核减本社总股份数。本社成员整户灭失时，启用股份继承程序。股份继承根据继承法有关规定办理。继承人为2人以上（含2人）时，应当共同协商确定，委托其中1人行使股权。对放弃继承的，应完

① 黄延信，等．对农村集体产权制度改革若干问题的思考．农业经济问题，2014(4).

善相关手续，并由其本人公开声明。继承人非本社成员的，其所继承股份可以由本人持有，也可以转让给本社其他成员或由集体赎回，但本人持有，仅保留其按股份享受股利分红的权利，不享受其他任何权利。”根据调研情况，农村集体经济组织成员对其所持有的股份并不享有完整的处分权，一般而言股份仅能在集体经济组织成员间内部流通，仅少数地区规定成员可选择由集体经济组织回赎从而实现有偿退出。在继承方面，各地也均规定若股份由集体经济组织成员以外的主体继承的，其只能享有所继承股权的收益权。在担保权能方面，大部分地区选择禁止直接集体资产股份用于融资担保，仅巴彦淖尔市五原县出台了相应的文件支持担保权能，但是由于缺乏金融部门的制度配合，股份实际上也无法被用于融资担保。

调研中，村民对于拓展集体资产股份权能的意愿较为强烈。在股权的具体权能方面，村民提出应当赋予集体资产股份占有、收益、有偿退出、转让、担保、继承等权能（见图 14－3）；在转让方面，46％的受访村民认为应当允许股份对外流转。这充分反映出集体经济组织成员对拓展股权权能具有强烈的现实需求，应当进一步探索集体资产

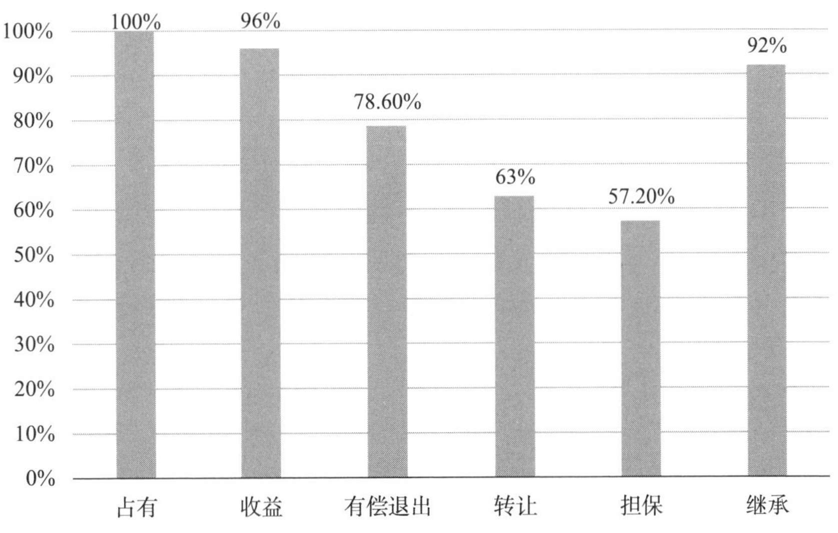

图 14－3　集体资产股份应当具有的权能

股份的权能实现方式，从而使股权的经济价值最大化，在保障农民的财产权利同时，促进集体经济进一步发展。

三、农村集体产权制度改革的进一步完善

内蒙古自治区的农村集体产权制度改革注重“因地施策”，根据不同地区的实际情况选择适应当地的个性化方案，以此快速推动改革进程。在改革过程中，各地均进行了一定的改革探索与制度创新，结合对其他地区改革经验的批判性借鉴，内蒙古自治区各地在较短的时间内完成了现阶段农村集体产权制度改革的任务和目标。但各地在农村集体产权制度改革过程中，仍存在较多未解决的实际难题，相关政策措施也仍存在一定的不合理、不完善之处。各地在总结改革成功经验的同时，也需归纳改革中的疏漏、困难和不足，并对此展开全面分析，寻求解决方法，以此推进农村集体产权制度改革的深化，同时也为其他地区改革中面临的类似问题提出可供参考的解决思路和方案。

（一）农村集体资产清产核资中存在的问题

内蒙古自治区各地在清产核资过程中主要存在两大问题：一是存在合并村的集体资产确权争议问题；二是以村（嘎查）为单位进行确权所导致的确权单位过大，村民内部产生利益冲突的问题。

1. 合并村的集体资产确权争议及解决

长期以来，由于农村人口和村庄布局相对固定，村庄的边界也就是农村集体资产权属的边界。然而，随着城乡融合发展体制机制不断完善，要素市场化配置改革不断深化，农村人口数量、结构及其空间分布发生了加剧变化。村庄发展受到地理环境、区位条件、资源禀赋、制度文化等多个因素的综合影响，呈现出明显的差异性和合并分化的态势。村庄合并不仅打破了村庄边界，也使农村集体资产权属边界发生偏离。中央有关部门曾针对此提出，推进农村集体产权制度改革不

能打破原集体的界限，更不能因为村庄的撤并，而任意合并、平调不同农村集体经济组织的资金、资产、资源，改变原有集体资产的权属。[①] 但从现实来看，村庄合并不仅打破了原有的村庄空间布局，改变了集体资产实际的管理权限，也模糊了集体资产所有权的边界，给以村为主要单位开展清产核资增加了难度。

课题组调研中发现，村庄合并所导致的集体资产争议成为影响清产核资工作的重要阻力。对此，不能将现集体所有资产直接确定到现成员集体，这将导致在之后的环节中现集体成员平等参与股权量化，显然没有顾及合村前各村经济状况存在差异的实际情况。相对于发生时间较短的合村，各集体资产的历史积累过程更为漫长，这一事实应当得到政策的认可，使原不同集体的成员在资产确权方面得到合理的区分。“一刀切”的清核确权方式罔顾原资产更多集体的成员的劳动投入，不符合公正原则。所以，各地应按照不同部分（原不同村）成员对现有集体财产的贡献进行差异化清核确权，充分考虑原各村集体经济组织成员的资产存量、贡献程度和意愿要求。具体来说，各地应当将合村前原不同集体的资产清核确权给相应的集体成员所组成的集体，将合村后到清产核资前资产的增加部分确权给合村后的全体成员所组成的集体，也就是现成员集体。

2. 确权单位过大引发的利益冲突及解决

内蒙古自治区各地以自然村甚至是行政村为单位，开展集体资产的清核确权工作。但是，部分村的人口较多，同一村内原存在多个村民小组，而且村民也大多以村民小组为单位进行身份的认知。同一村内不同村民小组之间存在一定界限，占有优质集体资产的小组不愿意同其他小组成员共享资产，期望以村民小组为单位进行清产核资，但政策上并未将清核确权单位细化到组。因此，不同组村民之间就资产

---

① 《农村集体经济组织财务制度》第 32 条规定：“村庄撤并的，不得混淆集体财务会计账目，不得随意合并、平调集体资产。”

是否应当共享产生了利益冲突。课题组调研中发现，巴彦淖尔市乌拉特中旗苏独仑嘎查三组因集体自留土地被纳入风力发电厂建设范围，而获得了一笔土地使用费。但由于清产核资要以村为单位进行资产确权，因此，该部分费用也将为其他四个小组共享，第三组因此与其他各组产生了争议。很明显，该纠纷是由于改革措施规定不合理引起的。村民小组的范围经长期生产生活已经固化，村内成员也均接受此身份划分方式，各组之间的资产边界明晰。因此，相关政策应当提供更加细化的确权单位，允许按组进行资产清核量化，不能为了管理便利而牺牲部分成员合法权益。是否以组为单位进行清产核资和资产确权应当结合当地生产、生活习惯，资产边界是否明晰，小组范围是否确定等因素进行综合考虑。

（二）农村集体经济组织成员资格认定中存在的问题

内蒙古自治区在农村集体产权改革成员资格界定方面借鉴了其他地区的认定办法，形成了较为完善的成员资格界定标准。但是，各地过多借鉴其他地区改革经验也会造成各地的界定标准差异过大，甚至出现具体规则相互冲突的情形。当然，各地可基于自身现实情况在一定范围内自主确定成员资格认定的规则，标准也不必“一刀切”。但是，在情况相似的地区采取差异较大的不同认定标准很难说是“因地制宜”的理性选择，恐怕更多是各地追求改革创新度的体现。调研中课题组发现，就有同一市的相邻县在校研究生、退休公务员能否取得成员资格作了完全相反的规定。这严重影响了农民在改革中的获得感，面临不利结果的农民会激烈否定本地成员资格认定办法的合理性。这实际就是通过人为的制度对比制造了矛盾，甚至有可能导致规则的标准不断被放宽——因为在邻县，宽泛的标准获得了更多的支持。这有利于提高政策制定者的政绩，所以相邻地区间就统一标准不断进行“宽松竞赛”，从而损害农民利益。实际上，一定地域内的社会情况基本相似，不必在成员资格认定标准上故意进行创新，应当维持规则的必要稳定性，这样才能使改革获得最大程度的认同，才能增强相关部门的公信力。具体而言，各市应当总结当地在成员资格认定标准方面的“最大共识”，结合当地真实需求出台市一层面的指导性文件，统一下辖地的成员资格认定标准，也能有效避免“两头占、两头空”情形的出现。

（三）农村集体资产折股量化中存在的问题

内蒙古自治区在农村集体资产折股量化方面主要存在两大缺憾：一是个人股的设置种类和配置规则不够规范，二是股份权能受到限制。为此，各地应当在如下两个方面加强完善措施。

1. 应当规范股权设置类型和配置规则

内蒙古自治区各地在股权设置方面大多采取了丰富股权种类，差异化设置不同类型股权的模式。这虽然有相应的制度优势，但是因股权设置和股权配置的相应规则尚不完善，还存在相应的不规范情形。

第一，不同类型的股权虽然可以并存，但应当有主次、权重大小之分。具体来说，各地应当首先将个人股按照所设置的股权类型，划分为不同权重比例的股份结构。例如，若以成员股为主，则可以考虑成员股占集体资产股份的50%，其余股份如劳龄股、贡献股分别占25%。这样设置股权，既根据对集体的贡献状况等体现了不同主体权益的差异，同时也突出了重点保护的利益，能够在实质公平和形式公平间达到更好的平衡。但内蒙古自治区各地在实践中，一般对于各种类型股份并不作特别处理，不同类型股份重要性相同。这就导致股权配置的结果往往偏离了成员资格认定时所确定的主要标准——户籍或土地承包经营情况，转而变成了年龄、贡献、现金等其他因素。这无疑是对改革所保护的主要利益之背离。因此，各地应当设置不同类型股权的主次位阶，以成员股或劳龄股为主，其他股份为辅，梯度性设置股权权重。这主要是由于成员股、劳龄股的标准客观，同时也反映了特定主体与集体之间的最根本联系，符合实质正义的要求。

第二，股权类型的设置应当经过充分论证，保障类型设置的公正性。集体资产股份的类型设计并不是一项简单的“拿来工程”——即其他地方有什么种类的股份就设置什么种类股份，越丰富越好，越新颖越好。任何一种类型股份的增加都将极大提高管理成本，提升争议和纠纷发生的概率，提供权力寻租和腐败的可能。例如，像贡献股之类的股份就无法制定客观、统一的认定标准，如何评价是否有贡献，如何量化不同主体的贡献等都必然充满了主观判断空间，一旦掌握不好就将可能出现“因人设股”等情形。股权设置的专业性、技术性较强，存在的风险隐蔽，即使集体通过了相应的决议程序，也应当经过成员集体、地方政府甚至自治区有关部门的充分论证后再设立。具体而言，自治区（省）市级有关部门应当就不同类型股权设置的正当性、必要性、可行性展开分析，排除不宜设置的股权类型，规范集体资产股份的设置。在股份配置环节，各地应当要求集体有较为明确、完善、可操作的配股办法，保障股权配置的公平性与合理性。

2. 应当拓展股份的权能

当前，集体资产股份面临着“权能不完整、流转不顺畅、覆盖面不广”的一系列难题，因此，各地应当以集体资产股权“赋权活权”为重点，积极探索股权担保、继承和有偿退出等权能拓展机制，激活集体资产股份的经济价值，唤醒农村“沉睡的资本”，赋予农民更多的财产权利，确实保障农民在农村集体产权制度改革中的获得感。

首先，应着力推动农村产权流转交易。当前内蒙古自治区大部分地区集体资产股份仅能在集体经济组织成员内部交易，这种封闭性使股份的经济价值无法得到客观体现，也导致股份担保等权能无法真正实现。但是，允许集体资产股份可对外交易并不能解决其“流通困境”，还需要相应的交易平台来完成买卖双方信息的有效对接。具体而言，目前可直接依托县、镇两级公共资源交易平台，建立农村产权流转交易平台，推动集体产权股份有序流转。同时，各地可以充分利用农村集体“三资”信息化管理平台，构建起涉及交易主体、交易品种、交易规则、经营模式的集体产权股份交易示范规则。

其次，应当规范集体经济收益分配。具体而言，收益分配的基本原则、范围对象、程序和工作要求等方面进行规范，如需规定对成员进行收益分配的条件，防止集体经济稍有积累就被瓜分一空，从而无法延续和扩大再生产情形的出现。在调研中，乌兰察布市察右中旗永和村、巴彦淖尔市乌拉特中旗苏独仑嘎查均出现过上述问题，在集体稍有盈余的状况下，成员就主张进行收益分配，由于当时并无完善的收益分配规则，分配事件的处理长期陷入僵局。此外，各地还需要完善公益公积金提取规则及使用规则，如公益公积金应当在何种情况下被使用，使用的限额、程序及判定规则等。

最后，应当允许农村集体经济组织的股东将其所持股份作为质押担保物，向金融机构获得贷款。各地应当积极探索集体资产股权质押办法，出台股权质押的指导意见，并与金融机构联合制定相关操作办法，明确贷款的条件、程序、违约处理等。集体资产股份担保职能的实现无法仅仅依靠市县相关部门“赋权”完成，还需要省级部门完善农村集体资产股份担保融资的制度设计，协调金融机构，使银行有章可循，放心操作。同时，各地还需依照《集体产权改革意见》所提出的“完善金融机构对农村集体经济组织的融资、担保等政策，健全风险防范分担机制”要求，加大财政支持和制度设计，建立风险保证金和财政贴息制度，防范风险。同时，各地也可引导农村集体经济组织探索在借款人不能按期偿还时集体经济组织回购股权的办法。

后　记

2016年12月26日，中共中央、国务院印发并实施了《关于稳步推进农村集体产权制度改革的意见》，对我国农村集体产权制度改革进行了全面布置。自2015年开始，围绕农村集体产权制度改革先后组织开展了5批试点，范围覆盖全国所有涉农县（市、区）。按照相关工作部署，试点省（自治区、直辖市）重点在全面强化农村集体资产管理、全面确认农村集体经济组织成员资格、加快推进经营性资产股份合作制改革、完善农民集体资产股份权能、发挥农村集体经济组织功能作用、拓宽农村集体经济发展路径等方面开展试点试验。截至2021年10月底，全部试点任务基本完成，取得了良好的改革成效。

为了总结农村集体产权制度改革的经验做法，发现改革中存在的问题和不足，国家社会科学基金重大项目“农村集体产权制度改革的法治保障研究”的课题组从2019年年底开始，利用2年多时间，分赴全国10余省份，通过实地走访、查阅资料、问卷调查、召开各种座谈会等多种方式就农村集体产权制度改革中的清产核资、成员资格认定、股份合作制改革等问题开展了广泛深入的调研，掌握了大量第一手资料，对农村集体产权制度改革的试点情况有了较全面的了解。同时，课题组充分利用司法数据，对涉及农村集体产权制度改革中的重要问题，如成员资格认定等进行了梳理。本书就是利用这些资料，经课题组认真研究而完成的实证研究成果。

本书由重大项目首席专家房绍坤担任主编，由参与调研的课题组成员共同完成，具体分工为：第一章由任怡多撰写，第二章由房绍坤、路鹏宇撰写，第三、四章由房绍坤、任怡多撰写，第五章由徐聪撰写，第六章由崔炜撰写，第七、八章由李泰廷撰写，第九章由马鹏博、袁晓燕撰写，第十章由路鹏宇、崔炜撰写，第十一章由袁晓燕撰写，第十二、十三章由杨贺迪撰写，第十四章由马鹏博撰写。

初稿完成后，路鹏宇博士、袁晓燕博士参与了统稿工作，房绍坤最后统一修改、定稿。因我们对农村集体产权制度改革的情况掌握得还不够全面，且通过调研所收集的资料也有限，故书中疏漏和不妥之处在所难免，敬请读者批评指正。

图书在版编目（CIP）数据

农村集体产权制度改革的实证研究/房绍坤主编
. --北京：中国人民大学出版社，2024. 4
（中国农业农村法治研究丛书）
ISEN 978-7-300-32500-2

Ⅰ. ①农… Ⅱ. ①房… Ⅲ. ①农村-集体财产-产权制度改革-研究-中国 Ⅳ. ①F321. 32

中国国家版本馆 CIP 数据核字（2024）第 030161 号

中国农业农村法治研究丛书
总主编　房绍坤　蔡立东
农村集体产权制度改革的实证研究
主　编　房绍坤
Nongcun Jiti Chanquan Zhidu Gaige de Shizheng Yanjiu

出版发行	中国人民大学出版社		
社　　址	北京中关村大街 31 号	**邮政编码**	100080
电　　话	010－62511242（总编室）		010－62511770（质管部）
	010－82501766（邮购部）		010－62514148（门市部）
	010－62515195（发行公司）		010－62515275（盗版举报）
网　　址	http://www. crup. com. cn		
经　　销	新华书店		
印　　刷	北京昌联印刷有限公司		
开　　本	720 mm×1000 mm　1/16	**版　　次**	2024 年 4 月第 1 版
印　　张	23 插页 2	**印　　次**	2024 年 4 月第 1 次印刷
字　　数	417 000	**定　　价**	89. 00 元